川瀬一馬著

増補新訂

足利學校の研究

新装版

吉川弘文館

諸橋轍次先生の卆壽に捧ぐ

川瀬一馬

諸橋轍次先生御近影（右著者）昭和四十九年上巳撮影

昭和二十年三月戦時中記念撮影（諸橋先生と著者）

足利学校杏壇門

同聖堂

孔子像

周易注疏卷第一

國子祭酒上護軍曲阜縣開國子臣孔穎達奉

勑撰

☰ 乾下乾上 乾元亨利貞 疏 正義曰乾者此卦之名謂之卦者易緯云卦者掛也言懸掛物象以示於人故謂之卦但二畫之體雖象陰陽之氣未成萬物之象未得成卦必三畫以象三才寫天地雷風水火山澤之象乃謂之卦也故繫辭云八卦成列象在其中矣是也但初有三畫雖有萬物之象於萬物變通之理猶有未盡故更重之而有六畫備萬物之形象窮天下之能事故六畫成卦也此乾卦本以象天天乃積諸陽氣而成天故此卦六爻皆陽畫成卦也此既象

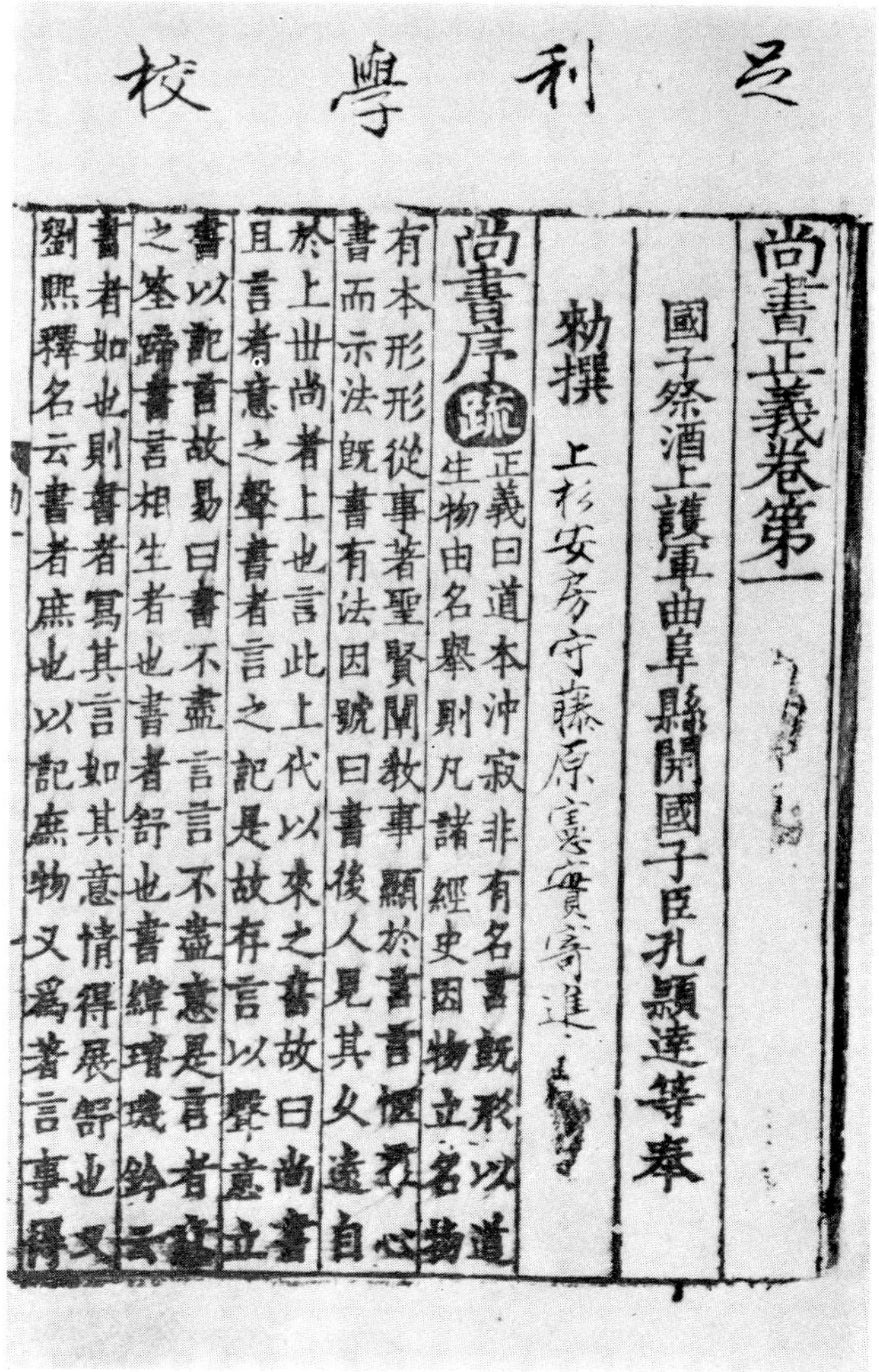
足利學校

尚書正義卷第一
國子祭酒上護軍曲阜縣開國子臣孔穎達等奉
勅撰　上杉安房守藤原憲實寄進
尚書序 疏 正義曰道本沖寂非有名言既形以道生物由名舉則凡諸經史因物立名物
有本形形從事著聖賢闡教事顯於言言惬物心
書而示法既書有法因號曰書後人見其久遠自
於上世尚者上也言此上代以來之書故曰尚書
且言者意之聲書者言之記是故存言以聲意立
書以記言故易曰書不盡言言不盡意是言者意
之筌蹄書言相生者也書者舒也書緯璿璣鈐云
書者如也則書者寫其言如其意情得展舒也又
劉熙釋名云書者庶也以記庶物又爲著言事得

二　宋版尚書正義（巻首）上杉憲實寄進識語

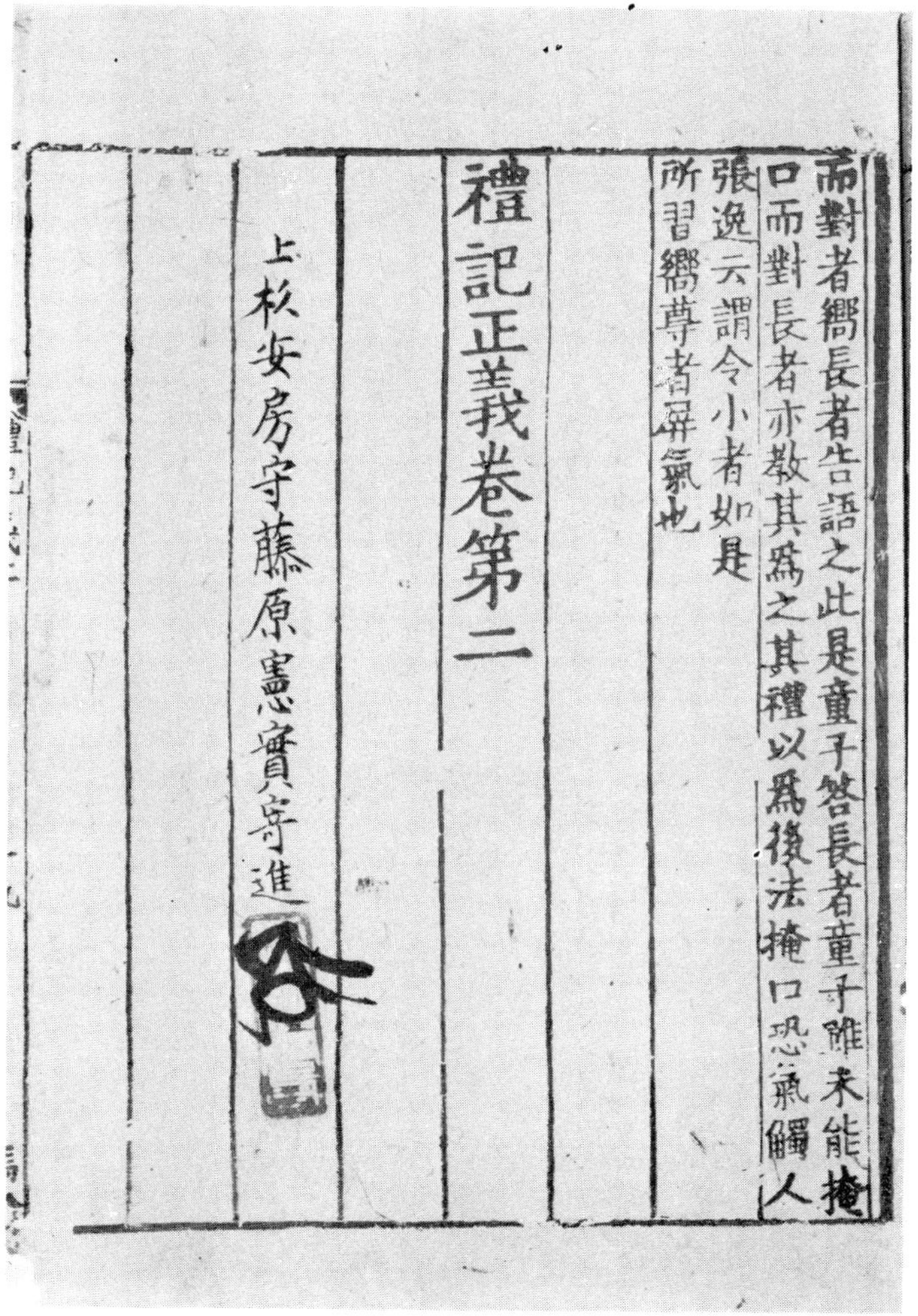
而對者鄉長者告語之此是童子答長者童子雖未能掩
口而對長者亦教其爲之其禮以爲後法掩口恐氣觸人
張逸云謂令小者如是
所習鄉尊者屛氣也
禮記正義卷第二
上杉安房守藤原憲實寄進

三　宋版禮記正義（巻二末）上杉憲實寄進識語

足利學校

上杉安房守藤原憲實寄進

附釋音毛詩注疏卷第九　九之一　廿九
鹿鳴之什詁訓傳第十六　○陸曰什音十什者若五等之君有詩各繫其國舉
周南即題關雎至於王者施教統有四海歌詠之作
非止一人篇數既多故以十篇編為一卷名之為什
毛詩小雅　○陸曰從鹿鳴至菁菁者莪凡二十二篇
皆正小雅六篇亡今唯十六篇從此至魚
麗十篇是文武之小雅先其文王以治內後其武王以
治外宴勞嘉賓親睦九族事非隆重故為小雅皆聖人
之迹故
謂之正
鄭氏箋　孔穎達疏
小大雅譜　小雅六雅者周室居西都豐鎬之時詩也
正義曰以此二雅正有文武成變有厲宣幽
六王皆居在鎬豐之地故曰豐鎬之時詩也知者文王有聲
云作邑於豐是文王居豐也又曰考卜維王宅是鎬京維龜
正之武王成之是武王居鎬也太史公曰成王卜居洛邑定
九鼎焉而周復都豐鎬外傳曰杜伯射宣王於鎬魚藻序云
王居鎬京是幽王以上皆居鎬也世本云懿王徙於犬丘地
理志云京兆槐里縣周曰犬丘懿王都之京兆郡故長安縣

四　宋版毛詩注疏（巻九首）上杉憲實寄進識語

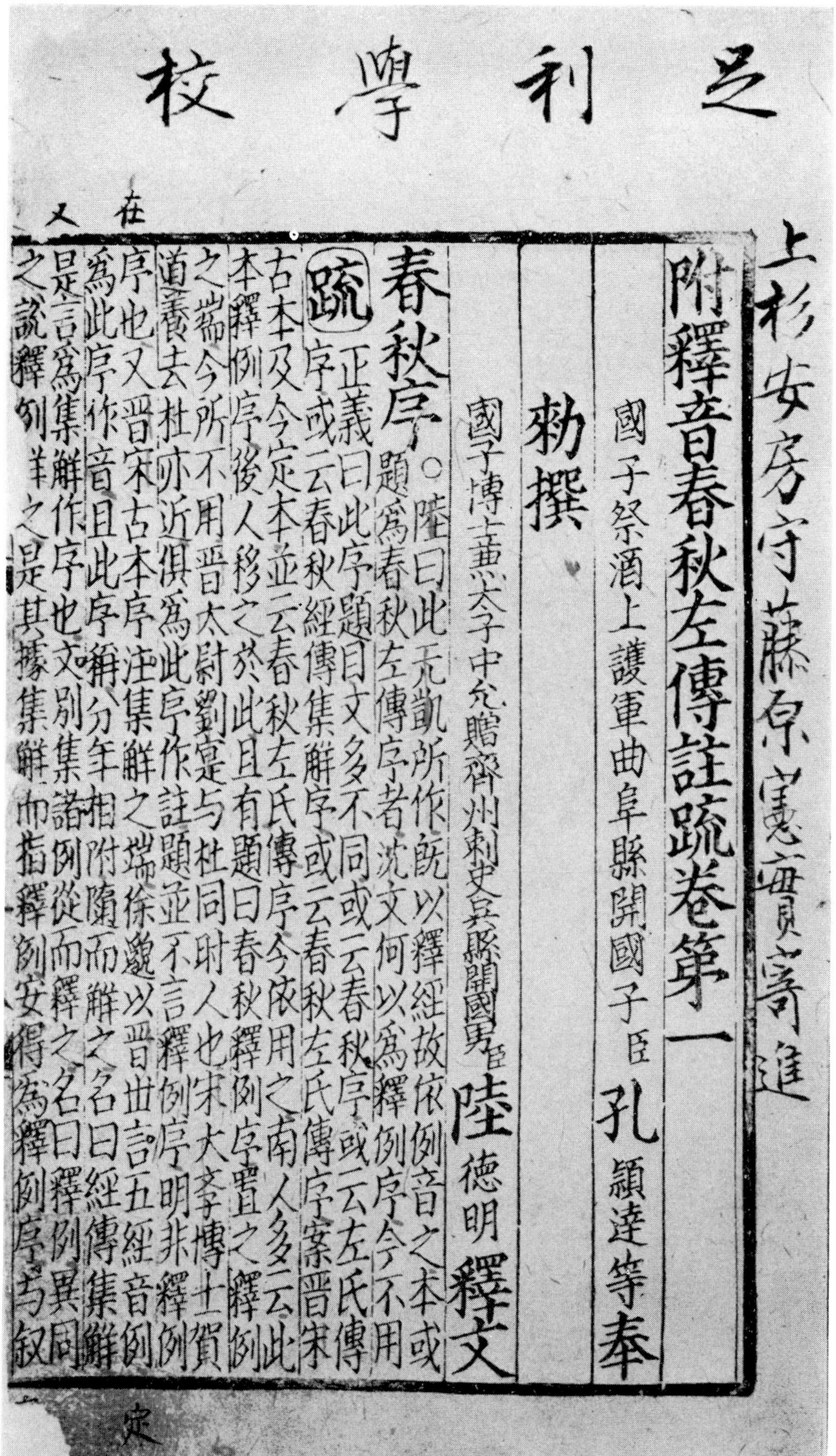

足利學校

上杉安房守藤原憲實寄進

附釋音春秋左傳註疏卷第一

國子祭酒上護軍曲阜縣開國子臣孔穎達等奉

勑撰

國子博士兼太子中允贈齊州刺史吳縣開國男臣陸德明釋文

春秋序○陸曰此元凱所作既以釋經故依例音之本或
題爲春秋左傳序者沈文何以爲釋例序今不用
疏 正義曰此序題目文多不同或云春秋序或云左氏傳
序或云春秋經傳集解序或云春秋左氏傳序案晉宋
古本及今定本並云春秋左氏傳序今依用之南人多云此
本釋例序後人移之於此且有題曰春秋釋例序置之釋例
之端今所不用晉太尉劉寔與杜同時人也宋大學博士賀
道養去杜亦近俱爲此序作註題並不言釋例序明非釋例
序也又晉宋古本序在集解之端徐邈以晉世言五經音例
爲此序作音且此序稱分年相附隨而解之名曰經傳集解
是言爲集解作序也又別集諸例從而釋之名曰釋例異同
之說釋例詳之是其據集解而指釋例安得爲釋例序与叙

五　宋版春秋左傳註疏（卷首）上杉憲實寄進識語

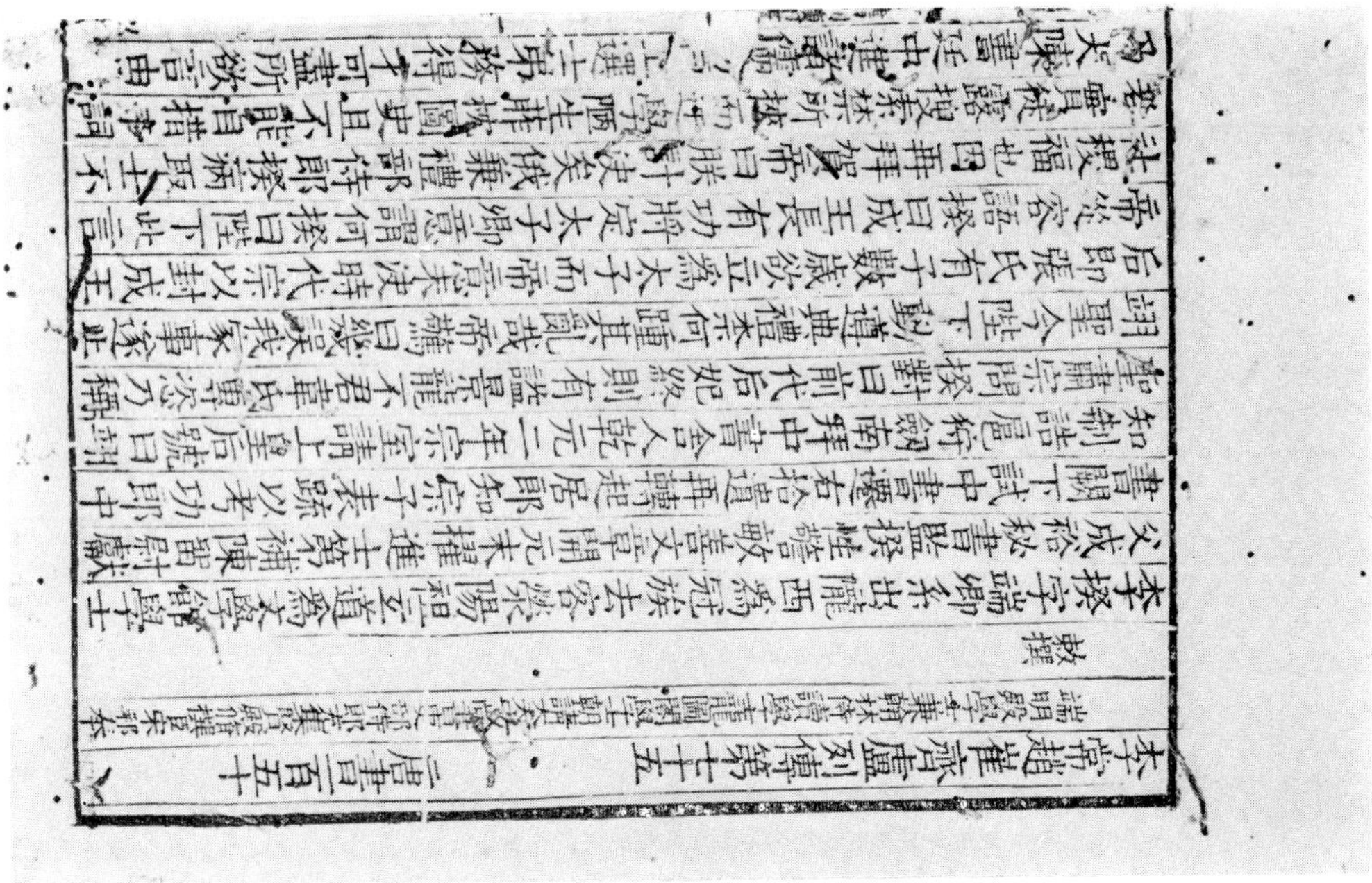

七　北宋版唐書（巻百五十首）

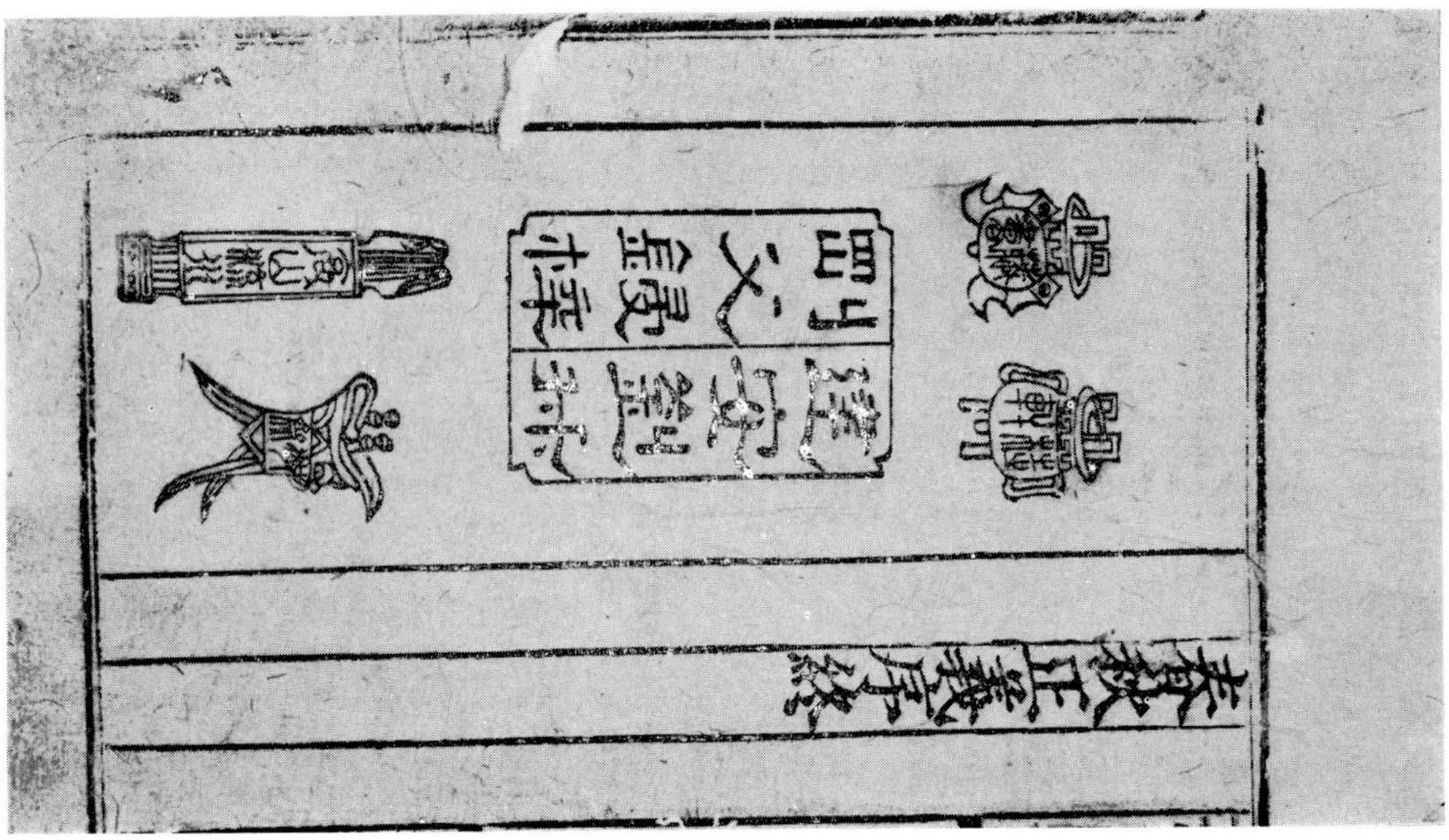

六　宋版春秋左傳註疏（木記）

詔救令定密邇與[illegible]親宜便往[illegible]之[illegible]
取定州王郜逐奔太原鎔母何有婦德訓鎔嚴[illegible]亡鎔始驕自
財嬖侍千人儀服僭上又以房山有西王母祠數游覽妄求長年
事踰月不還始廷湊賤微時鄴有道士爲卜得乾之坤曰君將有
土今得鎮迎之甚謹復問壽幾何子孫幾何荅曰公三十年後當
有二王已而廷湊立十三年死蓋度文也景崇鎔皆王廷湊嘗使
至河陽醉寢於路有過其所者視之曰非常人也從者以告廷湊
馳及之問其故曰吾見君鼻之息左若龍右若虎子孫當王百年
家有大樹覆及堂公興矣及害弘正而樹適庇寢自廷湊訖鎔凡
百年

賛曰朱滔王武俊南面稱王地聯交昵及泚僭天子滔將應之當
時危矣賈林以一語寤武俊輒兵相仇折幽薊之銳泚失其朋不
出孤城終底覆夷用林之功賞不及身德宗爲不明哉

藩鎮鎮冀列傳第一百三十六

上杉安房守藤原憲實寄進

八　北宋版唐書（巻百三十六末）上杉憲實寄進識語

宰相世系表第十一下　唐書七十一下

翰林學士兼龍圖閣學士朝散大夫給事中知制誥充史館修撰臣歐陽　脩奉

敕撰

蕭氏出自姬姓帝嚳之後商帝乙庶子微子周封爲宋公弟仲衍八世孫戴公生子衎字樂父裔孫大心平南宮長萬有功封於蕭以爲附庸今徐州蕭縣是也子孫因以爲氏其後楚滅蕭裔孫不疑爲楚相春申君上客世居豐沛漢有丞相酇文終侯何二子遺則則生彪字伯文諫議大夫侍中以事始徙蘭陵丞縣生章公府掾章生仰字惠高高生皓皓生望之御史大夫徙杜陵生育光祿大夫生紹御史中丞復還蘭陵生閎光祿勳閎生闡濟陰太守闡生冰吳郡太守冰生苞後漢中山相苞生周博士周生蟜蛇丘長蟜生逵州從事逵生休孝廉休生豹廣陵郡丞豹生裔太中大夫生整字公齊晉淮南令過江居南蘭陵武進之東城里三子儁鎋烈苞九世孫卓字子略洮陽令女爲宋高祖繼母號皇舅房卓生源之

九　北宋版宰相世系表（卷首）（梅沢記念館蔵）

文選序

梁昭明太子撰 銑曰梁姓蕭氏梁典云武帝子名統字德施謚曰昭明

式觀元始眇覿玄風 銑曰式用也眇遠也覿見也言用視太初遠見玄風 冬穴夏巢之時茹毛飲血之世世質民淳斯文未作 濟曰茹蘊也言上古巣居穴處飲食血肉蘊籍毛羽時人質樸文章未作 逮乎伏羲氏之王天下也始畫八卦造書契以代結繩之政由是文籍生焉 濟曰太古結繩以理逮及也由從也及伏羲畫八卦代結繩由是書籍生焉 易曰觀乎天文以察時變觀乎人文以化成天下 翰曰天文日月星辰時變失常也人文禮樂典籍化成謂化下使成理 文之時義遠矣哉 翰曰美文功也 若夫椎輪為大輅之始大輅寧有椎輪之質增冰為積水所成積水曾 昨能 微增冰之凜 力錦 何哉 向曰椎輪古者椎車大輅玉輅寧安質樸增厚[illegible]深曾則微無也凜寒也言玉輅因椎[illegible]

一〇　宋版文選（序首）

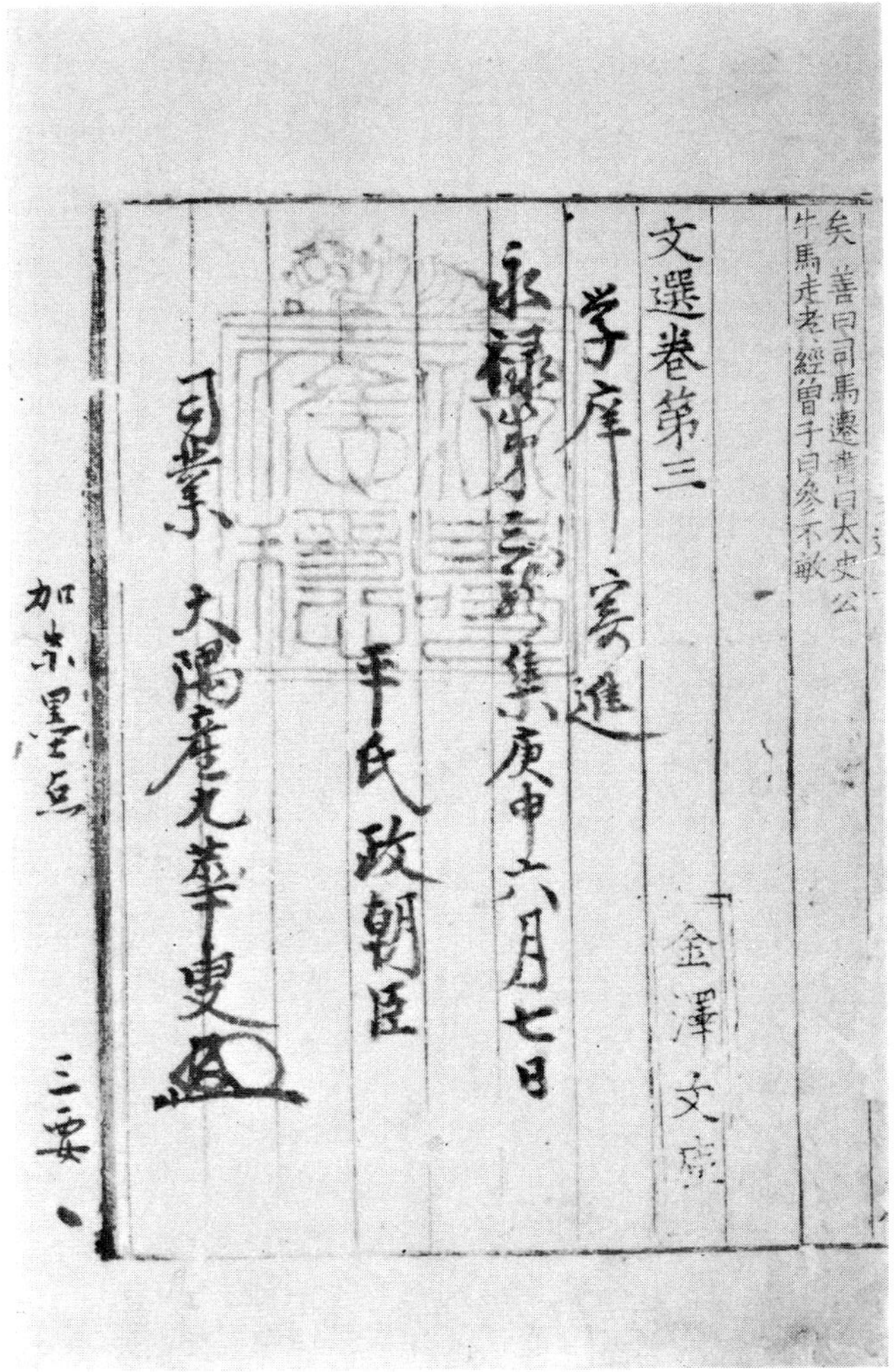

二　宋版文選（巻三末）九華識語

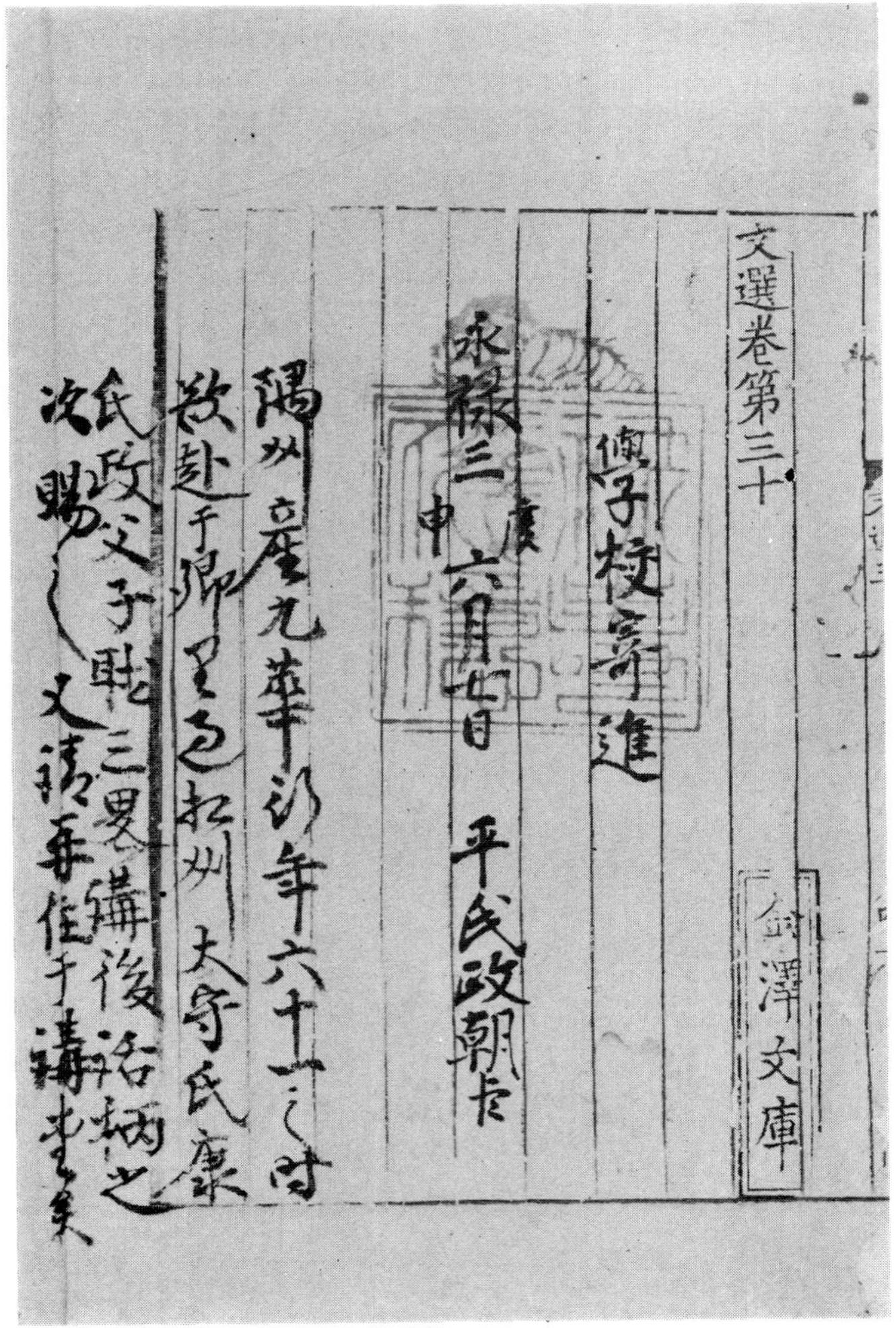

三　宋版文選（巻三十末）九華識語

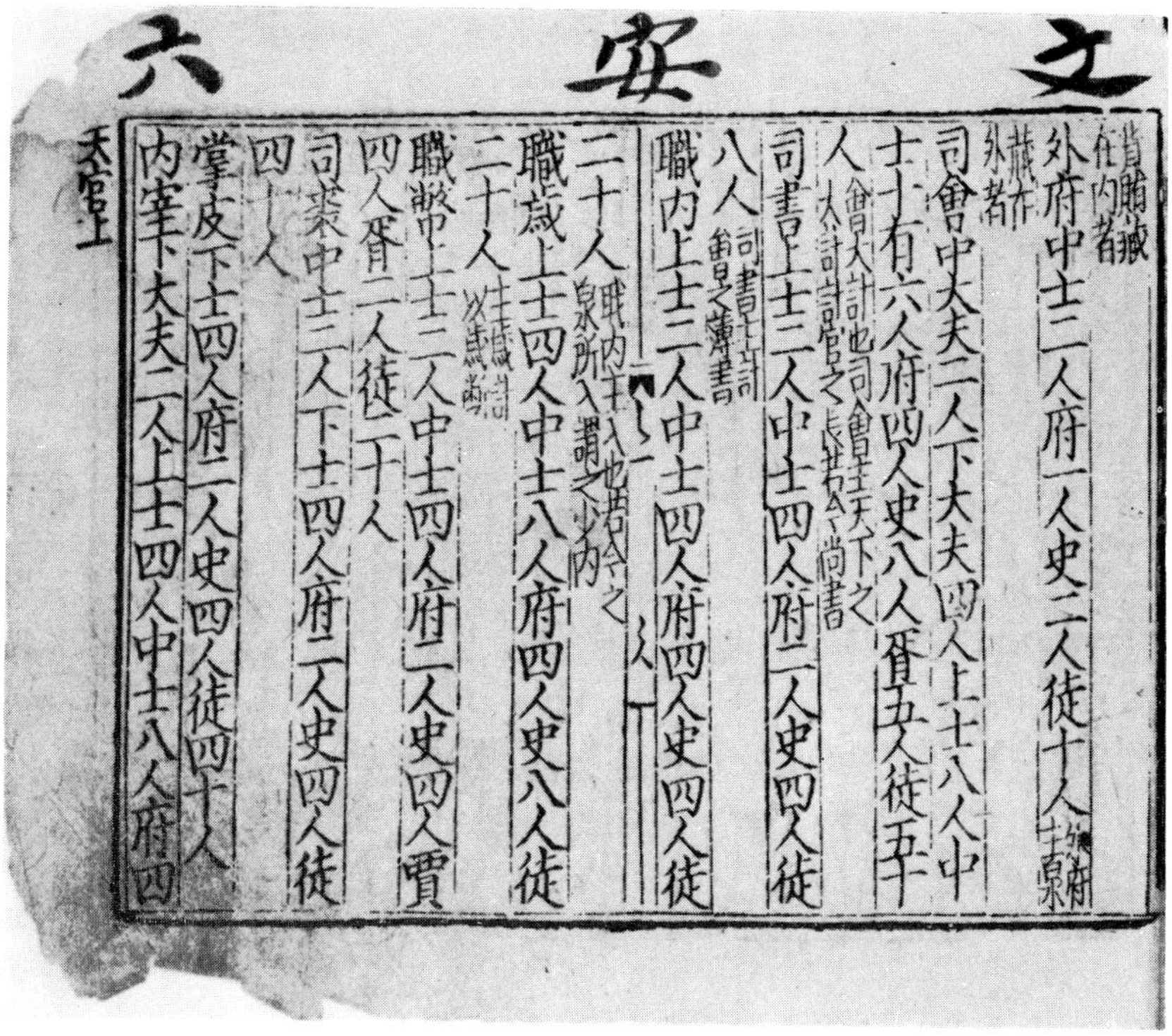
文　安　六

貨賄藏在內者

外府中士二人府一人史二人徒十人

司會中大夫二人下大夫四人上士八人中士十有六人府四人史八人胥五人徒五十人

司書上士二人中士四人府二人史四人徒八人

職內上士二人中士四人府四人史四人徒二十人

職歲上士四人中士八人府四人史八人徒二十人

職幣上士二人中士四人府二人史四人賈四人胥二人徒二十人

司裘中士二人下士四人府二人史四人徒四十人

掌皮下士四人府二人史四人徒四十人

內宰下大夫二人上士四人中士八人府四

天官上

三　宋版周禮（巾箱本）（卷首）

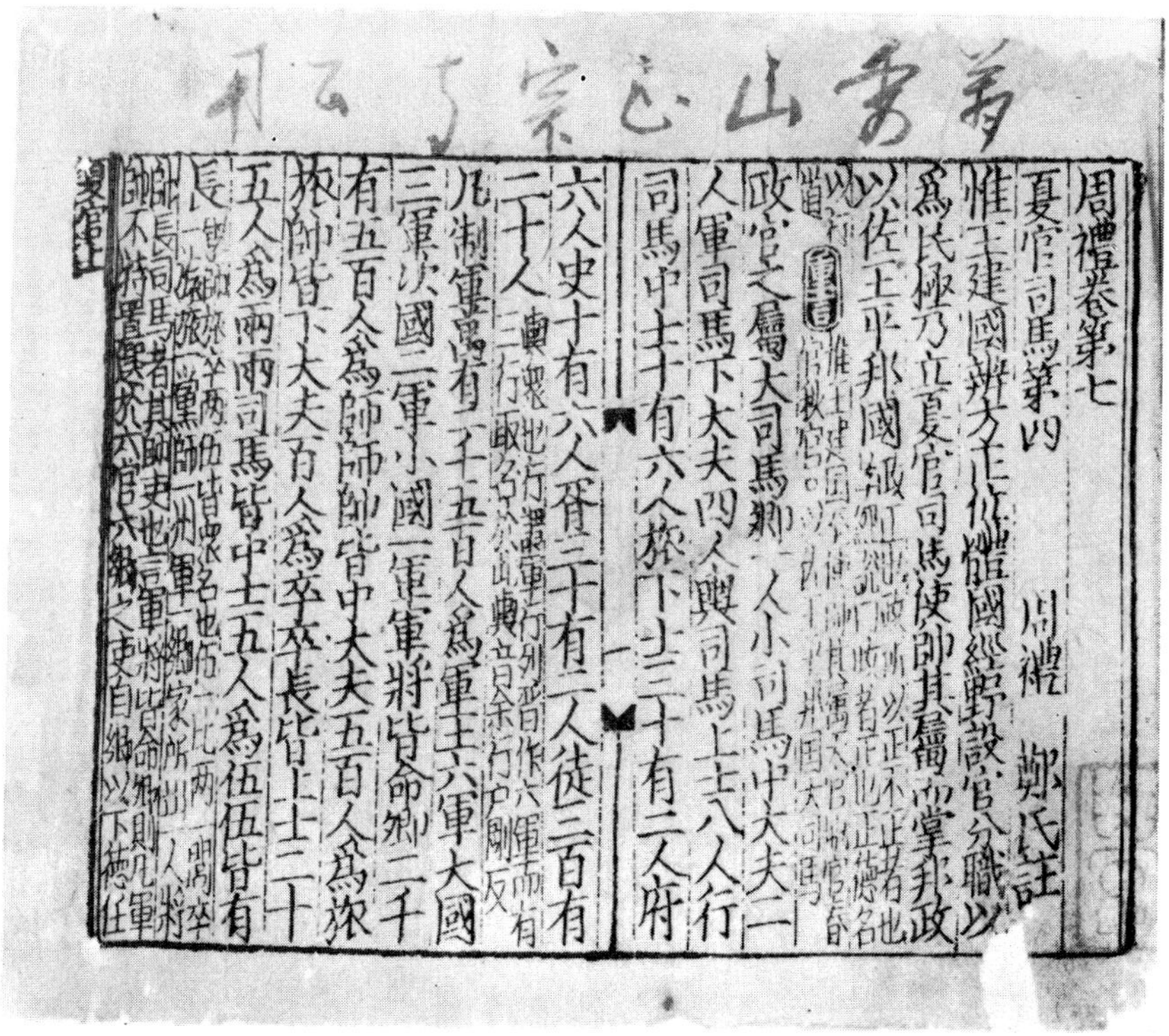
周禮卷第七

夏官司馬第四　周禮　鄭氏註

惟王建國辨方正位體國經野設官分職以為民極乃立夏官司馬使帥其屬而掌邦政以佐王平邦國

政官之屬大司馬卿一人小司馬中大夫二人軍司馬下大夫四人輿司馬上士八人行司馬中士十有六人旅下士三十有二人府六人史十有六人胥三十有二人徒三百有二十人

凡制軍萬有二千五百人為軍王六軍大國三軍次國二軍小國一軍軍將皆命卿二千有五百人為師師帥皆中大夫五百人為旅旅帥皆下大夫百人為卒卒長皆上士二十五人為兩兩司馬皆中士五人為伍伍皆有長

四　宋版周禮（卷七首）

禮記卷第一

後學東匯澤陳澔 集説

曲禮上第一 經曰曲禮三千言節目之委曲其多如是也此即古禮經之篇名後人以編簡多故分爲上下○張子曰物我兩盡自曲禮入

曲禮曰毋不敬儼若思安定辭安民哉 毋禁止辭○朱子曰首章言君子脩身其要在此三者而其效足以安民乃禮之本故以冠篇○范氏曰經禮三百曲禮三千可以一言蔽之曰毋不敬○程子曰心定者其言安以舒不定者其辭輕以疾○劉氏曰篇首三句如曾子所謂君子所貴乎道者三而籩豆之事則有司存之意蓋先立乎其大者也毋不敬則動容貌斯遠暴慢矣儼若思則正顏色斯近信矣安定辭則出辭氣斯遠鄙倍矣三者脩身之要爲政之本此君子脩己以敬而其效至於安人安百姓也

敖去聲不可長貞兩欲不可從縱志不可滿樂洛不可極 朱子曰此篇雜取諸書精要之語集以成篇雖大意相似而文不連屬如首章四句乃曲禮古經之言敖

學校常住也

二子謂伋壽也乘舟渡河如齊也景古影字養養猶漾漾憂不知所定之貌○舊說以為宣公納伋之妻是為宣姜生壽及朔朔與宣姜愬伋於公公令伋之齊使賊先待於隘而殺之壽知之以告伋伋曰君命也不可以逃壽竊其節而先往賊殺之伋至曰君命殺我壽有何罪賊又殺之國人傷之而作是詩也○

二子乘舟汎汎其逝此字本與害叶今讀誤願言思子不瑕有害賦也逝往也不瑕疑辭義見泉水此則見其不歸而疑之也

二子乘舟二章章四句太史公曰余讀世家言至於宣公之子以婦見誅弟壽爭死以相讓此與晉太子申生不敢明驪姬之過同俱惡傷父之志然卒死亡何其悲也或父子相殺兄弟相戮亦獨悲哉

邶十九篇七十二章三百六十三句

詩卷之一

北道寄進

一三

元版詩集傳（卷一末）　六

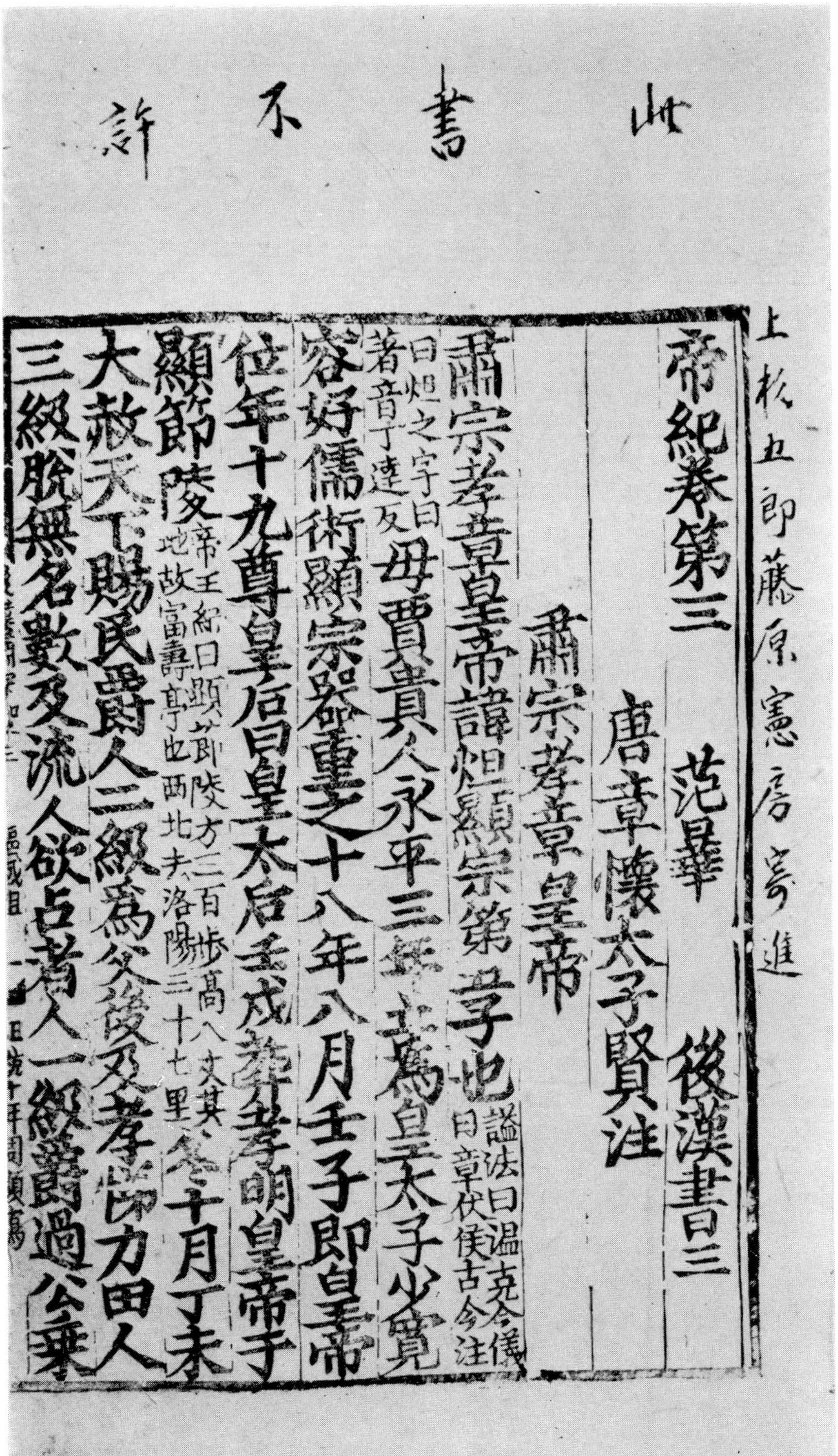

此書不許

上杉五郎藤原憲房寄進

帝紀卷第三　范曄　後漢書三

唐章懷太子賢注

肅宗孝章皇帝

肅宗孝章皇帝諱炟顯宗第五子也謚法曰温克令儀曰章伏侯古今注曰炟之字曰著音丁達反母賈貴人永平三年立爲皇太子少寬容好儒術顯宗器重之十八年八月壬子即皇帝位年十九尊皇后曰皇太后壬戌葬孝明皇帝于顯節陵帝王紀曰顯節陵方三百步高八丈其地故富壽亭也西北去洛陽三十七里冬十月丁未大赦天下賜民爵人二級爲父後及孝悌力田人三級脫無名數及流人欲占者人一級爵過公乘

七　明版後漢書（卷三首）上杉憲房寄進識語

新增音義釋文古今歷代十八史略卷上

太古

天皇氏以木德王。歲起攝提。無爲而化。兄弟十二人。各一萬八千歲。地皇氏以火德王。兄弟十一人。亦各一萬八千歲。人皇氏兄弟九人。分長九州。凡一百五十世。合四萬五千六百年。人皇以後。有曰有巢氏。構木爲巢。食木實。至燧人氏。始鑽燧。教人火食。在書契以前。年代國都不可考。

太昊伏羲氏。風姓。代燧人氏而王。蛇身人首。始畫八卦。造書契。以代結繩之政。制嫁娶。以儷皮爲禮。結網罟。教佃漁。養犧牲以庖廚。故曰庖犧。有龍瑞。以龍紀官。號龍師。木德王。都於陳。崩。女媧氏立。亦風姓。木德王。始作笙簧。諸侯有共工氏。與祝融戰。不勝而怒。乃頭觸不周山崩。天柱折。地維缺。女媧乃鍊五色石以補天。斷鼇足以立四極。聚蘆灰以止滔水。於是地平天成。不改舊物。女媧氏沒。有共工氏。太庭氏。栢皇氏。中央氏。歷陸氏。驪連氏。赫胥氏。尊盧氏。混沌氏。昊英氏。朱襄氏。葛天氏。陰康氏。無懷氏。風姓相承者十五世。

炎帝神農氏。姜姓。人身牛首。繼風姓而立。火德王。斲木爲耜。揉木爲耒。始教耕。作蜡祭。以赭鞭鞭草木。嘗百草。始有醫藥。教人日中爲市。交易而退。都於陳。徙曲阜。傳帝承。帝臨。帝明。帝直。帝來。帝襄。帝榆罔。姜姓凡八世。五百二十年。

明版十八史略（巻首）　六

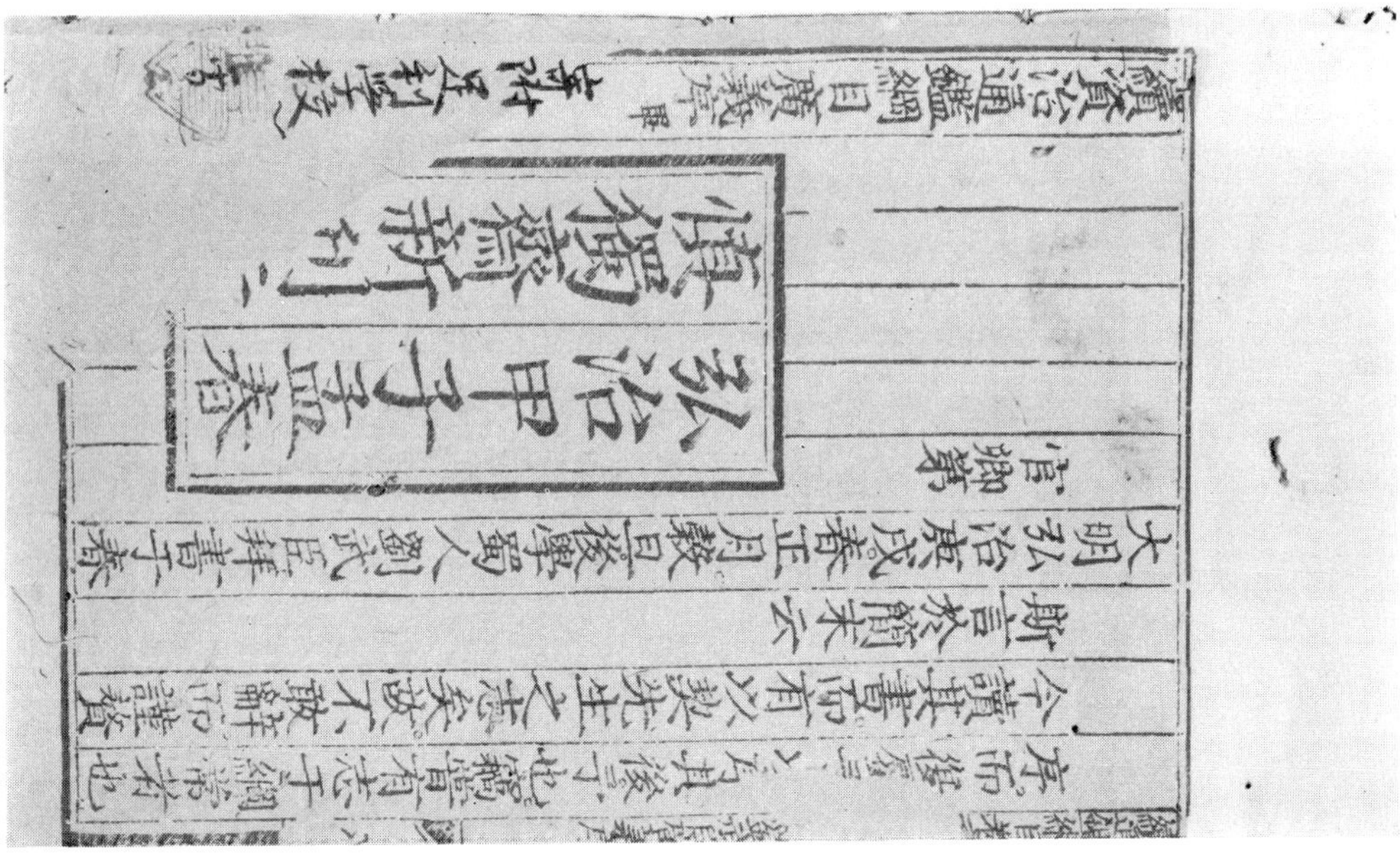

二〇　明弘治版續資治通鑑綱目（木記）三要識語

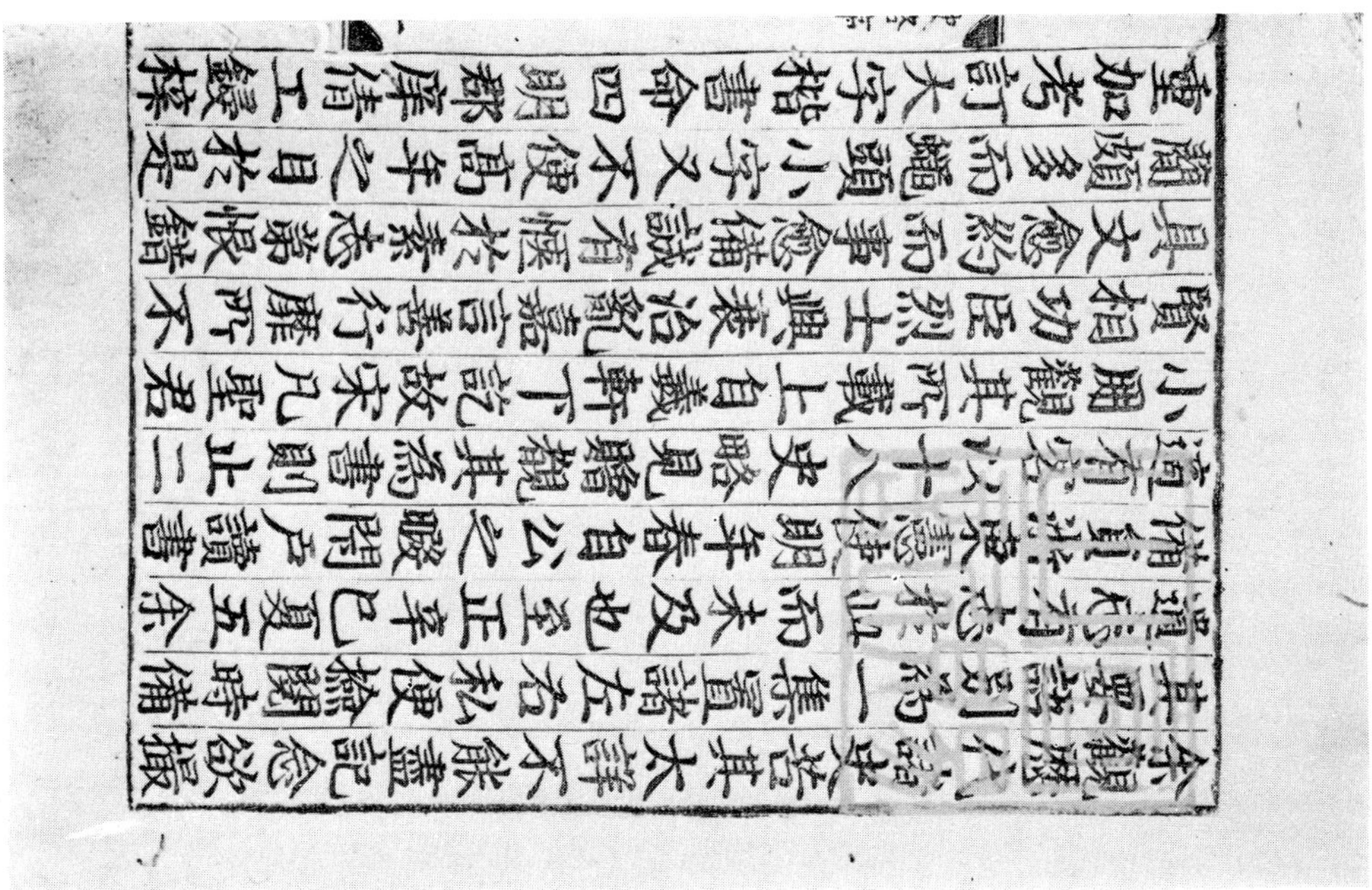

一九　朝鮮銅活字版十八史略（卷首）

新刊素王事紀

玉紅色緑簪
黄纓紫褐裘

魯司寇像

三　伏見版孔子家語附素王事紀（巻首）

虎鶴鶴誤者必矣只須待博雅君子改制
焉也謹跋
慶長第四龍集己亥仲夏吉辰
前學校三要野衲於城南伏見里書焉
慈眼刊之

三　伏見版孔子家語附素王事紀（巻末刊記）

[illegible]之外錄曰元朝文宗皇帝□登位以謀三出居金陵

潛邸江南人懷其孝恭仁文之德且以為武宗聖子天下大統當歸之主故民間皆私稱太子泰定

無嫌而歸國也移湖北勢甚急矣當是時也廣智師伯住中天竺切如天命人心之所歸而以尤一

詩湘楚之阻故憂君之念不能抑止感發於辭私效楚騷招魂之辭攄禱祠之誠題曰猗蘭

辭陽以汝喜禪悅餘暇及翰墨游戲之樂表而示之陵用老杜謂玄元皇帝老子老君廟詩所

謂仙李盤根大猗蘭奕葉光之句陵翊王度祝僖之懇悃含蓄在中或言琴操猗蘭者孔子所作

也孔子由衛反魯之道見香蘭獨茂者乃止車援琴鼓之自傷不逢時託辭於蘭也是則切於

所題故事吾子何不用此註於本題而獨引老杜詩且遠捜諸經史之言不亦遠乎對言吾未

之信夫琴操作者果為誰耶惟韓文有之今以老杜視退之猶子孫耳東漢張平子詩猗猗秋蘭植彼

中阿是在杜前然未直言猗蘭

雖依猗字安蘭字上亦□□

而言之綠竹猗猗之義盈之白為

以老杜所用猗蘭則於宜反有三

若史記外戚世家王太后有娠夢日

生於猗蘭殿者杜下筆如有神所

楚辭何不編在屈原離騷經前獨

琴操樂府古有其名至有辭而其

離騷路曼曼其修遠曼漫字

同冪戚歌長夜漫漫何時旦漫漫

無際之白離騷薋菉葹以盈

室注菉力玉反葹尚支反皆

惡草以比讒佞　霜質　韓文

注云質質不明白今案質字

乃交易貨貿之義其可訓

為不明乎蓋以瞀字音同莊子

令適有瞀病是則不明也檀弓

蒲室集卷之一

豫章　釋　大訢　笑隱　二十

攄孟堅辭之猗猗可与併案耳

訓者所以通用也然亦非無據

古辭　懷而生男即武帝也老子陰引漢武故事云帝以乙酉七月七日

而大盛者也退之不可及也若琴操猗蘭孔子所作則晦菴朱氏集

猗蘭辭　置之柳子厚招海賈辭之上氏子設心可知也吳公清云

蓋出於賤工野人口君子不道也韓退之作十琴操李太白

野漫漫兮菉葹霜質質兮露瀰瀰滋兮匪晹不晞彼

美不見兮以渴以飢湘之涉兮阻且隮挂長蛇兮吼

玄雲景翳翳兮歷崦嵫念徂歲兮怨芳期羌不畏乎

色衰誰招魂兮若有知邈長風兮覽予懷寄音塵於

竹帛兮猶不媚窈姿玉之精兮參差鳳之佩兮陸離

芳霏霏兮闕吾惟緪朱弦兮待之娛兮之獨兮澹忘

諸人作樂府諸篇皆有龍袞舊名撰造新語猶屈原之九歌也吳草野時李也亦不以琴操謂孔子所作也今吾師作特作斯辭僕翊梁王以效招魂之辭也晉邸不守著暇伝謀于位英皇不幸羅大故周王梁王楠

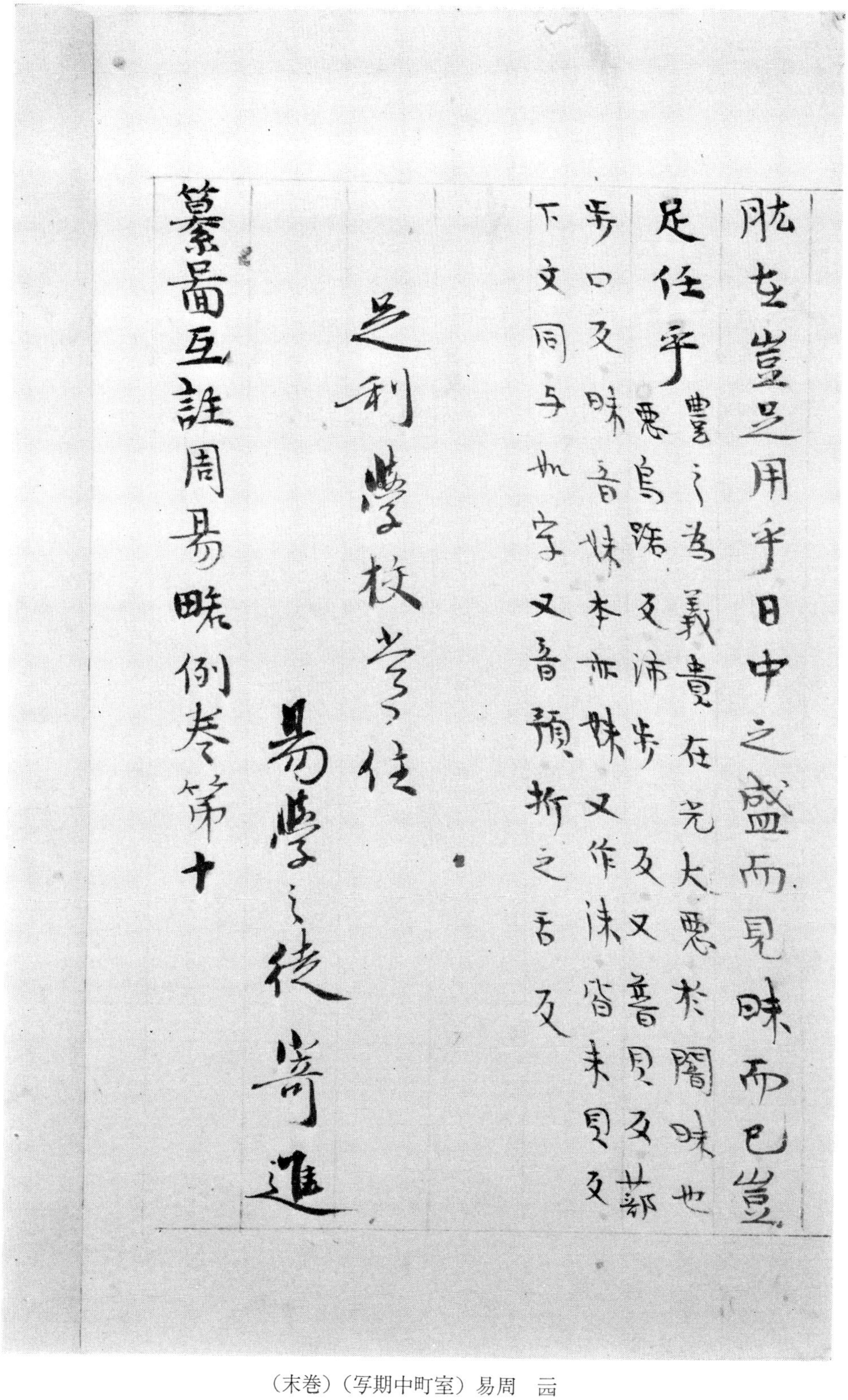
肬在豈足用乎日中之盛而見昧而已豈
足任乎
豐之為義貴在光大悪於闇昧也
悪烏路反沛步反又普貝反蔀
步口反昧音妹本亦妹又作沬皆未見反
下文同与拟字又音頹折之舌反
足利學校常住
易學之徒寄進
纂圖互註周易略例卷第十

四　周易（室町中期写）（巻末）

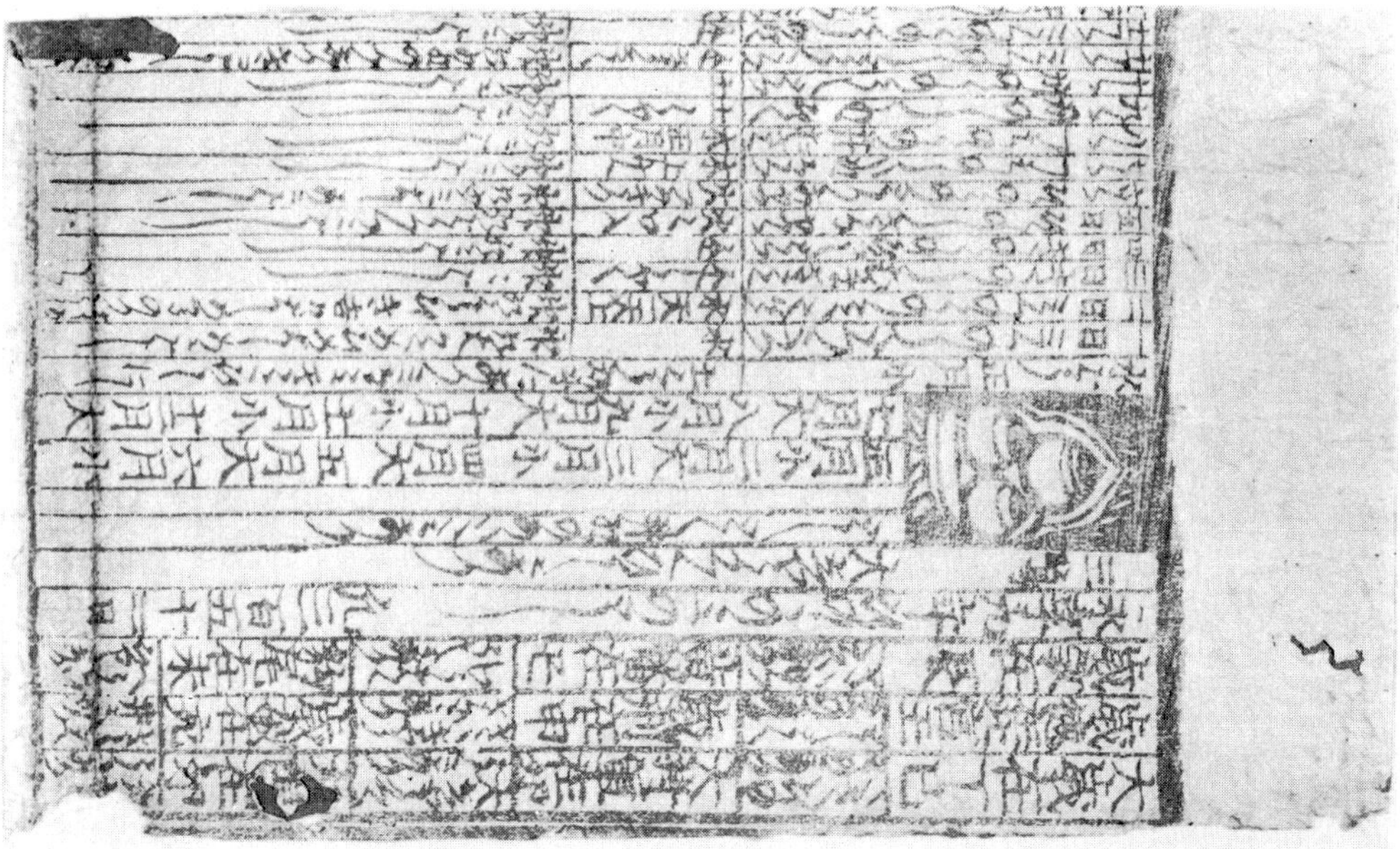

三六　周易（同右）原表紙裏張（永享九年平仮名版暦）

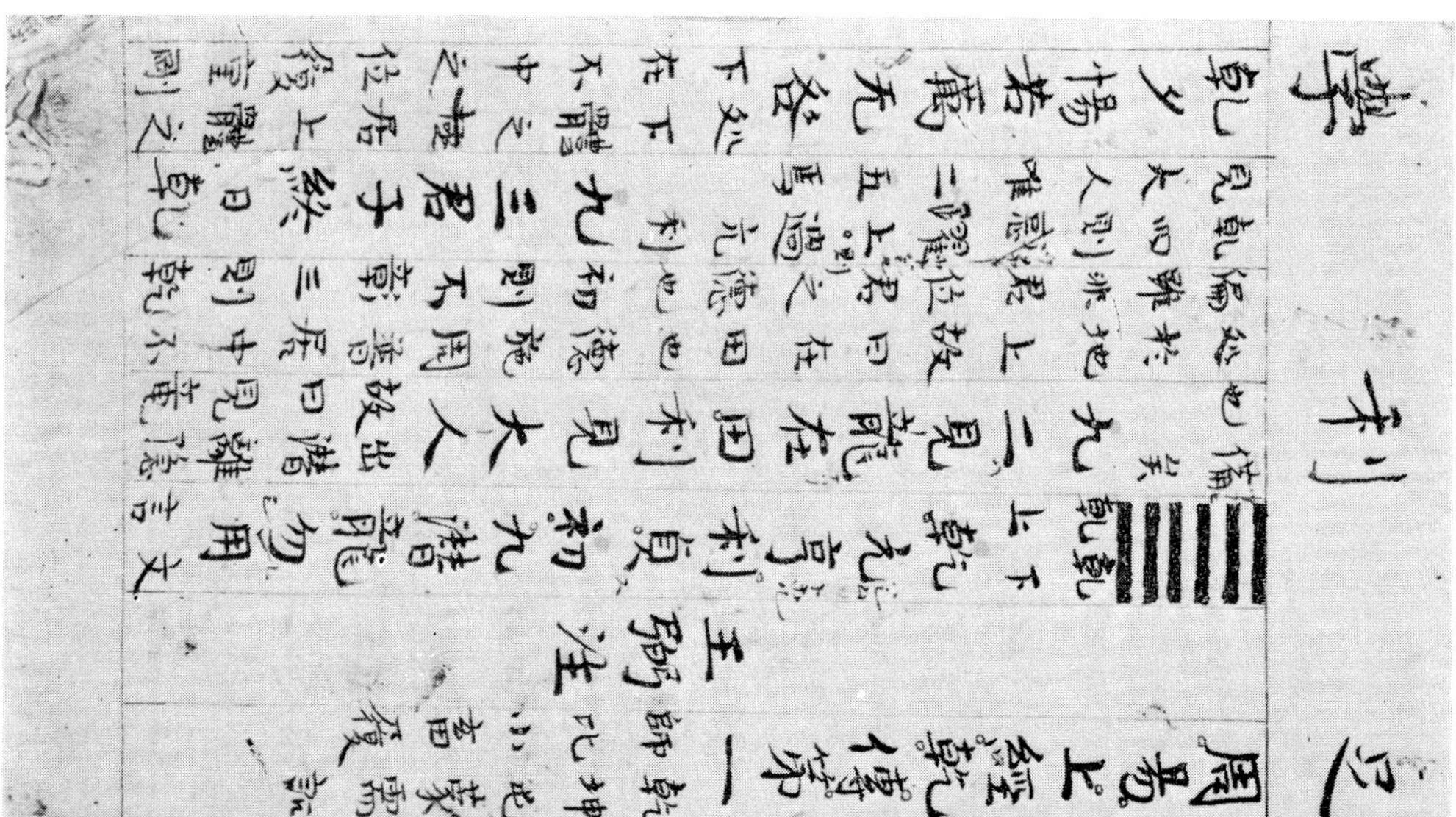

三五　周易（同前）巻首

周易本義啓蒙翼傳外篇

新安前鄉貢進士胡一桂集

所謂外篇者凡非周易傳注而自為一書皆入于此以緯書為首如焦氏易林京氏易傳郭氏洞林猶皆是易卜筮支然古法序卦已非先聖之舊衛氏元包用京卦序而卦辭皆自為魏氏參同契用二用六虛極為例當但借坎离為爐鼎之術至於楊雄太玄馬公潛虛關氏洞極則易之支流餘裔可謂外之又外者矣若夫邵子皇極經世書直上接伏羲先天易專用其卦不用其蓍立為推步算法大而天地之運化微而万物之生殖遠而上下

周易本義啓蒙翼傳（外篇首）室町末期写　乇

重離疊変訣

沙門謙宗述

寳鏡三昧曰重離六爻偏正回互疊而為三

変盡成五

古德云離南方之卦火也心之譬也云 ䷝

這箇其蹤不可觸為甚麼却疊変云好

手手中呈好手紅心心裏中紅心

偏正回互疊而為三者 ䷝ 重二於初

六　重離疊変訣（巻首）室町中期写

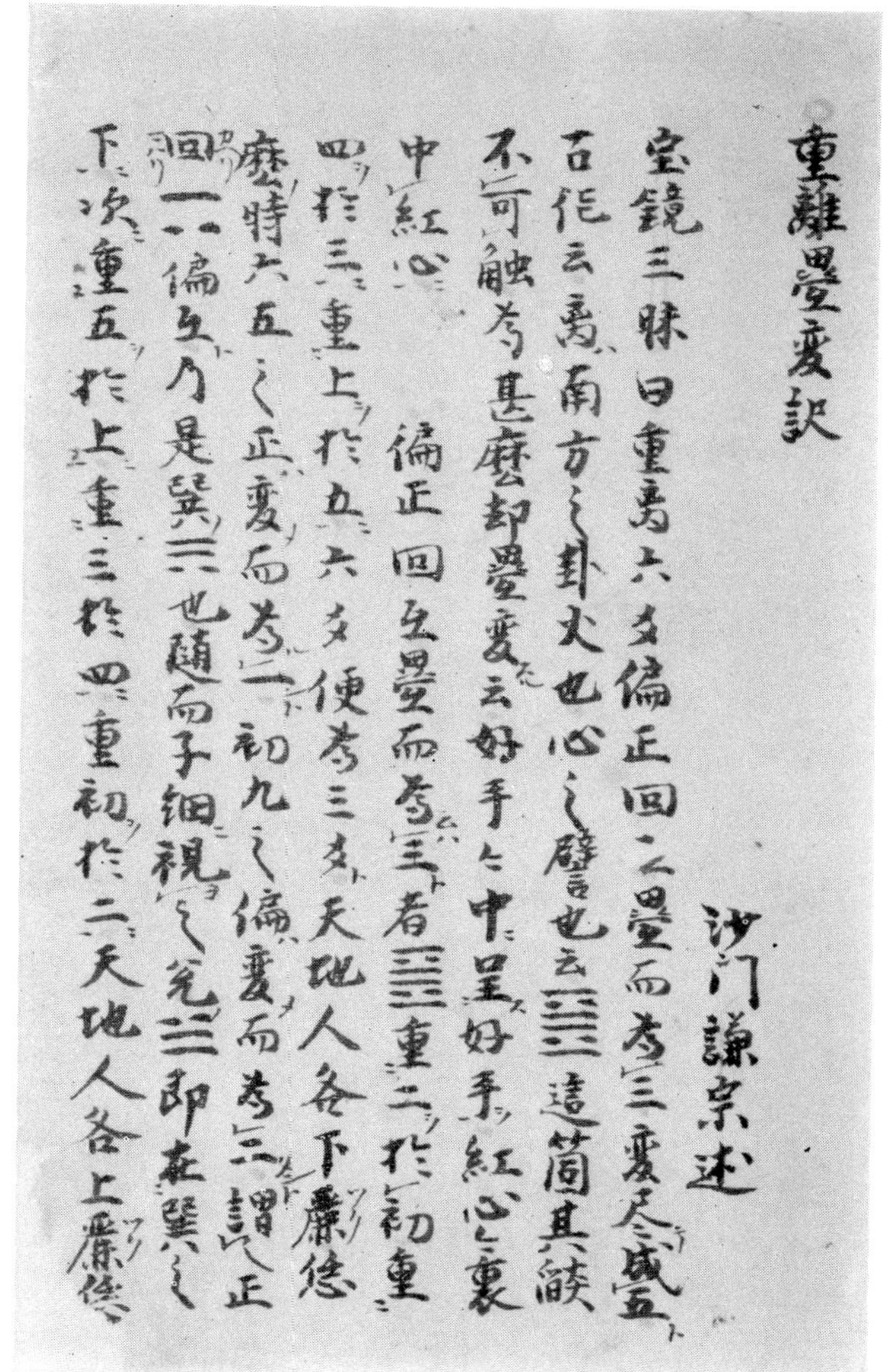
重離疊変訣
沙门謙宗述
宝鏡三昧曰重離六爻偏正回互疊而為三変尽成五
古徳云離南方之卦火也心也譬也云☲☲這箇其缺
不可触為甚麼却疊変云好手々中呈好手紅心々裏
中紅心
偏正回互疊而為三者☲重二於初重
四於三重上於五六爻便為三爻天地人各下廉恁
麼時六五之正変而為二初九之偏変而為三謂之正
回一一偏五乃是巽☴也随而子細視之兊☱即在巽之
下次重五於上重三於四重初於二天地人各上廉恁

二九　重離疊変訣（巻首）九華手写

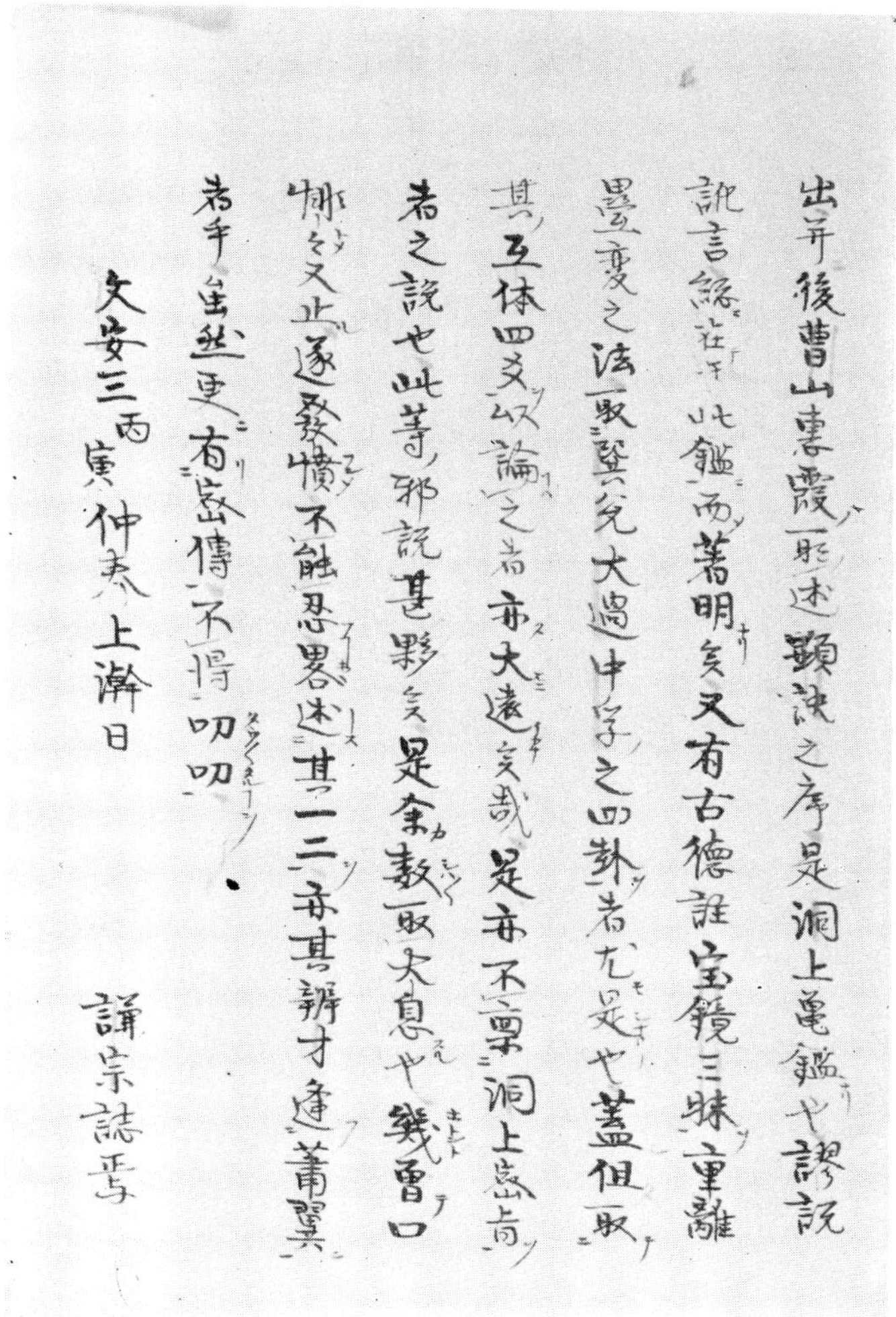
出乎後曹山寒霞形迷顕訣之序是洞上亀鑑也謬説
訛言総在于此鑑而著明矣又有古徳註宝鏡三昧重離
疊変之法取兊大過中孚之四卦者尤是也蓋但取
其五体四爻以論之者亦大遠矣哉是亦不稟洞上宗旨
者之説也此等邪説甚夥矣是余数取太息也幾曽口
惜々又止遂發憤不能忍畧述其一二亦其辨才逢蕭翼
者乎虽然更有密傳不得叨叨
文安三丙寅仲春上澣日
謙宗誌焉

三〇　重離疊変訣　江戸初期補写（巻末）

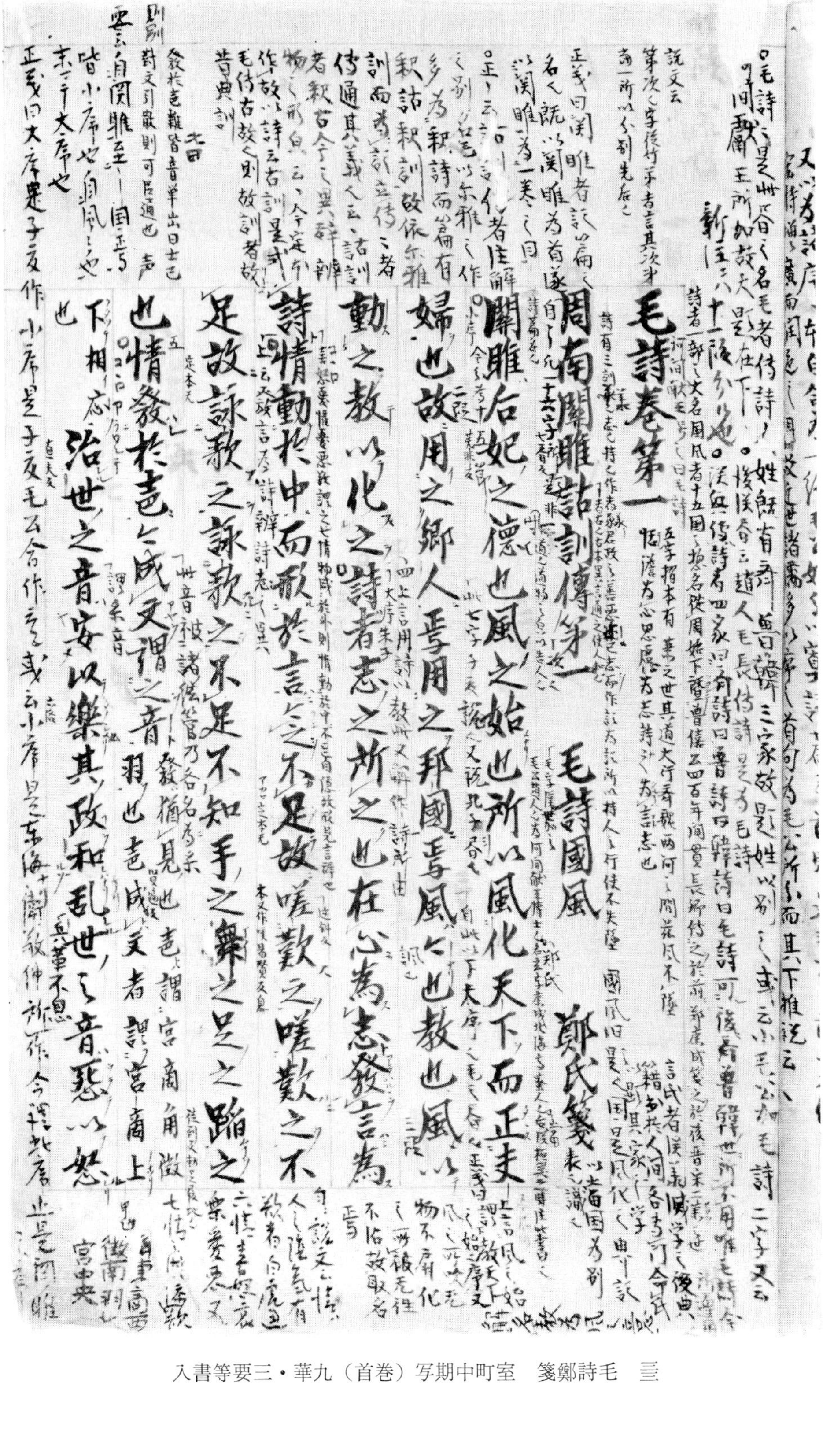

毛詩巻第一
周南關雎詁訓傳第一
毛詩國風
鄭氏箋
關雎后妃之德也風之始也所以風化天下而正夫
婦也故用之鄉人焉用之邦國焉風風也教也風以
動之教以化之詩者志之所之也在心為志發言為
詩情動於中而形於言言之不足故嗟歎之嗟歎之不
足故詠歌之詠歌之不足不知手之舞之足之蹈之
也情發於聲聲成文謂之音
治世之音安以樂其政和乱世之音怨以怒

三　毛詩鄭箋　室町中期写（首巻）九華・三要等書入

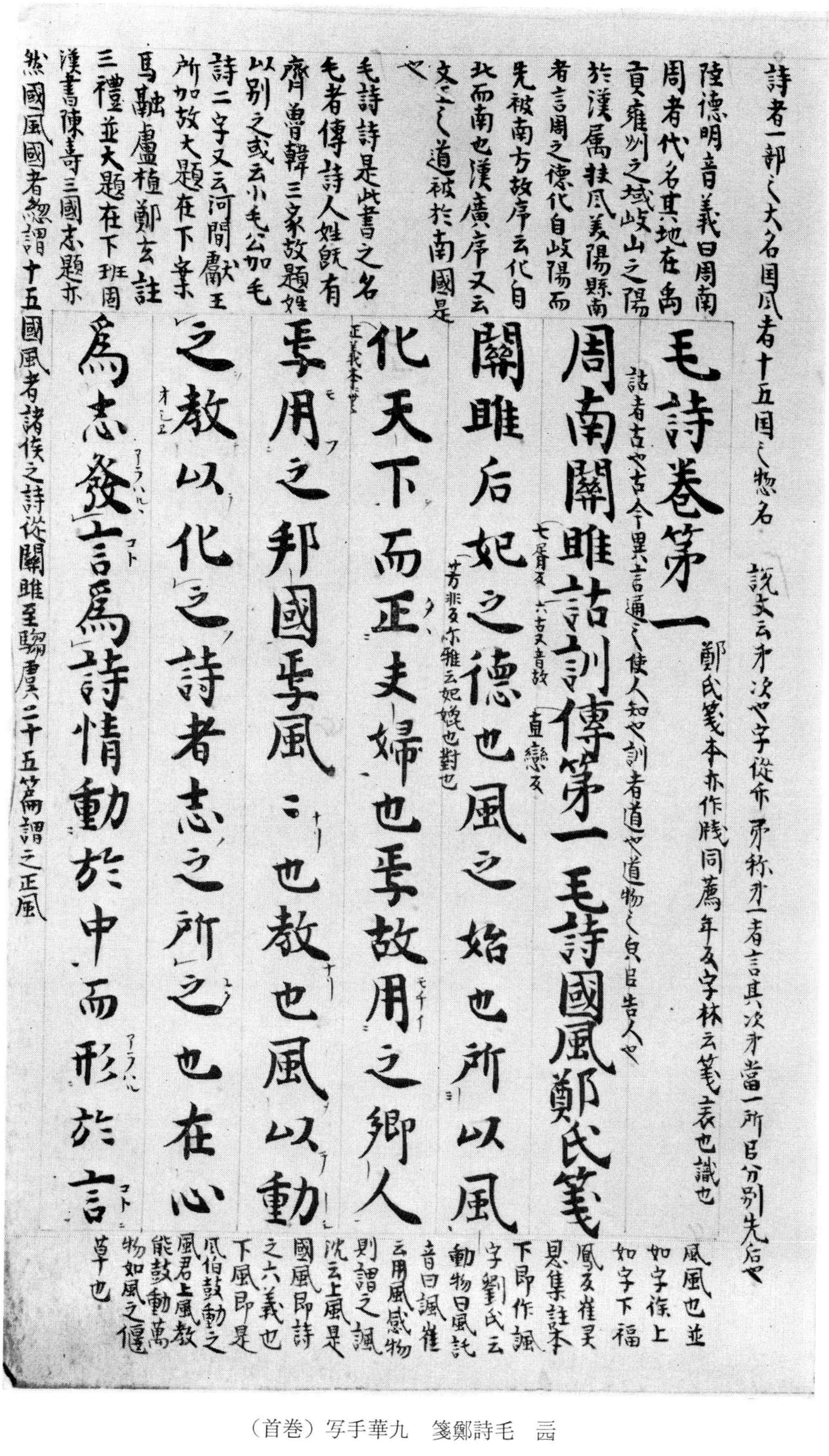
詩者一部之大名国風者十五国之惣名
説文云弟次也字從竹弟 弟称第一者言其次弟当一所以分別先后也
陸德明音義曰周南周者代名其地在禹貢雍州之域岐山之陽於漢屬扶風美陽縣南者言周之德化自岐陽而先被南方故序云化自北而南也漢廣序又云文王之道被於南國是也
毛詩詩是此書之名毛者傳詩人姓既有齊魯韓三家故題姓以別之或云小毛公加毛詩二字又云河間獻王所加故大題在下案馬融盧植鄭玄註三禮並大題在下班固漢書陳壽三國志題亦然國風國者総謂十五國風者諸侯之詩從關雎至騶虞二十五篇謂之正風

毛詩巻第一

鄭氏箋本亦作牋同薦年反字林云箋表也識也

周南關雎詁訓傳第一　毛詩國風　鄭氏箋

詁者古也古今異言通之使人知也訓者道也道物之貌以告人也

七胥反　六古又音故　直戀反

關雎后妃之德也風之始也所以風化天下而正夫婦也故用之鄉人焉用之邦國焉風風也教也風以動之教以化之詩者志之所之也在心爲志發言爲詩情動於中而形於言

芳非反亦雅云妃媲也對也

正義本作也

風風也並如字徐上如字下福鳳反崔靈恩集註本下即作諷字劉氏云動物曰風託音曰諷崔云用風感物則謂之諷沈云上風是國風即詩之六義也下風即是風伯鼓動之風君上風教能鼓動萬物如風之偃草也

（首巻）写手華九　箋鄭詩毛　言

呼獻子皐曰野哉孔悪者以此怒来然

馬氏曰祥禫之制施於三年之喪則其月同施於期之喪則其月異雜記曰十一月而練十三月而祥十五月而禫此期之喪也父在為母有所屈三年所以為極而至於二十五月者其礼不可過以三年之愛而斷於期而其情猶可伸在禫月而楽者所於人也在從月而楽者作於己也

一尽也國君之喪主人哭入即踊也　嫌　祥而縞　冠素紕也　是月禫徙月楽　言禫明月可以用楽也　君於士有賜帟　帟幕之小者所以承塵賜之則張於殯上大夫以上幕人職供帳也

檀弓上第二

教学校常住本陳澔本奥書云

延徳二年五月廿二日　建仁寺大龍庵一牛叟主寓之　於化天英叟吟人也大隅産本華能化之時為東堂

至徳二年六月十一日以五条大外記家本写点了　其本之奥書曰　本至同住以正義校之圖

永和元年五月二日以此本侍　禁裏御讀說　清原良賢

元文北四年勘之　百七十四年之　削字之

禮記鄭注　室町中期写（檀弓上第二末）　三六

春秋經傳集解桓公第二　三要集註

杜氏　　尽十八年

桓公、正義曰陸曰公名軌惠公之子隱公之弟母仲子史記云名允諡法辟土服遠曰桓　魯世家桓公名允惠公之子隱公之弟仲子所生以桓王九年即位莊王三年薨世本桓公名軌世族譜亦為軌諡法辟土服遠曰桓諡法非一略舉一耳亦不知本以何行而為此諡他皆放此是歲在玄枵

大全云公名軌史記名允惠公之子隱公之弟母仲子夫人文姜在位十有八年諡法辟土服遠曰桓

經元ー　要云桓元年ハ庚午　桓王九年也　大全云元

三六　春秋經傳集解抄　三要自筆註（桓公第二首）

孝經直解卷第一

孔安國者孔子十一世之孫漢武帝之國子博士也字ハ

古文孝經序

敘字與序音義同敘ハ緒也謂端緒也

居傳之端敘述其意也序序也跡也

孔安國

尚書序下无此三字此蓋後所題未必

孔自爲之孔氏作傳意有十一孝經名

孝事親之名經論孝之經孝何也孝者人之高行之高

者經常也此書可後代常行謂高行而爲常訓詁云

也善父母爲孝則孝者事父母之名也

厥初本於父母全而生之養以成之其身體髮膚視

軆氣息資衣食之用保性命之壽乃至下人倫之富

貴榮華顯於當世令聞彰於後昆曷嘗非父母之德

生育之功哉父母之於身也親莫近焉尊莫大焉凡

行者發心以動身自已而及物莫不從近至遠緣尊

遠卑局其於近不恪遠豈懷乎於尊局慎卑豈勤乎

尊爲卑之家近爲遠之本孝行於尊近是行最尊

故爲人之高行也此解孝名礼記祭統曰孝者畜也

壱　古文孝經　室町中期写（巻首）

論語巻第一　何晏集解

學而第一

論語是此書捴名学而為第一篇別目中間講說多分為科段侃昔受師業自学而至堯曰凡廿篇首末相次無別科重而持学而最先者言降聖以下皆須学成故学記曰玉不琢不成器人不学不知道是明人必須学乃成此書既遍該衆典以教一切故以学而為先也第者審諦也一教之始也既諦定篇次以学而居首故曰学而第一也

子曰學而時習之不亦悅乎　馬融曰子者男子通称也

兲　論語集解　九華手写（巻首）

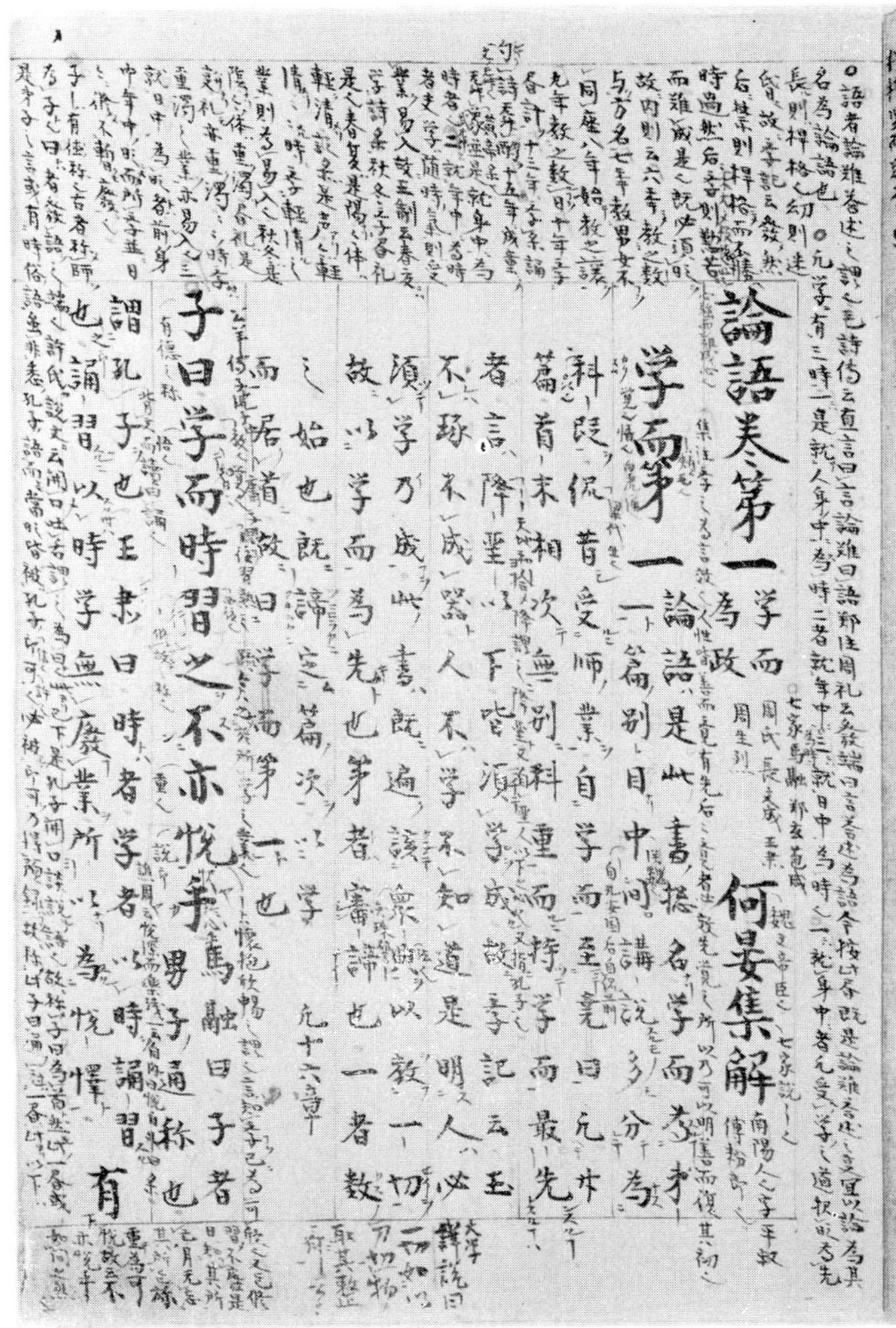
論語巻第一　学而　為政
何晏集解
学而第一
論語是此書揔名学而為篇別目中間講說多分為
科段侃昔受師業自学而至尭曰凡
篇首末相次无別科重而持学而最先
者言降聖以下皆須学成故学記云玉
不琢不成器人不学不知道是明人必
須学乃成此書既遍該衆典以教一切
故以学而為先也第者審諦也一者数
子曰学而時習之不亦悦乎　馬融曰子者男子之通称
謂孔子也王肅曰時者学者以時誦習誦習以時学無廃業所以為悦懌
也

三九　論語集解　九華手写並書入（巻首）

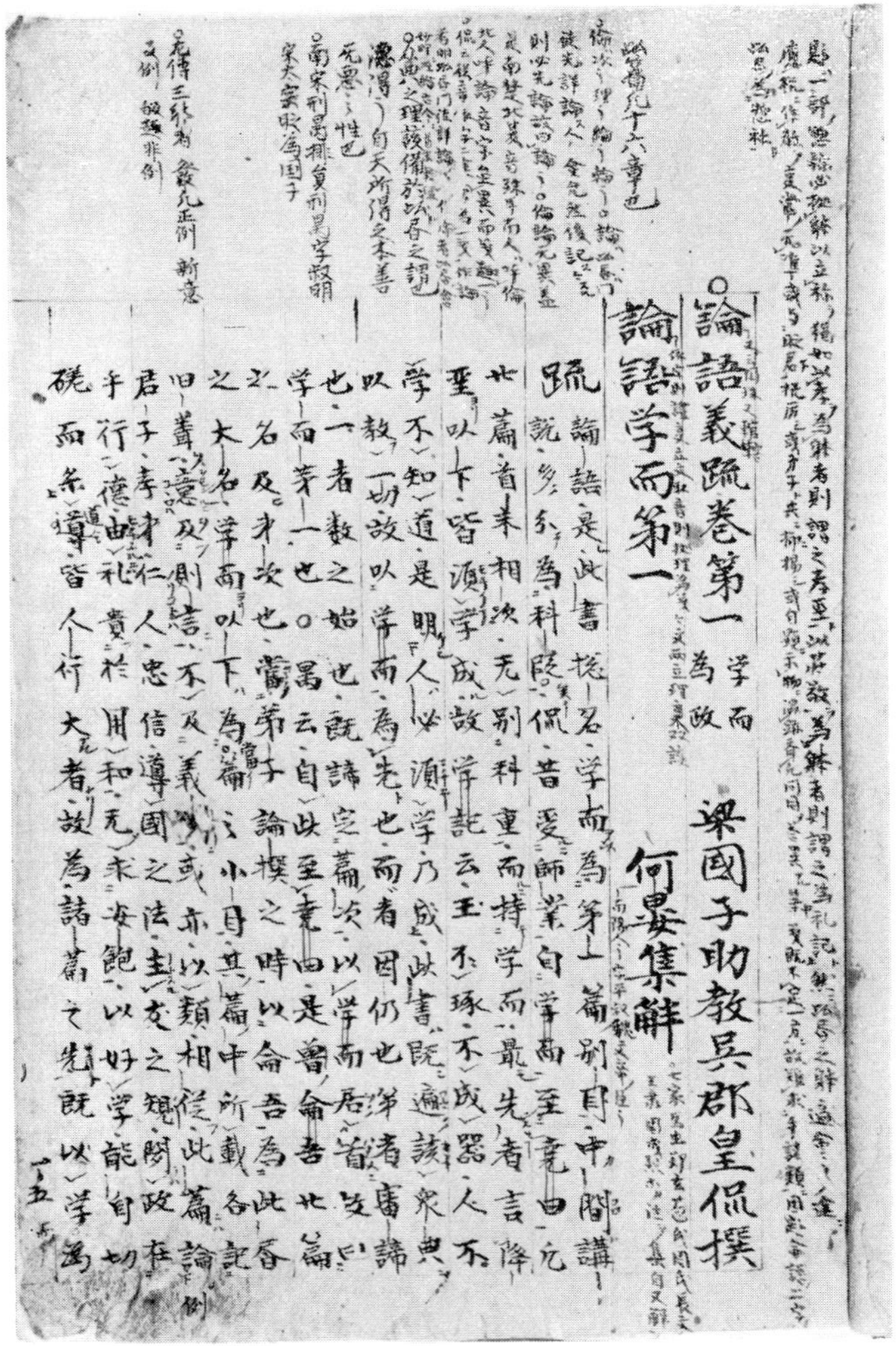
論語義疏巻第一　学而　為政
梁國子助教呉郡皇侃撰
論語学而第一
何晏集解
疏論語是此書揔名学而為第一篇別目中間講
說多分為科段侃昔受師業自学而至尭曰凡
廿篇首末相次无別科重而持学而最先者言降
聖以下皆須学成故学記云玉不琢不成器人不
学不知道是明人必須学乃成此書既遍該衆典
以教一切故以学而為先也而者因仍也第者審諦
也一者数之始也既諦定篇次以学而居首故曰
学而第一也

四〇　論語義疏　室町末期写（巻首）

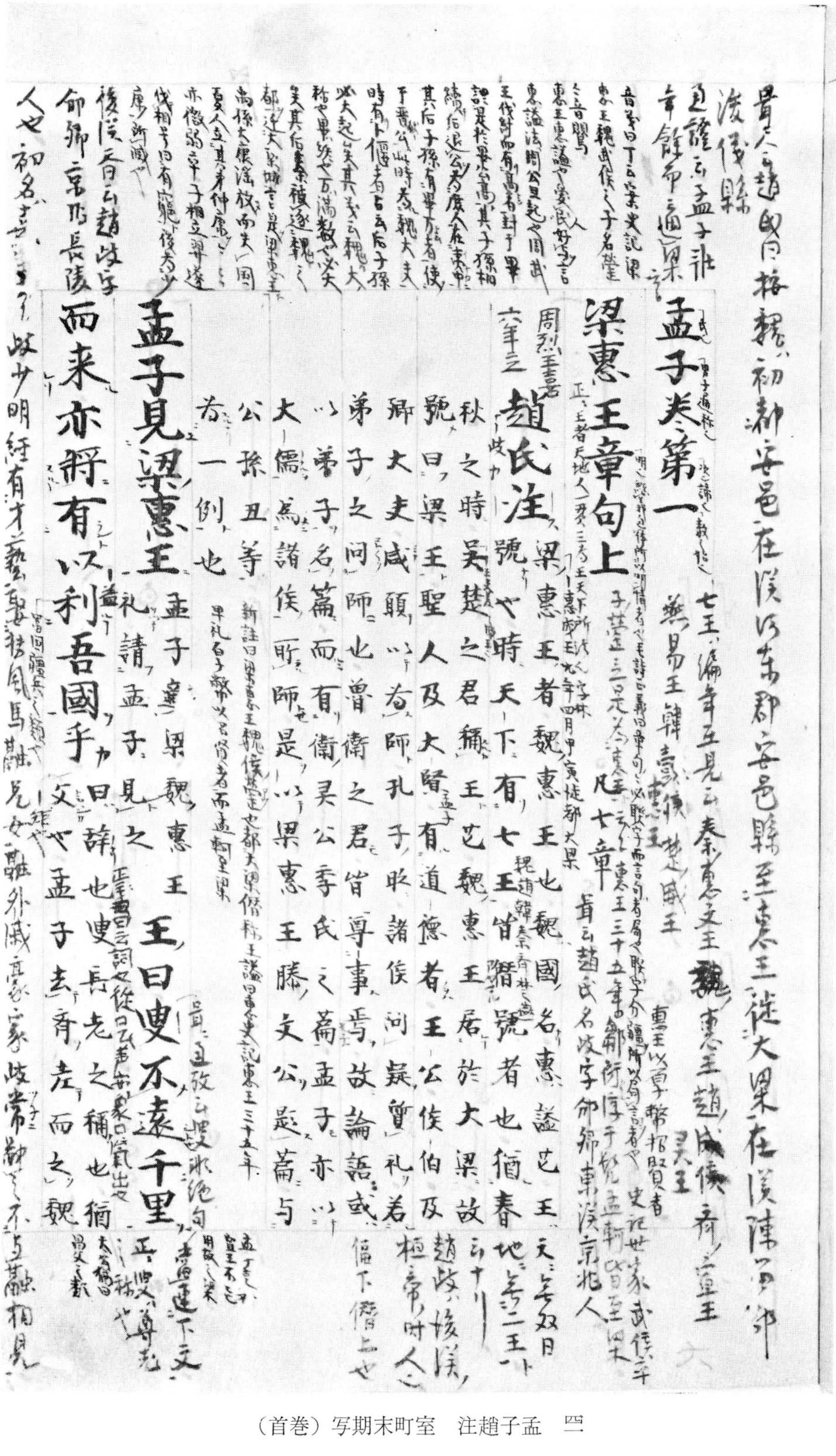
孟子巻第一
梁惠王章句上
趙氏注
梁惠王者魏惠王也魏國名惠謚也王號也時天下有七王皆僭號者也猶春秋之時呉楚之君稱王也魏惠王居於大梁故號曰梁王聖人及大賢有道德者王公侯伯及卿大夫咸願以為師孔子時諸侯問疑質礼若弟子之問師也魯衛之君皆尊事焉故論語或以弟子名篇而有衛霊公季氏之篇孟子亦以大儒為諸侯師是以梁惠王滕文公題篇与公孫丑等為一例也
孟子見梁惠王
孟子適梁魏惠王礼請孟子見之
王曰叟不遠千里而来亦将有以利吾國乎
叟長老之稱也猶父也孟子去齊老而之魏

四二　孟子趙注　室町末期写（巻首）

詳言之矣散宜生案論語云武王曰予有乱臣十人馬融云
十人而散宜生在焉散宜生名之注至今者至而无有
乎爾曰云魯撃折麟於郊者案魯哀公七年公狩郊之
文之言設叙言之之詳矣云傳說出殷高宗者亦言於前篇矣
然而仲尼作春秋以至獲麟而止筆而孟子亦以止於篇矣
至獲麟而止筆而孟子亦必止於无有乎爾而終其篇末盖
亦見孟子擬孔子而作者之設哀公十四年春西狩獲麟杜
氏之麟仁獸之聖王之嘉瑞於无明王出而遇獲仲尼傷周
道之不興感嘉瑞之无應故春秋脩中興之教絶筆於獲麟
之一句所感而作固所以為終之孟子之皆終於是言者盖
亦擬聖人不明於世歴三皇已来權以世代雖有其恨然亦
有遇不遇焉故述仲尼之意而作此七篇遂以无有乎爾
終於篇章之末盖亦深嘆而不怨之云尔

孟子注疏解經巻第十四下

于時長享二年臘月日書之

亖　孟子註疏解經　長享二年写（巻末）

下注後人誤く
正義曰此傳是醫方合与龜策同者相次以淳于意孝文帝時醫奉詔問之又為之傳太倉令故太史公以次述之扁鵲乃春秋時良醫不可別序故引為傳首太倉公次之扁鵲之後
扁鵲者
正義曰黃帝八十一難序云秦越人与軒轅時扁鵲相類仍號之為扁鵲也又家於盧國因命之曰盧醫也
或在齊 正義曰號盧醫今濟州盧縣

扁鵲倉公列傳第四十五 ○索隱曰王劭曆方亘与甘者龜策相接不合列於此後人誤之也 史記一百五

扁鵲者勃海郡鄚人也 徐廣曰鄚當為鄭鄭縣名今屬河間 ○索隱曰案勃海無鄚縣徐說是也 姓秦氏名越人少時為人舍長 ○索隱曰劉氏云守客館之師故号云舍長也 舍客長桑君過 注云舍長也正義曰 ○索隱曰隱者蓋神人也 扁鵲獨奇之常謹遇之長桑君亦知扁鵲非常人也 正義曰長音丁丈反 出入十餘年乃呼扁鵲私坐間与語曰我有禁方年老欲傳与公 上注蓋神人也 公毋泄扁鵲曰敬諾乃出其懷中藥予扁鵲飲是以上池之水三 正義曰 十日當知物矣 ○索隱曰案舊說云上池水謂水未至地蓋承取露及竹木上水取之以和藥服之三十日當見鬼 遇音 物也 乃悉取其禁方書盡与扁鵲忽然不見殆非人也扁鵲以其言 正義曰 異語曰 飲藥三十日視見垣一方人 ○索隱曰方猶邊也言能隔牆見彼邊之人則眼通神也 以此視 間音 病盡見五藏癥結特以診脈為名耳 ○索隱曰診列氏音陳忍反又丈忍反司馬彪云診 也 為醫或在齊或在趙在趙者名扁鵲當晉昭公時 ○索隱曰案左氏簡子專国在定頃二公之時非當昭公世且趙系家叙此事亦在定公之初也 諸大夫強而公族弱趙簡子為大夫專國事簡子疾五日不知人 ○索隱曰案韓子云十日不知人所記異也 大夫

三四

（首巻）写手華九　傳列公倉鵲扁　曱

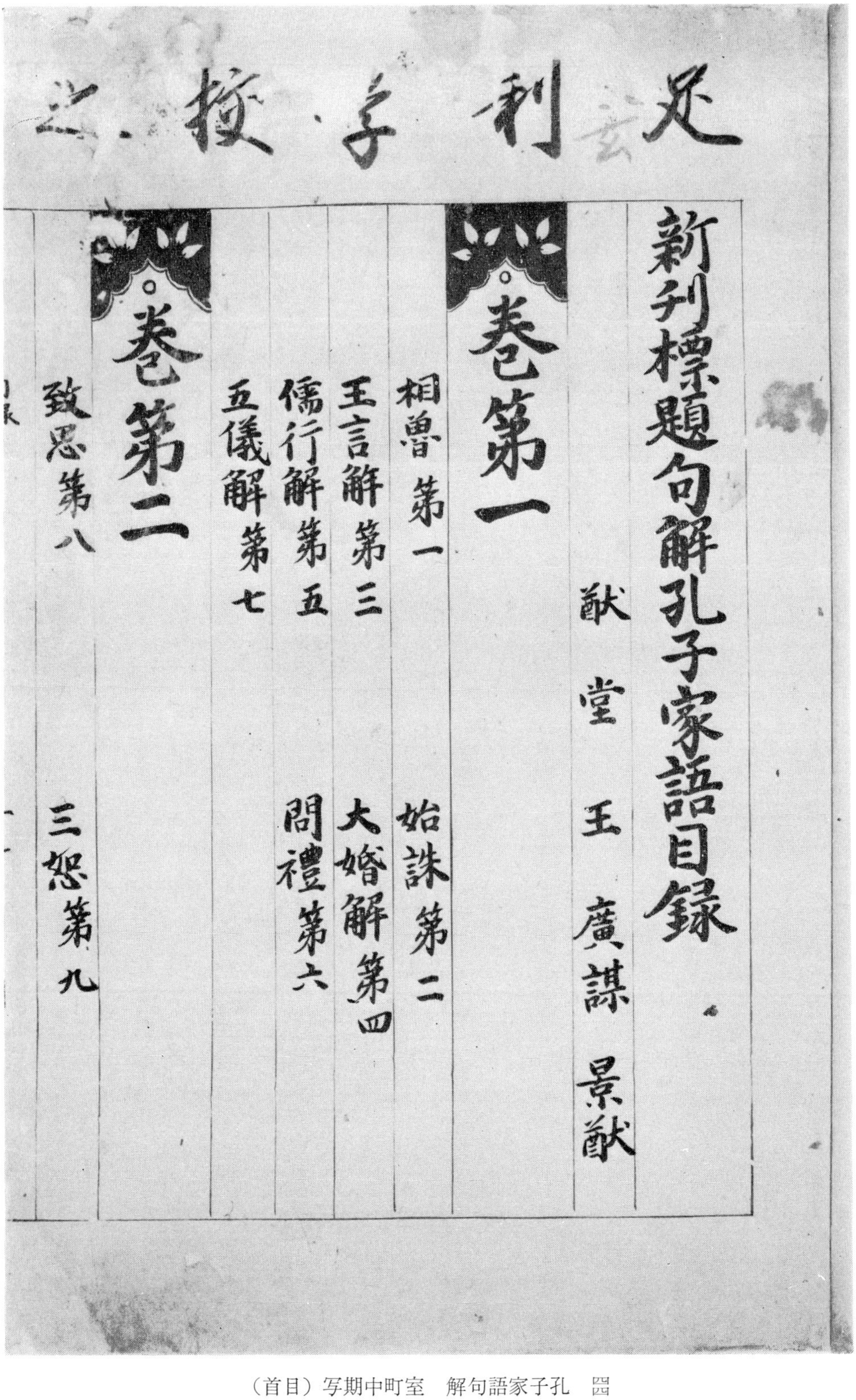
足利学校之

新刊標題句解孔子家語目録

猷堂　王　廣謀　景猷

巻第一

相魯第一　始誅第二

王言解第三　大婚解第四

儒行解第五　問禮第六

五儀解第七

巻第二

致思第八　三恕第九

四　孔子家語句解　室町中期写（目首）

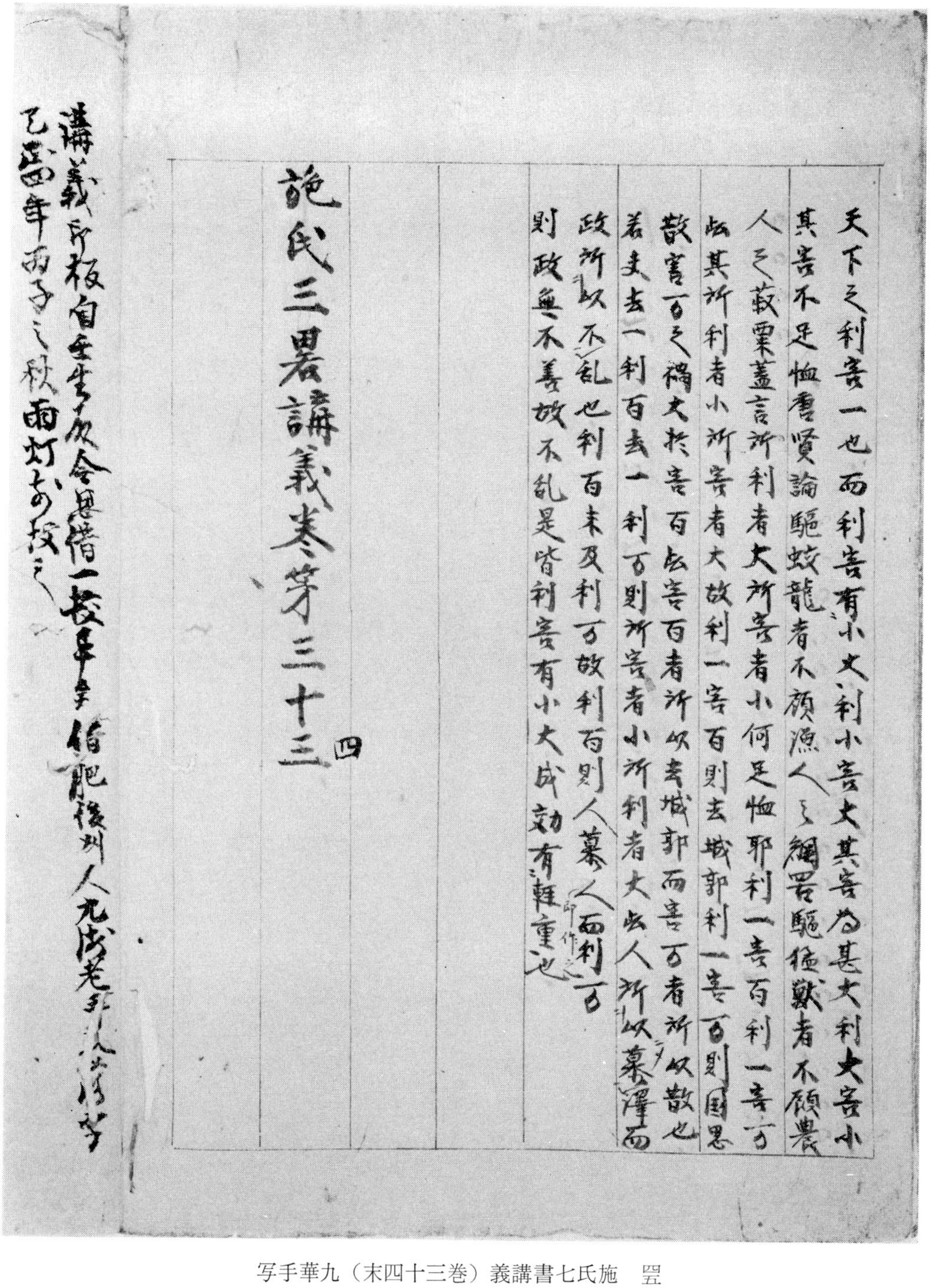
施氏三畧講義巻第三十三（四）

天下之利害一也而利害有小大、利小害大其害為甚大利大害小
其害不足恤昔賢論驅蛟龍者不顧漁人之網罟驅猛獸者不顧農
人之菽粟蓋言所利者大所害者小何足恤耶利一害百利一害百
出其所利者小所害者大故利一害百則去城郭利一害百則固思
散害百之禍大於害百出害百者所以去城郭而害百者所以散也
若夫去一利百去一利百則所害者小所利者大出人所以慕澤而
政所以不乱也利百未及利百故利百則人慕人而利百
則政無不善故不乱是皆利害有小大成効有輕重也

四五　施氏七書講義（巻三十四末）九華手写

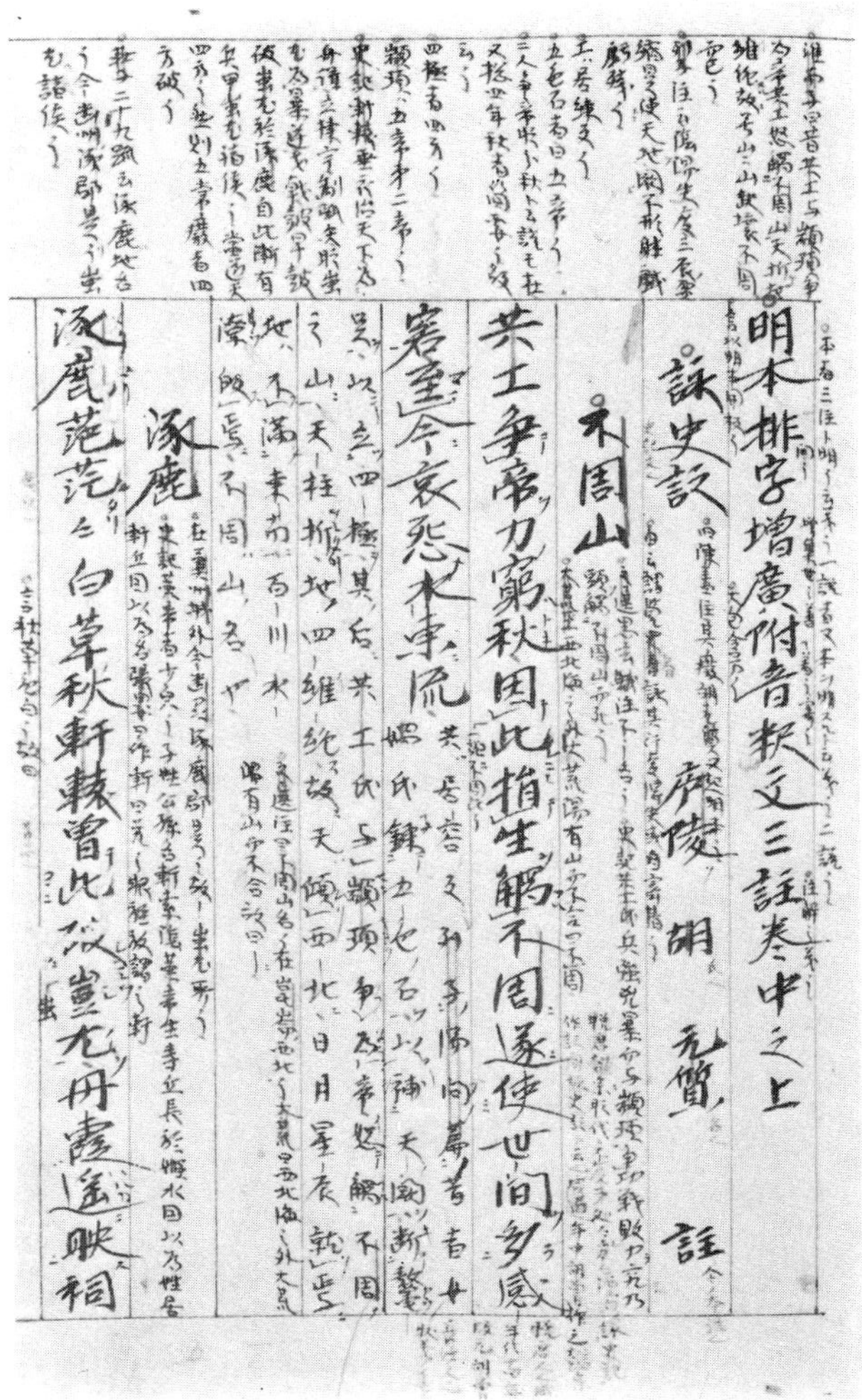

四六　三註（胡曾詩）（巻首）　室町中期写

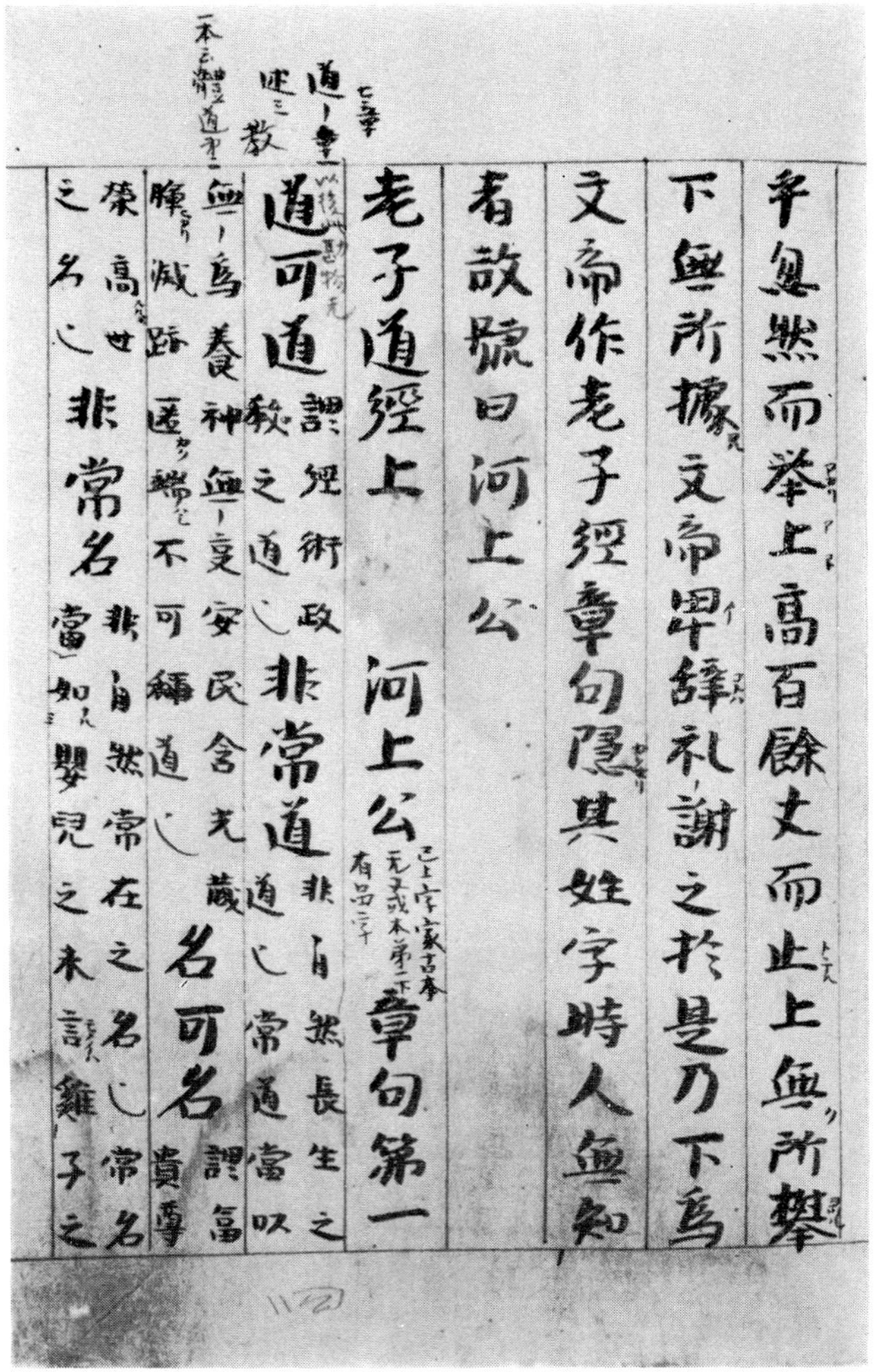

四七　老子（河上公章句）（巻首）　室町中期写

口義云此段只是放胸中廣大之樂却設此譬喩其意蓋謂人之所見者小故有世俗々々之争若知天地之外有如許世界自視其身雖太倉一粒不足以喩之戴晋人所謂蝸角蠻触亦此意也

逍遥者自適之皃也逍消也遥遠也消尽有為累遠見無為理而遊天下故逍遥遊也

口義云遊者心有天遊也逍遥言優游自在也

魚之行更一日頭過七日尾過也全非人行

南華眞經注疏解經巻第一　唐西華法師成玄英

莊子内篇逍遥遊巻第一　郭象注

夫小大雖殊而放於自得之場則物任其性事稱其能各當其分逍遥一也豈容勝負於其間哉

玄英疏

北冥有魚其名為鯤々之大不知其幾千里也　疏溟猶海也取其溟漠无涯故為之溟東方朔十洲記云溟海無風而洪波百丈巨海之内有此大魚欲明物性自然故標為章首玄中記云東方有大魚焉行者一日過魚頭七日過魚尾産三日碧海為之変紅故知大物生於大処豈独北溟而已

化而為鳥其名為鵬　鵬鯤之實吾所未詳也夫莊子之大意在乎逍遥遊放无為而自得故極小大之致以明性分之適達觀之士宜要其會歸而遺其所寄

咒　南華眞經注疏解經（巻首）室町中期写

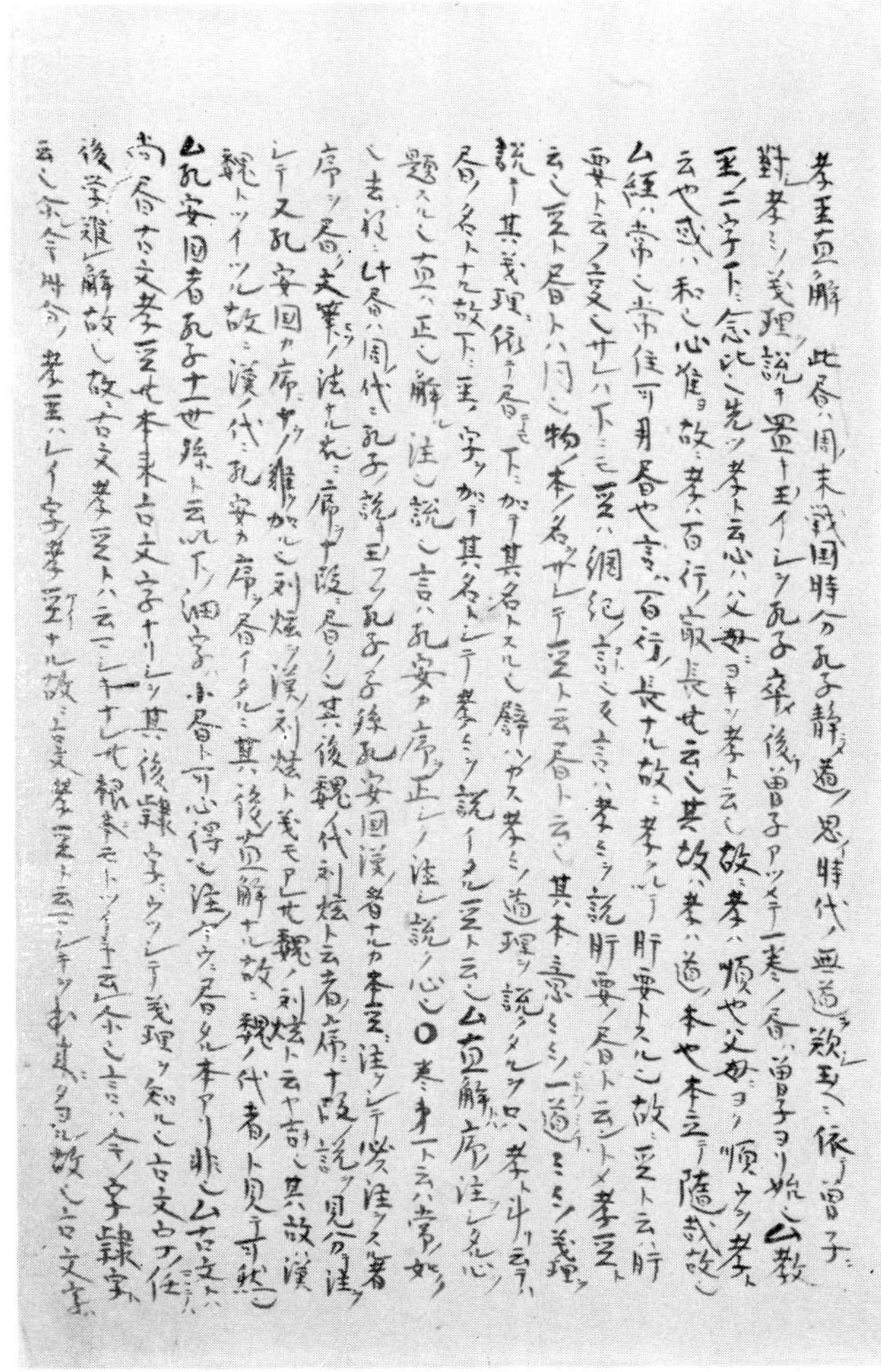

四九　古文孝經抄（巻首）　室町中期写

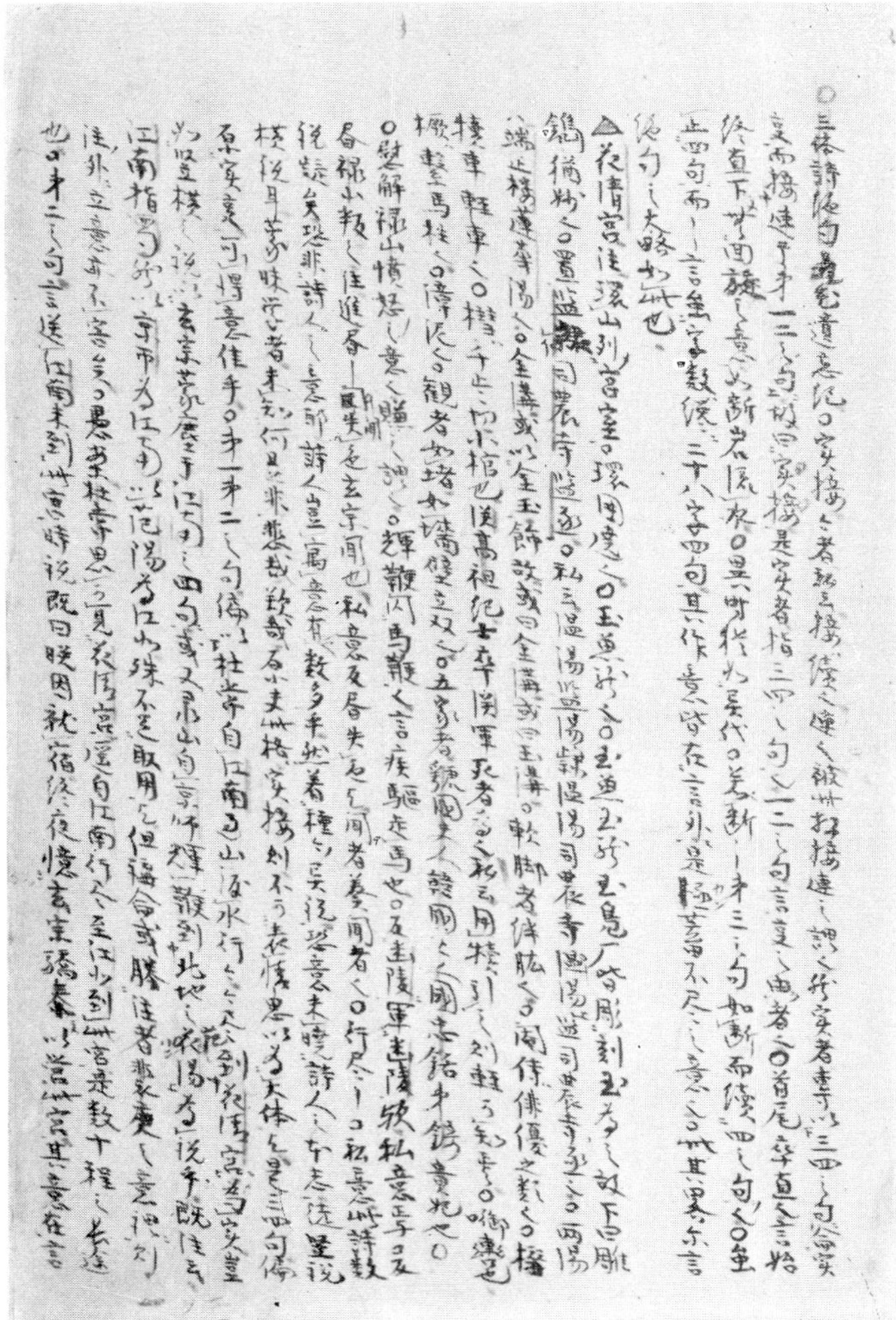

五〇　三體詩絶句抄（巻首）　室町中期写

五位功勲　五偏三十五位寛主五位ニ根ハ上中下根ドレシモ梅ニ錐ナヌゾ

那ナ漸用　テイハ物ヲコレト云心之

私師説云五位之ハ漢音俗音ノ音ニ可讀王道ノ云ヘハ云

○丈開一音ノ廣弘万品洞山只一音ヲ以テ万品ノ宗旨ヲ弘メタゾ万品ニ弘ム卜
讀ダゾ一理ダゾ一音之妙義ヲ万品ノ群生ニ弘メタゾ○横抽宝剣剪諸
見稠林也ヘノ知見ノ藪林ヲ刈リ掃タゾ色ヘノ穿鑿ノ説ヲ截断シタゾ曹
山本寂ヲ曹山ヨリ偏旨ヲ明ラメ君臣合道ノ偏正回互メ曹洞宗卜号シタ
五位君臣　△僧問曹山五位君臣旨訣山曰正位ハ一無物偏位ハ形像是之ハ什
テノ言モ無ゾ曹山ノ早ヤ十細ニ註脚シタゾ偏中至捨事入理正中来背理就
事是ハ至卜来卜字ガ誤タゾ五字批判ニ委細判断シタゾ此程ニ五灯會元ニ
ハ正中偏者背理就事偏中正捨事入理卜載セタゾ兼帯ハ冥應衆縁不
不墮諸有ノ塵玄大道無著真宗ノ弁明遍応衆縁ニ應ズレドモ衆縁ニ随
セヌゾ去テコソ染ニモ浄ニモ正ニモ偏ニモ落タ處ヌゾ是ヲ言ハ偏正五位ダゾ塵玄大
道無著真宗有肯底テ代善人無己ノ必不己○君居正位ノ是兼帯
雖是ヨリ君臣五位ダゾ五位ヲ卦ニ合ス時ハ正中来大過卦☱偏
中至中孚卦☴正中偏巽卦☴偏中正兌卦☱兼中到重離卦☲是ニ一
説又一説正中来重離卦離ヲ本卦トメ離ノ上九六五二ヌヲ偏中正ノ
位ニシキ九三四ノ二ヌヲ偏中至ノ位ニ置キ初九六二ノ二メメ正中偏ノ位ニ置テ
奇ヲ添偶ヲ添テ各一卦ト九重名ニ成五別ニ畳成一卦是坤卦ヤ偏中

写期中町室（中巻）抄目眼天人　三

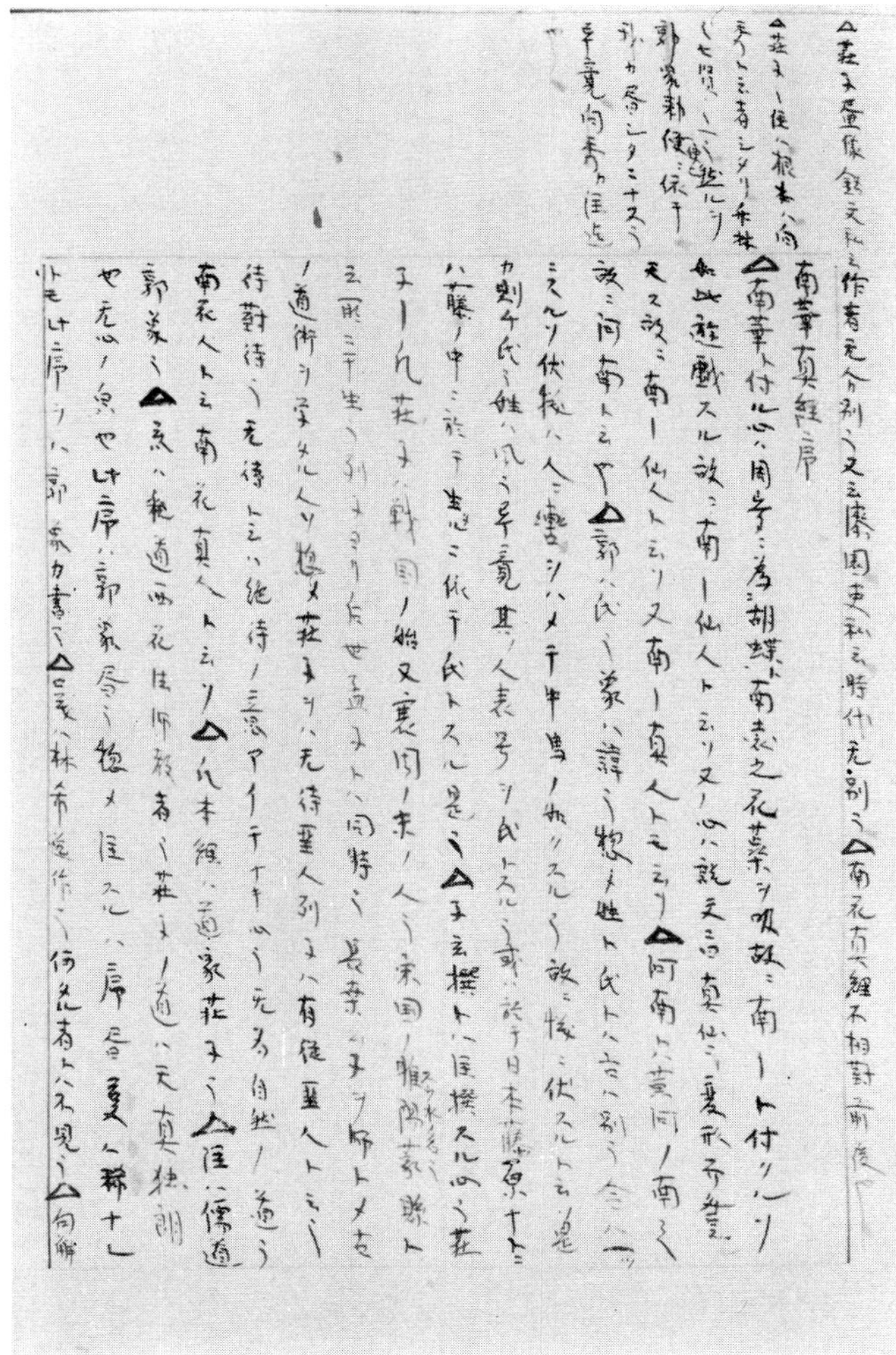

五二　荘子抄（巻首）室町中期写

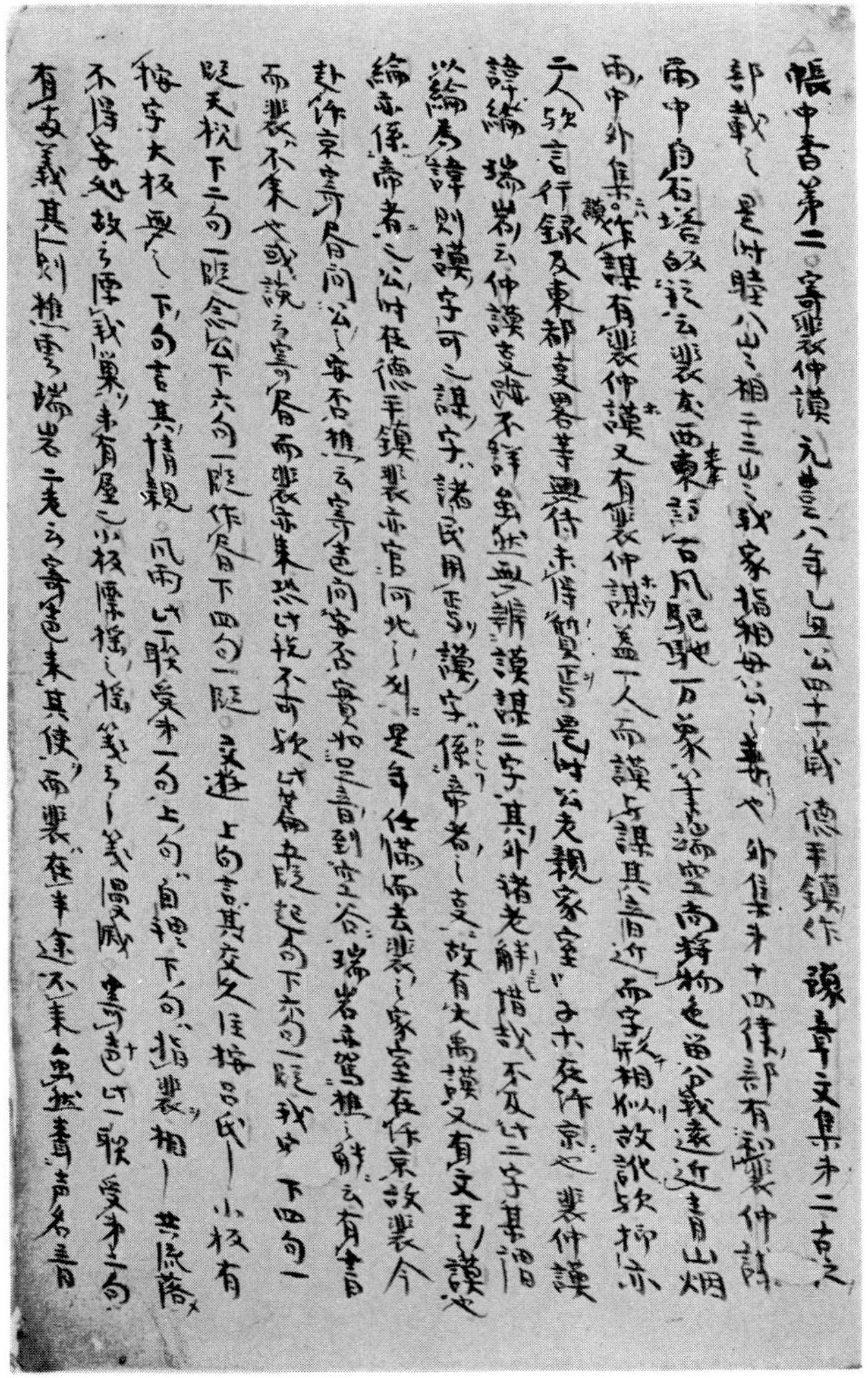

五三　帳中香（巻二首）室町中期写

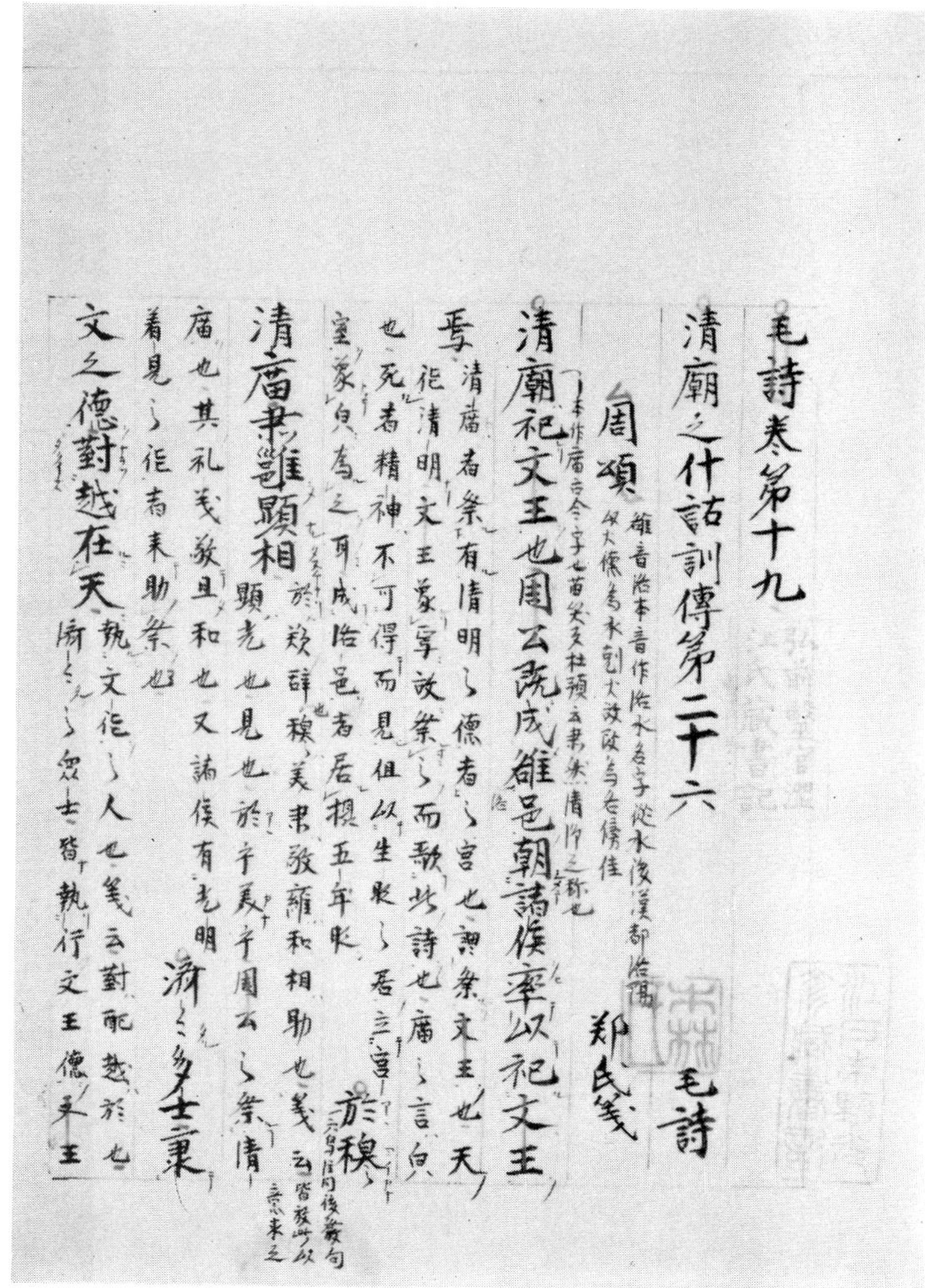

五四　毛詩鄭箋（巻十九首）室町中期写（故宮博物院蔵）

五五　毛詩鄭箋（巻二十末）（同右）

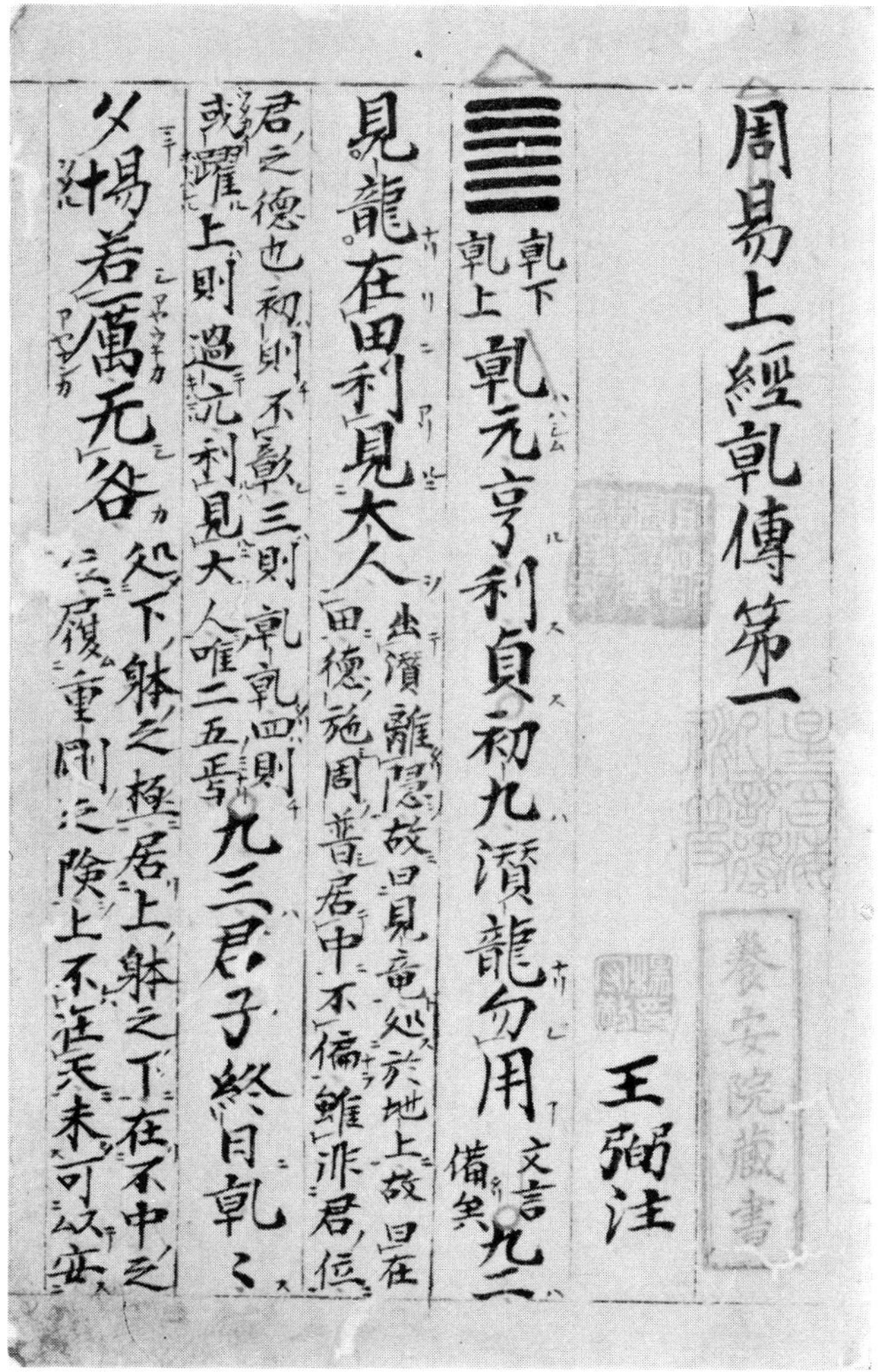

五六　周易（王弼注）室町中期写（故宮博物院蔵）

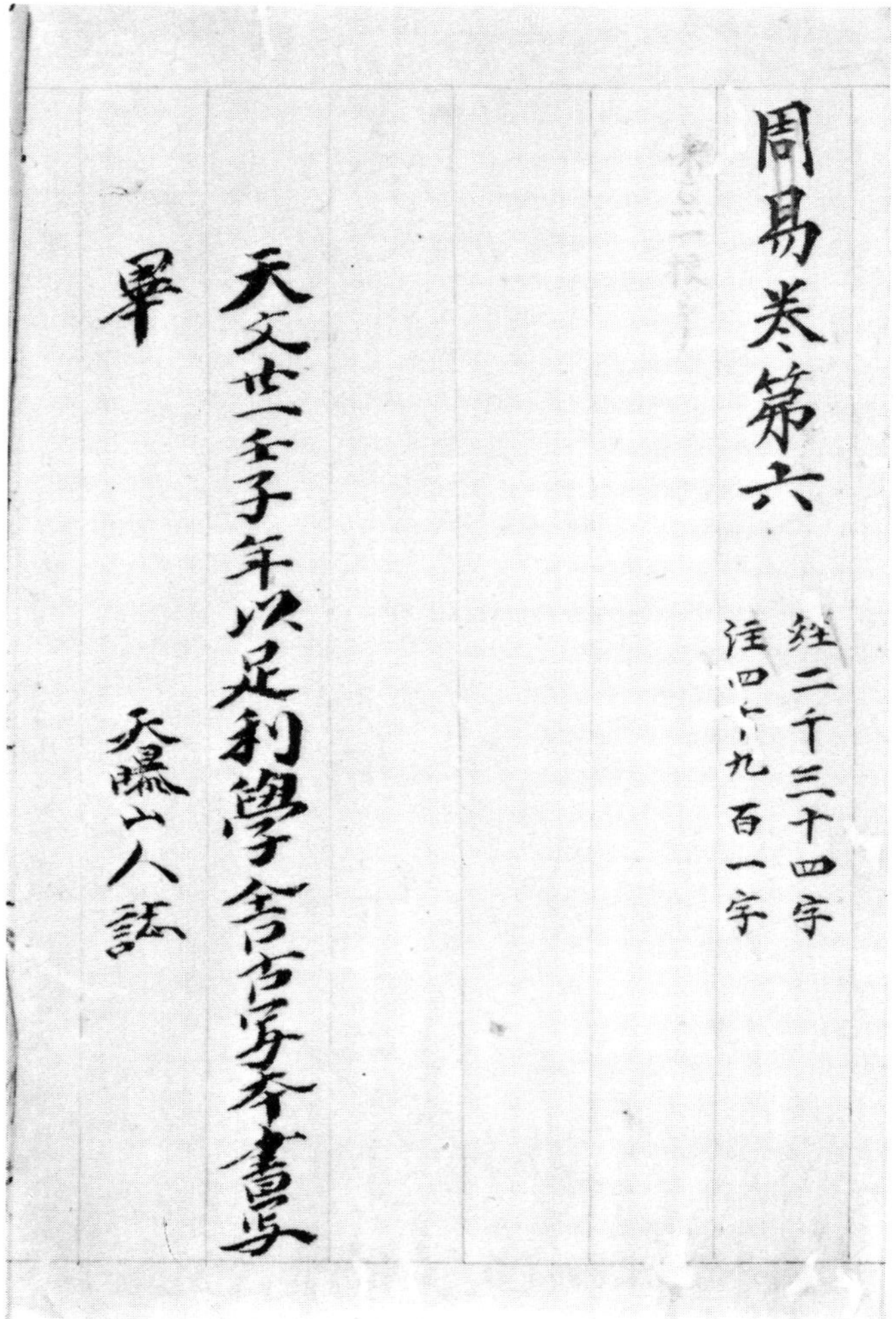

周易巻第六　經二千三十四字　注四千九百一字
天文廿一壬子年以足利學舍古写本書写
畢

五七　周易（王弼注）（同右）巻末（天文識語妄補）

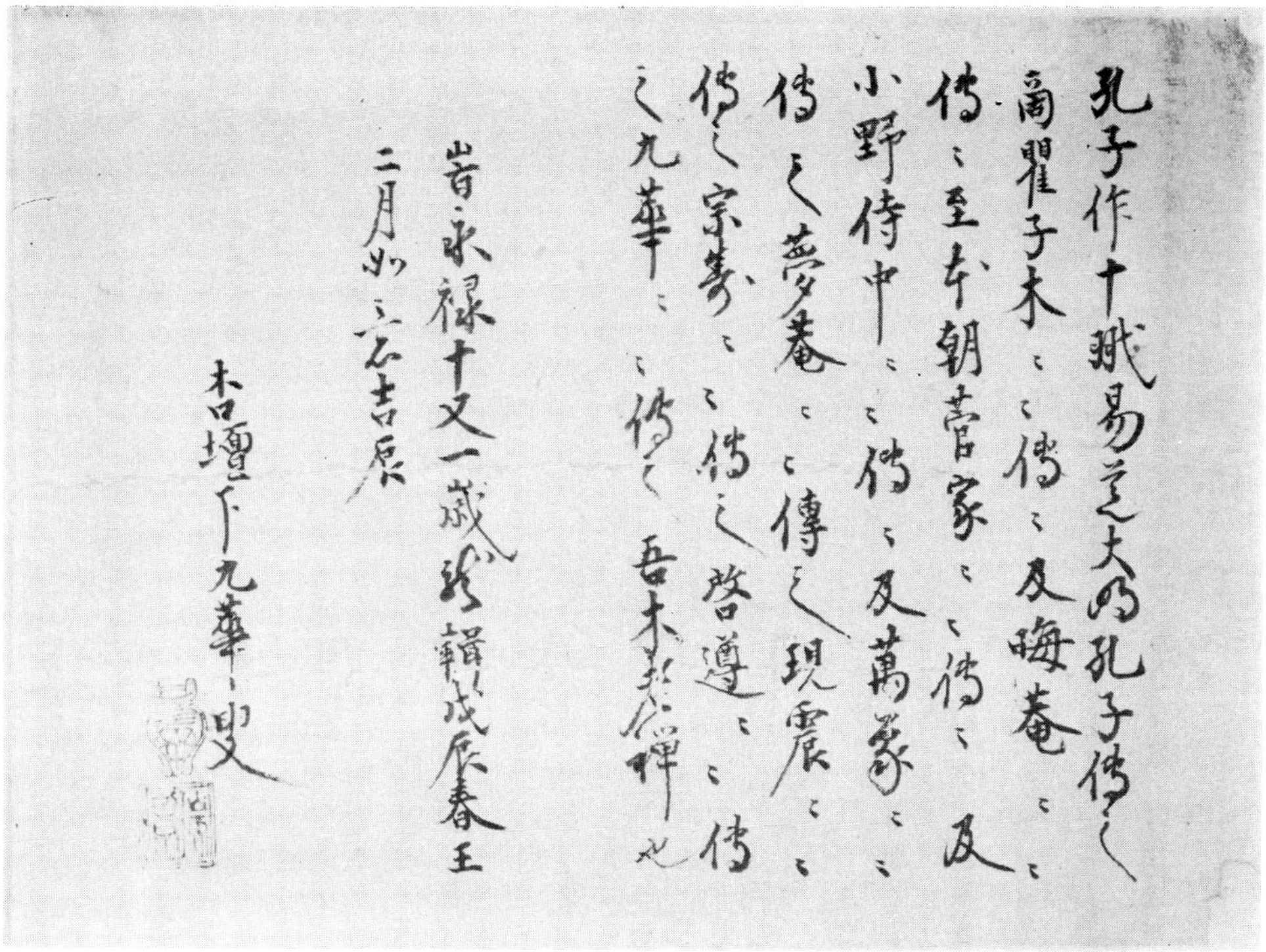

兲　学校占筮伝承系図　永禄十一年九華筆（慶応義塾図書館蔵）

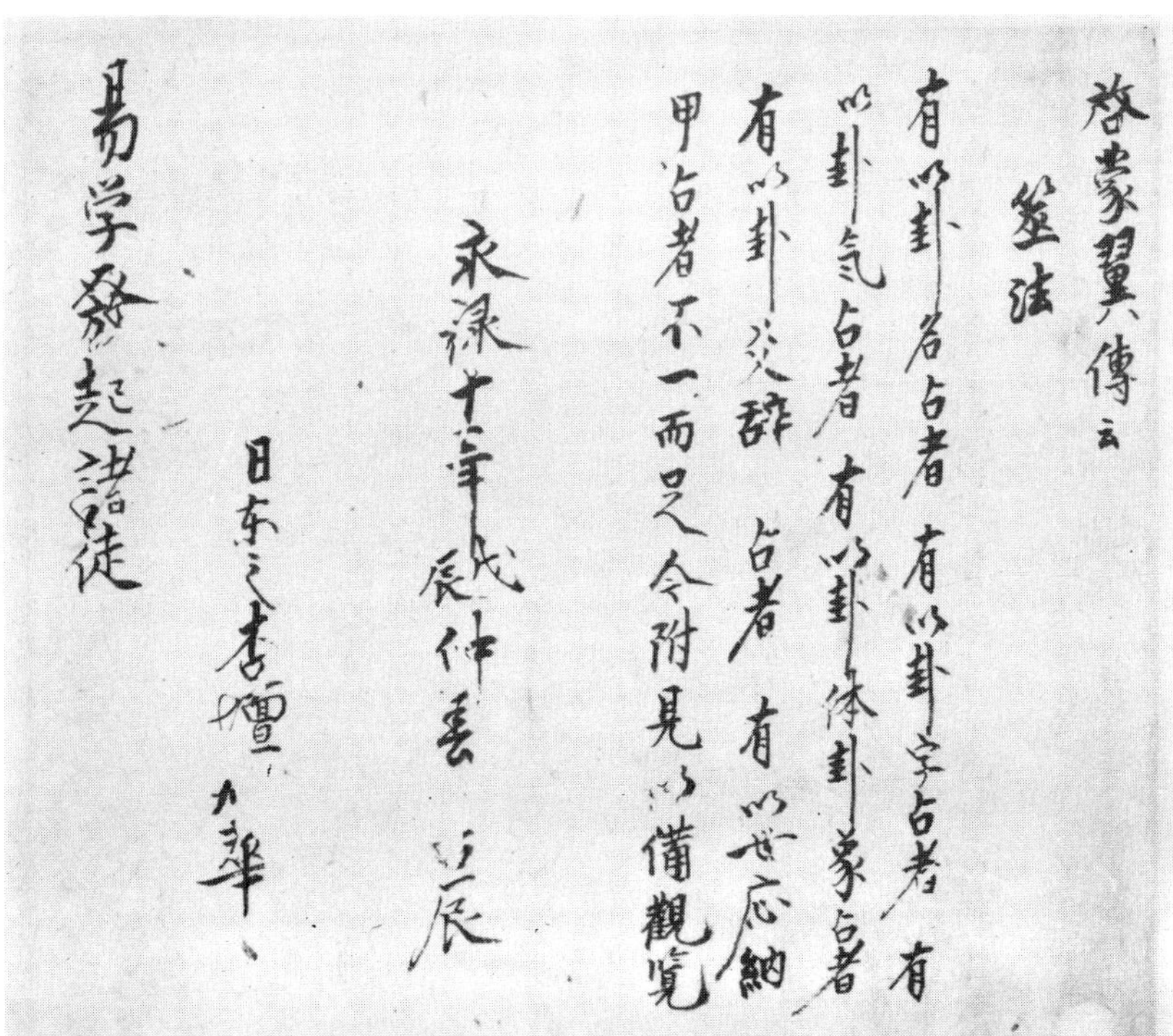

亢　巫法伝書　永禄十一年九華筆（慶応義塾図書館蔵）

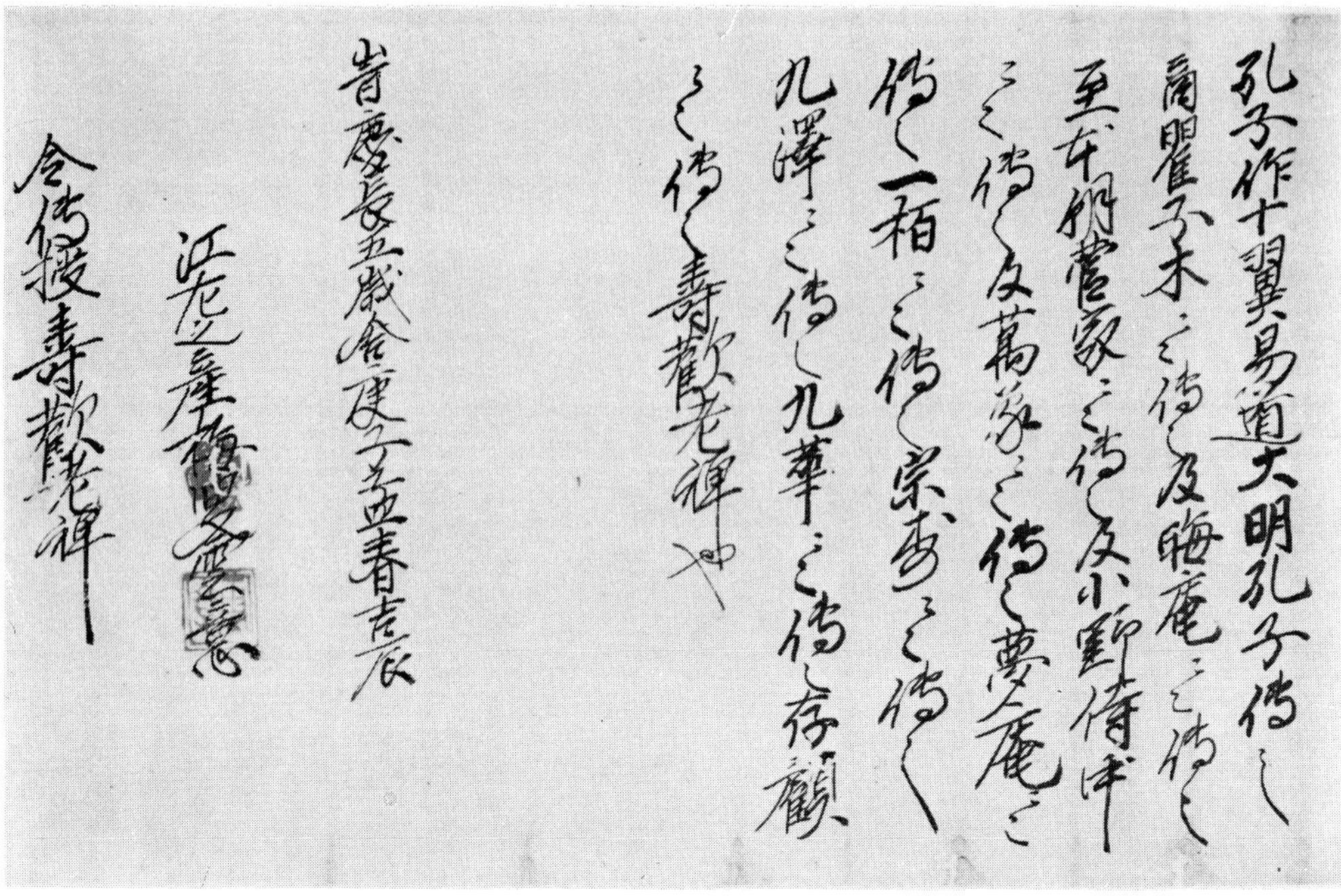

孔子作十翼易道大明孔子傳之
商瞿子木〻〻傳之及梅庵〻〻傳之
至于桐菴家〻傳之及小野侍者
〻〻傳之及葛藤〻傳之夢庵〻
傳之一柏〻傳之宗易〻傳之
九澤〻傳之九華〻傳之存顧
〻傳之壽歡老禪
慶長五歳舎庚子孟春吉辰
江陀之産梅叟
令傳授壽歡老禪

六〇　学校占筮伝承系図　慶長五年梅叟筆（慶應義塾図書館蔵）

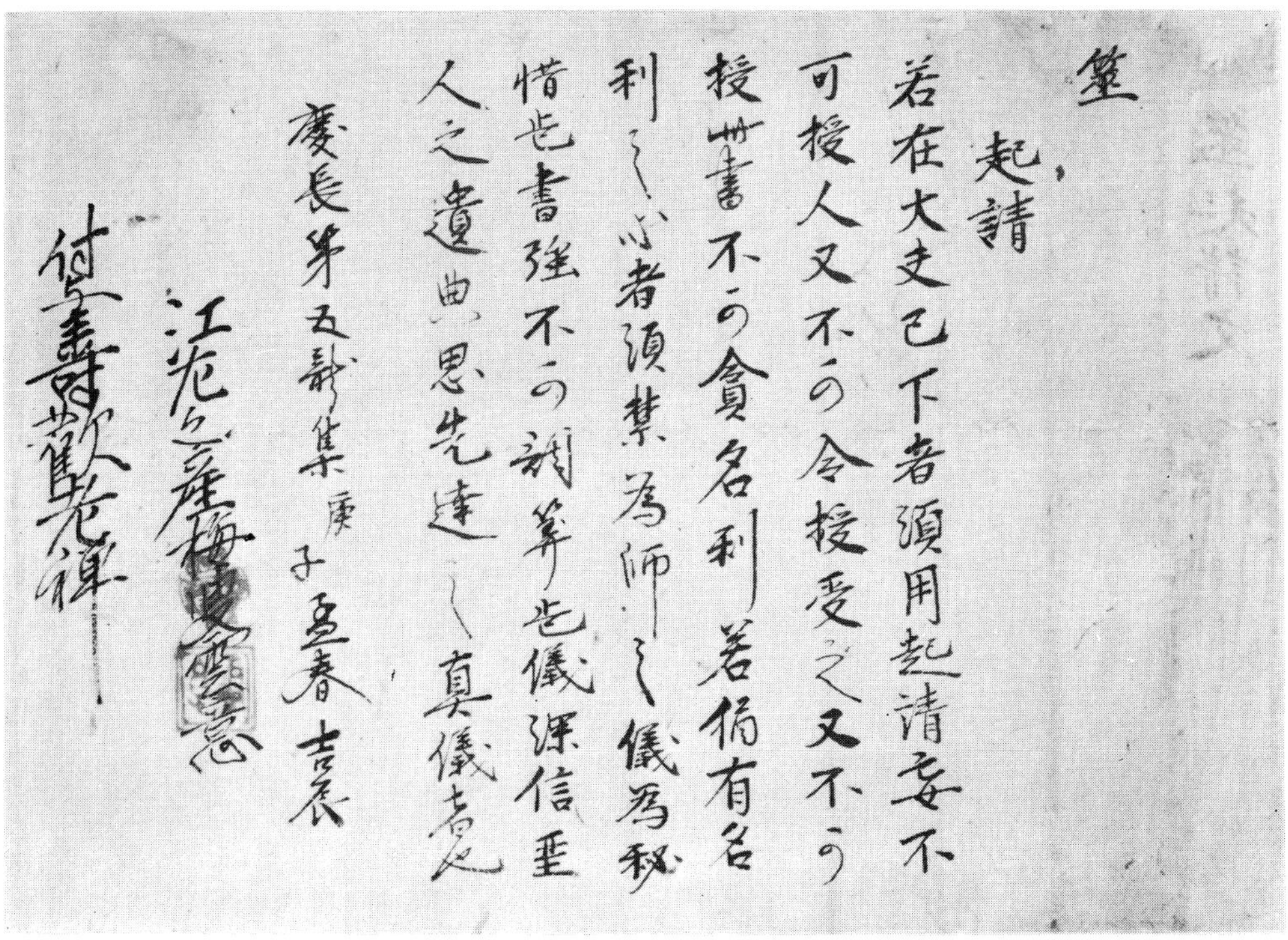

筮
起請
若在大丈已下者須用起請妄不
可授人又不可令授受之又不可
授卌書不可貪名利若猶有名
利〻心者須禁為師〻儀為秘
惜也書強不可誦算也儀深信垂
人之遺曲思先達〻真儀者也
慶長第五歳集庚子孟春吉辰
江陀之産梅叟
付与壽歡老禪

六一　筮起請　慶長五年梅叟筆（慶應義塾図書館蔵）

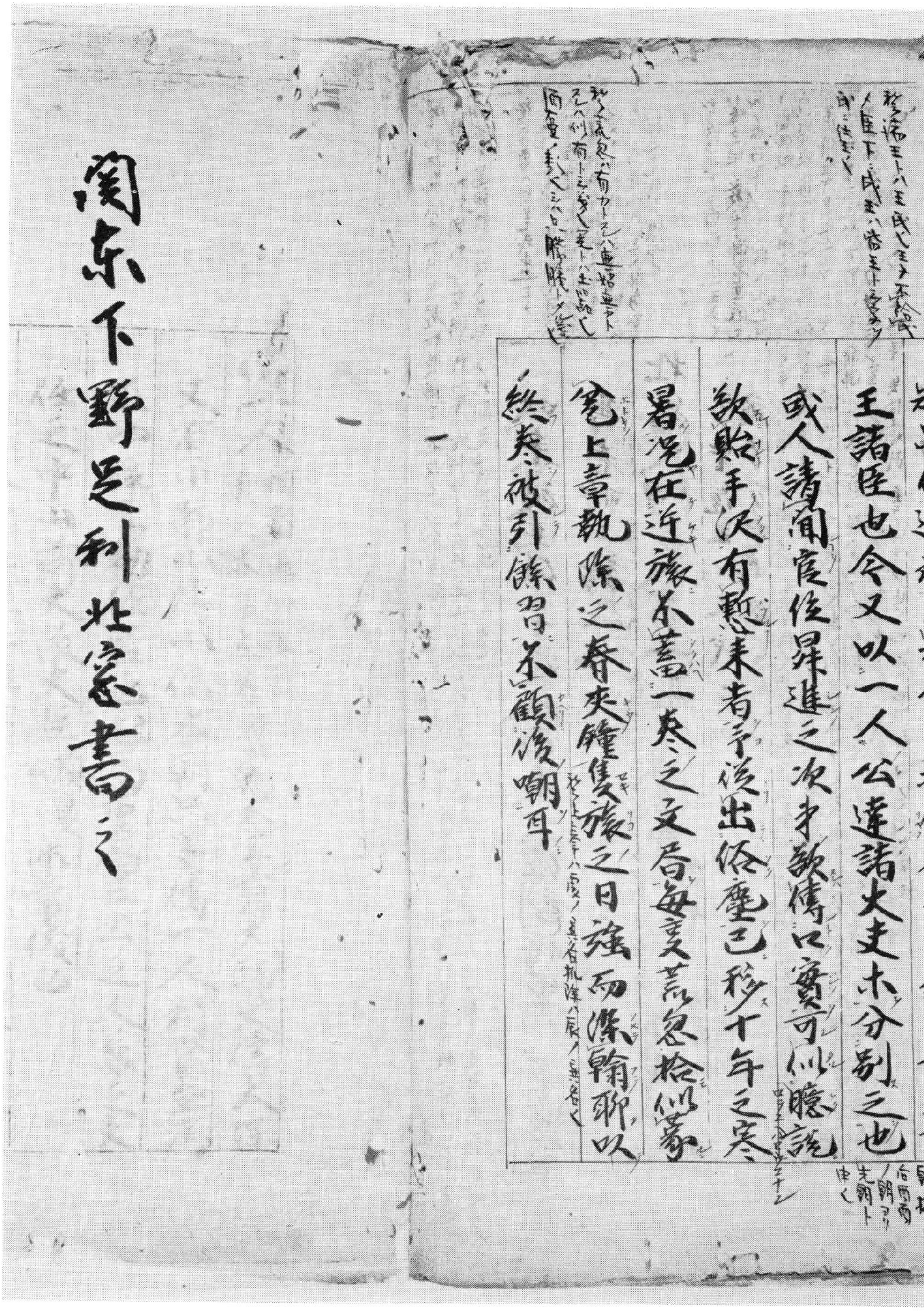

亖　職原抄（上巻末）文明十四年写（梅沢記念館蔵）

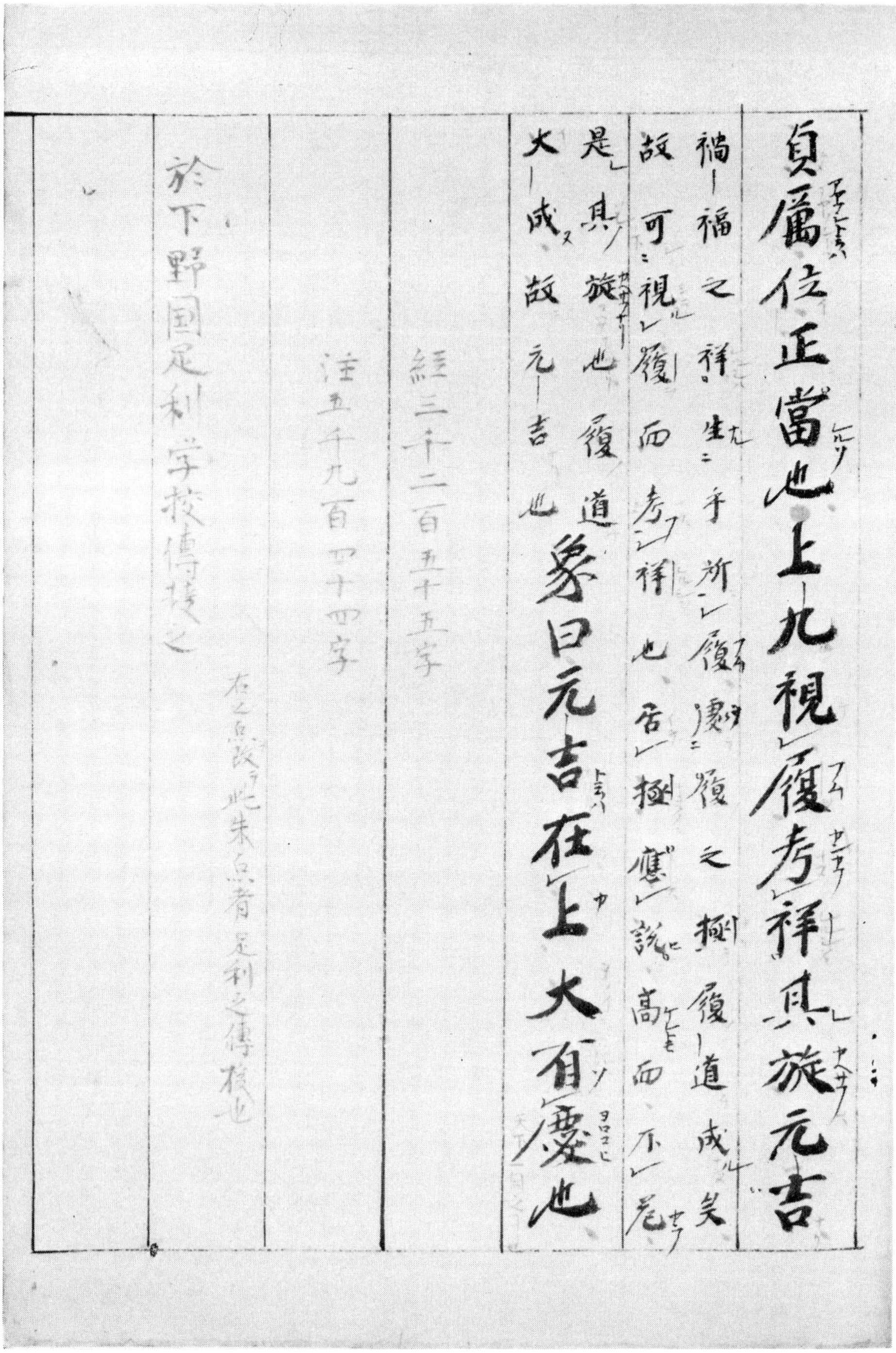

貞厲位正當也上九視履考祥其旋元吉
禍福之祥生乎所履處履之極履道成矣
故可視履而考祥也居極應説高而不危
是其旋也履道
大成故元吉也
象曰元吉在上大有慶也
經三千二百五十五字
注五千九百四十四字
於下野国足利学校傳授之
右之点改テ此朱点者足利之傳授也

壹　周易（巻一末）永禄七年林宗二手写（川瀬一馬蔵）

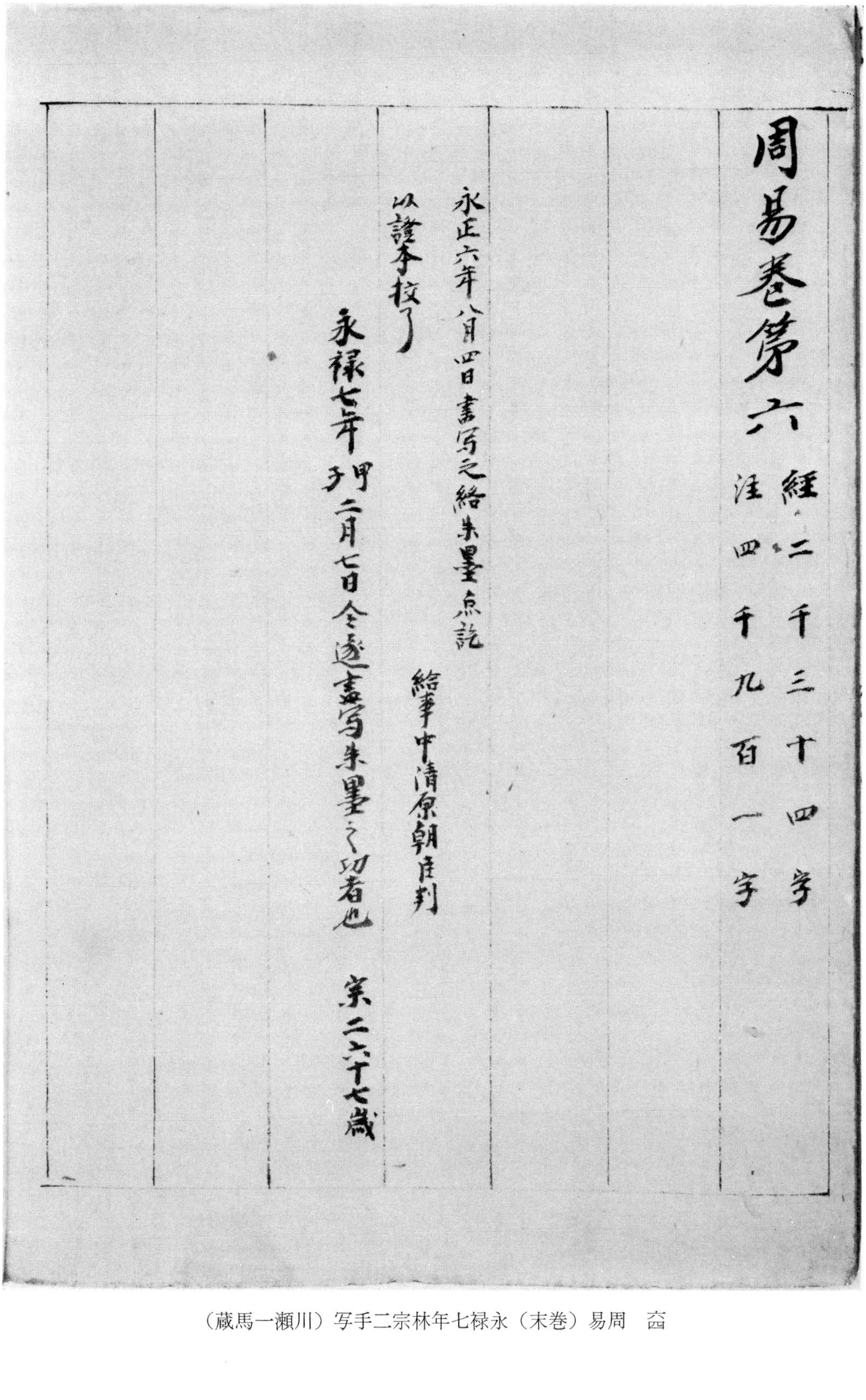
周易巻第六
經二千三十四字
注四千九百一字
永正六年八月四日書写之給朱墨点訖
給事中清原朝臣判
以證本校了
永禄七年甲子二月七日全遂書写朱墨之功者也
宗二六十七歳

六四　周易（巻末）永禄七年林宗二手写（川瀬一馬蔵）

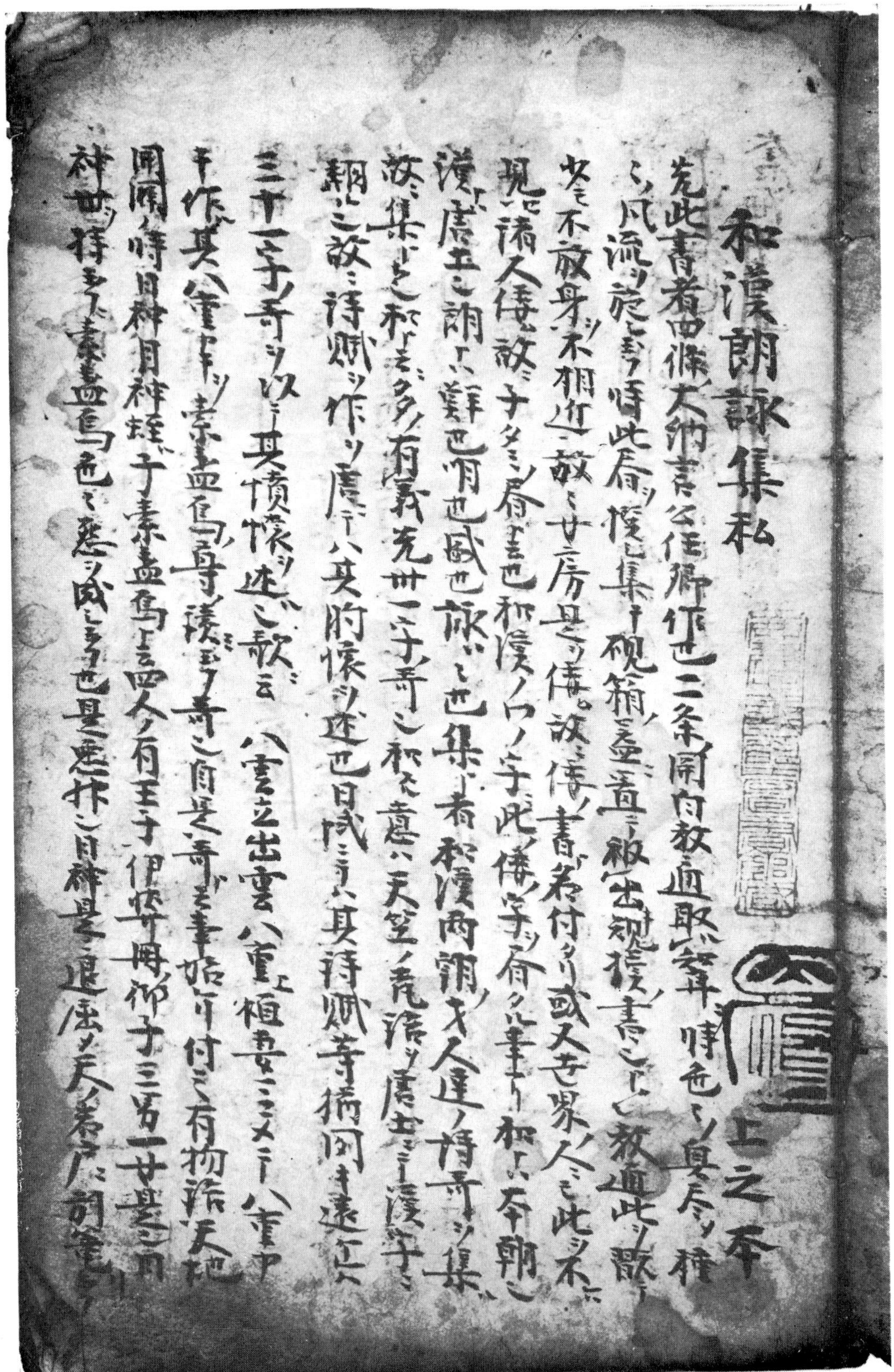
和漢朗詠集私　上之本
先此書者四條大納言公任卿作也二条関白教通取聟ニ時御息女ヲ尽シ種
々ノ風流ヲ施シ玉フ時此書ヲ撰シ集テ硯箱ノ蓋ニ入テ被出硯箱ノ書トモ云教通此ヲ翫フ
也モ不放身ヲ不相離故ニ廿三房是ヲ傳ヘ讀故ニ傳ノ書ト名付タリ或又并蒙人ニモ此ヲ不ト
現ニ諸人傳ヘ讀故ニナヅミ翫モ也和漢ノ白ノ字此傳ノ字ヲ用タルモ是ヨリ和ハ本朝
漢ハ唐土ニ朗ハ鮮也脩也感也詠ハ吟也集ハ者和漢両朝ノ才人達ノ詩哥ヲ集
故ニ集ト云和ヲ先トス多ノ有義先卅一字ノ哥ニ和ト云意ハ天竺ノ梵語ヲ唐土ニ漢字ニ
翻シ故ニ詩賦ヲ作リ唐ニテハ其附懐ヲ述也日域ニテハ其詩賦等稍同遠ク
三十一字ノ哥ヲ以テ其懐ヲ述ル歟云　八雲立出雲八重垣妻ニメテ八重ヤ
垣作其八重垣ヲ素盞烏尊讀玉フ哥ニ自是哥ハ始リ付ニ有物語天地
開闢時日神月神蛭子素盞烏ト云四人ノ有王子伊弉冊御子ニ第一廿是日
神世ヲ持ラス素盞烏也ヲ悪ミ以テ世是悪作ニ日神是ヲ退屈シテ天ノ岩戸ニ閉籠リ

空　和漢朗詠集私註（巻首）天正十八年写（慶応義塾図書館蔵）

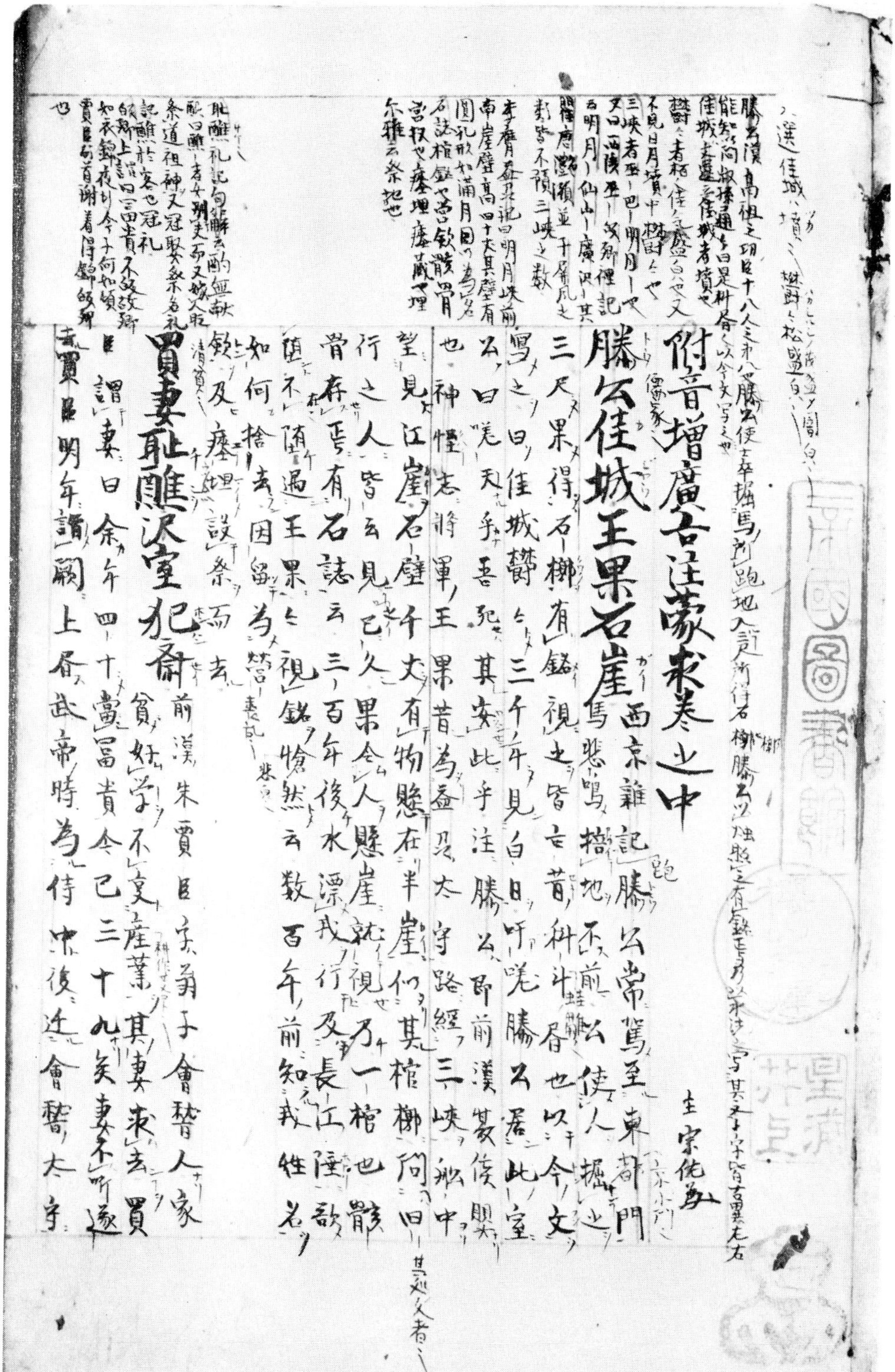

宍　三註（蒙求）（中巻首）室町中期写（国会図書館蔵）

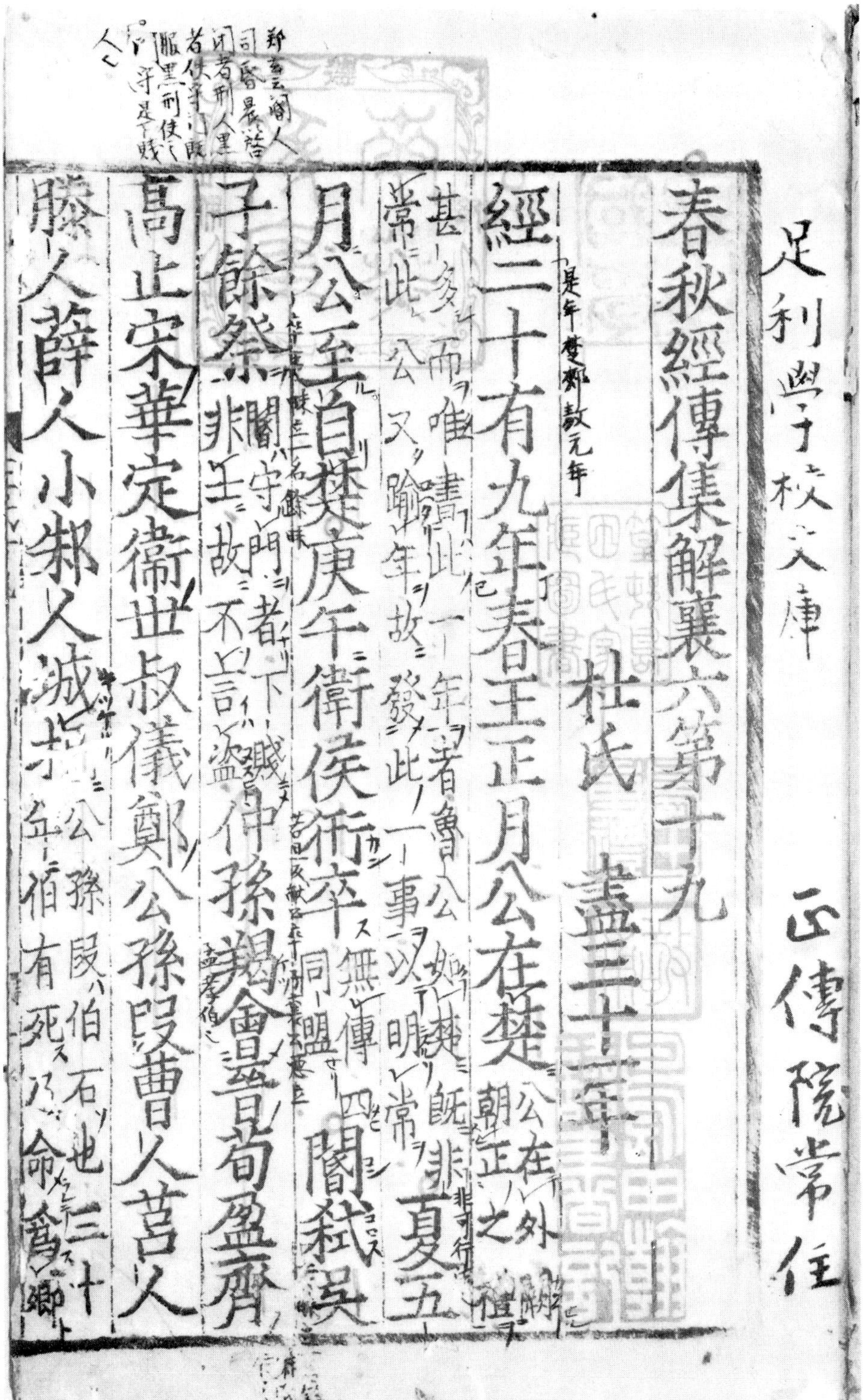

宅　五山版春秋經傳集解（巻十九首）南北朝刊（慶応義塾図書館蔵）

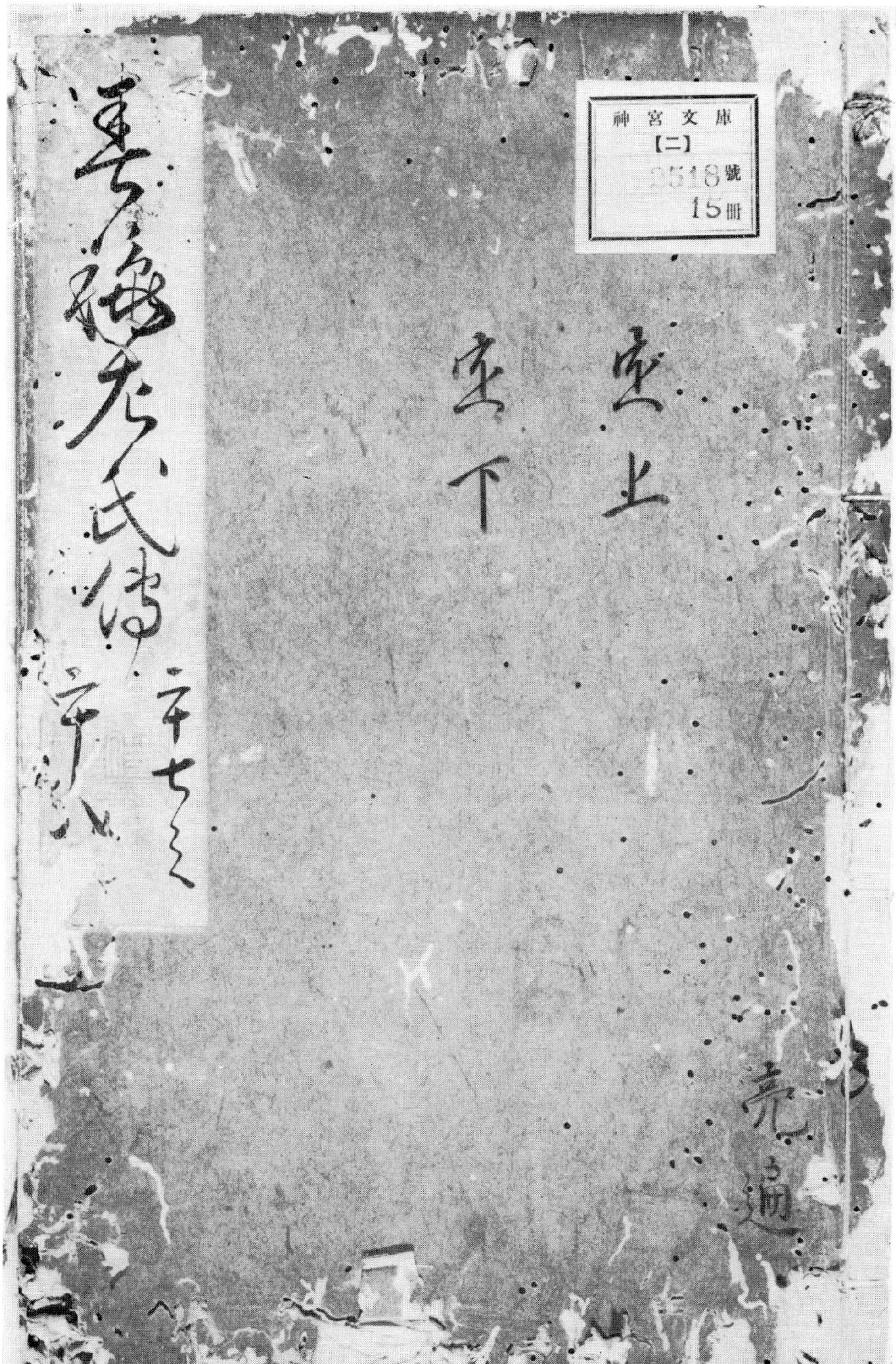

穴　五山版春秋經傳集解（表紙・三要手題）（神宮文庫蔵）

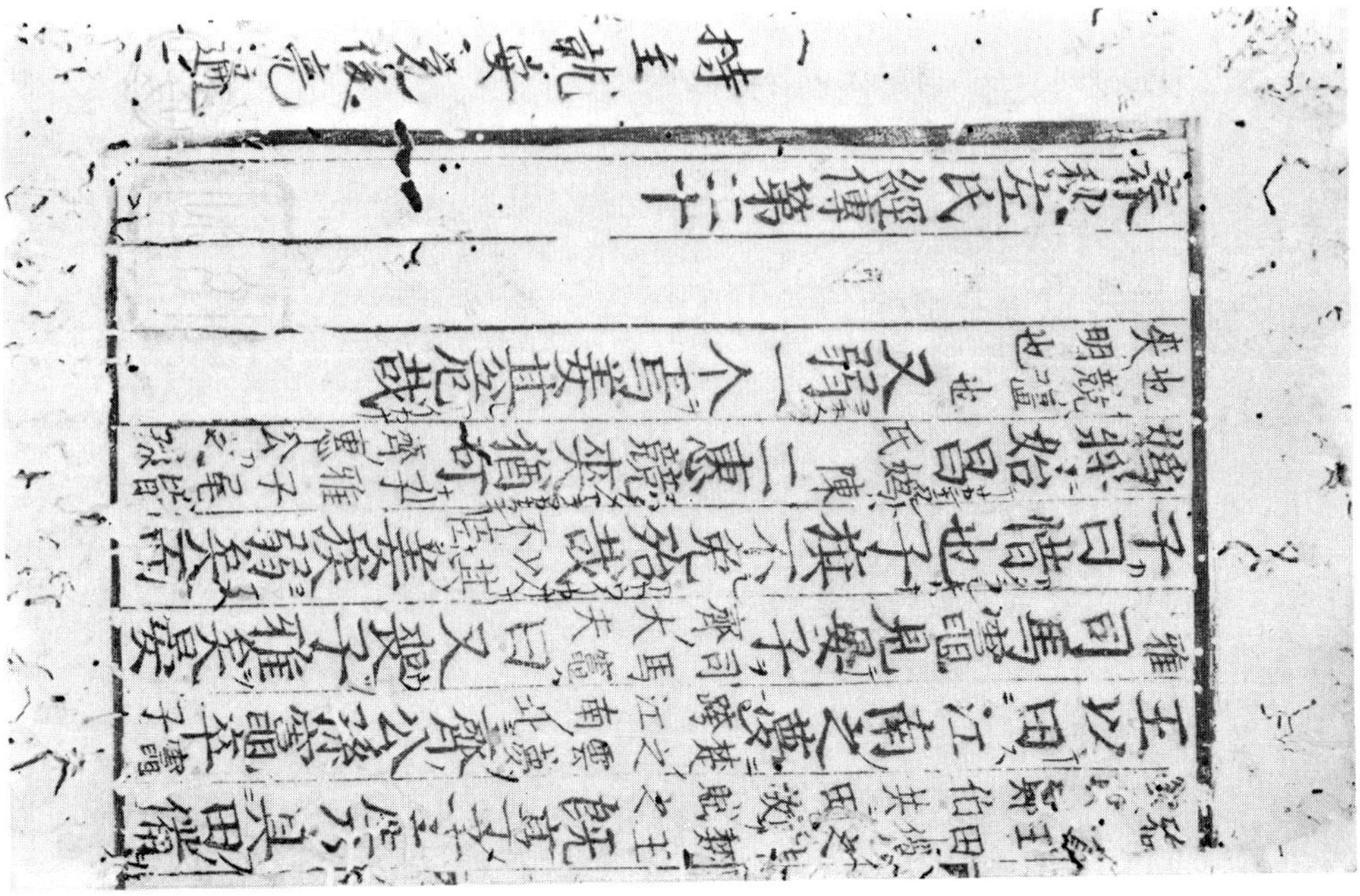

七〇　五山版春秋經傳集解（巻末）就安手識（神宮文庫蔵）

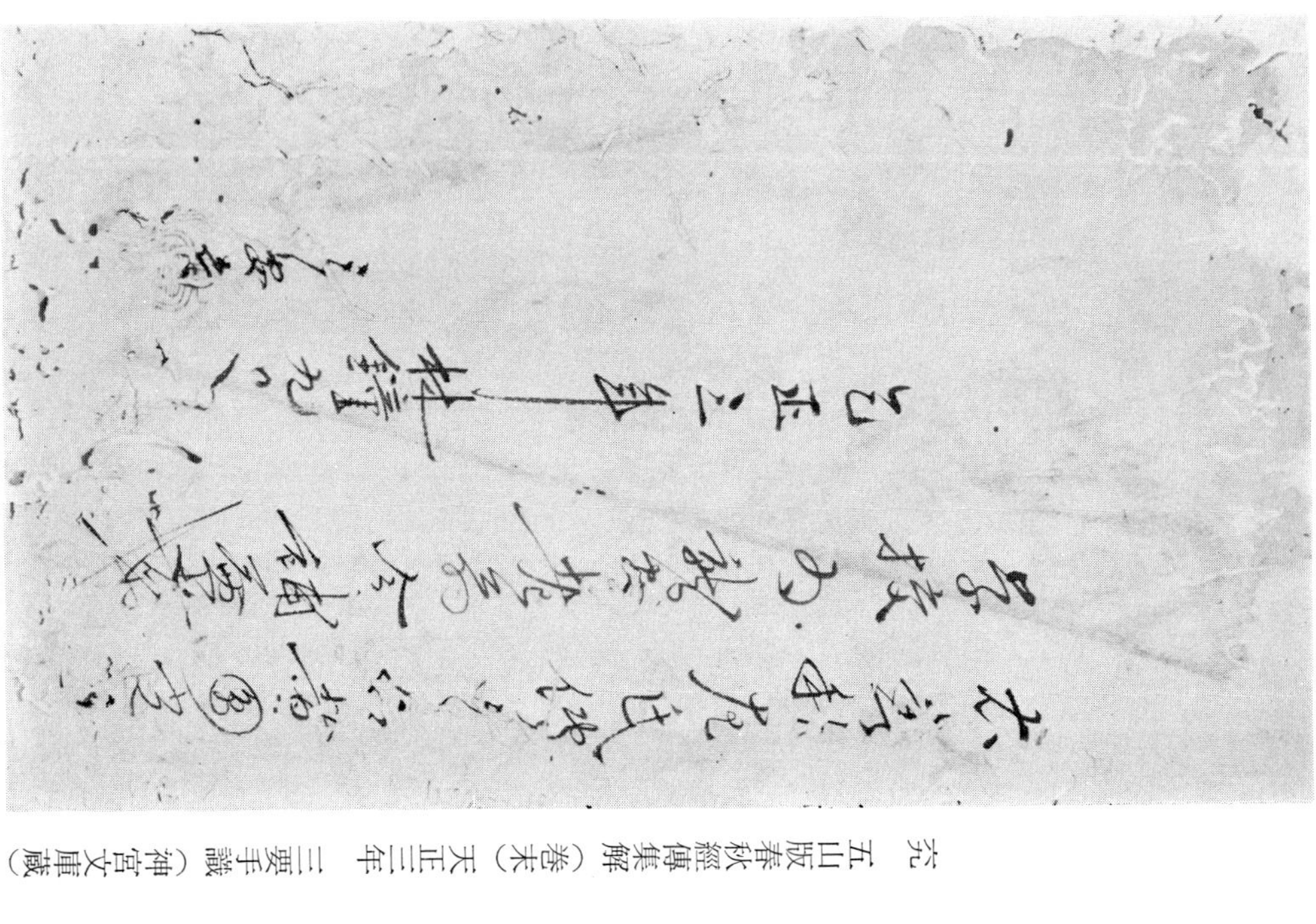

六九　五山版春秋經傳集解（巻末）天正三年　三要手識（神宮文庫蔵）

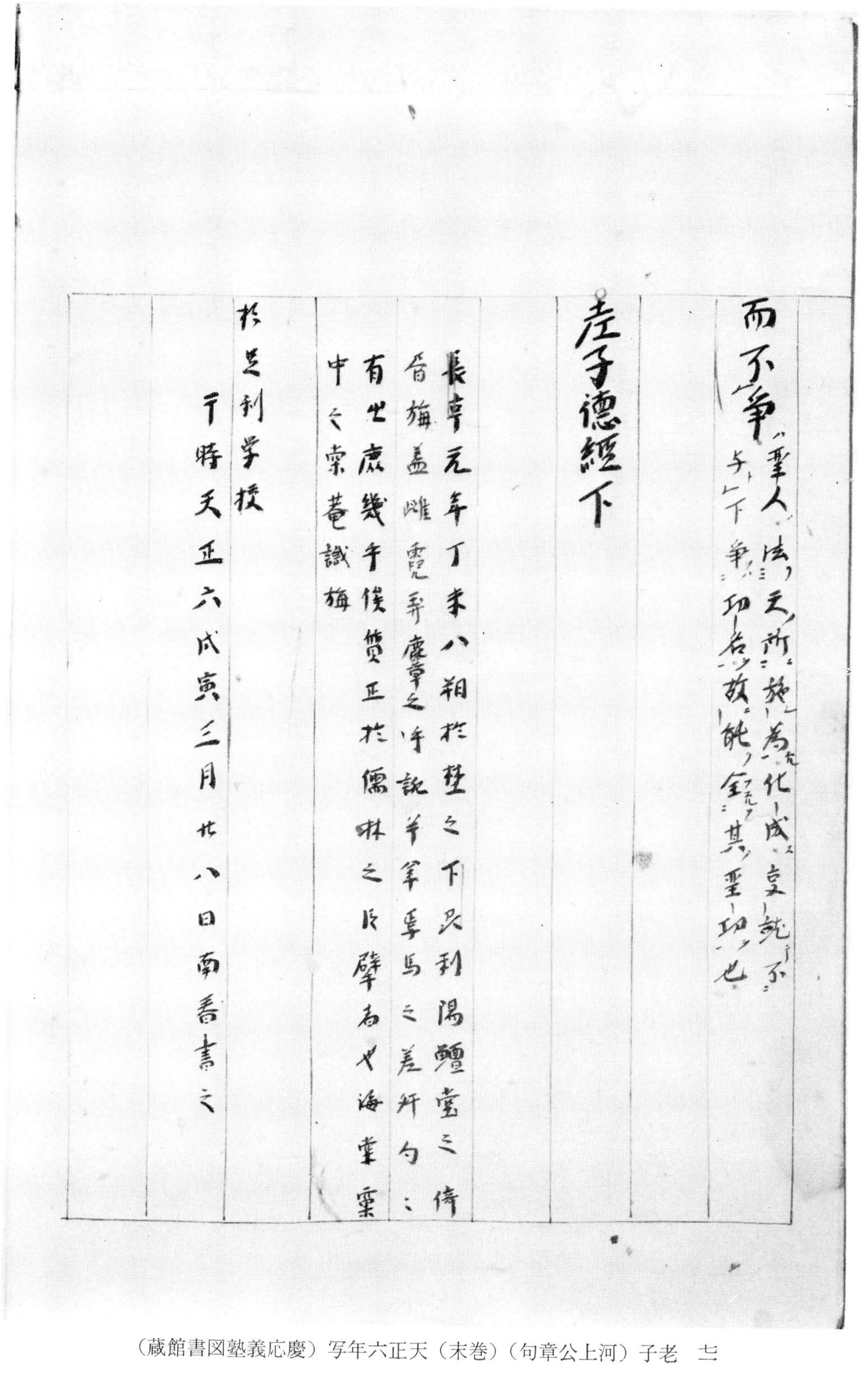
而不爭聖人法天所施爲化成事就不
與下爭功名故能全其聖功也
老子德經下
長享元年丁未八朔於壁之下足利陽體堂之傍
借梅益雌霓弄虚掌之手訛羊箪焉馬之差舛句々
有世處幾乎後質正於儒林之長壁南也海棠棠
中々宗菴識梅
於足利学校
于時天正六戊寅三月廿八日南春書之

㐂　老子（河上公章句）（巻末）天正六年写（慶応義塾図書館蔵）

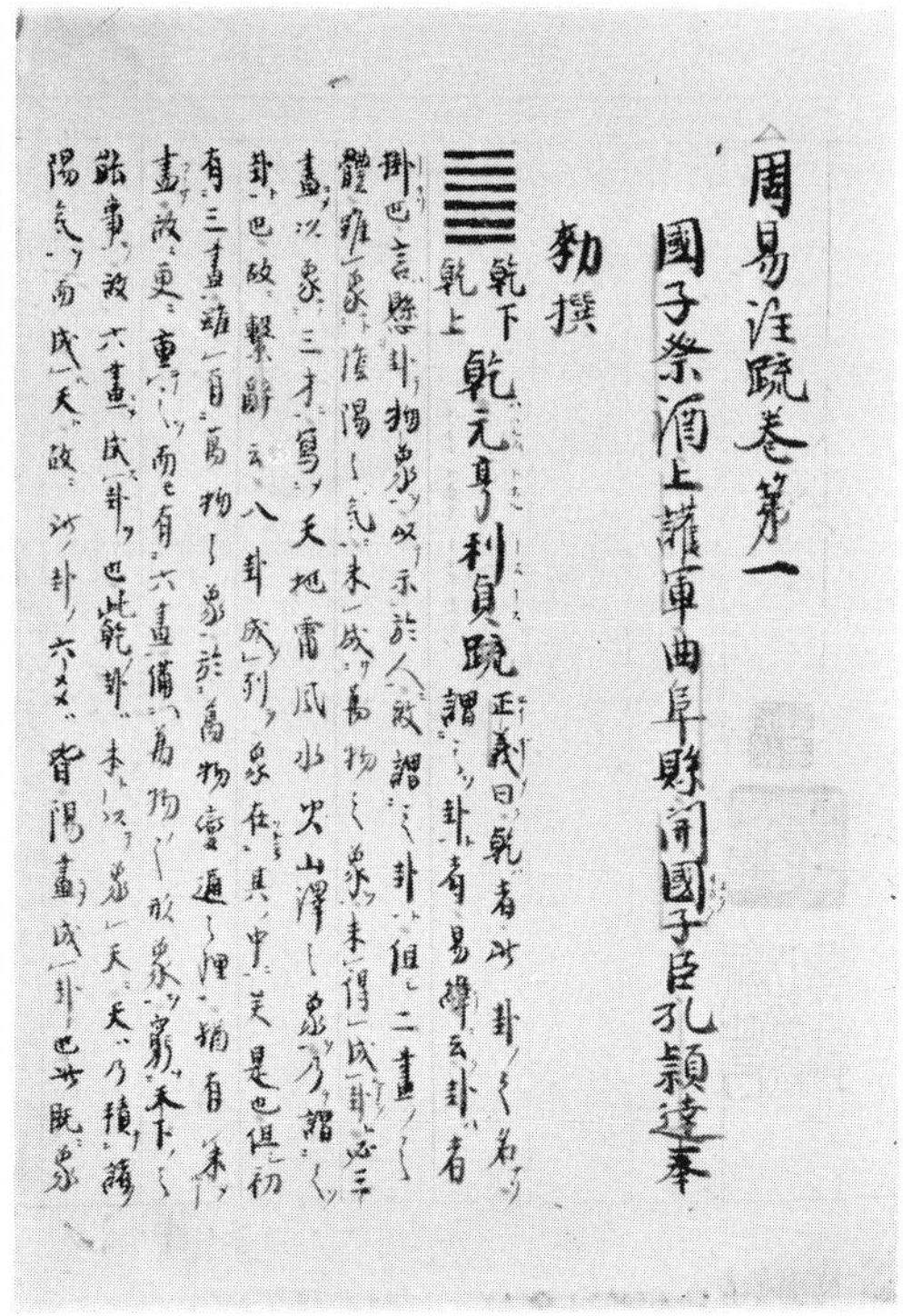

二二　周易注疏（足利学校蔵宋版移写）（巻首）室町末期写（故宮博物院蔵）

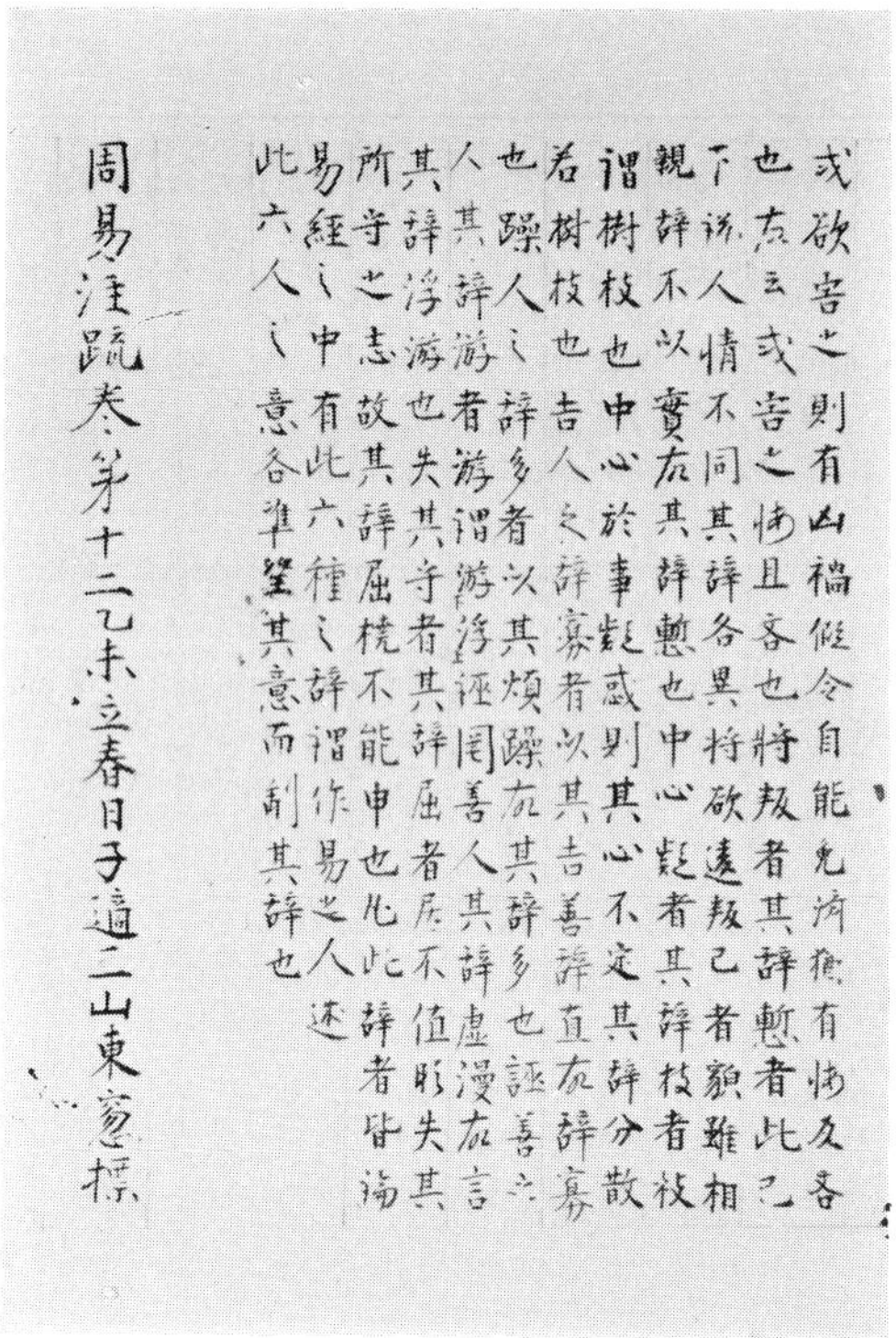

二三　同（巻二十末）（同）

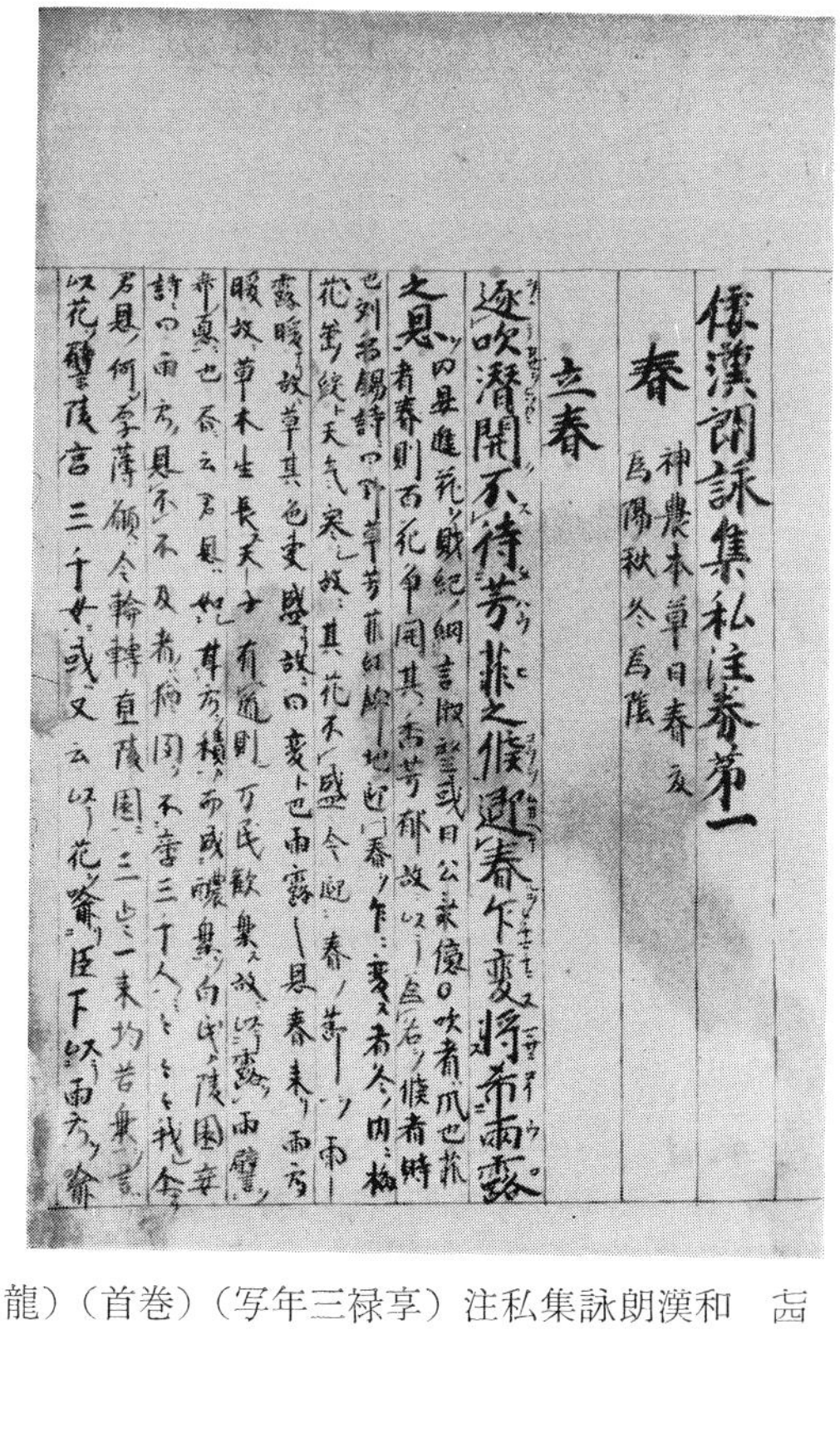

二四　和漢朗詠集私注（享禄三年写）（巻首）（龍門文庫蔵）

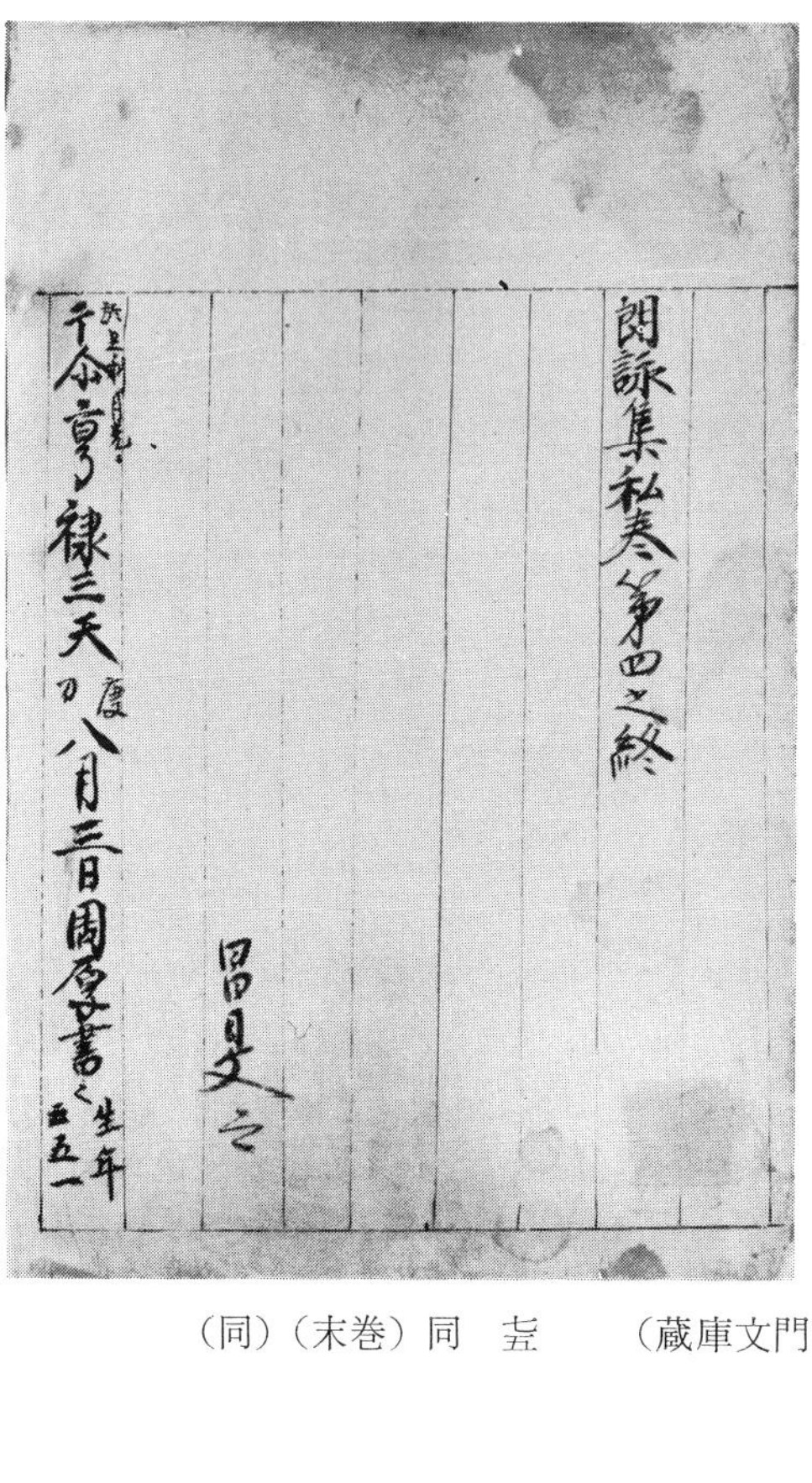

二五　同（巻末）（同）

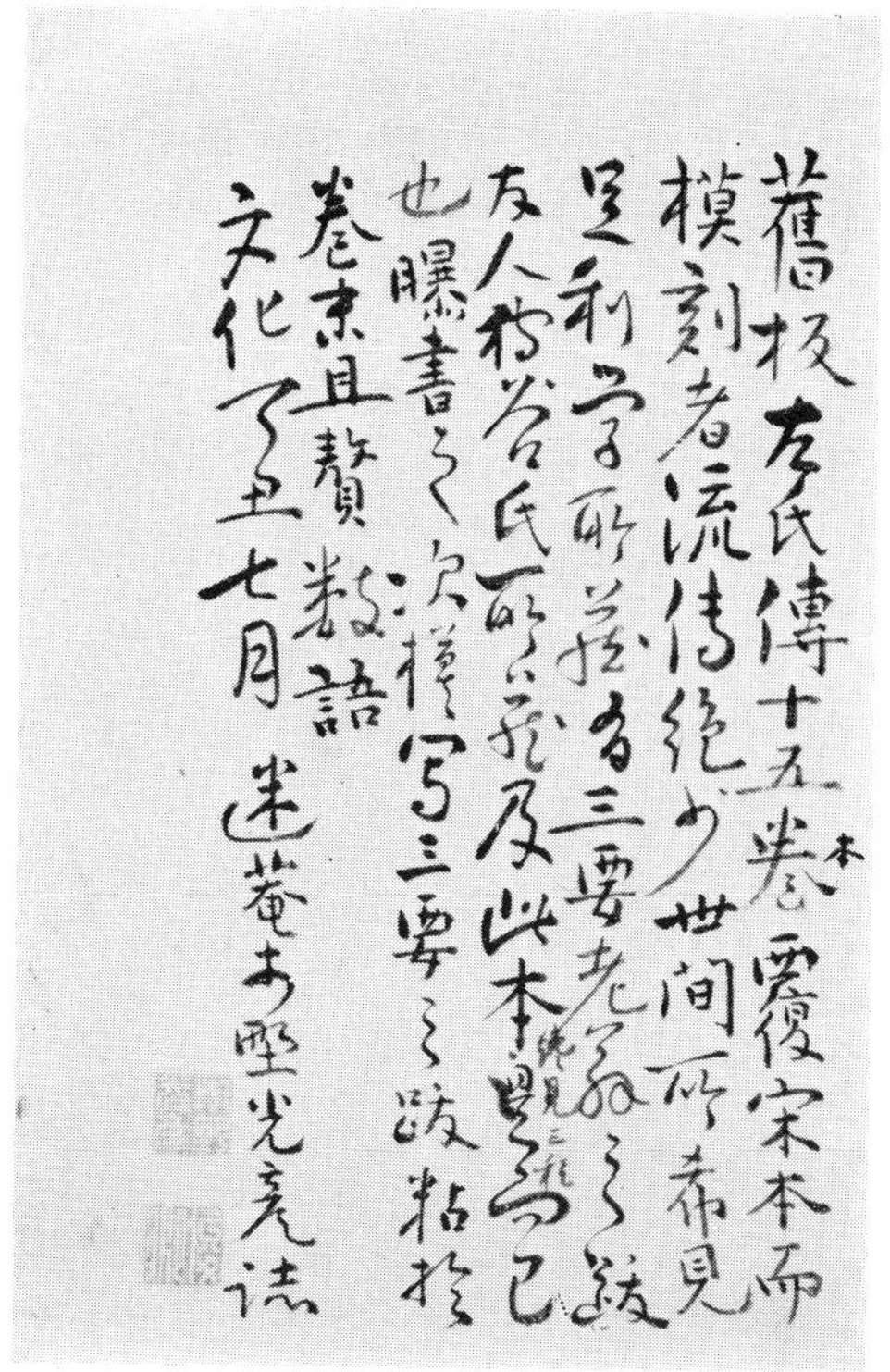

八四　五山版春秋経伝集解（巻末市野迷庵手識）（故宮博物院蔵）

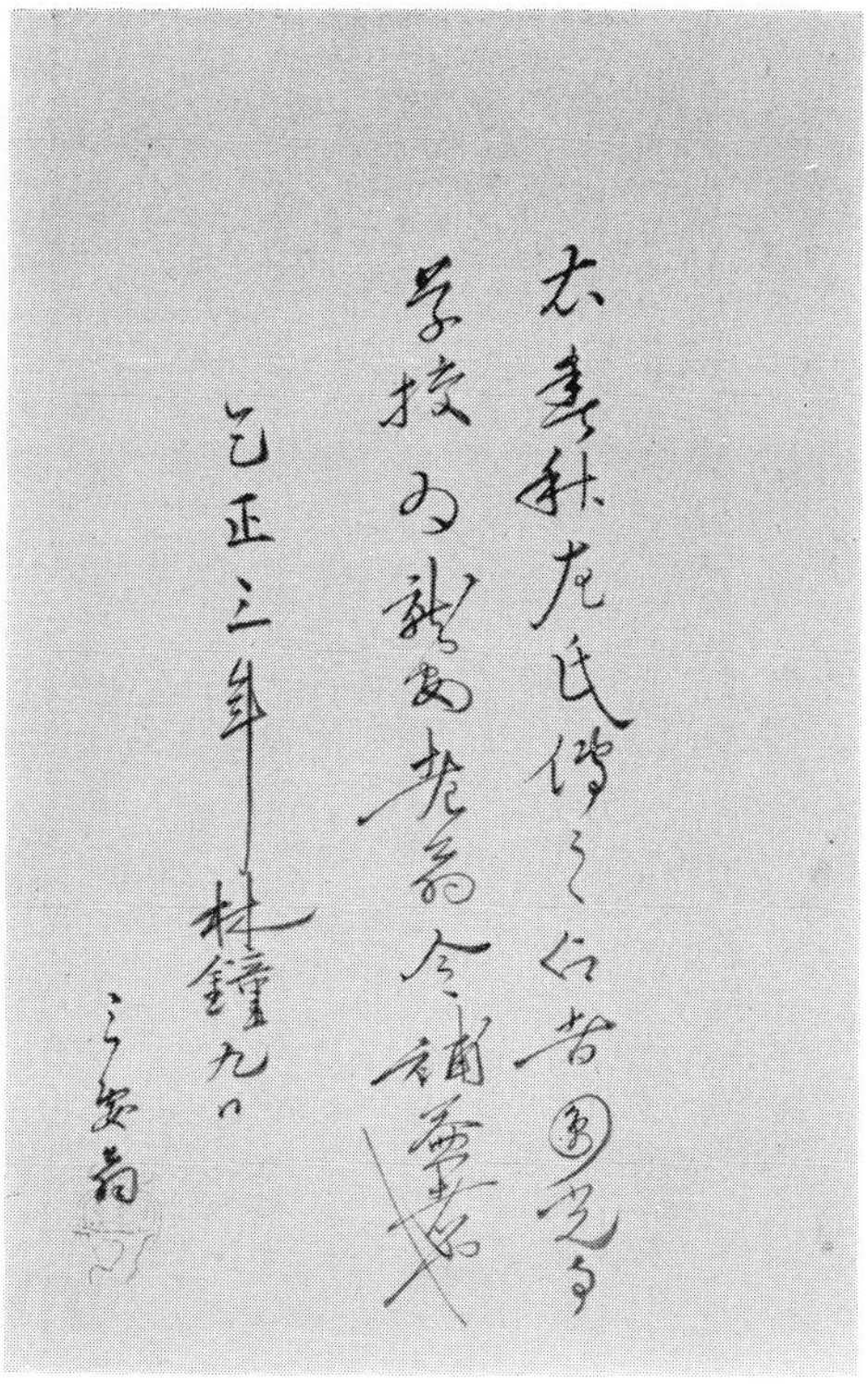

八五　同（迷庵摸写三要手識）（同）

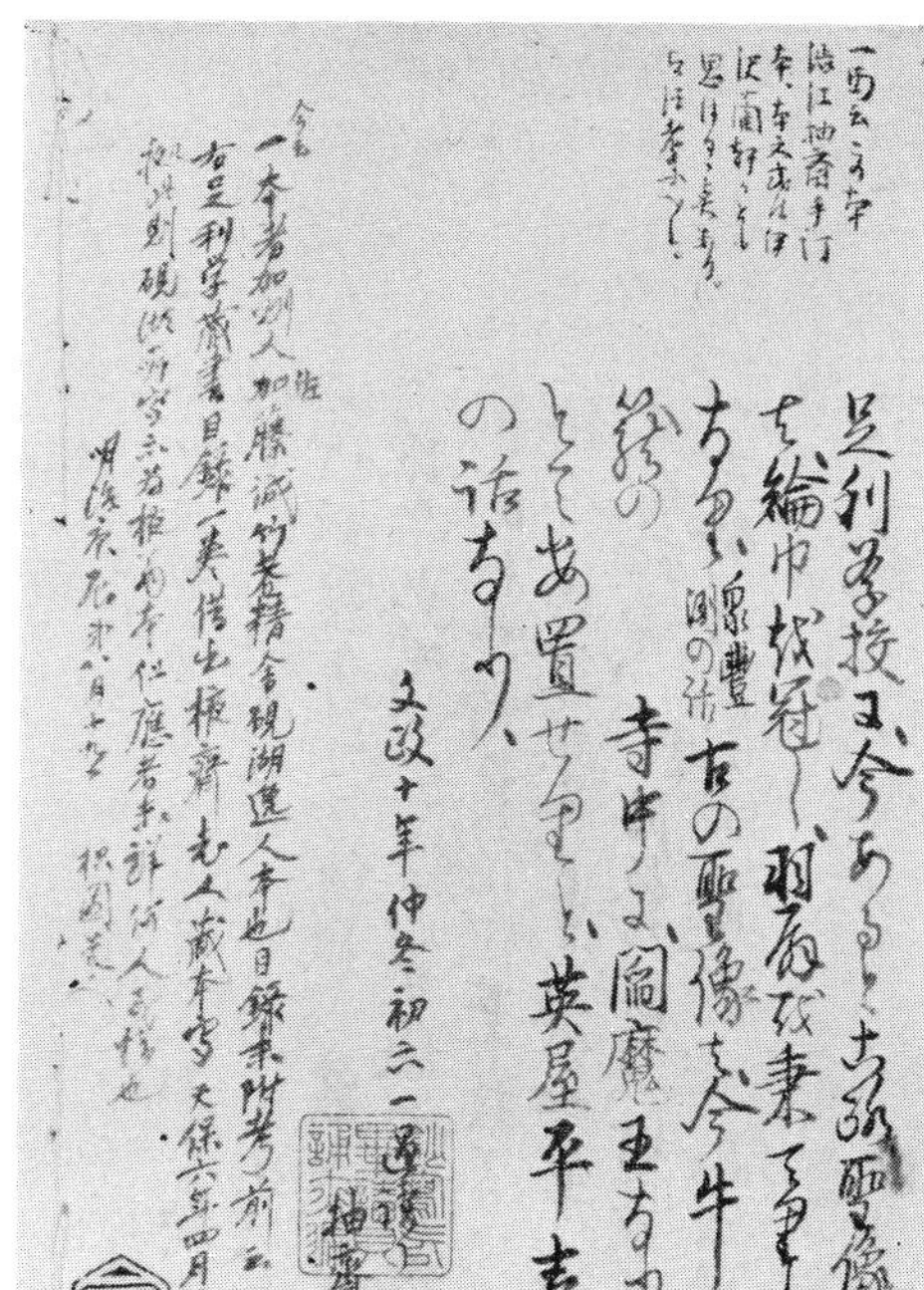

八六　渋江抽斎手校足利学蔵書目録（巻末）

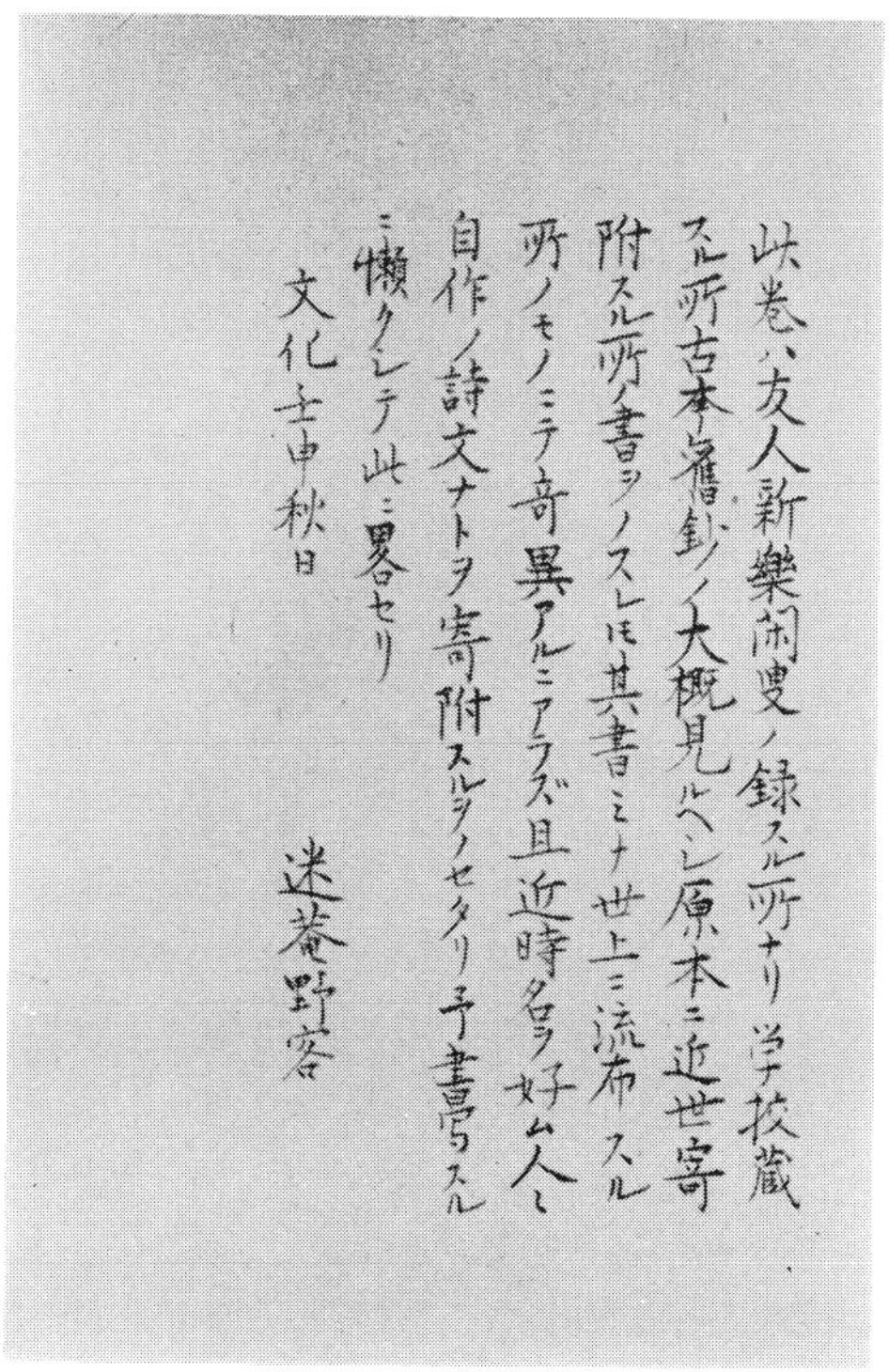

此巻ハ友人新楽閑叟ノ録スル所ナリ学校蔵スル所古本舊鈔ノ大概見ルヘシ原本ニ近世寄附スル所ノ書ヲノスレモ其書ニナ世上ニ流布スル所ノモノニテ奇異アルニアラズ且近時名ヲ好ム人ヽ自作ノ詩文ナトヲ寄附スルヲノセタリ予書写スルニ懶クレテ此ニ畧セリ
文化壬申秋日
迷菴野容

八七　同　別本（巻末迷庵識語）

序（増補新訂版）

川瀬一馬博士の学界に寄与した業績については識者の夙に是認する所、重ねて玆に贅言を費す要は無からうと思ふ。但頃日出版せられた博士の著作論文目録を一読して今更の如く驚いたことは、その分量のあまりにも多く、その内容のあまりにも多様なことである。博大な専著九十九種、斬新の学術論文凡そ三百種、正に古今に類稀なる学界の偉観ではあるまいか。博士の大著は昭和十二年刊の「古活字版の研究」を以て最初とする。帝国学士院はその功績を認めて学士院賞を授けた。時に博士、年僅かに三十三歳、文科の受賞者としては異数と称せられた。次いで十八年「日本書誌学の研究」三十年「古辞書の研究」四十五年「五山版の研究」を続刊して皆共に一世の瞠目を集めた。その間博士の渉猟した珍籍秘笈は幾百千に及ぶであらうが、燃犀の巨眼は涇渭烏鷺を甄別して能くその真相を明かにした。つれ〴〵草の正徹本・正平版論語の初版本・観心寺参詣諸堂巡礼記、世阿弥の自筆伝書類など、博士の発見によつて価値の再認せられたものもその例は少くない。博士の研究資料は始めは純国文学書を主としたらしいが、やがて必然的にそれと関聯深き漢籍仏典に及び、次いでその解釈の一助としての辞書の究明に拡大した。その蒐明は必ず自ら探り自ら求め、自ら読破して内容の文化史的価値を評価してゐる。此の点を以て之を見れば博士の全著はまた我が邦文化史の重要なる一翼を荷ふものと言つてよからう。

序　文

日本文化に関係深きものとして、博士は曩に「足利学校の研究」を公刊し、会々華甲を迎へた予の為に頌寿の贈物とせられた。何等の佳恵ぞ。爾来星霜三十周、学は愈々深きを加へ、識は愈々高きを加へた博士は、その学とその識とを以て前著の遺を拾ひ闕を補ひ前人未踏の分野を開拓して玆に改版を公にした。博士はこの研究を以て日本の一学者としてドイツ文献学に対抗したいと自任し、併せて再び此の著を以て予の為に頌寿の贈物としたいと申出られた。予や頽齢九十、世に済す所無くして此の佳恵に逢ふ、何等の慶福ぞ。

想ひ起せば今から五十余年前、君と始めて茗黌で相逢つた時、君は「弱冠（十一歳）父母を失つた私には学問で生きる以外道はありません」と語られた。その幼穉にして真摯なる言葉は今尚ほ耳朶を打つ。予は深くその情を憐み、その志を壮とした。爾来君は正しく学に生き学に終始した。今後も固よりこのままの継続であらう。此れは何よりも先づ我が邦学界の慶事である。而かも情誼に厚く人情に濃かな君は、眷々旧を忘れず、再度までその大著を以て予の寿を頌し下さるといふ、一期一会の学縁、予は只天恵の有り難さに感謝を捧ぐるのみである。

昭和四十九年春日

九十翁　諸橋轍次識

序（初版）

足利学校の存在は我国文教界の一大偉観である。創基を天長時代の小野篁に帰する事はよし許されぬとしても、永享十一年上杉憲実の中興は疑無き事実であるから、其以来だけでも既に五百余年を経過してゐる。而已ならず内に蔵する秘笈珍籍は累々として堆を成し、宋本には越刊八行本周易注疏を始とし数部を存し、古写本には室町の泰軒易伝以下数十巻を数へてゐる。更に早くも中国に佚した古文孝経論語義疏が、該校の保存によつて再び学界に流布した事実等を併せ考へると、典籍界に占むる同校の地位は極めて重要となるのである。さればこそ古来其の歴史を尋ね沿革を叙した書は、下毛野州学校由来記足利学校来由略等其の数に乏しくは無いが、何れも未だ完璧を期し得ないので、学界は更に一層の研究を翹望してゐた。恰もよし此時川瀬一馬君の足利学校の研究が世に現れたのである。

著者川瀬君は国文学界書誌学界に於ける一鬼才である。淹博の知識精緻の考察透徹の識見、此等多くの天分を具備して、之に加ふるに不屈不撓の勤苦精励を以てするから、其の向ふ所往くとして可ならざるは無く、曩には古活字版の研究を著して帝国学士院の授賞に与かり、次で日本書誌学之研究を公にして斯学に関する卓抜の諸論を発表し、余間、能楽の文献にも着目して、花鏡・世阿弥自筆伝書集・世阿弥二十三部集等を覆印解説し、着々学界未墾の分野を開拓して来た。而して今や足

ざるを得ない。

利学校の研究が斯人に由つて成立したといふのである。予は先づ題材と著者との好箇の契合を喜ばざるを得ない。

此書は五章数十節から成り、全篇を通じて翔実精微を極めてゐるが、就中、学校の教育目的と其存在意義を述べたあたりは、考拠適確推理井然、正に老吏断獄の概がある。後来たとへ幾多の研究が世に出るとしても、祖生の一鞭は常に君を推さざるを得ないであらう。君は嘗て東京高等師範学校に学び、また東京文理科大学に学んだ。当時予は教授の一員として其の講席に列したが、情義に篤い君は、校門を去つて後も眷々旧誼を忘れず、斯くて今回此の大著を特に予の周甲の記念として執筆せられたのである。思ふに、足利学校の名は、永遠に我国文教界から忘らるべきものでは無からう。そして其に関する研究がもし後世に残るものとせば、恐らくは斯書は其の一であらう。斯くて拙名の併せ伝へらるることは、声聞情に過ぐる幾分の嫌はあるが、之に由つて君の美の成るは予の最も冀ふ所である。玆に斯書の上梓に際し、先づ好著を得たる学界の為に之を祝し、併せて経緯の大略を述べて、著者の盛意に満腔の謝意を表する。

昭和二十年秋日

止軒　諸橋轍次誌

増補新訂　足利学校の研究　目次

目次

附録

挿図目次

図版目次

増補新訂

足利学校の研究〈新装版〉

川瀬一馬著

第一章　足利学校の創設

第一節　上杉憲実関与以前の足利学校

一　小野篁草創説

上杉憲実が学校に関与する以前、所謂憲実再興以前における足利学校の創設に関しては、在来種々の所説があるが、なお考究すべき点が少くないと思う。古く近藤守重は右文故事附録巻之四において、

足利学校

学校ハ下野国足利郡ニ在リ。伝ヘ云フ、小野篁ノ草創スル処（鎌倉大草子）。或ハ云フ、足利義兼ガ建立スル処（分類年代記）。未ダ孰レカ是ナルヲ知ラズ。守重按ニ　学校ノ事ヲ記載スルモノ、鎌倉大草子ヨリ旧キモノヲ見ズ。其ノ説鹵莽ニシテ全ク取ルベカラズ。其ノ他経史ノ題跋ヲ以テ通攷スレバ、永享中上杉憲実ノ再興ニ因ッテ以テ今日ニ至ル。蓋シ建置ノ久シキヲ経テ、廃圮ノ厄ナクシテ遂ニ能ク学校ノ名ヲ墜サザルモノ、亦上杉憲実ノ賜ナリ。其ノ浮屠ノ監守トナリタルハ、上杉憲実再興ノ前ニ在ルカ。其ノ故ハ、続本朝通鑑に援引スル処ノ憲実ノ状ニ、本朝州学存者僅有レ数率以レ僧為二之主一、野之学為レ最トアルヲ以テ見ルベキナリ。然シテ、憲実朝臣ノ廃址ヲ修メ傾覆ヲ興サレシハ、永享十一年ニ在ルニ似タリ、其ノ証ハ、林道春ガ日光紀行ニ有下孔子見二欹器一図上、此図陰書曰、上杉安房守憲実永享十一年閏正月寄進足利学校ト云フ。前ニ所謂憲実状紙尾曰、永享十一年己未閏正月初吉前房州刺史藤原憲実ト識ルセリ。是等ニ拠レバ、永享十一年閏正月再興アリテ、書籍ヲ寄附シ、学規ヲ遺サレシニ疑ヒナカルベシ。蓋シ、通鑑ニ援引スル所ハ、学校ノ旧録ナルベケレバ、徴スル処アルニ似タリ。然レドモ、

此歳正月上杉持房等ノ京軍鎌倉ニ入リ、憲実マタ東士ヲ率イテ会合ス。時ニ憲実使ヲ遣シテ持氏ノ死ヲ宥メン事ヲ請フ。義教不レ聴。此ノ乱離干戈ノ際ニ当ツテ、其ノ翌月学校再興ノ沙汰ニ及ビシモ、今日ノ事情ヲ以テ推量レバ、容易ノ経営ニ非ズ。憲実強有力ニシテ、然モ勉ムベキヲ勉ムト云フベシ。且ツ其ノ再興前後モ典籍ノ庋蔵アルヲ以テ、四方ノ書生来学セルカ。通鑑ニ所謂ル、中葉以来僧徒住焉。然不レ称ニ長老和尚一、而称ニ先生一以教ニ授児童一、則講ニ五経及三略六韜一ト云フ是レナリ。足利本周易ノ末ニ易学之徒置之ト記シテ、其ノ表紙ハ永享九年ノ暦モテ造レルアリ。又、春秋伝ノ首ニ足利学校正伝院常住ト記シ、周礼ノ尾ニ正宗寺書院ト記シ（正宗寺ハ常陸増井村ニ在リ、周礼ノ下ニ詳カナリ）、又、下野州足利学校常住文安六年己巳六月晦洛陽僧砭愚置之ト記セルアリ。是レヲ以テ観レバ、所謂正伝院ハ足利ノ学寮ニシテ、正宗寺書院モ学校ノ配下ナル如ク聞ク。思フニ、管領ノ盛力ヲ以テ重修セシナレバ、サコソイカメシク造リ立ツラメト想像セラルルナリ。（下略）

と論じ、それより稍以前、天明四・五年中に撰述せられた吉田篁墩の足利学校蔵書附考（流布の諸写本尽く狩谷棭斎手写附注の本より出る。棭斎自筆本につきては、後記及び、二四四頁挿図参照。）にも、東見記（「下野国足利学校、本是小野篁旧迹、近代九禾老人都講也（云々）」）・鎌倉大双紙の記事を掲げ、又、篠崎東海（平維章）の東海談（「足利の学校は小野篁の旧跡にあらず（云々）」）の所説等を附載しているが、篁墩は蔵書目の考究が主目的であった故か、特にこの問題に関しては論定する所がない。近藤守重等が所引の鎌倉大双紙（群書類従巻三百八十二所収、黒河春村が水戸本を以て朱校せる一本を高橋仙果が自ら移写書入せる一本（家蔵）に拠る。）巻下には、

（前略）上杉安房守も（中略）かたの如く礼法をたつとみ、民を撫で、政道を専として諸士を憐み、絶えたるをつぎ、廃れたるをおこし、政道ただしくして、人のなげきもなかりけり。武州金沢の学校は北条九代の繁昌のむかし学問ありし旧跡也（水戸本是をも今度彼文庫を再興して種々書籍を入置）。又、上州は上杉が分国なりければ、足利は京都并鎌倉御名字の地にて他にことなりと、かの足利の学校を建立して、種々の文書を異国より求め納めける。此足利の学校は、上代承和六年に小野篁上野の国司たりしとき建立の所、同九年篁陸奥守になりて下向の時、此所に学所をたてけるよし。その旧跡いまにのこりけるを、応仁元年長尾景人（水本久）が沙汰として、政所より今の所に移て建立しける。近代の開山は、快元と申禅僧也。今度安房守、公方御名字かけの地なればとて、学領を寄進して、弥書籍を納め、学徒をれんみんす。されば、此比諸国大にみだれ、学道も

絶たりしかば、此所日本一所の学校となる。是より猶以、上杉安房守憲実を諸国の人もほめざるはなし。西国北国よりも学徒悉集る。（下略）

と見えており、江戸時代には、林道春（羅山文集）をはじめ、林家編纂の続本朝通鑑以下、王代一覧・和漢三才図会等、単にこれを祖述しているものが頗る多いのである。右は同書著作当時、即ち室町末期に行われていた所伝を記載しているものと認められるが、これに対しては、篠崎維章が東海談に、

足利の学校は小野篁の旧跡にあらず。かつて此の事を炯乱に思ひし故、文徳実録を繙いて篁の伝を考ふるに、陸奥守に任ぜられし事は見ゆれども、下野守に任ぜられし事は見えず。但し、古しへ五畿七道の諸州及び多禰島まで学校ありし事、国史に見えたり。然れば、足利は国府かと思へば、官府にもあらず。又、篁読書の地なりといふ実なる証拠もなし。然ればこそ、分類年代記に足利義兼（義康之子）かつて刱学校於足利納自中華所将来先聖十哲画像祭器経籍等、世推曰足利学校其後一百余年而災源尊氏公奔西海与菊池于多々羅浜時点禱孔廟遂得勝利矣、於是再造聖廟以崇奉之、以先祖所刱世々不絶祭祀。按此説其実を得たりといふべし。もし炯乱の談とせば、請一部の日本紀を見よ。

と論じている如く、（但し後半、分類年代記を援引し、尊氏云々というのは、炯乱に堕っている。）小野篁が下野の国司となって下国の節建立したという所伝は、単なる伝説に留まり、何等確証がないことは、既に諸家の論じた如くであって、改めて考証するまでもないのであるが、これに関してなお若干論ずるならば、この伝説は、鎌倉大双紙著作当時、足利学校自体に伝えられ、又広く世に伝称せられていたものであって、即ち、天文二十二年正月十七日、本願学徒の名に拠って記されている「下野州足利庄学校講堂再造之勧進帳」（猪熊氏蔵、室町末期写葛藤集（三冊）所載。）（この勧進帳は第七世庠主九華の作文なるべし。後記参照。）に、

足利之学校者、昔年小野侍中濫觴、其後上杉長棟菴主為中興開基、

と述べられており、当時学校自らこの所伝を奉じていたことが明らかにせられる。その後、九華の遺弟第十世庠主寒松和尚の寒松稿所収の「野州学校客殿本尊薬師如来安座」の一文の中にも、

南剡浮提扶桑国、関東道下野州足利郡有学校、昔年小野侍中濫觴之、敗壊不知何代、其後永享己未年、関東総副元帥上杉房

州刺史藤原朝臣憲実法名長棟菴主為檀越、而中興之、以孔子聖人画像三幅、並五経疏本、寄附于講堂、雖経幾秦皆以無恙、将謂神物之所擁護也。偶考前住東井手沢之交割帳、初有講堂、次有客殿、以薬師如来為本尊、其外随禅刹之例而、仏具等載以詳矣。文伯老人司業之時、享禄年中学校値回禄之難、本尊以下一時為灰燼、不足嗟嘆之、爾来前住三代之間、関左江山尽入戦図、当庠亦為瓦礫之場者一両回、不遑下修造之手、亦良有以哉。消竭者七十余年、以故世人不知薬師之為本尊、只知孔子之為本尊而已。感激有余哉。秖今海内属昌平無事之日、当于此時、禅珠某甲董当庠之席主、豈無再造之志、乎維時慶長十一年丙午秋八月、修葺講堂之次、纔分数間、傍構客殿、加之命鎌倉之大仏匠、雕造薬師如来尊像一軀、以安置壇上、與七十余年之己墜、以後其旧焉、同十一月初吉、延請七箇道之緇衆、以伸安座之儀、（下略）

と見え、又、寒松と同門で、次いで第十一世庠主となった睦子も、堀杏庵に対する答書（中山日録所収、「抑野州足利之学校者、往昔仁明帝之聖代小野篁之所二開基一也。古老之所レ伝、不レ知二其実一矣」等とあり。なお後記参照。）及び林道春に語った所（羅山文集所載、後記参照。）にも「此学寮者、小野篁旧蹟也、故以為二学校一、年久未詳」等と伝えている。これが引いて江戸中期、享和三年に第十五世庠主天叔より寺社奉行へ書出した由緒書（足利学校遺蹟図書館蔵、足利学校記録第三冊所収。この第三冊を基にし、後に記録として整理せる一冊は、記録第一冊にして、同文を再収せり。）に至ると、

淳和天皇御宇天長年中小野篁草創之地也。篁子孫断絶之後、廃壊事尚矣。

とあって、年代も承和より少しく遡って転じており、又、次いで元文四年に第十六世庠主月江が編んで寺社奉行に差出した学校来由略記（足利学校記録第七冊所収）には、

足利学校者、人王五十三代淳和天皇御宇、天長九壬子年八月五日、大内記参議小野卿、蒙二勅命一草創（至二于元文三戊午年一、九百有六年余之旧校也）聖像者中華之伝来也、篁卿之子孫断絶、後僧快元和尚、以二儒釈同一之学一匡二学徒一、是為二庠序中興之第一世一、自爾已來、僧侶住持相続焉、

と見え、さらに勅命に拠るという様に権威づけることなども行われて、篁説は一層発展しているのである。それ以後、天保十四年九月に同じく寺社奉行に宛てて書出した「学校由緒書」（平仮名交り、足利学校遺蹟図書館蔵、学校記録書類中にあり、又、その転写本にして、森約之の文久二年手校の一本、静嘉堂文庫蔵。）も亦、これを承けて略同文を記している。

そして又、室町末期にこの所伝が一般にも広く行われていた事実は、笑雲清三の論語抄に、

小野ハ正義ヲバ異義ト取リ、本註ヨリホカハ不取ゾ、サルホドニ新註ナンドハ、申スベキ事デハナイゾ。世間ニ用ルホドニ、才学ニ申スマデゾ。

とあり、又、同書に、

日本デハ関東へ此論語ヲ伝ハ、小野侍中ガ伝ゾ。其ニハ官ノ事ガナイゾ。周礼ニ、官ノ沙汰アリ。周礼ハ東国ヘハコヌゾ。サテ坂東ニハ官ノ沙汰ガ無イゾ。

と見えているのに拠って知られる。即ち、足利を指して小野と称し、足利の論語の講説は篁の所伝であると言っているが、後者の如きは、無論誤伝であり、なお周礼が東国へ来ぬ等というのも亦、当っていないが、ともかくこれに拠って当時の京洛五山僧の間等にも、足利学校と小野篁とが結合して考えられていたことが察せられ、後に諸書の準拠する所となった鎌倉大双紙も亦、その著作当時における足利学校の所伝に基いて記したものと認められる。また後記、第九世庠主九華自筆の占筮伝承系図にも、足利の占筮の法は本朝では菅家から小野侍中に伝わり足利へ来たことになっている。

然らば、何故に学校において小野篁をその草創者と伝えているのであるか。恐らくこれは、唯単に学校の来歴由緒を権威づけるがためというに留らず、一には、学校の当局者が学校の淵源する所が上杉憲実の再興以前相当に古いということを信じていたが故でもあると考えられるが、なお又、篁との関係を結び附けるにも、何等かの因子がなければなるまいと思う。これについて、川上広樹は「足利学校事蹟考」（明治十三年刊）に、

（前略）学校旧領の地には今に至るまで篁卿に随従して来たりし者の遠裔なりといふが、十二氏（大手・神田・細内・宮本・阿部・木村・亀田両家・石内両家・牧野両家）あり、大政維新前、僧侶の持なりし頃は、学校租税のうちにて、其十二氏の者をば賑救し来りし事などありとなむ。これを以て見れば、古書に明証なしといへども、卿の創建と定むるも、妨なきに似たれども、（下略）

と述べており、又、もと足利町本嶋家より流出した文禄四年以来の「足利学校領」並びに「百姓系図」（寛延三・四年石内新五兵衛写、二冊、家蔵、後記参照。）の中にも、

小野のたかむらの当学校御被立之御時居住の者拾弐人

亀田　石内　宮本　細内　牧野　宮沢　堀中（子其後名字を改岡部と名乗ル）　残り五軒は相つぶれ申候

右相残り候者共亀田屋敷高野ニ而九畝歩八畝歩　石内屋敷九畝歩七畝拾五歩

細内屋敷八畝拾弐歩　宮本屋敷九畝歩　牧野屋敷九畝歩

天正年中　高氏公政所屋敷え引うつり居住申候

と記されていて、彼等は「古来より居住之百姓」として新住の者に対して特権を持っていたことが知られる。つとに諸家に拠って論ぜられた如く、篁は足利に直接何等の関係を持たなかったのであるが、その子従五位上小野俊生は元慶三年下野守として下向していると言い（川上広樹、続足利学校事蹟考）、或はそれ等の関係で、土着した縁族が学儒として秀でた同族の先正「篁」を戴く様になったものであるかもしれない。或は中世において篁を「野相公」と称したため、その「野」の文字から暗示を得て、野州足利と結び附けたものと推せられないこともない。（足利衍述「鎌倉室町時代之儒教」中に此のこと見ゆ）中世において篁は学儒の代表的な人物として、文安元年著作の下学集人名門の部にも、

嵯峨帝ノ時ノ人　官至ニ参議一峰守ノ息也、即破軍星ノ化身也、故輙チ往ニ還スル於冥府ニ一歟

と見え、その他、節用集の諸本にも所収せられている。「篁日記」と称する物語なども作成せられており、室町末期には「小野篁歌字尽」等の童蒙の教科書も篁に仮託せられて編まれるに至り、（歌字尽等を産み出したのは、足利学校創立者としての伝説等が却ってその近因を為しているものであろう。）足利学校関係者にとって篁は、学校創設者としての好資格を具備した人物と思惟せられたのも亦、もっともと言うべきであろう。

なお又、足利学校の占筮術が小野僧正の流を汲んだ真言流である点から、その小野が又篁を誘引したこともあるのではないかと考える説もある。（鎌倉室町時代之儒教五八九頁）

以上、足利学校自体において、少くとも室町中期頃から唱道せられていた小野篁の草創であると言う説、もしくはその家塾或は読書の処であると言う（その意は曖昧なものながら）伝称は、篁の時代から見れば、遙か後世の伝説であって、全く信拠す

ることの出来ない説であるが、足利の郷土においては、これを信ぜんとしている傾きがある。（足利市史・須永金三郎「足利学校遺蹟考」・同弘「足利学校に関する文献」）然し、それは又、研究とは自ら別問題と言わなければならない。その他、上野名跡志に上野伝説雑記を引いて、

秀郷ノ曾孫其ノ願望ニヨリテ建立アリシ

等と記しているのも亦、何等根拠のない伝称に過ぎず、これは恐らく、秀郷六世の孫、淵名大夫兼行の子、成行が足利大夫と称し、初めて足利に城を構え、藤姓足利氏の始祖となったと言う史伝から生れた伝称であろう。

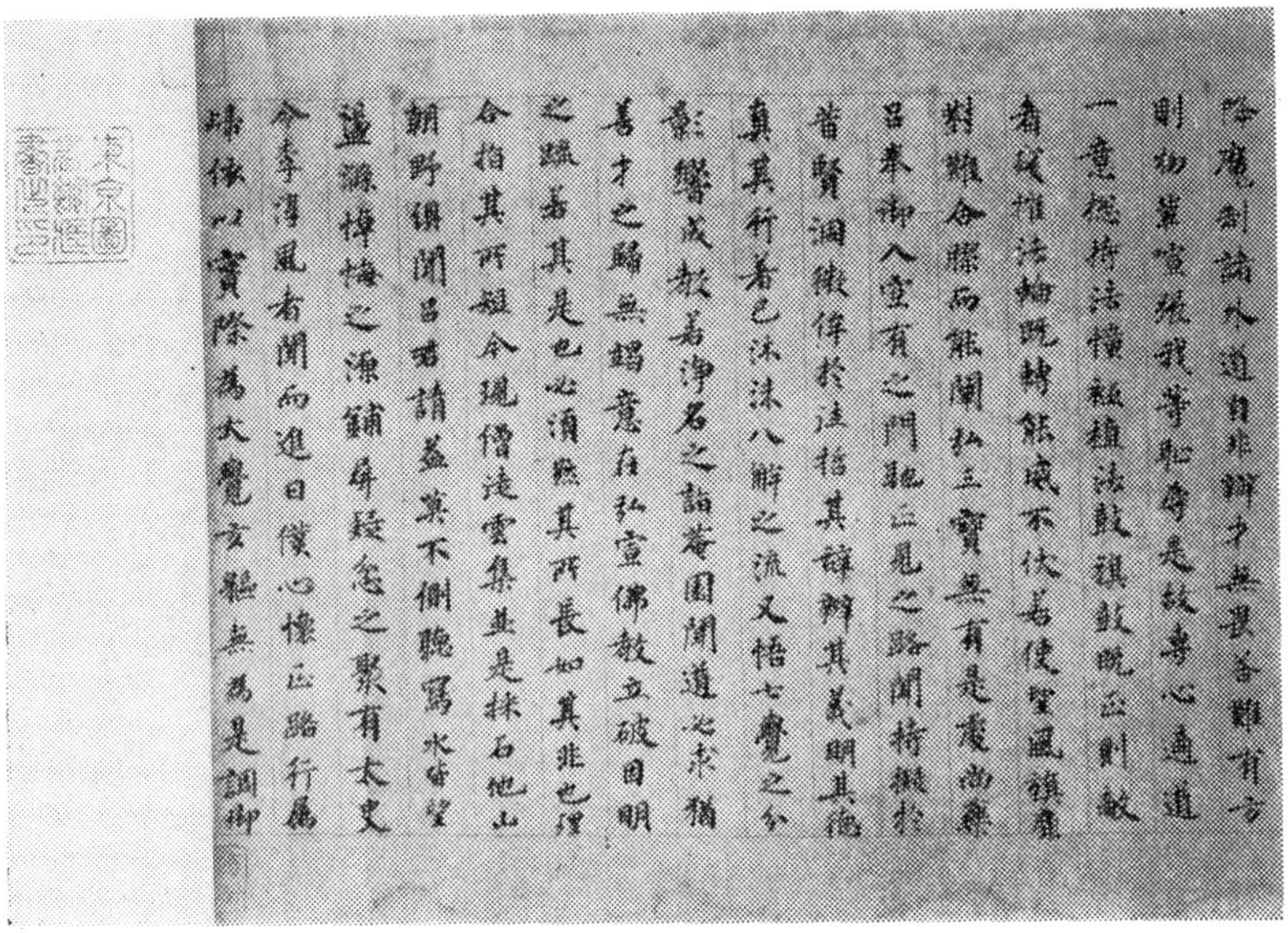

足利学校旧蔵伝野相公真蹟古筆

〔附記〕国会図書館に蔵するもと足利学校にあった「人見氏系図」（一巻、一軸。帝国図書館旧蔵。）がある。これは「野相公真蹟」と称する平安初期筆の古経巻の断簡二十七行（一軸）に添えたもので、人見氏は小野篁の子孫として連綿と足利に居住し続けた血縁の家柄と伝える。右の古経切は、古筆手鑑の類に見える小野篁の山門切と称する古筆切に似た書体のもので、篁筆と伝えるのも諾けるが、経切に附した人見求の識語によると、この経の末にはもと「此一巻某小悩之間寂莫之餘信病心所發適時書之而以慰獨臥愁情大凡這巻経数日而成矣　承和三歳丙辰五月八日小野篁」と奥書があり、又快賢なる者が同じく巻末に「此書小野篁之筆蹟也堯海房寄附當寺仍納堂住　弘安二乙卯三月十四日石州多陀寺住快賢」と誌してあったが、江戸は火災が多いので佚亡を恐れ、これを三分して一を足利学校、二を知行所の西場の雲龍堂、三を自宅に蔵することとし、これは足利学校へ「人見氏系図」と共に納めた分である。（上図参照）然も本軸は一旦紛失していたのが、江戸末期に再び学校へ戻ったものであることが、嘉永二年に附された学校松

齢の跋文で判る。

二　国学遺制説

次に篁草創と若干関連して唱えられる説に、国学の遺制であるという所論がある。即ち、川上広樹は「足利学校事蹟考」に、（前記引用文に次いで）広樹つら〳〵おもふに、こは国学の遺制なるべくなむ。そは何を以て知るといふに、本朝通鑑に所レ引、上杉憲実の状に、本朝州学存者僅有レ数焉、以レ僧為ニ之主一、野之学為レ最といへり、（前に見ゆ）また集古十種印章之部に、足利学校の印を載たり。これには野之国学の四字を刻せり。また鎌倉大草紙には、此学校もと政所にありしよしをいひ、書籍目録には、旧在ニ国府野一ともいへり。国学はいづれも国府に建てられしものなり。さて下野国の国府は、都賀郡なれば、上古其の地にありし国学を、足利将軍の因縁ある、この足利の地に移せしならむ。小野篁卿は、国学の国府にあるものを、陸奥守になられ下向の時立寄りて、何くれの沙汰せられし事もありしにやとぞおもはる。（中略）されば篁卿在世の頃は、京の大学はもとより、国学も盛なりし事とぞおもはる。それより数百の星霜を経て、擾乱の世となり、随つて学政も衰へ、大学をはじめ国学といふもの、何処も廃絶したるが、幸に下野の国学のみは、其跡残りたるを、上杉氏の殊勝にも、再興せられしものなるべし。（下略）

と述べている。然し、この考説も亦、篁創設説と同じく何等の確証も存せず、足利学校が憲実に拠って再興せられた際、学校が下野の国学の遺制を伝承するものであると、当事者の間に考えられていたこととは自ら別の問題と言うべきである。因みに、「野之國學」の印は、江戸極初期に作成捺印せられたものと思われる。（このことは後章に詳述する。）

三　足利義兼創建説

次には、篠崎惟章が東海談（前記所引）に指摘した分類年代記を参照とする足利義兼の創建と唱える所説がある。分類年代記は江戸初期の編著であって、義兼が足利に学校を始め、支那から将来した先聖十哲画像祭器経籍等を納めたと言う事実も亦、確証の徴すべきものは見当らないのであるが、この所説について一応吟味を行おうと思う。

この説は、明治以来、藤岡継平（国学院雑誌十六ノ一・二・五・八「足利学校の研究」）・八代国治（歴史と地理（大正七年十月）「足利庄の文化と皇室御領」）・渡辺世祐（史学雑誌三五ノ二「足利荘及足利学校に就て」）・平泉澄（「中世に於ける精神生活」三一四頁）・足利衍述（「鎌倉室町時代之儒教」五九〇頁）等の諸氏に拠って種々な点から考説せられている。

後に詳述するが如く、永享年間における上杉憲実の学校再興の事実に関しては異論はないが、その源流を義兼の創設とするについては、在来の諸家の間にも若干論議の相違がある。

義兼の父義康は、大番役として都に上り、鳥羽上皇の北面武士となり、足利荘を上皇に献上して安楽寿院領とし、次いで同庄が美福門院に伝わって、義康は同院に奉仕するに至り、保元の乱には後白河天皇に従い、功に拠って検非違使蔵人となって昇殿を許され、保元二年に歿した。永暦元年美福門院崩御の後は、その御領の大部分は皇女八条院に伝わり、足利荘も亦同院の御領となったので、義兼は同院に奉仕して蔵人となった。乃ち、八条院蔵人と号する。

義兼の母は、熱田大宮司季範の女で、頼朝の生母と姉妹関係にあり、その妻は北条時政の女であって、義兼は姻戚関係から、鎌倉幕府に対し重きをなしたのであるが、又、父祖以来、中央の文化に感化せられて、向学の志をも抱いていた。義兼は、正治元年三月、頼朝に次で五十六歳で歿したが、それより先、豆州走湯山の真言僧理真に深く帰依し、後に入道して鑁阿と号した。室町時代の鑁阿寺古縁起の伝える所に拠ると、文治四年に妻時子が懐妊の時、相者が皆女子と占ったのを、義兼は男子を得たいと切望し、走湯山の理真の名望を聞いて招請し、真言秘密変性男子の法を修した。その感応あってか、文治五年男子（義氏）が出生したので、爾来、理真に帰依渇仰してこれを護持僧とし、邸内の傍に持仏堂を構えて居坐せしめ、大窪村を寄

附し、「御持仏堂供僧」と号した。現存の巻数文書は、文治五年既に理真阿闍梨の不断行法が修せられていた事実を語っている。

　巻　数
本尊供祈願
　奉供
　　供養法三百五十五箇度
　奉念
　　仏眼真言三万五千五百遍
　　不動真言三万五千五百遍
　　降三世真言三万五千五百遍
　　本尊大日真言三万五千五百遍
　　同平等王真言三万五千五百遍
　　金剛吉祥明三万五千五百遍
　　成就一切明三万五千五百遍
　　妙吉祥破諸曜宿明三万五千五百遍
　　一字金輪真言三万五千五百遍
右奉為護持大施主息災安穏武運長久恒受快楽心中所願決定成就決定円満始
正月一日迄于今日併三百五十日之間殊致精誠奉供如件
　　文治五己酉年十二月晦日
　　　　　　　　　阿闍梨理真

文治五年、義兼は奥州の泰衡追討に進発の際路次から使を以て樺崎の地を祈禱の料に寄進し、後、建久の初年に母の菩提を弔

うため、その地に堂宇を建立し、後に理真がここに閑居して下御堂（法界寺）と称せられた。建久七年六月妻時子が病歿したので薙髪して、鑁阿と号し、義国以来父祖由緒の地なる別業の地を氏寺とし、持仏堂を改めて鑁阿寺と称し、新たにその規模を高野山に擬えて伽藍を建立したと言う。この年六月十二日相続いで理真も亦寂し、隆験が法菫を承けて第二世となり、鑁阿は正治元年三月八日、五十六歳で世を終えたのである。「足利荘鑁阿寺」（山越忍空）参照

義兼の第三子義氏（足利三郎）も亦、文武兼才で、泰時の女婿となり、和歌等も詠じたが続拾遺集冬部所収。なおこの人のことが徒然草にも見える仁治元年剃髪し、父の志を継承して篤く法を敬い、鑁阿寺の隣境外に寺中十二箇院を建立し、建長六年に六十六歳を以て歿した。開基鑁阿の忌日に一切経会並びに舞楽曼荼羅供を修することも義氏の時から行われるに至ったと伝え、建治二年の同会の文書残存すなお又、鑁阿寺現存の文書中に、

講書請定
一大日経疏　律師　重円
一周易注疏　僧　円憲
右依仰所定如件
建長元己酉歳正月七日　公文所大進
（裏注）
講書始之事任先規可致其沙汰本願之御素意旁少輔入道殿所仰也緩怠無謂歟　奉行　慶尊

と見え、これは本願（鑁阿）の素意で在来行われていた講書始（加うるに義氏が特に力を入れている）が、緩怠したか或は少くとも緩怠する懸念が生じたために、公文所大進が寺中に発した状であるから、寺中で鑁阿当時から講書が行われていた事実は確められるのである。殊に又、その講書が大日経疏と共に周易注疏を併せている点は、注目すべきであって、これ亦、鑁阿当時から講ぜられていたものと考えてよかろうと思う。占筮を重んじ、特に真言秘密の修法の効験に拠って理真に帰依したという鑁阿の意志として周易の講義が加えられているのも亦、然るべきことであって、理真は易に造詣の深かった真言僧であっ

たと推せられる。ここに、後世上杉憲実に拠って建設せられた学校が、易学の権威たる快元を迎えて第一世の痒主とし、爾来易学を中心に発展を遂げた萌芽が存するものと言うべきである。

この意味においての足利学校の源流は、義兼の好学帰仏に存すると言ってもよかろうが、然し、右の文書の存在に拠って、これを義兼父子が学問を奨励した事実を証するに留めず、さらに「義兼が文庫を起して、学問所としたであらうと思はるる確証」とし、「義兼は書籍を蒐集して文庫を起し、一族の子弟並に僧侶等に、学問を勧めたことゝ思はれます。これによれば足利学校の基礎は、義兼が造つたといつても差支へないことゝ信ずるのであります」と説く（以上、八代博士）のは、稍過ぎたるものと言わねばならぬ。なお又、これと別に、分類年代記の所伝を基にして、「足利氏の如き大族は、家門勃興の為めに必ずや子弟教育の必要を感じたるべければ、始め足利氏の子弟等が其政所の中に於いて学を修め、其場所の存在したるが、漸次拡張せられて漸く学校の形をなしたるに非ざるか」（藤岡継平）・「足利氏は義康、義兼父子が、鳥羽天皇、美福門院、八条院に奉仕して鳥羽殿に祗候し、この学問藝術の宝庫（筆者云、安楽寿院の勝光明院の宝蔵）に接して居つたから、知らず〳〵の間に、学問藝術の尊重すべきことの必要を悟り、終に之に傚ひて、足利庄に文庫を起し、子弟をして学問を励ましめるに至つたものであらうと思はれます、要するに足利氏は、京都の文化を移して文庫を設立し、一族子弟教育の所としたのが漸次発展して、終に学校となるに至つたものでありませう」（八代博士）と言うのも、要するに推測の域に留まるものである。この藤岡氏の説を「決して臆測の説として排棄すべきものに非るなり。故に余は義兼の子弟教育所、換言すれば、足利氏の氏学が、此学校の前身ならんと推想するなり。」とし（足利衍述「鎌倉室町時代之儒教」）、進んで、「義兼の子弟教育所は、恐らく其政所に設けたるなるべし、而して其教授は僧侶を以て充てたることは、左の記録によりて想察せらるゝなり。」と言って、和漢三才図会・山井崑崙等の記する所を援引しているが、中世において一般に武家の子弟の教育が、主として僧侶に拠って行われたことは事実であるけれども、右両者の所記は、初期足利氏の子弟教授について、何等の論拠を徴すべき資料となるものではない。

唯ここに言い得ることは、足利氏並びに鑁阿寺を中心として北関東の一地区に一地方文化が興起し、鑁阿寺僧に拠って緇流並びに武家の必要とした或種の講書が行われ、僧俗の子弟に対する若干の教養機関的なものが存在したであろうと推せられるこ

とである。鑁阿寺には早くより一切経蔵も具備せられた故に、他に若干の蔵書もあったかもしれないが、文庫と名附けるが如き施設は未だ存在しなかったことと思われる。又、教学機関にしても、学校と称する程の規模のものは未だ営まれなかったものであろうと考えられる。

分類年代記には、南北朝頃になって、尊氏が孔廟に黙禱して多々良浜の勝利を得たため、後に聖廟を再造したと伝えているが、これまた単なる伝称に留まると思う。然しながら南北朝頃における鑁阿寺には、なお伝統を承けた相当な学僧が住して、外典をも講じ得たことは、足利の行道山浄因禅寺始祖偉仙和尚塔銘並序（文安五年得光撰）静嘉堂文庫蔵、中山信名旧蔵の室町中期写、雑抄（判紙本一冊）中に所収、全文、後記注一参照。に拠っても知られる。即ち、偉仙は幼少より鑁阿寺に入って明範に三学を学び、傍ら詩書老荘之文を習ったと言う。偉仙は後に参禅の志を抱いて師の許を辞し建長寺に大喜和尚に参じ、遂に後自ら行道山を開いたのである。当時においては、禅僧に勝れた人物が輩出し、武家の要求する教学も亦、主として禅家の担当となり、尊氏兄弟も亦、中年以後禅家に帰依するに至ったから、足利荘内において次第に雞足寺等の禅寺が栄えるようになったのも、時勢の然らしめる所である。上杉文書（一ノ一九）に所収せられている左の尊氏自筆花押の文書は、年代は未詳であるが、建長寺の長老が足利へ下向するに際して尊氏が上杉憲顕に注文したものであって、これは足利に建長寺の長老が下向するに至る雰囲気が存したことを物語るものである。

建長寺の長老下向せられ候。無案内のよしおほせせられ候。扶持し申され候べく候

十二月十二日　（尊氏花押）

民部大輔（憲顕）殿

なお続本朝通鑑（巻一百六十三）は、尊氏の学校再造について、その拠る所は明らかでないが、

或曰、尊氏嘗祈㆓勝軍之事於足利学校㆒、称㆑有㆑験、而招㆓京師儒官㆒管㆑之、其人依㆓水土之変㆒、而不㆑幾早世、自㆑是儒官厭㆓東行㆒而不㆑来、故禅徒窺㆓文字㆒者領㆑之云々。

と述べ、漢学の学校が早くより存し、さらにこれが充実を図ったことを伝えている。又、阪本学兵衛江戸時代の同寺々士の鑁阿寺日記に正平五年の事実として、「学校興隆、左馬助基氏奉行之」と記されているが、この尊氏の子基氏の学校興隆と言うのも、尊氏の命を

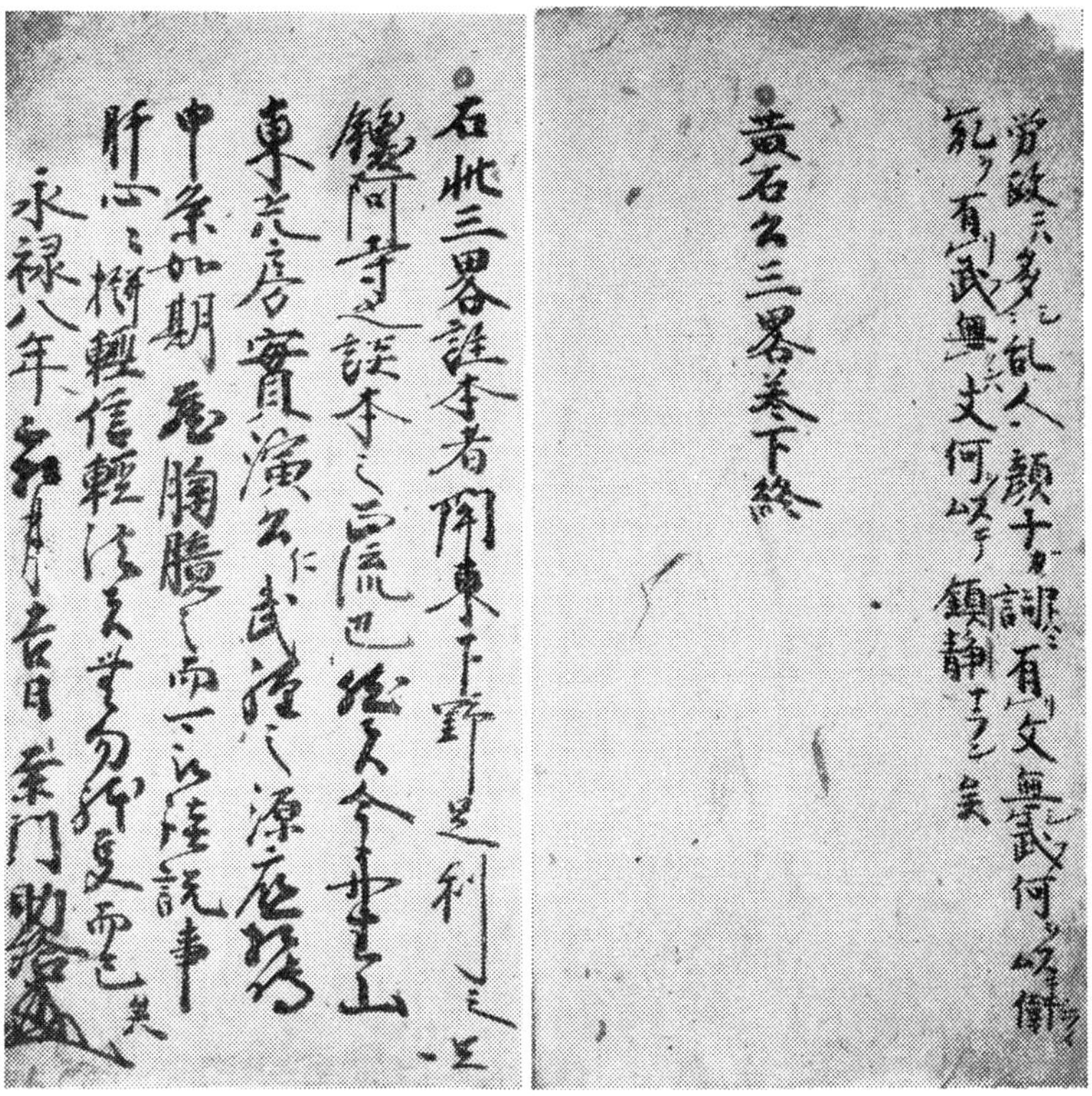

永禄八年写三略（巻末・識語）

受けたものかもしれないが、これ亦尊氏の場合と同じく確証と言うべきものは見当らない。或は、尊氏が勝軍を祈って効験があった等と伝えるのは、足利の地に中世の武家の必須とした軍勝・占筮等をよく行う僧侶が住居し、これが尊氏の側近に附属してその要請を満足させていた事実を意味するものではあるまいか。それは禅僧であったかもしれないが、或は又鑁阿寺の僧であったと推測することも出来よう。これについては、足利学校が講学機関として最も盛んな活動を行う様になった室町中期頃、なお鑁阿寺においてその伝流の正統を継承すると称する兵書の講義が保持せられていたらしい点からも若干の暗示を与えられるのである。即ちそれは、永禄八年に三略の講談本が伝写せられている事実に拠って知られるのであって、該本の巻末に左の如き識語が存するのは、最も注意すべきである。

右此三略註本者関東下野足利之
鑁阿寺之談本之正流也然者今舟生山
東光房實演公仁武経之源底相傳
申条如期蔵胸臆之而可被談説事
肝心々并於軽信軽法者無勿躰叓而已矣
永禄八年霜月吉日　桑門助給（花押）

この永禄八年の写本（伊藤有不為斉旧蔵）（前頁挿図参照）は、上中下三巻より成り、本文墨附、上巻三十七葉、中巻十二葉、下巻十八葉、跋文一葉で、判紙本（大いさ、縦七寸、横四寸二分。）合一冊。字面の高さ、約五寸四分。本文一句を掲げ、その下より次行（一字下げ）にかけて双行細字注を記し、注は所謂ナリ式の抄物で、片仮名交り。注の内容を見るに、その引用書等から推しても、室町時代の僧侶の手になるものであることは察知せられる。就中、論語と孔子家語及び六韜とを援引すること最も多く、その他、易・尚書・礼記・左伝・孝経・中庸・孟子・史記・漢書・後漢書・貞観政要・臣軌・呉子・老子・荘子・墨子・潜夫論・軍林宝鑑・三体詩・東坡詩等の諸書に亙っている外、招月の和歌（なか〳〵に弱きを己が力にて風には負けじ青柳の糸）を一首引用している箇所がある。かゝる引用書から見ると、禅僧の講義に基くものであることは疑いないと思う。そしてまたその内容が足利学校の兵書講義とも関連があると見られ、殊に後述の天正十一年に足利学校の近邑で書写したと言う黄石公三略とも内容が相似である点は注意すべきである。こう言う類の講義本が鑁阿寺の談本の正流であると称するのは、実は足利学校の盛時においてその講義を聴問した鑁阿寺の僧の筆録編著にかゝるものであるかもしれない。即ち、この書の内容には、鎌倉以来の鑁阿寺の講談の遺響も見られず、又、室町時代における同寺の特色とする点をも伺うことはできないが、恐らく、右の奥書は、同寺に元来兵書の講義が行われていて、その講談が足利氏を中心とする武将の間に権威あるものとして迎えられていたがために、足利氏が将軍として武家政権を獲た後の室町時代に至って、足利学校の影響をも蒙り、時代の要求に応じた形に更新し、再発生したものであることを意味しているものではあるまいか。要するに、この一本の存在は、右の意味において、少くとも、一には、室町時代における鑁阿寺の講談の伝流が察知せられ、又さらに進んでは足利荘における足利学校を中心とする学団とも言うべきものを考え得る資料の一とも見られ、種々なる点より重要な伝本であるが、なおこれに関しては後に再び述べることとする。

以上に述べた如く、初期に於ける足利の学術文化は、その源流を足利義兼の信仰好学に発し、爾来、鑁阿寺を中心として発展し来ったのであるが、その教学機関とも言うべきものが特設せられ、これが果して学校と言う名称と組織とを具備したものであったか否かは、何等徴すべき証左がないのである。然しながら、室町極初期以前において、鑁阿寺には常に外典を講じ得べ

き学識ある僧侶が居住し、或は易を講じ、兵書を談じ、詩文を作為教授する等のことが行われていたらしいことは、若干の資料から推測せられるのである。

なおここに上杉憲実が関与する以前に、足利学校に遠地より留学したと称する者があると言う記録について論じておきたいと思う。その足利学校に学んだと言うのは、仲翁守邦禅師であって、島津忠久八世の孫、父は元久、天授五年（康暦元年）に出生、元来島津家を嗣ぐべき人物であったのが、自ら切望して出家得道し、文安二年六月六日に六十七歳を以て寂したと言い、日本洞上聯燈録巻五所記の伝記中に、

翌年（応永元年十六歳）遊方、就足利学校肄経史、久之棄去、如濃州見補陀月江和尚叩請甚勤両載、無省造越参芳菴於願成希明於龍興次参日峯于尾之瑞泉英仲于丹之円通或充侍司或掌蔵鑰応永壬辰値父喪帰本郷

と見えるのである。これに拠って、応永元年十六歳の時に、禅師は薩摩より足利学校に経史を来り学んだのであるから、当時学校の名が九州の果までも聞えていたことが判ると説くものがあるが、（鎌倉室町時代之儒教）これはなお吟味を要すると思う。即ち、日本洞上聯燈録は、何の資料に拠ってこの伝を編んだか明らかではないが、同書は江戸時代の編著にかかり、足利学校が外典教学の地として有名になって以後の記述であり、或はもし、同書が文安二年禅師入寂後間もない頃に編録せられた伝記資料に拠ったとしても、文安以後は既に上杉憲実の手に拠る学校が厳存した時代であって、当時において、単に足利に学んだと言うのを、足利学校に学んだと類推記述したものであるかもしれず、何れにしても、日本洞上聯燈録の記載の字句を援引し、「学校」の存在を論ずるのは、いささか早計たるを免れないと思う。唯足利に遊学して外典の講義を聴聞したことは或は事実であろう。前述の如く、鑁阿寺の明範は、吉野時代に外典を講じた事実が明らかである以上、経籍訪古志巻一所収の礼記集説（有欠本、市野迷庵容安書院蔵、今、所伝を佚す。）に、

毎半葉十一行、行二十一字、無界、欄長六寸、幅四寸三分、巻末記、

於足利荘今福郷書応永十一年季陽二旬九日誌

と見える如く、（ただしこの奥書を信拠すれば）応永十一年に足利荘今福郷において礼記集説が書写せられている事実も考え

られるから、足利の地に外典の講学が行われるなど教学の環境が存し、他郷よりもこれを伝え聞いて来学する者が出て来るようになったのであろう。又、同じくこの礼記集説の存在を以て「此書は学校に学びしものの鈔写なるべし、以て学徒の絶えざりしことを知るに足れり」（鎌倉室町時代之儒教）と言うのも亦、不穏当の叙述と言うべきである。因みに、学校に永享以前の古写本（周易伝）等の残存しているものがあるが、これを目して学校存在の証左としようとするのも亦、それ等が直ちにその種の資料とならないものであることは、言うまでもないが、それについては後に述べることとする。

なおこの仲翁和尚の游学に関して附言するならば、元の伝記資料には、或は関左において経史を学んだとあったのを、関左即ち足利と後人が推測したものであるかもしれない。室町時代において京洛乃至それ以西の人々が、関東を指して関左と称し、関東に来学するのを関左に游ぶ、又は東游等と言うのが常であって、関左の中には、足利も含まれるが、鎌倉の諸禅刹を意味する場合も亦多く、或は常州等を指すこともあるのであって、臥雲日件録宝徳元年閏十月三日の条に、

竺華曰、吾翁大椿筑紫人也、少年東游、就常州師、学四書五経。

と見えるが如きはその一例である。（「室町時代関東の学問」所引（上村観光、禅林文藝史譚））大椿が宝徳元年に少年の時と談ずるのであるから、恐らくその東游は応永年内位のことでなければならず、右の仲翁和尚と同じ頃のこととなるわけであるが、当時東游して漢籍を学んだと言っても、必ずしも足利ではなく、寧ろ他の地方であるとも考えられるのであって、鎌倉においても、易の講筵を行った喜禅及びその師義台等がおり、憲実が足利学校に聘して第一世庠主とした快元も亦、喜禅の易の門弟であった。かくの如く、応永以前における漢籍の就学はその地の教学機関に学ぶと言うよりは、世評のある個人を尋ねて教えを受けたのであって、鎌倉・足利の地よりも、在住の学僧その者が問題であり、目的であったのである。この点からすれば、もし足利に学んだと言っても、未だ必ずしも足利の学校に学んだと言うことではないのであって、「学校」は自ら又別の問題と言うべきである。

〔注一〕

浄因開山塔銘

野ノ之下州行道山浄因禅寺開山始祖偉仙和尚塔銘幷序（アハセタリ）

師示寂後三十餘年的テキ孫宗蔵主具ク二其行状一而乞二塔銘一余辞以二不敏一又念余蚤歳参学有レ分故首鼠未レ決余時住二国清一而纒老羸輿飯二東武舊隠一後三歳宗得復来余不レ可二強黙一扶レ病遂為二其銘一以序二其事一師諱方裔自號二偉仙一姓藤原下野州人本州刺史結城大掾政光七世孫也父園田光氏詣二佛祠一求レ嗣母夢有二端厳貴生一手持二寶珠一付レ之母獲呑レ之寤輙告二父君一君曰韙哉希世丈夫之相也所レ夢不二徒然一母有レ娠其間不敢食葷膻錯食則噴之僉曰嬢之託胎者必奇英歟経十三箇月建武元季甲戌中秋之夜郎月当空誕子母倶無レ恙師三歳而孤也父死二北陸路賀州之役一六歳始聞二父之所由一哀誠発レ色猛然有二出塵之志一動讃二佛乗一白母言某素願在二出離一聴レ我、母怡然允レ之、託二本郡鑁阿寺明範一、範毎摩頂、師一日踞二範膝一、以指摸二範胸一、範曰、此童書二悉曇一、點文炳焉、豈非前業所学、而聖縁重發之故邪、又範命師於壇場執レ瓶不レ随、範怪レ之、師白レ範曰、僕先刻沾二客杯一、夫酒覚皇之所レ禁也。以故拒二尊命一耳。範悚然稱二法器一、師従レ範学二三学一、傍習二詩書老荘之文一、師歳十六、薙染詣二延暦寺一登壇禀具帰本州、亦従範専修密法両部奥、訳功既成矣。師又一日慨然嘆念雖戒珠輝躰難明心地忽跂参禅之志、辞レ範。範掩二老涙一曰、貧道頗以愚軀欲託子、子今避奈何乎、師慰喩曰、日月出爝火不息現今不修期何日乞去、範且愧且肯焉、辨禅具充行實矣。師歳十九抵相之鹿阜参大喜和尚、服帰有年焉、進学禅録、喜曰、裔公天賦明敏可謂一聞千悟、猶泥教畔解會試轉一撹看、師辞而下山、又遊講肆時雞足之尊慶鑁阿之栄済摠宗之俊海霊岩之得巨皆教門龍象也就通華厳天台倶舎律部等大小乗特嗜浄土、咸探其淵底得領珠者乎、時大光禅師己復菴恢唱中峯之道、天下禅者指常州為登龍門也、師歳二十三、往参光先感夢待師来及参謁光示以死了焼了那箇是我性之話頭師類尓投入遂寄附三年、光毎入雲堂撫師背曰、子大法偉器宗門巨才乎、一日光謂師曰、子暫処閑静而可長養平素之工夫師即登野之補陀居中禅寺三年矣、母老在総之山川縣往養之罄孝養焉、師歳二十九起栄済之請就于荘厳寶坊講法並則済率其徒衆逐曰聞之是講経之権輿也、師又赴野州前司小山義政之請講四十二章経感得天華乱墜師閲蔵凡三回常之築波野之樺崎与洛山経庫之所在也、師歳四十三、永和丙辰有嘉肥之志営菟裘于行道山、即今浄因是也、常眷窟中鈴声愈識當境之霊験青松怪石枯木巉岩負崔嵬前抱渺遠誠東野之住致也、師兼修浄土之故扁雄殿曰白蓮社意謂安養一門諸佛共讃往来法界弥顕唯心託彼勝縁速登寶覚實生物帰棲之正路、乃聖人汲引之妙権由是士民傾誠牛駕馬載僧粮之資無虚日也、禅衲教魁嚮風輻湊師倦悔策不容参請則為之滞留送居諸師愍之既以誨薬四方屈師欲成聞法之大縁則師不得已往就彼講以華厳楞厳寶王圓覚法華及浄土等大経師於室利殿行基窟之間介而庋定所日我

与二大士有因縁以故基于此焉、又国清関東之名藍択道望才悳以任住持上椙之仁廟也、応求己丑之歳副帥大全基公仰師之風報元帥賫帖馳、師固辞不赴、君子曰、賢哉、利関名路競進之徒勿不汗顔二十一季甲午正月二十五日示微恙端然化、諸徒舁師全身納等慈塔、壽八十一、僧臘六十五、度弟子若干人、諸徒堅守師在日之規矩持戒禅誦未嘗欠怠、而至今焉師賦性素朴儀形森厳咲談粋温音辯清亮斥偏乗以回教苑之春排暗証以耀祖室之燭師若在古則与永嘉圭峯永明寿抗衡矣、師肯大光不嗣、大光不肯佛満嗣佛満盖不忘其本也、師又在武之珠福精舎講荘厳宝王経、余嘗陪座下以聳聴、琅琅音如在耳、新譯聖教序雖尠亦学者苦難讀余求之師輙訓之銘曰、

猗歟此心　大而無焉　動而群類　静而方維　非動非静
在虗空真　惟虗空體　与心何差　寶明□□　亦以謂之
無風浪湧　深廣無涯　於中游戯　有偉仙師　弾小□□
法中之獅　説圓説頓　匪師而誰　但與生佛　同一慈悲
其三昧力　人所不知　知者咸謂　再世牟尼　遂入那伽
維石累累　分身塵利　月昇霧披

文安五季龍集戊辰冬節之日　前建長得光　撰

〔注二〕　次記二三頁、榊原家文書所引の注。次文の後半「漢土自二國學一」以下は、大略、続本朝通鑑に紹介されているが、それには文書の内容を吟味して所収してある。

一、設及二爛敗一不レ知下用二麪糊一之法上、勿二容易褾背一矣群虫蛀也。

右此一行、在二如晦手藁之中一、學校置二五經疏本一條目之筆者、誤不レ書歟。

右書一件、件書所三以警二主者一之拾言也、凡漢土自二國學一至二鄕校及家塾一、非二儒先一、而司業者難矣、惟綿竹以レ僧爲二之主一。本朝州學存者僅有レ數焉、率亦以レ僧爲二之主一、野之學爲レ最、而經學之盛斯時也、言者曰、畛服而爲二縫腋之行一、乖戾甚、若宗門家一大藏敎、是箇切脚、况世俗文字乎哉、雖レ然至三所レ謂不卽不離之妙一、有二庶幾一焉、余故以二五經疏本若干卷一、安二置于學舍一、從レ今講習莫レ怠、則文化之行、自レ家達二于鄕一、達二于州一、達二于國家天下一也、可二指レ日而竢一矣、嗟夫寶惜珍藏、壽有二金石一是祈、主者思レ之。

永享十一年乙未閏正月初吉

第二節　上杉憲実の学校建設

附　上杉憲忠並びに憲房の学校援護

現存の確実な資料から見て、永享以前における足利学校については、殆ど明確なことが判らないのであって、上杉憲実が関与する以前、所謂再興以前の学校の殆ど凡ては不明であると言ってよい。

足利学校が文献の上に現れた最初は、前記の鎌倉大双紙の憲実の学校建設を伝えた記事であって、学校の庠主（校長）も憲実招聘の第一世快元和尚以来分明となり、来学者の姓名も亦、それ以後初めて確実となるのである。学校伝存の書籍類も、憲実寄進の宋版本が最も来歴が古く、爾来種々寄進増加の状を確め得るのであって、殊に足利学校が、学校として真に教学上に重要な意義を持つ様になったのは、もとより憲実の学校建設に始まること、これまた改めて言うまでもないのである。

鎌倉大双紙の記載は、憲実が学校を興し、これに書籍を異国より求めて寄進し、且つ学領を附与したことを賞讃しているが、その記事は前後に二分している形をなし、且つ書籍寄進のことなどは重複している様に見えるが、初めに「彼の学校を建立して、種々の文書を異国より求め納めける」とあり、後には「近代の開山は快元と申す禅僧なり。今度安房守公御名字がけの地なればとて、学領を寄進して、弥書籍を納め、学徒を憐愍す」とあるのに拠れば、これは一度に行われたことではなく、再度に亙る行為として書かれているものと考えられるのである。これについて今少しく吟味して見たいと思うが、続本朝通鑑は、憲実の学校建設に関して左の如く記している。

続本朝通鑑（巻一百六十三）

（永享）（己未十一年）閏正月、憲実納五経註疏於下野国足利学校。

伝称、足利学校者、小野篁家塾也。中葉以来僧徒任焉。然不称長老和尚、而称先生以教授児童、且有求者、則講五経及三畧六韜等。（中略、前記一五頁に所引、参照）聖像及河内公像今猶伝存焉伝称河内公者子路也。又有学校額、華人蔣龍渓筆也云々。

按此学校事、不見東鑑、則盖篁旧跡僅存、至尊氏、再興乎。此学校有称憲実状者、文字浅俗、不易読下。其大概謂、凡漢土自国学至郷校、非儒者無司業。聞綿竹惟以僧為之主。今本朝州学存者、僅有数焉。率亦僧為之主。野之学為最。言者曰、眇服而為縫腋之行、何乖戻甚。

雖然、文字教授、有庶幾焉。故我以五経疏本若干巻、安置于学舎。自今講習無怠、則文化之行、自家達于郷、達于州、達于国家天下、可指日而俟矣。嗟夫宝惜珍蔵、寿斉金石。主者思之。又有条目一通。

其一曰、収畜之時、固其扃鑰緘縢、勿浪借与人。若有志於披閲者、就舎内看一冊、畢可輒送還、不許将帰出閫外。

其二曰、主事者進退時、新旧両人相対検定毎部巻数而後可交代。

其三曰、借読者勿以丹墨加妄句、勿令紙背生毛、勿触沾汗手。

其四曰、夏月梅雨湿蒸、則至風涼可曝乾之、勿中屋瓦之漏湿、至冬月則可厳火禁之備。

其五曰、或質于庫、或鬻于市、或為穿窬所獲、則罪莫大焉。

紙尾曰、永享十一年己未、閏正月初吉、前房州刺史藤原憲実。且毎冊上頭、書上杉安房守憲実寄進、此註疏本、今猶伝存焉。但易註疏、則曰、上杉右京亮憲忠寄進、盖憲実所納之本闕、憲忠補足之乎。

右の記事中で注意すべきは、憲実の状と称するものと最後に掲げた条目一通とである。憲実の状は書改めたと言うが、その原文も伝写も今は学校に伝存せず、榊原家文書所収中に残存していたものが古事類苑に所印されている。それには右続本朝通鑑所載の外、若干の文（前記二一頁注二参照）があり、別に又文安三年長棟署名の校規（三五頁参照）をも所収してある。その内容は憲実の認めたものとして格別矛盾もない様であるから、まず信ずべきものとして、果してこの状は何時学校当局に寄せたものであるかを考えるに、憲実の関与以前に「学校」は存しないとしなければならないのであるから、野之学を最と為す等の書き様は、既に快元和尚を鎌倉より招いて庠主とし、学校を創めて後程経てのことと考うべきであろう。そして「故我以五経疏本若干巻、安置于学舎」とあるのを見れば、恐らくこの状は、五経疏本を寄進する際の添状と推定することが出来よう。かく案じて、これを所謂条目一通と併せ考えるに、この条目は、書籍の管理閲覧に関する細則を規定したものであるから、これ亦、五経疏本寄

進の際、その勉学利用並びに伝存に対して特に留意を加えるため、共に附与したものと思われる。当時宋刊本が頗る貴重なものであることは言うまでもなく、又、学校現存の尚書正義・毛詩註疏・礼記正義・春秋左伝註疏の四本ともに「足利学校之公用也」「此書不許出學校閫外憲實（花押）」等各冊毎に、憲実自ら墨書している事実から推しても、かかる条目を規定して附与したことは十分に察せられる所である。その条目の末に「永享十一年己未閏正月初吉前房州刺史藤原憲実」と署してあると言うのであるから、五経疏本の寄進は、続通鑑の編者の所考の如く、永享十一年閏正月であったことが判るのである。

なお林羅山の文集に拠れば、承応二年九月、日光に赴く際学校を訪れて庠主睦子に拠って見聞した所を記した中に、

（前略）又、有下孔子見二欹器一図上、此図陰書曰、上杉安房守憲実永享十一年閏正月寄二進足利学校一（下略）

と見え、憲実は、同時に又「孔子見欹器図」一幅をも寄進したのである。

この永享十一年閏正月の寄進を再度のそれと認めるならば、憲実の初度の寄進、もしくは学校建設は果して何時頃であろうか。永享十一年閏正月以前に寄進したものは、残存していないが、憲実の学校建設と同時に、快元和尚が庠主として招聘せられたと考うべきであるから、まず快元が何時頃鎌倉円覚寺より移ったかを考究することが必要である。

この問題に対し、若干の傍証となるものは、もと足利学校に存し、今は流出して、帝国図書館（国会図書館）に蔵せられる「周易抄」（六冊。文明九年柏舟撰。九華頃の書写本。柏舟は快元より足利において周易の講義を聴聞したる江州永源寺の禅僧にて、本書は快元の講義を参照して成れるものなり。なお後記参照。）の五需の条に、（このこと、南畝莠言にも引用、又、右文故事学校古本解説「易解義抄」の条にも載す。）

鎌倉デ易ヲ聞時、我師ヲバ喜禅ト云人ゾ。其師ヲバ義台ト云ゾ。喜禅ノ語ラレタハ、我易ヲ傳ル時、鎌倉持氏ノ乱ニアフゾ。其ノ時揲(タツシ)レ著天下ノ乱ヲ占フトキ、需ノ上六ニ逢ゾ。有不速客三人来云々。自レ尓以来不レ見二其可否一ゾ。後ニ鎌倉ノナリヲ御覧ゼヨト云ハレタゾ。又其後重氏出頭ノ時、足利ニヲイテ講(ズル)レ易(ヲ)時、持氏ノ時ノ筮ノコトヲ沙汰スルニ、其占符節ヲ合スルガ如シ。

其故ハ重氏（成氏）出ル時、兄弟三人不速来テ重氏ヲ扶タゾ。弟ハ美濃ノ土岐ニ養セラレテ、雪ノ下殿ト云タ、一人也、シ

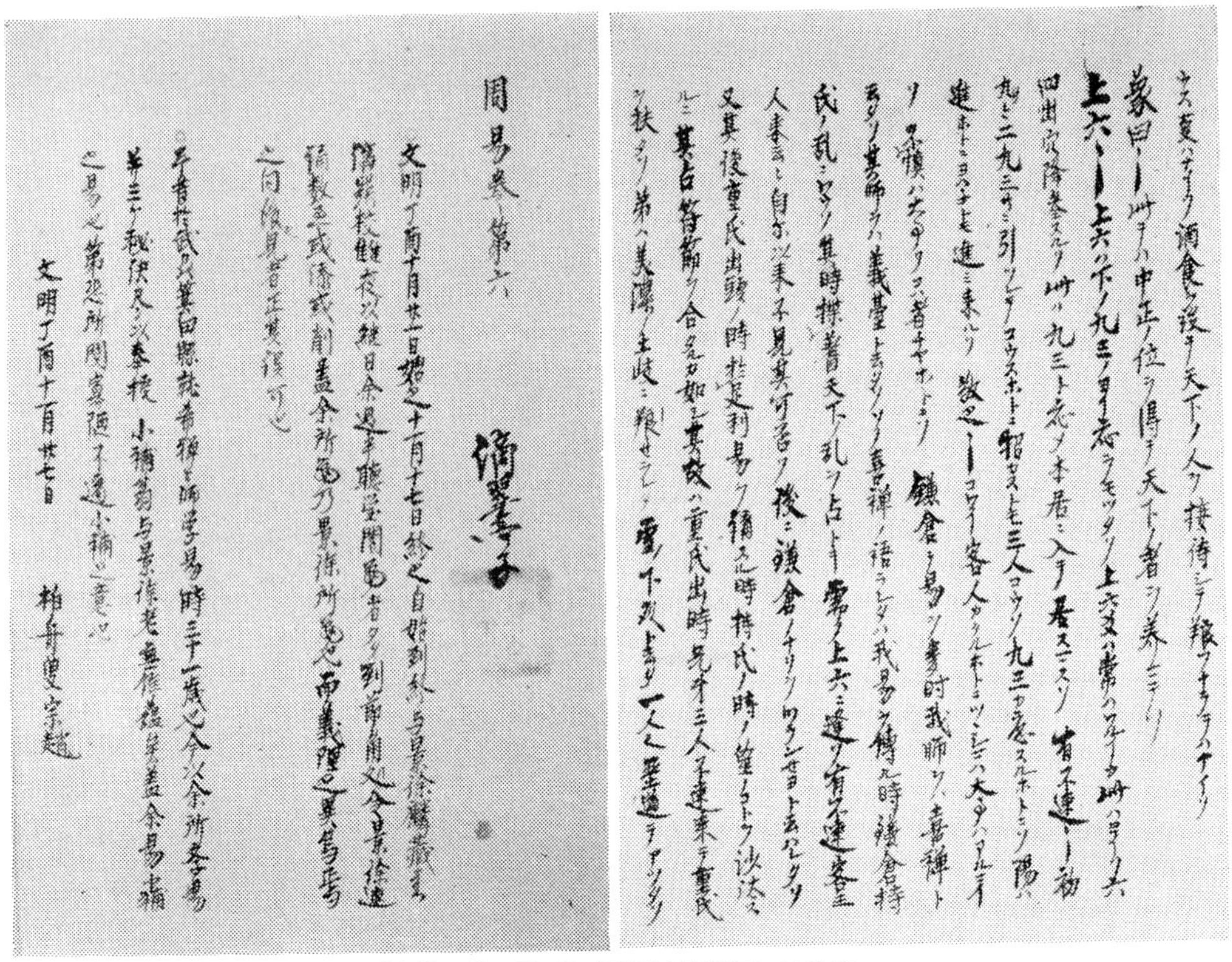

周易抄（足利学校旧蔵）（五の需条・巻末）

ヤウ道デアツタゾ。又ノ弟ハ僧ガ一人アタゾ。又重氏ノ一ノ兄ガ美濃ニアタゾ。其ハ俗人ゾ。以上三人来テ重氏ヲ扶タゾ。重氏ツ、シ（ウ）デ居ラレタニ依ツテ、貞吉ナリ。今マデ無為ナルハ奇特ナゾ。易ヲ信ソ著ヲ取バ、チガウヿハアルマイゾ。（帝国図書館には、なほ一本元亀四年の写本あり、若干本文に異同あり。後記参照）。

と見える記事である。これは柏舟がその師快元の講義を記した部分と認められるが、快元が鎌倉で易の講義をその師喜禅から聞いた時の話に、喜禅はその師義台から易の伝授を受けている際、丁度、持氏の喪乱に出会したと言うのである。この持氏の喪乱とは、その叔父満隆（禅秀）・上杉氏憲等の持氏夜襲、持氏鎌倉遁逃と言う応永二十三、四年の所謂禅秀の乱を指すものに相違なかろうと思う。従って、応永二十三、四年頃は快元の師喜禅が義台から易を学んでいたのであって、それを快元が再伝して、後に足利に講に赴いた次第であるから、その間若干の歳月が介在するはずである。快元の年齢等は未詳であるが、その歿したのは文明元年で、前記憲実寄進の年なる永享十一年から算すると、三十一年目に当り、永享十一年には既に庠主であったに相違あるまいから、少くとも三十一年間は在職したこととな

るが、永享十一年にはもはや相当の年齢に達していたことと思われる。弟子の柏舟の年齢から推すと、柏舟は永享十二年に二十五歳で足利に学んでおり、通例、師の方が高齢のはずであるから、快元はまず三十歳を超えていたと見てよかろう。当時快元が未だ余り年寄でなかったらしいことは、柏舟が足利に学んで後、文安三年、三十一歳の時、武州箕田で快元の師喜禅について再び易を学んでおり、（周易抄巻末識語に拠る）当時、快元の師喜禅も未だ健在（恐らく相当の年齢なるべし）である点からも類推出来るのである。文安三年は、禅秀の乱の起った応永二十三年より三十一年目に当っている。

かくの如く、その師弟の年齢の関係等から考えると、大体、快元は、応永の末年頃（禅秀の乱より十年位後）に喜禅から易の伝授を受け、その後足利に赴いたものと推測せられるかと思う。従って、足利来任は、永享年間に入ってからのことではあるまいか。これについては又、その招聘者たる憲実の地位・年齢等からも考えて見なければならないと思う。

憲実は寛正七年閏二月六日、五十七歳で歿したから、その出生は応永十七年であって、永享十一年は三十歳である。憲実の伝は、古く近藤正斎が右文故事に詳しく考究したものがあるが、ここにその他の資料を補って略記すると、憲実は、越後の上杉民部大輔房方の三男で、幼名は孔雀丸、後に四郎と言う。曾祖父憲顕（応安元年九月、六十六死）は天岸・義堂に参禅し、祖父憲方（応永元年、六十死）も亦同じく義堂に従い、父祖に好学の遺風があった。山内上杉憲基が嗣なく応永二十五年正月卒したので、九歳にして山内上杉家を嗣いだのであるが、幼少のため、管領職は一族の持朝が代行していた。翌二十六年八月、伊豆上野両国の守護職に補任せられたが、未だ任官なく、なお四郎憲実と称した。（上杉文書、将軍義持下文）安房守に任ぜられたのは、その後、応永三十二、三年の間で、同三十年頃には既に管領の職を執っていた様である。（右文故事、白河文書・花営三代記・相承院文書等を引いて考究す。）永享五年（二十四歳）には、後に管領を嗣いだ憲忠が誕生した。足利学校に寄進した宋版本の識語の筆蹟、その他古文書のそれ等を見ても、壮年で老成の風格を有する達筆である点、及び永享十一年閏正月に将軍義教の命に拠って、持氏諭示の遺使として錦谷虔禅師と共に鎌倉に下向した瑞渓周鳳が、帰京の後憲実から贈られた詩に追和して、左の如く述べているのに拠っても、その頃の憲実の人物の程が察せられる。

追和上杉房州見寄韻幷叙

永享己未春、予因公事到相陽遂挹閤下光風、然館居纔数日、忽々告別、別後未幾拝詩章賜、将献拙和以答盛意、于時東西飛檄、関譏甚厳、雖詩筒来往、而得無為官吏所疑乎、是以黙而止矣、不図今又枉手教、感戴何限、予已老矣、再游難得、所庶高車入関慰予東望之情、矧賢子姪皆有朝、豈亦不為之西顧哉、因奉和旧韻者二章、少贖前年黙止之罪耳。

児似韓符姪似湘　青雲並轡寵光長　留公猶作雪山重　春静東方君子郷
憶昨東游遠渡湘　帰程草々恨猶長　士峰幸有擎天勢　一朶飛来鎮帝郷

殊に又、建長寺の珍蔵海の門に入って禅余に韓・柳・黄・蘇を学んでその奥を究め、四庫博捜、文を以て一世に鳴った惟肖得巌（永享六年に七十五歳、歿年未詳。将軍義持が相国寺の西堂に招いて顧遇した）が、憲実のために棠陰堂記（惟肖著東海瓊華集所収）を作り、中に、

公務余暇、日延二諸老一、道話為レ楽、相陽二諦之盛、前未二之有一也

と言っているのに拠れば、一層憲実の日常が分明する。この文は、恐らく永享の中頃の作であろうと推せられるが、当時、既に憲実が文を好み学を尊び、つとに参禅して、禅家緇流の間に推重せられていたことは明らかである。

かく見来れば、永享十一年以前に、憲実の側において、足利学校に意を寄せるに至ったかと思われる状勢を求めるならば、まず大体、永享の初年から中年頃の数年間（永享元年は憲実二十歳で、安房守、管領職。）に落着くものの如くである。

これに関して、いま一つ併せ考うべきは、憲実が何時頃足利荘の管理に関与するに至ったかと言う問題である。

足利荘は、室町幕府としては足利氏発祥の所謂名字がけの由緒の地であるから、特にこれを重んじ、尊氏・義詮二代は直轄地として、関東に在る基氏にこれを管せしめたのである。（鑁阿寺文書）その後、義満・義持父子の代にも亦、同じく基氏の子氏満・孫満兼をして管理せしめたと思われるが、応永十六年七月に満兼が歿して後は、幕府は、鎌倉の持氏にはこれを管せしめず、直接管理に当る様になったらしく、（渡辺世祐「足利荘及足利学校に就て」（史学雑誌三五ノ二参照））その理由は判然しないけれども、これは、将軍義持の鎌倉に対する方針に基くものかと考えられる。

室町時代における足利荘の範囲は、文書その他に拠れば、現在の足利郡（旧簗田郡をも含む）の全部及び東隣の安蘇郡（赤見郷）の一部に亙

っていた様であって、荘内として、河崎・借宿・生河・鶏足・今福・鵤木・渋垂・小曾禰・塚嶋・西庭・寺岡・東利保・名草・赤見・八日町・五百部等の諸郷が文書類に現れている。

足利荘を直轄地とした幕府は、管領の家老臣中より然るべき者を任じて下向せしめたのであって、細川満元が管領（応永十九年四月任）の時は、代官は香河帯刀左衛門元景であったと覚しく、鑁阿寺に応永二十五年九月十六日附元景在判の執達状が残存している。同二十八年に満元が管領を辞して、畠山満家が再任すると、その被官たる神保出雲守慶久が代官に任ぜられている。鑁阿寺に応永二十九年五月附の同人の沙汰書があり、又満済准后日記応永三十年六月五日の条に「関東之儀毎事物忩歟。（中略）其後畠山修理大夫自二足利庄代官神保方一注進トテ持参、予同一二見之一」と見えるが、この慶久は満済准后日記（応永三十一年七月二十三日条）に「去年正体無罷り上り、上意に違ひ候間、則又突鼻仕候」とあり、幕府に違令したため、不慮の死を遂げたのである。その後、足利荘代官任官の問題については、満済准后日記（応永三十一年七月二十三・四日の条）に詳しく記されている。即ち、幕府は直ちに他の家臣を下向せしめる様に命じたのであるが、満家は、外に代官たるべき器量の者がなくて派遣も困難であるから、たって上意とあれば止むを得ないが、ただし、この際管領職をも辞し、辞職と共に代官の派遣も取りやめたい由を、准后から将軍へ披露されんことを願ったのである。准后は、その間を斡旋したが、結局、義教は、満家が管領となって日も浅く、且つ交代すべき適任者が他にないとの理由で、辞職を許可せず、満家は留任することとなって、神保新左衛門を代官として下さうとしたが、前の失態者慶久と同姓の者は思わしくないとの将軍の注意で、他の者を下して落着したのである。

その後、永享元年に満家に代って斯波義淳が管領となったので、又、その被官が代官として下向すべきであったが、その頃は、既に持氏が足利荘を押領していたから、（正長三年五月三日附（永享と改元後も持氏は幕府に対し、旧年号を用いた）鑁阿寺宛持氏の状に拠り、持氏が直接管理せる事実知らる。）代官派遣のことも自然沙汰止みであったと考えられる。即ち、准后日記、永享三年三月二十日の条に、

当御代関東不儀以外候哉。已御料所足利荘お為レ始、京都御知行所々不レ残二一所一悉押領。

と見え、時に憲実の尽力と幕府老臣の調停とに拠り、関東より二階堂信濃守盛秀が上洛してことに当り、八月に至って将軍義教と持氏との間に和解が成って、足利荘は幕府に返附されることとなったのである。

かくて持氏の手を離れて、足利荘は、直轄地に還り、幕府は、永享四年四月に飯尾加賀守を関東奉行として直轄地のことを総括執務せしめたのであるが、足利に対して京都より代官を下向せしめた事実の徴すべきものがない点から、幕府は恐らくこれを最も信頼する憲実に管理せしめたものであろうと考えられるのである。（渡辺世祐「足利荘及足利学校に就て」）憲実は鎌倉の管領として持氏を補佐し、専ら幕命を遵奉しようと努めた人物であるから、その代官として選任せられるのは然るべきであると思われる。かくして憲実は永享四年四月以後、足利の荘の管理に当ることとなり、憲実は初めて直接足利と公の交渉を持つに至ったのである。憲実の如き幕府尊重精神の強い人物が、直接自己の関与しない幕府直轄の最重要なる由緒地に、一私人として、学校を設け、学領を寄せる等と言うが如き行為を敢えてすることはなかったであろうとは、容易に察せられる所である。憲実は、幕府からその管理に任ぜられて後、初めてこの種の行為に出たものに相違あるまいと思う。

然らば、憲実の足利学校建設は、永享四年夏以後のことでなければならぬこととなり、前述の如き観点に加えて、庠主快元和尚の年齢上の関係から推定せられる所とも亦、その条件が一致するのである。

かくして、憲実が足利学校の建設を発意し、鎌倉から快元和尚を招いて庠主としたのは、永享四年四月以後永享十一年正月以前の数年の間に限定せられるのであって、前述の如く永享十一年の寄進の事実から推せば、恐らく、永享四年四月に近い頃のことであろうと推定せられる。

然らば、何故に足利の地に学校を建設したかと言えば、それは足利の地に鑁阿寺を中心とする漢籍講談の遺風が残存し、ここに向学の環境が存在していた故であろうと思う。

既に論じた如く、憲実の学校建設以前に、足利の地に「学校」と言う名称と組織とが存在したことはなかったと考えられるのであるが、憲実が足利に学校を興すについて、その動機の一となったものは、或は武州金沢における金沢学校の存在ではなかったかと思われる。

憲実の時代には、金沢称名寺は、寺運も既に盛んではなく、堂宇の如きも具わらなかった状態であったから、無論、文庫の利用も殆ど行われず、且つ、「金沢学校」（金沢に金沢学校のありしことは、嘗て筆者が蓬左文庫の駿河御譲本中において、正和元年写本、増広注釈音弁唐柳先生集（十二冊）の終冊末に「正和元年九月廿七日於武州六浦金澤学校書寫畢但中間四十二三遺追可書歟江州貫

人被衲聴達（行年三十三）」と見えしを報じたる所（読書観籍日録其の一、書誌学三ノ四）にして、鎌倉末期には学校なる教学施設の附属ありし事実確めらるゝに至れり。」もその跡を絶っていたのであるが、憲実は、称名寺において、往昔の金沢氏三代の遺風に接し、必ずやその文事に対し思慕の情を寄せたことであろうと思う。さらに推測を試るならば、金沢の学校を足利に再興すると言う様な意図ではなかったかとも思われるのである。もし然らば、足利の学校再興と言う語も又別な意味において生きて来るわけである。鎌倉大双紙には、前記の如く、金沢の文庫をも再建して種々の書籍を入れ置くとあるが、かかる事実は恐らく無根であって、寧ろ憲実は、文庫を捜索して、善本をその手に納めたのである。憲実が足利学校に寄進した宋版の諸経籍もその一部であろうと思われる。これについては、近藤正斎が右文故事（附録巻之四）に、

守重按ズルニ、古鈔本ハ措イテ論ゼズ。姑ク憲実ガ置ク所ノ宋本ヲ以テ之ヲ論ゼン。憲実ガ置クモノハ永享年間ニ係ル。永享ハ明の宣徳正統ニ当ル。宋版元刻ハ明ニ至ツテスデニ罕覯ノモノ、其ノ説明人ノ雑記ニ錯出ス。下ノ宋本考ヲ見テ知ルベシ。然レバ憲実ガ獲ル所ハ明舶ニ非ルコト識者ヲ待タズシテ知ルベシ。況ヤ五経正義ノ明ニ至ツテ既ニ亡佚スルモノ足利学ニ現存スルヲヤ。（中略）

或人云フ、憲実直ニ金沢本ヲ取ツテ、題署ヲ加ヘ足利ニ置クト。此ノ説然ルニ非ズ。審定スルニ、金沢本ハ尽ク蔵書ノ印記アリ。足利ハ却ツテ無シ。（中略）今足利ニ伝フル金沢本ハ宋版文選ノミ。其ノ蔵貯ノ方モト自ラ別ナリ。故ニ、予断ジテ以為ク、其ノ本ノ出処各異ルモノアリテ、金沢ニ非ズ、明舶ニ非ズ。別ニ故家ニ獲ル所ナルベシト。尚博雅ニ問フ。

と論じている。その明舶に非ることを弁じているが如きは妥当と言うべきであるが、金沢文庫本は必ずしもその蔵印が具っているとは限らないのであって、蔵印の有無のみを以てこれを否定するには当らない。況んや憲実は他に金沢文庫旧蔵の宋版本を所持していた事実があるのであるから、足利学校寄進の諸本も亦、これを金沢文庫に獲たものと類推することは極めて自然であろうと思う。足利寄進本以外に憲実の手にあった宋版本の一として残存するものに、「毛詩正義」がある。

該本は、宋紹興九年九月刊行の刊記があり、四十巻の内、第一至七の七巻を欠く、三十三巻十七冊残存しているが、もと周防国吉敷郡上宇野村の国清寺の旧蔵にかゝり、明治三十年頃時の知事古沢滋が山口県大津郡深川の大寧寺より得て、井上侯に献じ、侯はさらに竹添井々博士に贈り、博士の後、近年に至り内藤湖南博士の蔵に転じた（今また武田氏杏雨書屋に移る）もの

であるが、これに金沢文庫の印記があり、往昔、憲実が携え行って、その地に遺したものと伝えている。大寧寺は、即ち、憲実臨終の地である。

他には学校関係以外に憲実の旧儲と称するものは残存していないが、恐らくなおこの外にもあったことと推定せられる。

足利学校へ寄進の分は、続本朝通鑑所引の憲実状と言うものには、五経疏本若干巻とあるが、現存本は周易（宋版）はその子憲忠の寄進にかゝり、憲実の分は四本であるから、或は続本朝通鑑の編者が言う如く、憲実の納めた本が闕けたため、憲忠が又、後にこれを補ったものであるかもしれない。その憲忠寄進の分も亦、恐らくは、同じく金沢文庫本と推せられる。憲実寄進の四本には、何れもその自筆の寄進識語が存し、且つ署名花押と共に「松竹清人」の朱印記（単枠、小型長方形）を捺している。この印が憲実所用のものであることは、「上杉安房守憲實寄進（花押）」と署した下に添えて併せ捺印している場合が屢々あり、（礼記正義第一冊首等）疑問の余地はないと思う。なお在来、近藤守重以来、印文を「松竹清風」と読んでいたのは誤りであって、これは「松竹清人」と読まなければならない。以て憲実の自負する所を察すべきであろう。次にその四本を列記すると左の如くである。（何れも国宝に指定せられている。）

○尚書正義　二十巻　八冊

宋の越刊注疏本の一で、元代の補刻（版心に文字ある分）がある。闕筆は「構」字まであるから、もと孝宗頃の雕刻である。毎半葉八行十六至二十一字。縦七寸、横五寸一分五厘。巻一に一葉、江戸時代の補写があり、又、巻十には九葉、室町中期頃の補写があるが、その部分には第九世庠主三要自筆の書入が見える。毎冊「足利学校公用」「此書不許出学校閫外憲實（花押）」「上杉安房守藤原憲實寄進（花押）」の憲実自筆墨書識語並びに「松竹清人」の朱印記を捺す。（江戸末期に松崎慊堂がこれに基いて覆刻を行っている。）（図版二参照）

○附釈音毛詩注疏　二十巻首一巻　三十冊

宋刊。毎半葉十行十八字。左右双辺。縦六寸三分、横四寸一分。附釈音十行本の初印本（建安、劉叔剛一経堂刊）である。各冊に憲実自筆の寄進識語があり。松竹清人の朱印を捺すことは、尚書正義と同一で、（この方には第一冊首の外は「足利學校

之公用也」とあるのを異にするのみ。）その他に「足利孶校」の小型長方形朱印が見える。この印記は江戸初期に捺印したものである。（それについてはなお後に述べることとする。）なおこの宋版毛詩注疏には第一冊・第十二冊に三要の書入が少しくあり、又、第五冊の頭註に寒松の書入かと思われるものが見える。代々の庠主が講義の参考に資した名残りである。

又、本書の詩譜序末に、

本云大荒落歳晩夏小盡日燈下一看絶句訖　藤昮

の墨書識語が見える。「本云」とあるから、他書の識語を移写したものと考えられるが、これと同筆の朱点が詩譜の部のみに存し、他に朱筆で若干書入もある。慶長以前の筆であることは疑いないが、何時何人の手になるものかは未詳である。但し、これと併せて考うべき資料として、経籍訪古志所載の市野光彦（迷庵）所蔵の宋版三国志がある。同書に左記の迷庵の手跋があるが、その言の如く、本書の藤昮と同人であろう。（図版四参照）

三国志六十五巻　宋槧本　青帰書屋蔵

（前略）市野光彦手跋云、宋板三国志全部魏志帝紀一冊欠、蜀志巻首有咸平六年中書門下牒系補写　又毎巻有真浄院朱印、惜陰墨印雅致可愛　又魏志巻七末書、戊午夏五戊寅晩間校対昮。魏志巻八末又書、戊午建午中八夜校昮。未知昮何人　疑五山釈氏之徒。然則是本真為五六百年所伝旧物矣。

文政庚辰六月又云、咸平六年牒後人所補足、当刪之、予嘗観南宋板前後漢書、与此本同種、是以相証明焉。又足利学所蔵毛詩注疏本詩譜後有朱書大落（マヽ）晩間小盡日燈下看絶句訖藤昮。此書所謂昮者、豈即此人乎。壬午七月五日。

○礼記正義　七十巻　三十五冊

宋刊、越刊八行本。巻末に紹熙三年三山黄唐の跋及び官銜がある。巻三十三至四十の四冊は、一華が附釈音本で補写してある。現在は、一華の識語が佚しているが、右文故事に拠れば、「其ノ首ニ紫府豊後僧一華学士於二武州勝沼一以二印本一令二書写一寄進一度校合畢ト誌シアリ。補本ハ附釈音ニテ世ニ南宋刻ト云フモノナリ。一華ハ豊後ノ万寿寺ノ僧ニテ文明永禄間ノ人ナリ。当時コノ正義世ニナキ故ニ附釈音本ニテ補ヒシト見ユ。」とあり、又、新楽定所記の足利学蔵書目録（初度の稿本、二四五頁参照）

の附録にも、一華の識語を録してあり、右文故事所記の他に「摠三十五冊豊之後州、卅一冊之内、万寿寺僧一華書補之」の識語をも伝えている。その識語のある扉か又は見返の部分が後に改装の際失われたものである。

毎冊、「足利學校公用」「足利學校之公用也」「上杉安房守藤原憲實寄進（花押）」の憲実手筆識語（第一冊序首には「此書不許出學校閫外憲實（花押）」とあり）があり、又、「松竹清人」の朱印記がある。なお巻中稀に墨筆の訓点書入（室町末期頃筆）が見え、又、江戸末期頃の朱校も散見する。（図版三参照）

○附釈音春秋左伝註疏　六十巻　二十五冊

宋刊。十行本。毎行大十七字、小二十三字。縦六寸二分、横四寸五厘。巻末に「建安劉叔剛父鋟梓」の木記がある。（図版五・六参照）巻首に「此書不許出學校閫外憲實（花押）」、巻一・三・二十四・三十六・五十九の首に「上杉安房守憲實寄進」、各冊末に「上杉安房守藤原憲實寄進（花押）」、又、各巻首尾（稀に無きもあり）に「足利學校公用」「足利學校之公用也」の憲実自筆の墨書識語があり、各冊首に「松竹清人」の朱印記がある。また、三要の書入があり、それ以前の古い書入も見える。

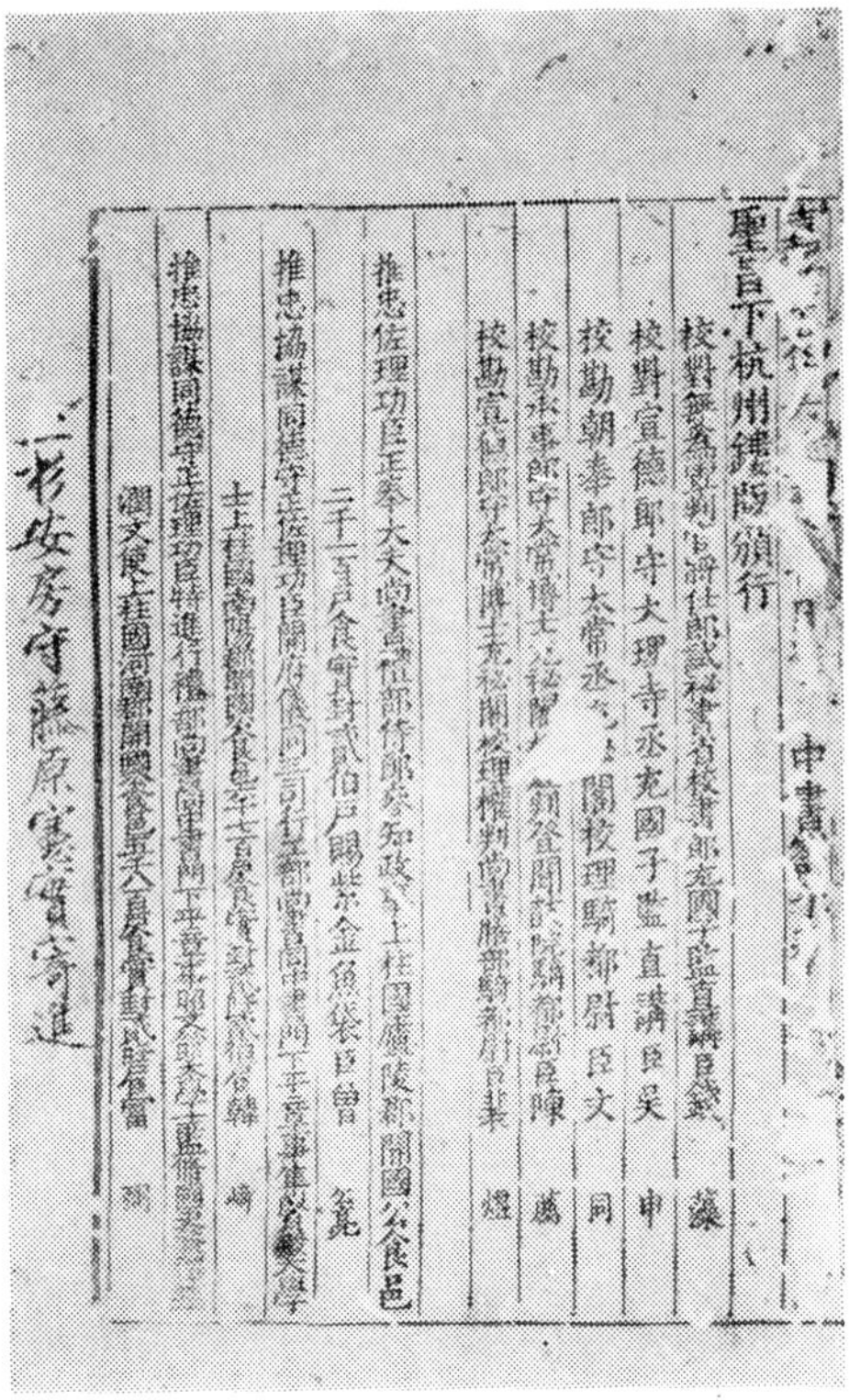

北宋版唐書（憲実寄進識語）

以上の外に、数年前、長沢規矩也博士が埼玉県下の某氏の許に世襲されていた「唐書」（宋嘉右刊、二十二冊）を見出され、これを買い取って足利学校遺蹟図書館に寄進された本がある。（「足利学校蔵書の集散について」（上・補）（長沢規矩也）（書誌学復刊新六号））左右双辺、有界十四行二十五字。列伝百五十巻の中、唐書巻七十六（列伝第一）から巻四、十六至五十七、六十九至九十七、一百十七至一百五十（逆臣列伝）の百九巻（二十二冊）を存し、巻末に北宋嘉祐五年六月二十四日進呈の富弼等の官銜がある。この本の巻末官銜の末と巻百三十六末、巻二百十一末（第十六冊末）の三箇所に「上杉安房守藤原憲實寄進」の

墨書があり、（右図並に図版七・八参照）正しく他の足利学校現存本に存するものと同じ筆蹟である。旧蔵者の許にあった際虫損の厄にかかっているが、現存第一冊の表紙（江戸時代のもの）に「缺現本廿二冊」とあるから、早くから二十二冊だけで伝ったものである。「金澤文庫」の長方形の印記を切り取った痕跡があり、もと金沢文庫に蔵せられていたことは確かであろうが、それを憲実が寄進した後、江戸時代乃至はそれ以前に足利学校から出てしまったものの如くである。なお本書に関して注意すべきは、これと同版と目すべき唐書巻七十一下「宰相世系表第十一下」一冊（梅沢記念館蔵）がある。巻首尾に「金澤文庫」の黒印記があり、もと金沢文庫の蔵本である。そしてこの本は元来尾州徳川家にあった駿河御譲本の中で、もとは家康が金沢文庫から入手したものであった。それが明治以後払われて他へ流出していて、先年市場に出たものである。これによって、憲実寄進の唐書宋刊本が金沢文庫から獲たものかと推せられるとともに、他の宋刊本類も同じく金沢文庫にあったものではないかとの推定を積極的に主張し得る根拠になると思われる。（図版九参照）

憲実がこれ等の諸本を足利学校へ寄進し、その閲覧保存の規則を定めて附与したのは、永享十一年閏正月と認められるが、憲実は、その前年八月十四日には持氏を避けて任官の上野へ下国している。幕府においては、将軍義教は、持氏と憲実との不和に乗じて持氏を滅そうとし、極力憲実を応援する方針をとり、憲実の請に応じて関東北及び駿信諸地方の諸将に出兵を命じ、遂に朝廷に奏して八月二十八日附を以て持氏討伐の綸旨を賜わり、即ち上杉持房等を将として討伐の軍を下したのである。憲実も同十月六日に越後・上野等の兵を率いて進発したが、敢えて鎌倉に入らず、分倍河原に駐兵してその間に持氏の自ら進退を処するを待つ方策に出で、十一月持氏は遂に金沢称名寺に入って剃髪したので、憲実は幕府に対し、持氏の宥免を懇請したが、義教の意は、全く持氏を除き鎌倉府を廃さうと言うにあるため、義教は、遂に憲実の願いを肯じなかったのである。足利学校に寄進を行った十一年閏正月は、持氏に対する年来の情誼と将軍義教の厳命との間に立って、憲実は逡巡苦慮の最中であった。或は、前年の下国以来、身が兵乱の渦中に在るを察して、後のためかゝる処置を行ったのではあるまいかとも思われる。後一月、憲実は已む無く持氏を殺すに決し、二月十日、被官上杉持朝千葉胤直をして、持氏幽居の鎌倉永安寺を攻めて自尽せしめるに至った。

その後は、憲実が幕府の命を奉じて関東の政務を執ったのであるが、憲実は事実において先祖以来重恩の主家を奪ってこれに代った貌になったことを思い悩んだらしく、俄かに剃髪して、高岳長棟庵主と号し、弟清方を越後より招いて管領職を譲り渡した。そして、六月二十八日、永安寺長春院に詣で持氏の影前に懺悔して自殺しようとしたが、侍臣に遮られて果し得ず、暫く山内の邸内に引籠って保養する身となった。関東合戦記等に拠れば、後数月、十一月には邸を出でて藤沢道場に入ったが、ここもなお鎌倉に近くて世務を避け難いと言うので、十二月六日には、遂に己が任国伊豆の国清寺に退隠した。義教は、これを鎌倉に帰参させようとしてしきりに諭したが、憲実は応ぜず、翌十二月に至り、持氏の遺子安王丸・春王丸等が結城に挙兵し、騒乱増大の形勢となったため、已む無く幕命に従って出座し、下野国小山庄祇園城に入って諸将を指揮した。かくて嘉吉元年四月、結城の城も陥り、兵乱も略鎮定したので、再び隠退を請うて国清寺に籠居した。その後においても憲実は、足利学校に対しては頗る意を寄せ、文安三年には校規三箇条を定めてこれに与え、校風の維持並びに校規の粛正を戒めている。この規定は、古事類苑（小中村清矩手訂の稿本（巻末跋文参照）にはなく、活版本には増補す。）榊原文書に所収記載してあるが、内容は信拠すべきものと認められる。（前記二三頁参照）

一、三注・四書・六経・列・荘・老・史記・文選外、於学校不可講之段、為旧規之上者、今更不及禁之。自今以後、於腋談義等、停止之訖。但於叢林有名大尊宿在庄者除之訖。禅録・詩註・文集以下之学、幸有都鄙之叢林。又教乗者有教院。於庄内自儒学外、偏禁之者也。猶々先段所載書籍之外、縦雖為三四輩相招、於開講席、在所者自学校、堅可有禁制。猶以不能承引者、可被訴公方。

一、在庄不律之僧侶事。至于令許容族者、於土民者、永可令追。於諸士者、許容在所、可被闕所者也。但至改禅衣者、不及制之。

一、平生疎行、而無処置身僧侶、号為学文、雖庄内令下向、自元依無其志、動不勤学業、徒游山翫水輩、毎々有之歟。以彼素飡僧侶至令許容者、罪過与前段同。

文安三年丙寅六月晦日　　釈長棟

かかる教誡を発している点から考察すると、当時、右に述べてあるが如き事実が校内に発生しつゝあったことが判明するので

あるが、これに拠って、一方には、開学未だ幾許ならずして、学徒の来住する者も少からず、その設立の目的をも達していることが伺われると共に、又、他方には、これを永享十一年の憲実状と併せ見ることに拠って、愈々憲実の学校設立に対する意図が明瞭に看取せられ、且つは、その設立者並びに後援者としての立場が極めて積極的なものであったことが知られるのである。

即ち、憲実は学校設立の当初より、三注（蒙求・千字文・胡曾詩）・四書・六経・列子・荘子・老子・史記・文選等、当時の漢学家が一般に教授した漢籍のみを教授せしめ、純然たる漢学の学校としてこれを設立したのである。その教授者に禅僧を招き、これを禅院としたのは、時世の然らしめる所、東関において漢学教授の識者は、禅僧以外に求めることが不可能であったためで、これが鎌倉円覚寺より快元を招いて庠主とした所以である。鎌倉より庠主を招いたのは、無論憲実が管領として鎌倉に在府し、所謂福丘・鹿阜の諸禅老と深い交渉があったことにも拠るであろう。既にして、教授並びに督学の者が禅衣を被むる以上、その庠序が禅院の性質を帯びるのはもとより当然のことと言わねばならぬ。従って、来学者も亦、自ら禅学の徒が多きを占めたわけである。禅徒の集合する処、いきおいその本然たる禅録・詩註・文集及び教乗等をも論講するに至ることは明らかであるが、もしこれが兼学をも許容乃至は奨励するにおいては、本来の目的たる外典の講学が疎かになるべきは自明であるから、既に世に聞えた禅家がさらに外典学修のため来学している者（もしくは教授者をも含むのであろう）右の憲実の校規にいう「於叢林有名大尊宿、在庄者」の外、修学未熟の禅徒に対しては、漢学専攻の妨げとならぬ様にこれを禁止したのは、当然の注意である。憲実が一見講学に便宜な鎌倉を避けて、足利に学校を設けた一因も亦、これと同じ理由に基くものであろうと思う。鎌倉に外典専攻の機関を特設しても、周囲の有力な禅学修行の機関に多大の影響を受け、所謂鎌倉五山等の禅巨刹の存在は、却って漢学専攻機関の成就永続を妨げる形勢にあることを察した故ではあるまいかと推せられる。

当時在俗者で来学する者があったか否かは未詳であるが、恐らく留学する者もあったことと推せられる。それ等は、室町末期頃の例に拠れば、来学中は、一時緇衣を被って禅徒となり、去って後再び還俗すると言う不文律となっていたのであるが、これは当初よりの慣例であった様である。寒松稿に、

（応雄詩幷序、慶長十七年稿）大凡天下之間志於学者入庠門、則不分僧俗不論貴賤、題学徒之名字於僧籍以為吾門弟子、是古来之箴規也（下略）

と述べているのは、その有力な証左であろう。

憲実の言う如く、公然と禅学を修する便宜と施設とは、都鄙を問わず、全国到る処に散在していたが、儒学を学修し得るそれは、他に全く存在しなかったのである。禅林には外典にも精通する宿老がなかったわけではないが、禅家においては、外典を講ずることは専門外の所為であり、特に宋儒の学を講ずることは、在俗者に対して禅門に導く一種の方便として講じた傾きにあり、即ち、彼等は儒教は禅宗より案出したものと認めていたから、難解な禅の妙味は以心伝心で感性によって会得すべき境地であって、文字を学んで人間の道を修めることを避けたい武家の人々には、まことに好都合な道であるが、宋の儒学の説明と修養の方法とは、むしろ禅をわかりやすく説いて導入するにはよい入門であった。それ故武家に対して、先ず儒教を説いたのである。いわば禅を弘める卑近な手段としてこれを利用したものであるから、禅徒に対しては、寧ろこれを禁じたのである。（徳富猪一郎氏「五山版の話」参照）

義堂周信の空華日工集に、

近世儒学有新旧二義。程朱等新義也。宋朝以来儒学者皆参吾禅宗。一分発明心地註書与章句学迥然別矣。四書尽於朱晦庵及第以大恵一巻為理性学本云々。

漢以来及唐儒者皆拘章句者也。宋儒及理性達故釈義太高則皆以参吾禅。

と述べているのは、その間の消息を明らかに告げるものである。されば、義堂なども己が門弟子の僧等に対しては、外典の読書を禁圧し、専ら内典の講究を奨めている。同じく空華日工集応安四年九月二十八日の条にも、

余講円覚経、小子両参輩不臨講筵、余痛責而曰、自今誓断俗書、不然余必聚闔院外典於中庭而焚之、以供天帝。

等と見えている。然しながら、これは一面に又、禅僧の間に外典を講学する者の少くなかったことを意味し、さらに又、当時の社会に外典を講じ得べき禅僧が要求せられていたことをも物語っているものであろうと思う。

中世においては僧侶が武家の子弟の教育に当っていたことは、ここに言うまでもないが、当時の武家は、己が教養並びに子弟

の教育上、外典を講じ得べき僧侶を要求し、且つ又、日常の生活において、特に軍陣の際において、軍法並びに占筮に通達している者を必須とした。それについては後に詳しく論ずることとするが、武家中の有力者たる憲実が、漢学教授を専門とする学校を建設するに至ったのも、一面にはかゝる時世の要求に応じたものと見ることも出来よう。憲実が足利の地を択んだのも、上述の如く、同地にこの種の学問の伝統が残存していたことと、又、一には当時の武家社会に足利の学問に対する（少くとも軍法に対する）信用があったためではあるまいかと推せられるのであって、憲実が特に易学の権威たる快元和尚を招いて第一世の庠主とした点には、深い意味があるものと考えられるのである。足利学校の学風も、長い年月を経る間には若干の変化を生ずることは当然であるが、その根底は、憲実創設の際に築かれたものであって、憲実の精神は室町時代を通じて激変する所はなかったのである。それ等に関しては後章に詳しく述べることとする。

さて、その後、憲実は、遂に二子徳丹・周清を伴い、伊豆国清寺の隠所を去って、西国に赴いた。周鳳の臥雲日件録の記事（後記）に拠れば、憲実は、これより以前にも諸方を徒歩独行した事実があるが、なお国清寺を本拠としていたのである。国清寺を去った年月は未詳であるが、その子憲忠の帰参に関し憲実が判留壱岐入道祐元に当てた書状（上杉文書所収）に拠れば、宝徳二年十月以後であることは明らかである。かくして憲実は、諸国を巡歴したが、長州大寧寺の竹居禅師の許に至ってこれを終焉の地とした。この竹居禅師の高風を慕い赴いたのは、恐らく惟肖得厳に聞く所があったためであろうと思う。惟肖と憲実との関係は前に述べたが、竹居は惟肖に応永の初年に三年間南禅において学んだのであって、爾来師友の交りを絶たず、永享六年十月には惟肖は、竹居の乞に拠ってその師石室禅師の塔銘を作っている。時に惟肖は七を踰えるもの五（七十五歳）、衰病日に加わり副墨に従事し難いが、竹居の懇請を拒ぎ得ず、これを書すると言っている。長享二年天隠龍沢所撰の竹居禅師塔銘に、

関東管領上杉罷俗累帰釈門。法諱長棟。学渉内外。不遠数千里、来扣寧丈室。染指鼎宗、扁宴座之室曰槎留也。師（竹居）一日告衆曰、却後五日当滅。緇素省問相継。大内教弘相隔者両日程、聞預告之言、入寺拝師。亦神色自若。挙茶箋曰、珍重。大内公唯々而退。入槎留軒、与長棟語話。侍者走報曰、師已逝矣。偈曰、混沌破了、八十二年。蚊虻眉上、好打鞦韆。夏六

十六、実寛正二年十月二十五日也。大内公亦随僧之後以送。盈街溢陌、無下嗚咽者。（下略）

と見えている。竹居は薩摩伊集院の人で、幼より、同じく伊集院の出で島津忠久の後裔である石室に従ったのである。又、同書に、

師自謂、吾宗不立文字、雖然文字載道器也。行解一、則不為全徳。于時南禅双桂惟肖操文詩之柄、定才学識之価。師負笈登龍門、親灸桂双者三周寒暑、双桂揮竹居二字以副諱。然後相之亀谷、遠之楞厳、到処究仏祖言教、又帰妙円以省。石室喜其帰来、譲正寝以居之。（中略）大内鷲頭弘忠請師住長州大寧寺。寺乃知翁所創、令石室為開山第一祖也。師一住数十年。至荘塁倉廩、未嘗不経意。椽梠差脱者修之、什器破者完之。是新之功惟夥。故称中興也。（中略）檀越弘忠、与同姓大内教弘有隙。弘忠遂遇害。師聞之曰、浮屠豈可恋桑下三宿哉。即日擱鼓退帰真林。教弘起之。又住大寧、規縄復旧。

とあり、憲実の人となりが察せられる。大寧寺内に槎留軒を構えてここに最晩世を送った憲実は、寛正七年閏二月六日、年五十七を以て没した。蔭涼軒日録のその十六日の条に、憲実の死を聞いて小栗自牧（宗湛）の評した言を記して、

自牧語曰、鎌倉上杉房州避二関東乱一、厭二世間之是非一、往二九州一憑二大内大膳太夫一、隠二居于深山大沢之間一、而看経行道修而送二残生一。人皆望二其風一無レ不レ敬。聞二忽逝去一、可レ感可レ慕也。此事上月大蔵丞遣二於自牧一状有レ之。

と言い、又、これより先、周鳳は臥雲日件録（文安五年八月二十九日の条）に、

最一検校来話云々。倉州（近藤正斎云、房州の誤か、或は鎌倉管領なるを以て漫りに倉州といへるかと。）小名曰クヂヤク。九歳入二鎌倉一今已三十九、近時発心為レ僧、青鞋烏傘徒歩独行。謂レ人曰、世将謂レ予、以レ叛二持氏一蒙レ罰如レ此。予亦自以為レ然、今予当以レ此悔レ罪而已。予曰、利レ身到レ此、亦難哉。可レ知レ非二常人一也。

と評言している。

（附記）

なお前記の憲実所定の校規の他に、文明十一年（或は元年）二月、快元宛の憲実の「納置書籍条々」と言うものが伝えられているが、文明元年、十一年は憲実も快元も歿した後であり、その内容も前記憲実の校規と状との両者に基いて按配作為し、

憲実に仮託したものと認められる。恐らく室町末期頃の学校関係者の作為したものであろう。参考のため、左にその全文と称するものを掲げておく。（なお文明元年も十一年も庚戌ではない。）

納置書籍条々

一、三註・四書・六経於二学校之外一、不レ可レ講焉。若有下欲レ講レ之輩上、対二能化一可レ受二指揮一。

一、不律之僧侶、不レ可レ叶矣。

一、対二能化一不義之輩、可レ罰レ之。於二違犯之輩一、可レ令レ達二官府一焉。

一、置二書籍一事。到二于二月中旬一、可レ開レ戸也。到二于五月梅潤一、令レ不二湿腐一。到二于風凉一、令レ晒。到二于冬一、閉レ戸可レ令レ禁二儼火一矣。

右扶桑六十余州、毎州有二一学一。中葉以来、惜哉泯滅、而今僅所レ存、在二足利一学一而已。仍令レ寄二附書籍一。堅秘蔵而、可レ令レ護焉。宣嘱。

文明十一年（元年）庚戌二月　憲実判

学校快元老

附　上杉憲忠並びに憲房の学校援護

憲実は管領を弟清方に譲ったのであるが、清方は文安三年に持氏の遺子乙若丸を伴って上洛し、その帰途、越後・越中の国境たる境川の地で自害して果てた。時に侍臣柿崎源三が平素清方の言として「我等兄弟之者、関東之将軍幷若君四五人奉レ失事不運至極也。所詮某一身を令二進献一者、子孫之事者自然長久可レ有レ之候哉」とくれぐれも語られたと泣く泣く言いも果てぬに主の死骸に打重って殉死したと上杉家譜に伝えている。その後は、扇谷上杉家の持朝が、山内上杉家の宰長尾景仲・大石憲儀等と関東の政務に従ったのであるが、憲実が鎌倉へ帰らぬため、その嫡子龍忠を伊豆より迎えて、山内上杉家の主とし、管領

職を継承せしめた。かくて龍忠は、名を憲忠と改め、右京亮となったのである。その年時は明確にし難いが、相州文書（細川勝元より憲忠宛）に拠れば、文安五年十一月には既に右京亮となり管領であったことが知られる。

その後、持氏の遺児永寿王（成氏）が迎えられて関東の主なったが、成氏は嘗てその父兄を敵とした上杉一門を喜ばない結果、常に紛争を生ずる状態であったが、遂に憲忠は、享徳三年十二月二十七日、成氏のために謀り討ちにせられ、その舅持朝も亦、鎌倉を追われた。時に憲忠は僅かに二十二歳、父憲実に先立って世を去ったのである。憲忠と憲実との関係は、表面は義絶の状態にあったが、裏面には互に相通ずるものがあったと推せられる。父子が義絶の理由は、憲実が国清寺退隠の際、その次男龍春（後房顕）に越後を譲って家名を存続せしめ、他の四子は皆僧とし、もし兄龍忠が父の志に背いて還俗したならば、不幸の子として、所領は一点も知行せしめざる旨の譲状を龍春に附与（文安元年九月）したのに、龍忠がこれに反して還俗して管領となったがためである。

憲忠も亦、父憲実と同じく好学で読書に親しみ、父の志を承けて、足利学校をも後援したことは、その寄進にかゝる「周易注疏」（宋版本十三冊）が残存しているのに拠っても察せられる。

該書には、憲忠自筆の寄進識語が見え、憲実の例に慣って、毎冊首上欄に「足利學校公用」、各冊末に「上杉右京亮藤原憲忠寄進」（第一・第十三の両冊にはその下に「花押」を署す）と記している。その達成した美事な筆蹟から推しても、憲忠の教養が偲ばれると思う。（左図並に図版一参照）この書も恐らく金沢文庫の旧蔵であって、憲忠が父憲実から得たものであろう。他の宋刊尚書礼記の両正義と同系統の越刊八行本（左右双辺、毎半葉八行十九字。縦七寸一分五厘、横五寸一分五厘。）である点もその傍証となる。全巻に宋端平元年十二月より翌年一月に亙って陸子遹（陸放翁の子）の摽閲の書入があり、各冊末に左の如く手識がある。

（第一冊）其月二十一日、陸子遹三山東窓傳摽。

（第二冊）端平改元冬十二月廿三日、陸子遹三山寫易東牕摽閲。

（第三冊）廿四日子遹摽閲于三山寫易東牕。

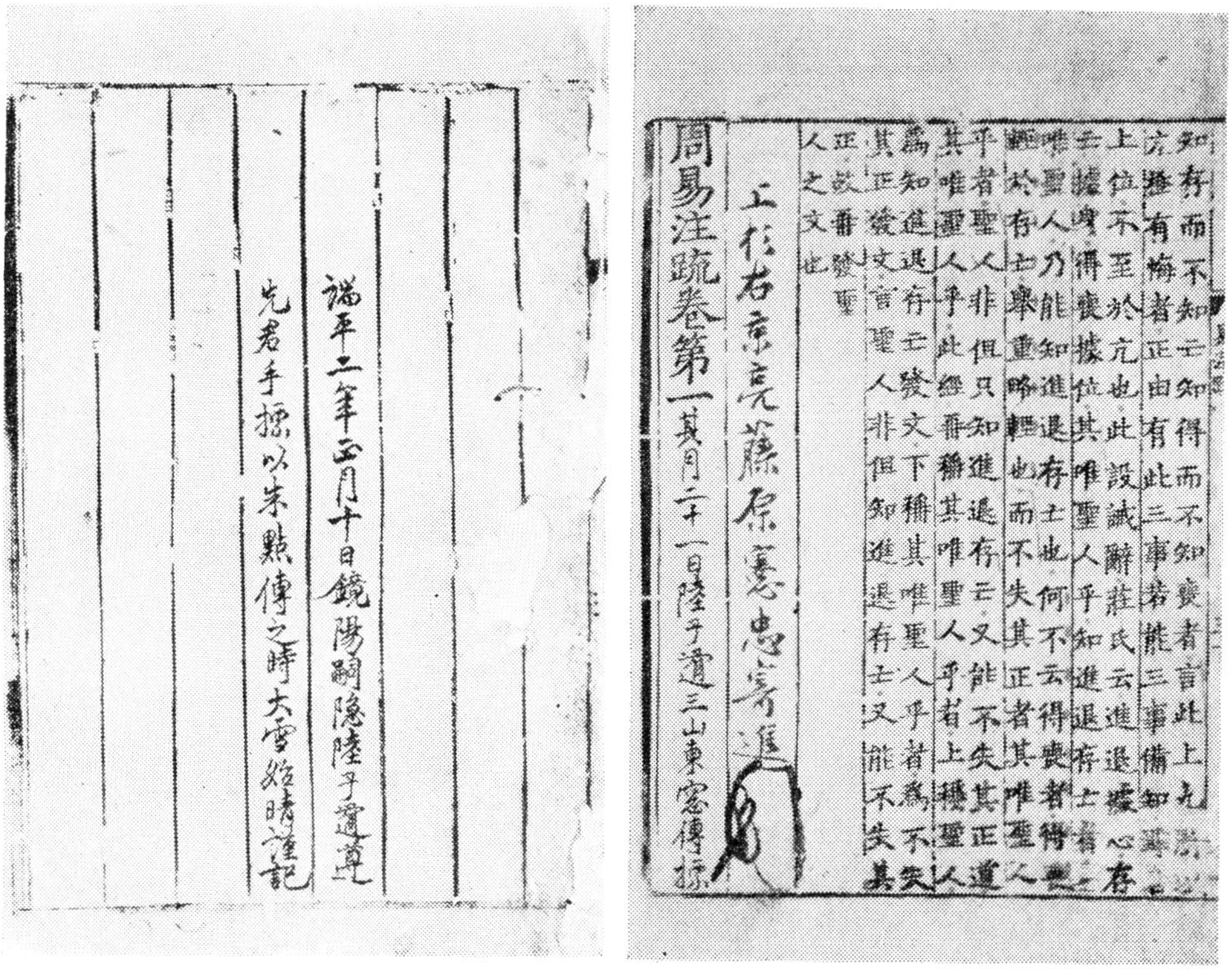

宋版周易注疏（巻一末墨書・第十三冊末墨書）

（第四冊）甲午歳未盡五日子遜東窻摽閲。

（第五冊）甲午十二月癸巳子遜山東窻摽閲。

（第六冊）端平甲午歳除日三山東牕子遜摽閲。

（第七冊）乙未天基節、三山東窻子遜摽閲。

（第八冊）乙未開歳五日、子遜三山東牕摽閲。

（第九冊）端平乙未正月六日、陸子遜閲且摽于三山之東牕。

（第十冊）乙未人日、子遜摽於三山東窻。

（第十一冊）乙未正月八日、子遜三山東窻摽閲。

（第十二冊）乙未立春、子遜三山東窻摽。

（第十三冊）端平二年正月十日、鏡陽嗣隠陸子遜、遵先君手摽、以朱點傳之、時大雪始晴、謹記。


右の宋刊本を室町末期に移写した一本（大本、六冊）が台北の故宮博物院の楊守敬旧蔵書中にある。巻九・十及び巻十一至十三の二冊は別筆で、巻十二はまた中途から寄合書きになっている所もあり、これは学校在学の徒が書写して持ち帰ったものかと思われる。（図版七二・七三参照）

憲忠の死後は、弟の房顕（幼名龍春）が嗣いだが、将軍義教の命に拠って成氏を攻めて成らず、寛正七年二月十一日、五十子の陣中に卒した。ために越後上杉相模守房定が軍事を摂行し、房顕の妹の夫たる房定の子、顕定が後を襲って

管領職となった。房顕・顕定の両人には、足利学校に関係ある資料が何等残存していないが、顕定の如きは、太田道灌の招いた漆桶万里とも交渉を有し、宗長と連歌興行などを行っている点から察すると、文事を解するの将であったから、恐らく、足利学校にも関与したかもしれない。或は、顕定と同時には、後にその養嗣となった憲房(憲実の長子にて僧となりし周清の子)が、祖父・伯父の遺志を継いで、学校を後援していたので、顕定は関与する所がなかったとも思われる。

漆桶万里の著、梅花無尽蔵巻第二の条に、長享二年九月二十五日、

　管領顕定就夜遊之座、出白扇需賛、即席援筆云、

尋常日月猶暗　真箇比梅木不香　一柄威風入州定　此中福聚海無量

と見え、又続いて九月二十七日には、憲定所守の武州鉢形城に、同二十八日には同じく顕定の居城たる上野白井の城に赴いて各々詠詩がある。越えて十月越後に遊ぶに当って、顕定は万里のために家臣に東道を命じ旅次の便を図っている。越後にあって十一月二十一日、

　有自府内来者、相告曰、十五日関東三戦。管領顕定之軍凱歌。雖未知其実、歓抃之余、作詩祝言、太田資康従顕定幕中云、

三戦今聞三捷功　官軍路自武陵通　逆兵已敗楚気暗　山色吹春惟幕中（官軍指顕定、号山内。逆兵指定正号扇谷。此両家相分而戦、未決雌雄。）

と記し、その後も両軍の戦報を耳にする毎に作詩にその感を漏している。定正は由無く太田道灌を殺したので、万里は不快としているのである。それ等の作詩の一に、

　(十二月)十九日、前夕聴関左之兵事

敵陣横田楚幕烏　吾軍児玉渥洼駒　雷声有待凱歌皷　顕定無双大丈夫（敵陣指定正。吾軍指顕定。）

とある。その後、万里は北陸を経て美濃の棲庵に帰っている。又、宗長の「東路のつと」にも、

可諄（顕定、永正四年夏剃髪後の号）九月廿五日（永正六年）大守佳例の法楽連歌。依田中中務少輔光幸宿にして。菊さきてありそふ秋の花となし。則懐紙を越後の陣へとなん。

と記されている。(なお堯恵とは如何程の交渉があったかは詳かにし難いが、文明十七年の堯恵著「北国紀行」に「定昌（定

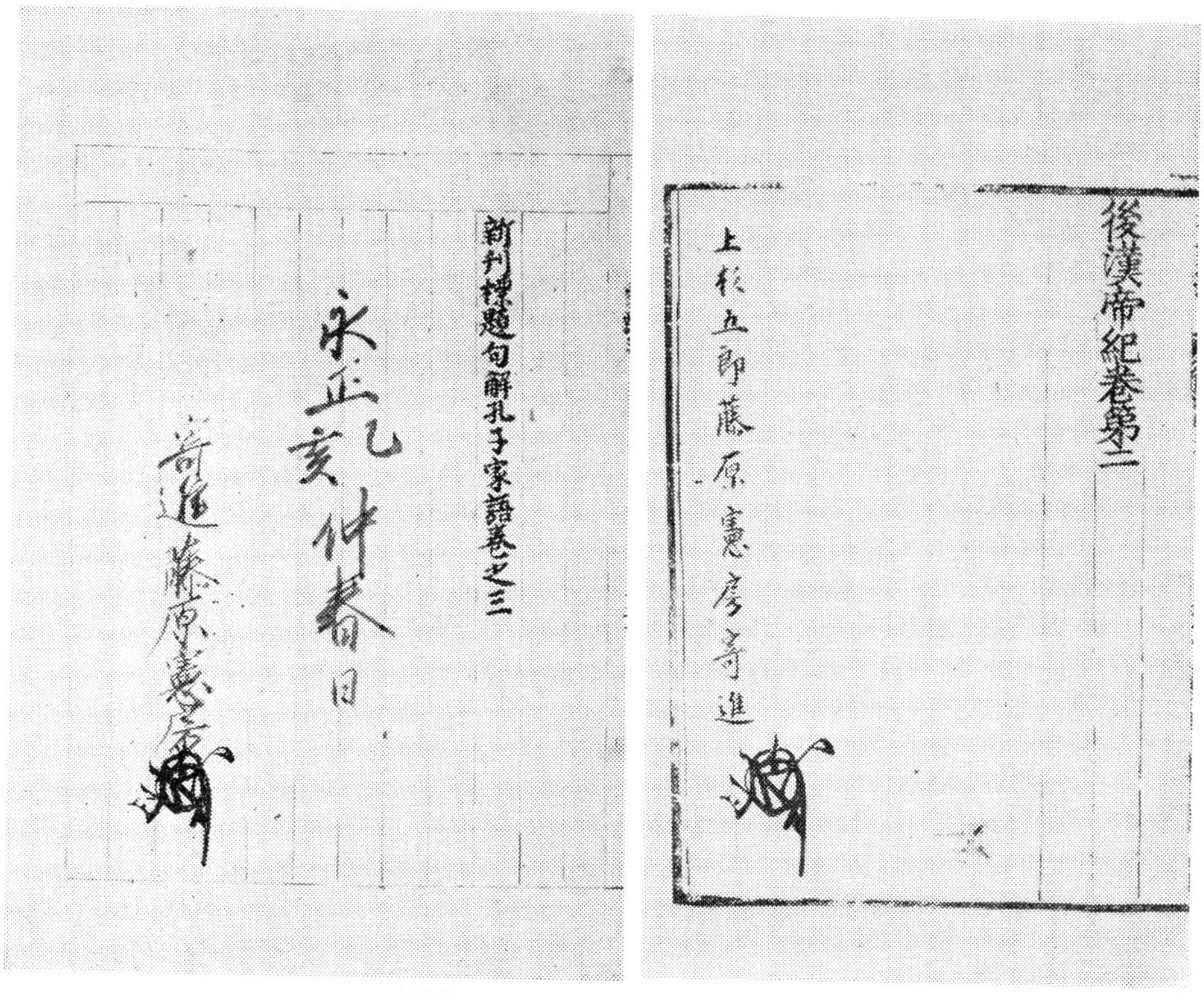

上杉憲房識語（後漢書）（孔子家語）

正）の指南によりて、藤原顕定（関東管領）の旅哀の心ありて、旅宿を東陣に移されし後は、厳霜も穏かなり。平顕忠（長尾修理亮）陣中にて会。」と見えている。）

憲房は、顕定等と力を併せて常に成氏に当っていたが、明応六年九月には成氏が歿し（時に六十四）、永正七年六月には、顕定が長尾為景と戦い、高梨信濃守のために敗北して討死したので、その後憲房は管領職を襲ったのである。然るに、その頃小田原北条氏が次第に勢を得、上杉の被官中にも氏綱に内応する者等も生じたため、憲房はその討伐の兵を催し、武州鉢形城まで打って出でた際、俄かに重病を受けて、大永五年四月十六日（遺命に拠り足利学校に寄進の十八史略には三月薨とあり）死去した。時に五十九歳である。足利学校にはその寄進にかかる明正統刊本の「後漢書」（二十冊）・鈔本「孔子家語句解」（二冊）及び明版「十八史略」（一冊）が残存している。

「後漢書」（百二十巻、二十冊）は、毎葉版心に、明正統八至十一年の年号附刻があり、左右双辺、有界十行十九字、注雙行二十五字。縦六寸七分、横四寸七分五厘。（黄色原表紙をも存す。本文、朱点書入あり。）各巻首尾及び巻中等に、

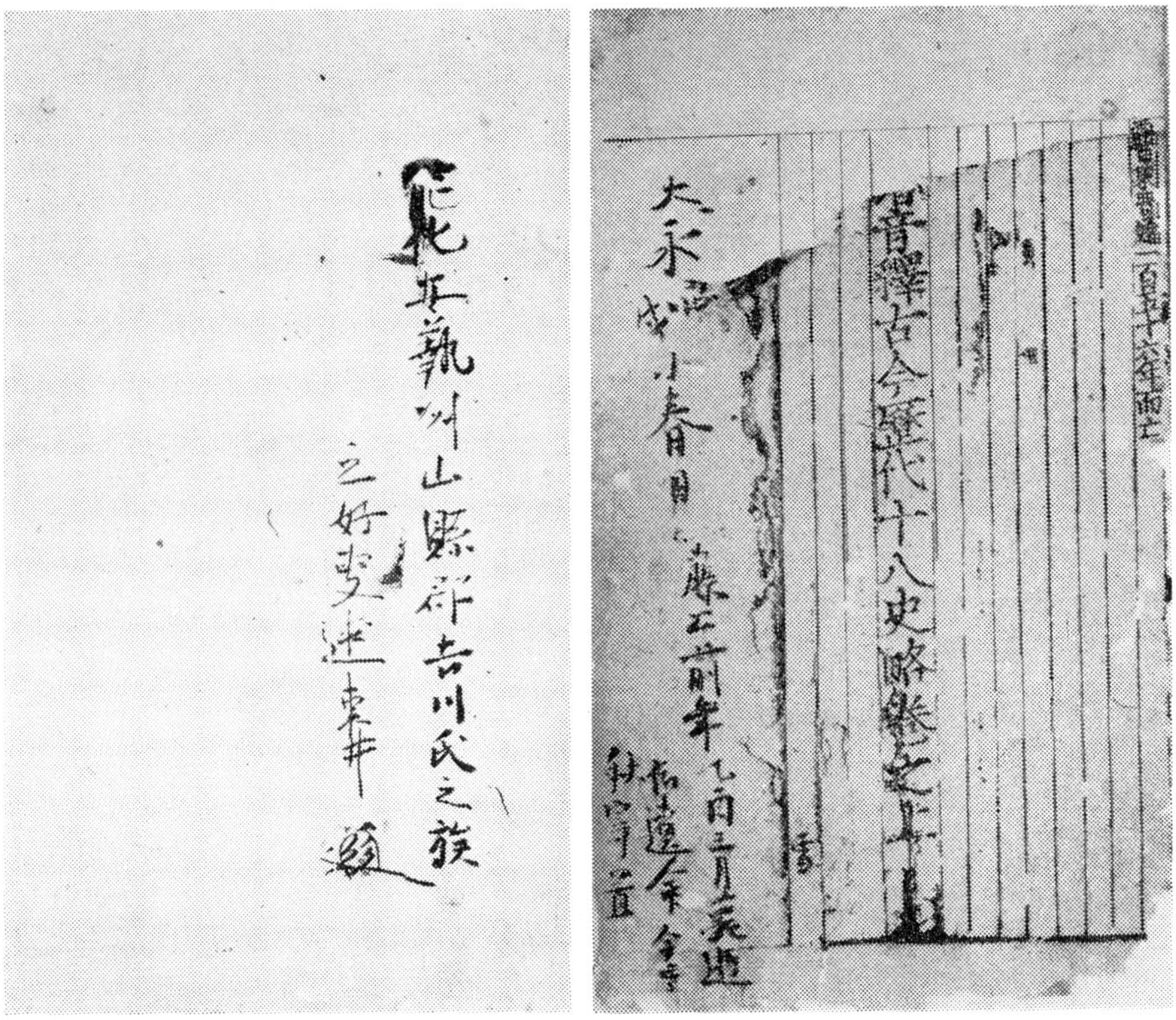

明版十八史略（上冊末墨書）

「上杉五郎藤原憲房寄進（花押）」（巻首尾にありて、花押は署せざるもあり）「此書不許出學校閫外憲房」（巻首）「足利學校公用」の憲房自筆寄進識語がある。永正九年管領となって後は左馬頭と称した様であって、五郎と署している点から推せば、永正九年以前の寄進にかかるものであろう。（右図並に図版一七参照）

「孔子家語句解」（六巻・首一巻、室町中期写本、裏打改修。二冊）は、朝鮮版を基にして書写した本と認められるが、憲房当時の写本であろう。毎半葉有界十二行二十二字。注双行。界幅四分五厘。界高七寸三分。目録の外に新刊素王事紀を前に添えてある。上下冊末に、

永正乙亥仲春日

寄進藤原憲房（花押）

の墨書識語及び上（目録首並びに本文首の二箇処）・下（後の損傷のため全文を存しない）冊首に「足利學校之公用也」の墨書識語が見え、何れも憲房の自筆である。（右図並に図版四四参照）永正乙亥は十二年で、管領となって以後のことに属し、時に憲房は四十九歳である。

「十八史略」（明初刊、二巻。匡郭、縦七寸一分、横四寸四分。）は、今は裏打補修、合綴せられて一冊となっているが、もと二冊で、上巻末に、

大永丙戌小春日　藤公前年乙酉三月薨逝
依遺命今歳
秋寄置

能化安藝州山縣郡「吉川氏之族」（「　」内の五字は後人九華頃の筆の加注）
之好叟述東井（花押）

と、大永六年第五世庠主東井和尚の墨書識語があり、その遺命に拠って寄進せられた憲房の手沢本であることを告げている（右図参照）。なお下巻首に「十八史略巻之下、野州足利學庠常住也」、同巻末に「（損欠）副元帥藤原憲房卿寄進」（二識語亦東井筆）の墨書識語がある。また、これらの識語を記す以前に、本紙の欠けた部分を裏張りしてある。（なお本書には、後の第九世庠主三要の署名「雪」並びにその所用の鼎形「昇」の字の朱印記が各巻末に見えている。）（右図並に図版一八参照）

以上の事実に拠って、憲房の学校に対する留意が如何なるものであるかが察せられるのであるが、これ等の明版本は、恐らく禅僧等が入明の際における将来本か、或は明舶の齎したものを、憲房が求め得たものと推せられる。何れにしても、憲房が平素かかる史籍を座右に具え読書していた事実を知ると共に、又、その人となりが想見せられるのである。又、憲房も漆桶万里と交りのあったことが、梅花無尽蔵巻第五、明応二年癸丑の条に、

関左鹿山之泛梗佐公蔵局、不遠千里、嘗数州之嶮、一笠瓢然。控余梅花無尽蔵、要借片時之窓、感厥至誠、未解旅装之以前、侑茶盃、作此詩呈之。神中出扇谷五郎閣下吹嘘之小簡。

と見えている。

足利学校はかくの如く上杉氏三代の保護を得て、ここに憲実の創設以来既に一百年に垂んとし、学徒の全国より来集する者も亦頗る多きを加え、次第に発展の勢にあったのである。

第二章　室町時代における足利学校

第一節　室町時代の文献に見えたる足利学校

附　西教徒の記録に現れたる足利学校

室町時代の文献に現れている足利学校に関する記載は、学校に学んだ学僧等の事蹟を除くと、その数は極めて乏しい。学校に来学の僧徒及び学校歴代の庠主等については、後章に纏めて述べるから、ここには学校に関する事項に限定することとするが、鎌倉大双紙に記された所は既に述べたので省略することとして、これと相前後する文献の記載としては、桂庵和尚家法倭点に左の如く見えるものがある。

一、建仁雲龍有二論語集注一。其巻末有下書二岐陽和尚講筵之説一之本上也。云、大唐一府・一刕、其外及郡縣皆有二斈挍一。日本纔足利一處学挍、学徒負笈之地也。然在レ彼而稱二儒斈教授之師一者、至レ今不レ知レ有二好書一、徒就二大唐所レ破弃之注釋一、教二懐諸人一。惜哉。後来若有下志二本書之斈一者上、速求二新注書一可レ讀レ之。云々。（家蔵室町末期写本に拠る）

桂庵和尚の家法倭点の撰述年代に関しては、先年所考を述べた如く（「近世初期に於ける経書の訓点に就いて」（書誌学四ノ四）（日本書誌学之研究所収））明応九年頃の著作と認められるのであるから、その師岐陽方秀の講説を書したと言う右の記載は、それ以前の言説であることは言うまでもない。（これ等の学校の学風に関する考察も亦後章において論ずることとする。）

これに次いで、足利学校の地を訪れたことの見える最も古い記載は、連歌師柴屋軒宗長の「東路のつと」である。宗長の訪問は、永正六年八月下旬頃のことであった。

静喜より若殿原相添へられて、下野の国佐野といふ所へ出で立ち、足利の学校に立ち寄り侍れば、孔子・子路・顔回、この

肖像をかけて、諸国の学徒かうべを傾け日ぐらし居たる躰は、かしこく、且つはあはれに見侍り。御当家旧跡鑁阿寺一見して、千手院といふ坊にして、茶などの次に、こよひはここにとしゐてありしかば、此の院主、もと見し人なり。かたがた辞し難くて、三日許りありて、連歌あり。

ふけあらしちりやは尽す柳かな

てにをは、いかにとぞ覚え侍る。日を隔てて、東光院威徳院にして興行。

風はわかし松に吹く音荻の声

杉の葉に月も木高き軒ば哉

右に言う画像については、後の第十一世庠主睦子が、堀杏庵の問に答えた書（寛永十三年四月十一日記、中山日録所収。後記参照。）中に、

（前略）自二中興開山快元先生一、至二第六文伯先生一、而従二祀先聖之儀一、雖レ有レ之、文伯在庠之内、屋宇有二回禄一、而清規之書籍尽為レ灰、唯以二口説一伝而已。又不レ識二実否一矣。先聖之画像、并顔回・子路之画像、以二子路像一、可レ為二閔子騫一旨、亜相君之所レ宣、況延喜式之所レ記、豈可レ及二異議一哉。雖レ然、自二快元先生一五世東井先生之時、伊勢早雲庵主寄進之裏書、并河内公子路像之外題、歴然、誠伝レ錯来者乎。全非二予迂濶一。又於二当庠一、春秋二丁者、第七世九華先生之代、自二小田原一乱二入于当庄一再三。第八宗銀先生代、関白秀吉公関左騒屑、以レ故寺社領、悉没二収之一。然間当庠亦然也。其次秀次公為二奥州下向一、而舎二下総国一。当庠第九世三要先生、行拝謁矣。公曰可レ移二当庠於洛陽一矣。三要諾矣。以レ故先聖之画像、並額・書籍等皆以赴二洛陽一矣。厥後、公於二高野一伏レ誅刻、東照大権現御在洛、以二厳命一、当庠之什物還二于此一矣。（下略）

寛永丙子孟夏十有一　　睦子拝

と見え、小田原の北条早雲が寄進したものであることが判る。画幅の紙背に寄進の識語があると言うのであるから、早雲の寄進にかゝることは信拠すべく、且つ早雲は、永正十六年八月に八十八歳の高齢で卒しており、その寄進が第五世庠主東井の時のことであると言えば、第四世庠主九天は、後述の如く永正四、五年の間の六月二日に歿し、東井は永正五年八月には庠主と

なっていたことが、もと学校蔵（今、国会図書館蔵）唐本文公家礼纂互集註の識語（識語のみ今佚す）に拠って知られ、宗長来訪の時にはこの画像があったのであるから、早雲の寄進は、永正四、五年以後同六年八月以前の間に行われたこととなる。恐らく、画像寄進の後余り歳月を経ない頃のことであったがために、それに対する学校の取扱い方が、特に宗長にも強い印象を与えたのではあるまいか。なお同じく睦子が林羅山に談話した所に拠れば、この画像は故法眼狩野祐清の筆になるものと見えている。羅山文集巻六、日光紀行、後記参照。早雲がそれ等を寄進するに至ったのも、それより先、足利の学徒を煩わしたことがあったからではなかろうと思う。即ち、近衛家陽明文庫蔵の太平記古写本（参考太平記に今川本というもの）の巻一並びに巻三十九の末の識語に、

（巻一）右此本甲刕胡馬縣河内南部郷ニテ書寫畢。御所持者、当國主之伯父、武田兵部大輔、受領伊豆守、實名信懸、法名道義、斎名臥龍ト号、書籍数奇之至、去癸亥（文亀三年）之冬、駿州国主今川五郎源氏親ヨリ有信用、雖令頓寫之、筆之達不達歟、又智之熟不熟歟、損字落字多之、誂予一筆為寫、年既及六十、眼闇手疼辞退千万、雖然依難背貴命、全部書之訖。雖然烏焉馬之謬猶巨多也。然処、爰伊豆之国主伊勢新九郎、剃髪染衣号早雲庵宗瑞、臥龍庵主与結盟事、如膠漆耳。頗早雲庵、平生此太平記嗜翫、借筆集類本、糺明之、既事成之後、関東野州足利之学校令誂学徒、往々糺明之、豆州還之。早雲庵主、重此本令上洛、誂壬生官務大外記、点朱引読僻、以片假名矣。實我朝史記也。臥龍庵傳聞之、借用以又被封余也。依応尊命重寫之早。以此書成紀綱号。今者天下太平至祝云々。

（巻三十九）永正元年甲子八月二日書早

右甲刕胡馬郡河内南部郷ニテ書寫之。御所持者、當國之主之伯父武田兵部大輔、受領伊豆守信懸、源朝臣、法名道義、別稱仲翁、齋名臥龍ト号。武芸之達者、文道数奇也。去ル癸亥之冬、駿河之国主今川ノ氏親ヨリ有借用、而河内之借緇素之筆任（損欠）江湖雑還之翰、損字落字耳。誂予一（損欠）尊命全部寫訖。雖然烏焉馬（損欠）時伊勢新九郎入道（損欠）用之紀明之。我朝之弘（損欠）書成紀号。今者天下太平至祝。

と見える。（参考太平記所引の分は、文字を改変して文意通ぜるも、足利の一条を省略せり。）即ち、これに拠れば、北条早雲は、本書が武田信懸に拠って借鈔せられた永正元年以前に、太平記の諸本を集めて糺明し、その結果を足利学校の学徒に問い

質し、さらに京なる壬生官務大外記（小槻伊治）に読み方の加筆を仰いだと言うのである。（早雲と親交のあった信懸はこれを借りて、本書の筆者に書写を命じたのであるから、本書を今川本と称するのは誤りであって、早雲本又は北条本と言うべきである。信懸が初めに借鈔した今川氏親の本は即ち本書とは別本である。）

これ等に拠って見れば、小田原北条氏も亦、初祖早雲以来、学校に対し、関与する所があったことを知るのであって、当時なお上杉憲房等が健在で学校に関与している最中であることは、特に注意すべき点であると思う。それ等所謂学校の中立性と言う点についても亦、後に論ずることとする。

なお又、学校に永正二年正月の建長寺の玉隠和尚の賛語のある柿本人丸画像が残存しているが、後世に至って学校に入ったものであろう。その賛語を見るに、古河の政氏（成氏の子、持氏の孫）が、その侍臣吾那左金吾に附与したものであって、左金吾の父は永享十二年持氏自尽の際、侍臣としてこれに殉じた不惜身命の功臣であり、その子亦、已に親近する者であるため、その重代の忠勤を賞して、父成氏が人丸の画像に自ら詠歌を認めた一幅を、左金吾に与えたのである。乃ち、左金吾は、「為家弥利、以像為鎮護神」との志を以て、玉隠に賛を乞うたものであるから、その性質上、永正二年玉隠賛書の当時は勿論、その後といえども、暫くはその家に秘蔵伝承せられていたものに相違なく、何時頃学校に帰するに至ったかは明らかでないが、かなり後世のことであろうと思う。ただ永正年間所記のものであるから、ここに因みに附記しておく。

次に、足利において書写した由の識語のある和漢諸籍の諸庫に残存するものがある。その中には、足利学校において書写したことを明記しているものもあるが、又、単に足利（又はその荘郷名）とのみあって、学校と明記のないものもあるが、何れも学校に学んだ学徒等の手写にかゝるものと認めてよかろうと思われる。筆者の管見に入ったものは、すべてで二十二部（旧著に所記したもの十一部、今新たに増補するもの十一部。）に達する。その中には、或はもと足利学校に伝存していたものもあるかもしれないが、何れも享保以後の学校蔵書目には見えないから、或はそれ以前に学校から散失したものもあろうが、大体は、来学の徒が足利の地で手写して持ち帰ったものが、世間に流伝しているものと認められる。（今は佚しているが、江戸中期以前に学校に蔵せられていた確証のあるものは、後記、学校の蔵書に関して述べる条に譲る。）

その二十二部の内、最も早い頃のものは文明年間の伝写本で二部、それに次ぐものは明応年間のもの二部、少し隔てて大永・享禄・天文年間のもの五部、永禄のもの一部（別に附、一部）、室町末期天正年間のもの八部（但し、一部は刊本の識語）、書写年時の銘記がなく室町末期写本と認められるもの二部、また慶長五年写本が一部である。

文明年間のものには、職原抄と論語義疏（但し現存本はその転写本）の二本がある。

「職原抄」（三浦周行博士遺蔵、梅沢記念館蔵、大本、二冊。）（毎半葉九行有界、界高、六寸一分。別に上欄一寸八分。）は、下巻末に、正平二年・寛正五年等の原識語があって、次に、

于時文明十四年壬寅孟秋之比雇藤原村綱法師令草昏者也

と識るし、又、上巻末（次の墨書識語の後に、書き損じの本文を添附しあり。本文料紙薄葉斐紙なるを以てすかし見ゆ。図版六二参照。）には、

関東下野足利北窓書之

とあり、文明十四年に足利の北窓において何人かが藤原村綱法師に依頼して書写した伝本であることが判る。（図版六二・八〇・八一参照）

次に、「論語義疏」（帝国図書館蔵。今、国会図書館蔵。）は、江戸中期頃の転写にかゝる一本であるが、その巻末に、

文明十四年寅年三月於足利官濃山口茅檐下書之

と言う原識語を存しているので、文明十四年に足利官濃において何人かが論語義疏を書写した事実があったことが知られる。

明応年間の写本は、明応二年写「中庸章句」（一冊。醍醐寺三宝院蔵。）と同六年写「毛詩正義序」（一冊。三井家旧蔵、慶応義塾図書館蔵。）の二部である。

「中庸章句」（二巻、一冊）は、巻末に「明応二年癸丑孟秋廿八自下州足利出來本写之」の書写識語がある。この奥書の「出来本」と言う意は定かでないが、この本のもとは足利であるということであろうから、中庸章句が足利に存在したことは確かに言えると思う。従ってこれが新注の書である点が、特に注目せられる。なおこれについては後章において言及する。又、ここに単に足利とのみあるものが「足利学校」に限定せられるか、或は鑁阿寺その他近隣の地をも包含されるかの問題がある。次記の「毛詩正義序」を書写した千手院は、前記宗長の「東路のつと」の記載に拠れば、鑁阿寺の坊であることが判るから、単に足

利とある場合は学校を中心に学習に便りある近隣の地を含んだ足利の地一帯と見るべきであろう。学校の寮内に寄宿せず、近隣に在住しながら聴講勉学するものも必ずや少くなかったと推測せられる。又逆にこれらの伝写本の奥書がその事実を告げているものであろう。

「毛詩正義序」（明応六年写、一冊。）は、もと三井家旧蔵（慶応義塾図書館蔵）、孔潁達の正義序、朱子詩序等、古注・新注の序のみを一部として纒めたものと見られる。江戸時代まで学校に永禄十三年に九華が手写した一本が残っていた点から、この種のものが早くより学校で行われていたことが判る。毎半葉有界九行、界高六寸一分、界幅五分、上欄一寸三分半。藍色原表紙に「毛詩序正義」の墨書外題があり、巻末に次の書写識語がある。（図版八二・八三参照）

　于旼明應歳次乙巳仲穐上旬足利之庄於千手院之内中庵南窓下書之積年二十一歳天津之

大永から永禄年間に至る間の伝写本六部については、先ず大永年間のものとしては、大永五年以前写「(附音増広古註)蒙求」（三巻、一冊。旧帝国図書館（今、国会図書館）蔵がある。毎半葉九行二十字、有界、界高五寸八分。界幅五分。上欄一寸四分半。桜山文庫旧蔵。附訓点の外、補注等の書入多く本文と同筆と認められる。なお本書の巻末記載の識語は本文とは別筆で、むしろこの方が達筆であるが、それにこの書を利陽学校で求めて読んだと見えるから、本書はそれ以前の書写であることは明らかであるが、大永より余り遡らぬ頃のものであろう。学校に残存する胡曾詩の古註も略同時の筆であろう。筆蹟が相似している。本書巻末の識語は次の如くである。（左図並に図版六六参照）

　此昬者利陽学挍而求之早去年霜月
　下旬ヨリ始而今年正月廿八日讀終早飢寒堪忍
　暦劫難談不可覧了　　学徒台岩之
　　　学挍南ノ井辺而書之早
　大永五年乙鳥政月廿八日

次に大永六年写「和漢朗詠集私註」（一冊、川喜田氏蔵。）と享禄三年写「和漢朗詠集私註」（二冊、龍門文庫蔵。）とがある。

和漢朗詠集は室町中期以降に武家豪族の子女教養に講ぜられたので、学校においても、その講義が行われたものと思われる。学校にも江戸時代までは九華書入の私註を残していたことが明らかである。川喜田氏蔵の分は、巻末に「大永六天丙戌八月十七日下野国足利於小屋書之早」の書写識語があり、龍門文庫蔵本（巻一至四の二冊。）は巻四の末に左の書写識語がある。

於足利月光ニ

干尒亭（マヽ）禄三天庚刀八月三日周厚書之生年五五一

又別に「昌旻之」の墨書識語（室町末期筆）が見える。（図版七四・七五参照）

天文年間のものは、天文五年写「六韜」（一冊、慶応義塾図書館蔵。）と天文二十三年写「御成敗式目注」（一冊、東京大学図書館穂積文庫蔵。）とである。

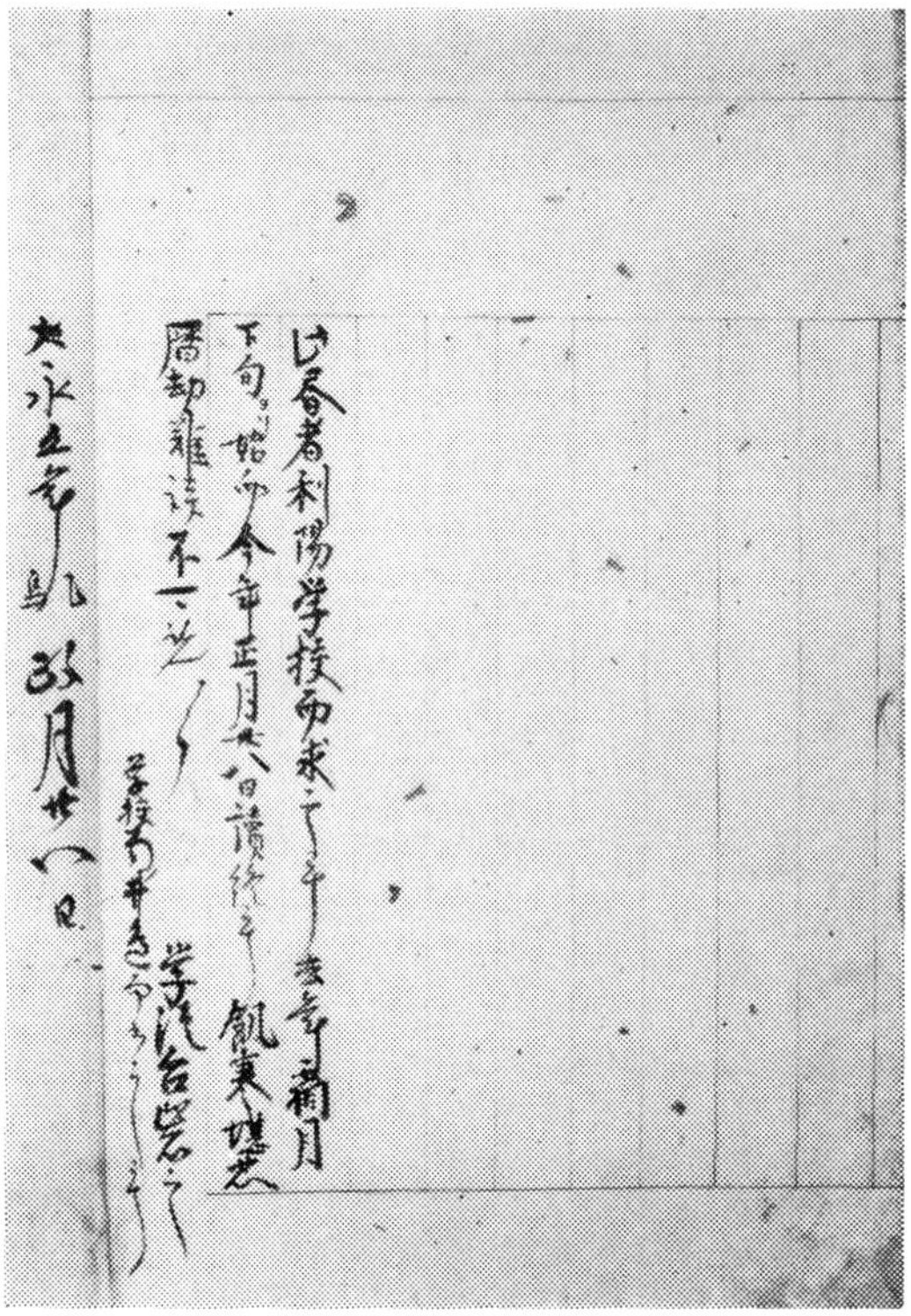

古註蒙求（巻末識語）

天文五年写「六韜」（一冊）は、三箇処、紙捻で下うちをした仮綴、匡郭、縦五寸九分、横四寸四分、上欄一寸二分半。朱墨点附。巻四以下を存し、冊尾に次の書写識語がある。

于時天文五季五月九日於足利書之主閑月拝（右横に別に花押を署す）

天文二十三年写「御成敗式目注」（東京大学穂積文庫蔵、美濃本、原装、一冊。）は、新宮城主水野氏旧蔵、片仮名交り九行書写、次記二本と同内容であるが、本文は「口傳ニアルベシ」までで、以下の附記はない。巻末に次の書写識語が見えるが、本文と同じ頃の別筆である。

右一本先考以足利講席之裏書筆之、不幾而失却、或人以其證本寫之、仍借用而以重書寫之者也、問注所之一流、秘中之秘也、豈容易之哉　天文廿三甲寅八月中旬

右の古写本と同じ内容の講本を伝えている伝写本に、永禄八年殊成筆写の一本がある。筆者所蔵の一冊は三浦周行博士が手写された一本であるが、この書は大矢透博士の手記（筆者蔵）に拠れば、もと堀田次郎氏の所蔵である。堀田氏は古く史料編纂所に勤め、古書を蒐蔵した人であるが、後に狂気となり、中京に隠棲して終ったが、狂気になっても自家の古書の審定だけは確かであったと言う。戦前にその蔵書は入札となって散じた。しかしそれは蔵書のすべてではなかった様に察せられる。三浦博士の蒐集された善本は京都大学国史研究室に寄託されてあったのを昭和十五年頃沽却され、故あってその大半は筆者の手で龍門文庫に買い取ったが、残りは市場へ出で、この一冊も後に（昭和十五年十二月二十七日）古書展でこれを見付け、入手した因縁がある。先に足利学校の研究を草した際、既に手許にあったのに、本箱の底に仕舞い込み参考にするのを怠っていたが、後に注目すれば、前記天文二十三年写本と同内容の足利講本であった。片仮名交り書きで、巻末に、

右此一篇於関東足利之講筵攸聞也宝秘々々穴賢不許代々一鱗者也

とあって、次に前記天文二十三年奥書本にはない「先代九代㕝」と題する附載十三行を記し、その終りに「一、鎮西ニ一人探題トヲ九州ノ成敗ス　永仁元年㕝也ト云々」とあり、最末に、

永禄八乙丑八月四日書終之　　殊成

の書写識語がある。

然るにこの書は重なる由縁があってか、今春デパートの即売会でこれと全く同内容の写本（一冊）で、巻末附載の「先代九代㕝」の前に「神功皇后天照太神より第十五女帝之始」以下二十行、仁徳天皇即位の次第を記した一文が多いだけが相違する一本「御成敗式目聞書」（一冊）を買得した。これは寛永頃書写の毎半葉七行平仮名交り書きの達筆で、巻末に「此一篇於関東足利之講筵攸聋也、不許他借或外見者也」の奥書がある。（本書、入手の後、足利学校遺蹟図書館へ筆者より寄進せり）。（次図参照）

これら御成敗式目の講義が足利学校で行われていた事実と、これを聞書きした者が複数存することが明らかになったことはやはり武家文化の問題として注意すべきであろう。鎌倉幕府が亡びて後もなお、室町時代の武家豪族にとって、御成敗式目は道徳律として生きていたものであって、これは江戸時代までも継続している。

次に室町末期、天正年間のものは十一部で、その中の二部は五山版聯珠詩格等の巻末に書入れられた識語である。その中、旧著に所記したもの七部、今ここに追補するもの四部である。以下にその書目と解説とを掲げると左の通りである。

天正五年写「孝経直解・同正義抄・同孔氏伝」（一冊、東洋文庫蔵。）は、毎半葉、九行二十字、有界。厚様楮紙、両面書写。本文同紙の表紙に「孝経　平勝辰」の外題があり、室町末期の筆と認められる。又、後表紙の内側に「福應山」（江戸中期頃の筆）の墨書識語がある。直解（墨附十葉）と孔氏伝（同十九葉）との間に、正義の抄録等六葉があり、（本の大いさ、縦九寸一分強、横六寸二分。）巻末に、

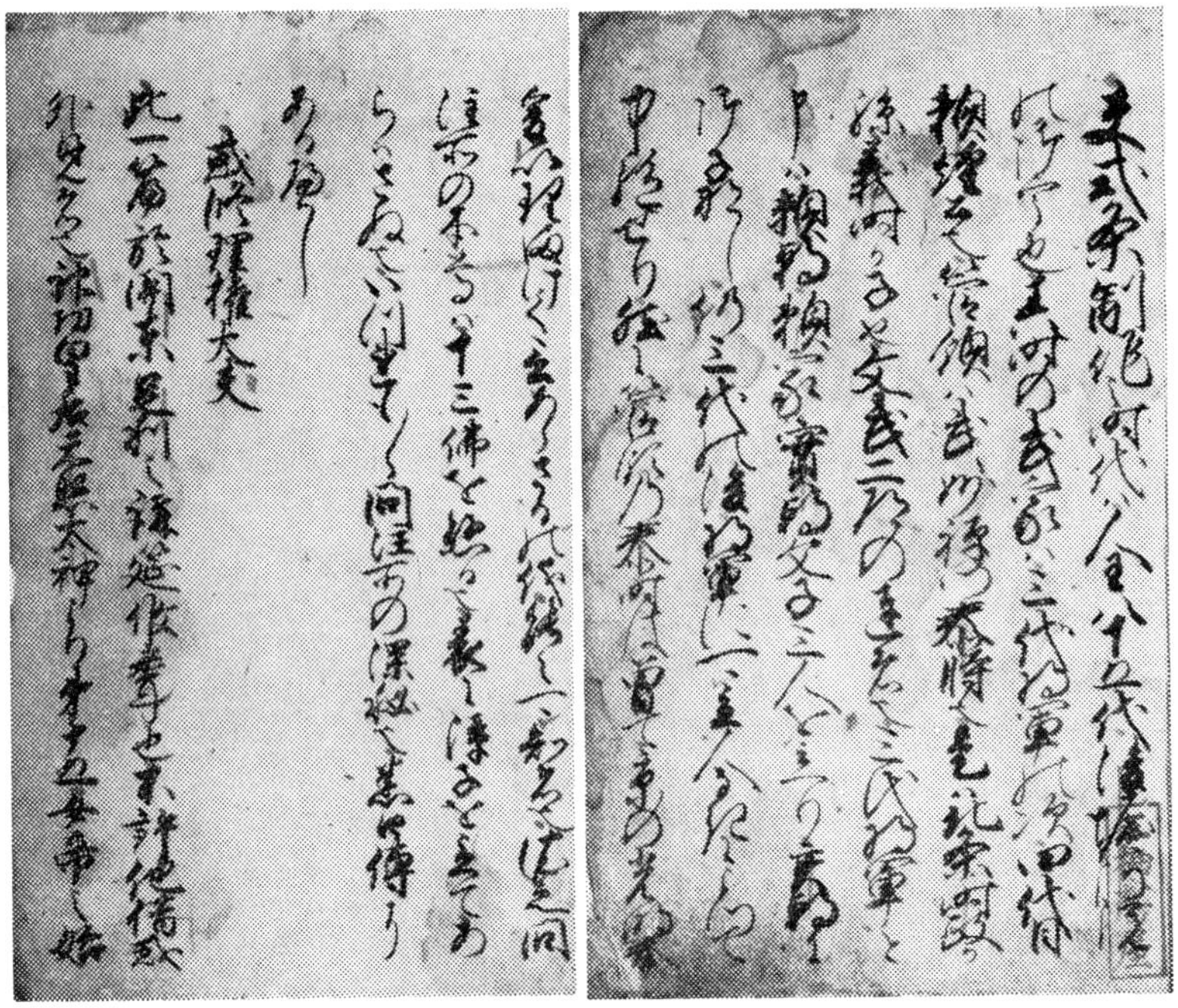
寛永頃写御成敗式目聞書（首巻）（末巻）

下野国足利於學校之中　書寫之

于旼天正第五竜集丁丑初冬望日　秀圓文石

の書写識語がある。学校現存の孝経直解と孔子伝とを写したものであろう。（故宮博物院に天正六年秀円書写の尚書正義（五冊）あり、同筆なり。一二二頁参照。）

天正六年写「老子道徳経」（一冊、慶応義塾図書館蔵。）は河上公章句。首に林希逸の「鬳斎口義発題」を附載する。有界九行。界高六寸五分、界幅六分。上欄一寸四分。仮綴。本文とも紙表紙に「老子經上下」と外題がある。附訓書入多く、巻末に次の書写識語が見えるが、この書は足利における長享元年以来の伝承を告げていて、老子が学校当初から講義すべき書目中にも掲げられている事実と勘考し、又、次記宝素堂旧蔵の一本や学校に残存している古写本等と照合すると、足利学校における老子の講読はかなり盛んに行われていることが確められる。（図版七一参照）

長享元年丁未八朔於埜之下劦利陽鱣堂之倚

書旃盖雌霓弄麞之呼訛半羊焉馬之差舛句〻
有之庶幾乎俟質正於儒林之巨擘者也海棠窠
中之棠菴識旃
於足利学校
于時天正六戊寅三月廿八日南春書之

天正六年写「老子道徳経」（経籍訪古志所載。今佚す。）は、経籍訪古志巻五に左記の如く記されているものである。

老子道徳経二巻　旧鈔本　宝素堂蔵
河上公章句、首有膚斎林希逸口義発題一篇。巻端題老子道経上河上公章句。次行題道可道章第一。下注体道章。毎半葉九行二十字。注双行。界長六寸幅四寸九分。上有層欄。巻尾記（識語の文略）（左の識語は家蔵大矢透博士臨摸の控紙に拠る。）

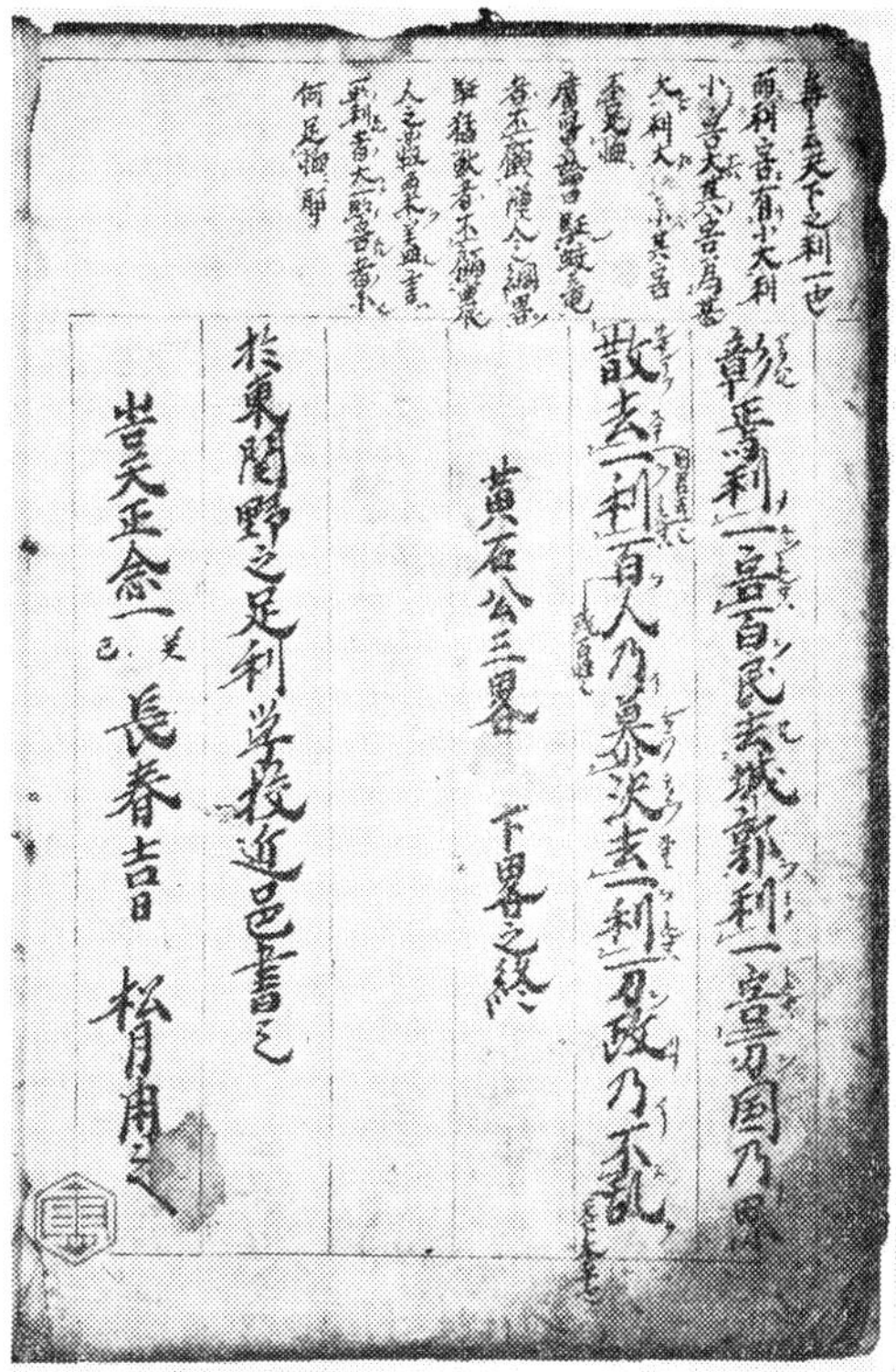

天正十一年写三略（巻末）

于旹天正六戊寅季孟夏下旬寫之關東下野州足利之内学校下真瑞

右に拠れば、小島宝素の所蔵であるが、本書は後に福山藩校問津館に帰し、又、森立之・大槻文庫に伝存し、仮名字体沿革史料にも所収せられているが、現存未詳である。

「三体絶句抄」（巻一、一冊。）も大槻文庫に蔵せられたものであるが、嘗て大矢透博士の書留めて置いた紙片（家蔵、大矢博士反古類中に存す。）に拠ると、巻末に、

于時天正拾一年未於三月十一日関東下野国足利書寫之早

の書写識語があり、表紙に「絶句抄龍誉」と墨書がある。（この本は旧著に現存不明としたが、後、尊経閣文庫に入っていることが判明した。）

天正十一年写「黄石公三略」（もと家蔵。今、慶応義塾図書館蔵。三巻、一冊。）は、巻末に、

　於東関野之足利学校近邑書之

　　旹天正念一癸巳長春吉日　松月用之

の書写識語がある。その識語に「足利学校近邑」と見える点は特に注意すべきであろう。それについてはなお後に述べる事とする。（右図参照）

「和漢朗詠集私註」（四巻、綴葉装。二帖。栗田元次氏旧蔵。今、慶応義塾図書館蔵。奥州会津楢原郷、旧修験道の家、円覚院佐々木氏旧伝。）は、本文斐楮交漉紙。表紙は楮の勝った料紙で、それに、「和漢抄春夏（秋冬）都合四巻之内」と題し、又、「柘俊之　玄純房」等の書写者の識語が見える。毎半葉六行（小字注片仮名交り十二行）書写。字面の高さ約五寸八分。上帖末に、

　于時天正十八庚刀年八月十七日酉尅於東国下野足利庄中里郷

　堪忍時書写畢　旦那橋本惣左衛門 同　源十郎 此本ハ信劢僧良印房所持

　有由方アレバ借用之八月十日ヨリ十七日至書写早玄純房（印）

　（印）（梵字）後見人々奉写所也

とあり、下帖末には、

　于時天正十八年庚刀八月廿八日於東足利中里酉刻書写早

　併関白有リ北条退治ノ（タ）メニ御下着ニ北條一族皆忘ナホス残関八劢ノ諸家為

　国替号東方人トメノヲハ西ニ左遷東海道衆ノヲハ関東ニ在国或生シ悉カス

　サタカナラサル也東国ニハ只長尾由良兄弟ノミ東国ニアリ然レモ本在所ヲハ退テ常

　陸ノ国ウシユクト云所ニ留ムト也此時分ニ在テ足利ニ僧侶苦労ス（云々）

　　　　　　　　　　　　　　筆者玄純房

　（朱筆）以ニ写本ヲ一交　原本交合未作」重而交ヘシ

とあり、天正十八年秀吉の小田原征伐が足利学校に及した影響の一斑が察せられる。これに関しても亦、後に述べることとする。（図版六五参照）

「三体詩抄」（東洋文庫蔵。木村正辞旧蔵。一冊。）は、毎半葉、〔巻首の発題（十葉）を除き〕二十行片仮名交り書写、本文総紙数四十四葉。第二十二葉の末に、「三體絶句抄終」として、

闕東於足利周長書之（花押）

の書写識語があり、又、巻首発題の末（第九葉）及び終末にも同様に記されている。その書写様式より見て室町末期（元亀天正頃）の書写にかゝるものと認められる。

なお経籍訪古志所載の「毛詩鄭箋」は、同書巻一に、狩谷棭斎の所蔵として、

旧鈔零本　求古楼蔵

現存第三・第四・第五・第六・第十五・第十六・第十九・第二十、凡八巻。巻末記注字数。又有「學侶之時、於足利書」記。毎半葉九行、行二十字。注双行。行界長六寸一分、幅五寸余。

と見えているが、この書は明治初年清国の楊守敬に買得せられて、今は台北の故宮博物院に蔵せられる。昭和四十六年秋十月訪書の際、これを調査し、写真にも収めることができた。（図版五四・五五参照）市野迷庵・渋江抽斎・森立之等の旧蔵印記があり、各冊末に「問津館」朱印記を捺す。残存の八巻（四冊）は、右に言う通り、二十巻の中、第一冊（巻三・四）、第二冊（巻五・六）、第三冊（巻十五・十六）、第四冊（巻十九・二十）で、各冊、藍色古表紙に朱筆の「古写零本毛詩一（二・三・四止）」なる森立之の手題がある。そして、第四冊の巻末に「學侶之昄於足利書之」なる本文同筆の書写識語を存し、本文は室町中期の書写と認められる。毎半葉有界九行二十字。注双行、界高六寸五厘、界幅五分五厘。上欄一寸五分。本の大いさ、縦九寸、横六寸七分。全巻に朱墨附訓書入があり、上欄にも間々頭注の書入が見える。その本文内容は学校に現存する毛詩鄭箋古写本二部と同類であるから、本書は学校に学んだ者が、在校中に書写して郷国へ持ち帰ったものであることが判る。

台北の故宮博物院の楊氏旧蔵書の中にもう一点、足利学校の本を以て書写した由の識語のある「周易（王弼）注」（六巻、三

冊。）があるが、その識語は明治以後の妄補であろうと思う。ただし、この書は室町末期頃の筆で、余り達筆ではないが、第一冊首には「養安院蔵書」、第二冊首に「羊安」（鼎形）の朱印記を捺す。毎半葉有界六行、界高七寸一分、界幅七分。黒色原表紙を存し、その右下に「三學」の墨書署名が見え、室町末期（本文同時）の筆である。第三冊末に「天文廿一壬子年以足利學舎古写本書写畢　天曝山人誌」なる識語がある。本文とは別筆で、筆にしまりがなく、その墨色が、料紙が古くなった所へ墨附が表面に浮いている感じである。参考のため、妄補と思われる識語の部分の写真を掲げておく。（図版五六・五七参照）

以上の外に五山版「聯珠詩格」（合、二冊。福井崇蘭館旧蔵。小汀文庫蔵。）の下冊末に「天正八庚辰八月七日求之　足利ニテ帰玄」なる墨書識語が見える。下冊末に四葉、天文頃の筆かと思われる補写があり、その末に右の識語が存する。

これ等の古写本が学校伝存（今佚したるものを併せて）の古写本の識語等と共に、当時における学校の状況を察知し、又、学校来学の徒の一斑をも明らかにし得る資料であることは言うまでもない。

室町時代における学校の所在地については、次節に述べるが、第十世庠主寒松の「野州学校客殿本尊薬師如来安座」（寒松稿所収、前記参照）に拠れば、寒松当時には、第五世庠主東井の手沢の交割帳（学校の建築物並びにその所属具備品の配処を記したる帳）が残存していた由が見え、又、第六世庠主文伯の時、享禄年中に回禄の難に遭い、客殿以下尽く灰燼となったとあり、そのことは、第七世庠主九華の筆と認むべき天文二十二年の「下野州足利庄学校講堂再造之勧進帳」（猪熊信男氏蔵、葛藤集所収。葛藤集は室町末期写、三冊、仁峰和尚より高岩和尚まで自筆にて書継ぎたるもの、三河片寄村広沢山天恩禅寺旧物。鹿苑の惟高の序、花園の大休の跋あり。）にも「近年嬰于畢方災者両三回」と見えている。なおその全文は次の如くである。

下野州足利庄學校講堂再造勸進帳　　本願學徒敬白

儒釈道之三教、猶如鼎有三足、三足不可缺其一也。諸人守三綱五常者、豈不尊敬之乎。足利之学校者、昔年小野侍中濫觴。其後上杉長棟菴主為中興開基。風流道義一代之高官而、其名聞于関西、矧於東関哉。四書五経之唐本、捨入之講堂、交割有之、雖歴秦焚皆以無恙、盖神物之所擁護、全非人謀也。魯之霊光殿至千歳而巍然、如此之神殿、澆季世稀哉。倭国亦有之乎。我等之見也、足利講堂於渡瀬河上構之、孔子聖人、造講堂於泗洙之間、而接四来学徒、人境惟肖。近年嬰于畢方災者両三回、

天未孫斯文、則惜哉〳〵。再造綿力不及、剰関東八州、南矛北剣之大乱、非無起廃志、瀟洒送日月耳。只一小堂、茅不剪椽不劉、纔禦風雨。三千之学者、豈可容之乎。隻手不独拍、単絲不成線。於是乎作化縁疏、以求十方檀度助成。若能応之者、彼堂不日而成就、得輪奐之美、且又文宣王炅鑑。雖施之少、其報大。其辞曰、

称李老君為摩訶迦葉、変化無方猶龍、仰文宣王配最勝真林、飛行自在如鳳、七十二之弟子換骨、八十一母親出胎、共惟、利堂陽講堂東魯至聖、孔夫子先生身立丘名、額有乾字、天振木鐸、日〳〵傾耳手談義林、翌継蘭膏、夜〳〵染日、手篇籍圃、依於仁遊於藝、訥于言敏于行、譬垂鬚仏于固迂、物我一致、媲法眼師于游夏、儒釈同途、積善有餘慶、往吉无不利、国当騒乱、武王賜黄烏旗、世属昇平、神禹封玄亀印、尋常待遠者大者、早脱看経之營之、平等両方便風、衰而必盛、円覚霜菩提雪、悟而豈迷、杏檀春残芸閣塵暗、白遠境送宋無忌、勧他邦迎孔方兄、

天文二十二歳〳〵舎癸丑閏正月十七甲子日　　本願学徒等敬白

本願学徒等敬白とあって、庠主の名目にはなっていないが、当時の庠主は九華であり、右の文も亦、九華の学識文才に成ったものと思われる上、葛藤集にはこの文の次に、菊潭の「寄利陽講師九華老人」の詩が見える点からも、九華作の一文と推定せられる。第六世庠主文伯の司業当時、享禄年中の火災に抛り、殆ど学校の全建築を失った後を承けて、天文十九年に文伯の歿後庠主となった九華は、時に五十一歳であったが、まず何よりも学校再興に全力を尽したに相違なく、同じく天文二十三年には校内鎮守の八幡大菩薩を稲荷社に合祀、その建築を再興している。九華自筆の棟札が学校に残存しており、それには、

吾朝自天照皇太神宮歴代及人王矣爾来有
八幡大菩薩令加護本朝衆生学校之内勧請
神霊小社之年代久故無小社古跡伝聞之
而已謹奉按神体画像令移于稲荷大明神
社壇之旨趣　別処分記之(一字損欠)汚穢伏願
庠門吉祥駢集富貴増長寿算綿延学業

永却至祝

大隅産島津的孫釈玉崗瑞璵九華誌之

（損）十又（その下「四」字歟未読）

天文廿又三歳次甲寅秋九月吉（以下損欠）

と見え、即ち、学校再興に当って、先ず鎮護の神を祀って、その加護を祈請したものと推測せられる。

なお学校に存する孔子木像には、その胎内に、

天文三年正月甲申之日初刻之明四年秋八月上丁忌畢矣於桜下小路上

同其妻妙法以漆桶一ヶ合力潤色之紫陽之一不僧以四百字之孔方為硯水

とあると言う。足利学校事蹟考に拠れば、右の文の前になお「于時待講学徒八百人……都良香……元慶元丁酉冬至……執権長尾但馬守憲長……天文（下略）」の文字が、像の下部朽損の部分より伺い得たと記している。即ちこの像は、文伯庠主の時代に紫陽の一不僧某夫妻の合力寄進にかかるものである。

これ等に拠って察するに、九華庠主以前の学校は、憲実創建の施設に加うるに、その後の援護者の助力等に拠り、次第に学徒も雲集して、発展の途を辿りつつあったのであるが、相続いて火災の厄に罹り、享禄年中以後は、特にその建築施設において甚しく不都合な状態に陥ったのである。憲実寄進の学田は保有していたであろうが、それは僅かに経常費を賄うに止まり、新築設備一切に対する臨時費の如きは、到底捻出の余地はなかったと思われる。然も、学才豊かな庠主が健在であるため、全国各地からの来学の徒（三千と称するのは、支那の孔子の徒の例に拠って述べたもので、多数の意である。）はその数を加える状態であって、学校堂舎再建の問題は、庠主にとって、何より焦眉の急であったであろう。

然も、かかる間に、永禄三年、九華（六十一歳）は、庠主を辞して郷里九州へ帰国しようとした。それは老齢望郷の念に拠ることも亦事実であったと思われるが、恐らく、関東地方戦乱のため、有力な後援寄進の武家も得られず、学校再建等の問題が意の如くに達せられないため、失望の余に出たことではなかったかと推せられる。然るに、帰国の途、小田原を過ぎ、北条氏

康・氏政父子の乞いに応じて、三略と周易とを講じた結果、その帰国を惜まれ、学校への帰任を要請せられ、再び小田原から足利へ戻ったのである。そのことは、その節、氏康父子が九華に贈った宋版文選（金沢文庫旧蔵、学校現存。）に認められた九華自筆の識語に拠って明らかである。文選並びにその九華の手識等後記参照　この際、九華の学識人物を惜んで、これを関東に抑留せんとした北条父子は、九華を援ける意味においてその住居の地たる学校施設の充実に力を添えることを約諾したらしく推察せられる。恐らく九華は、宋版文選一部を得て思い留ったと言うようなことではなくして、北条父子の学校再建後援を条件として再び学校へ帰任したものではあるまいか。近藤守重が好書故事に所引の足利学校文書（今佚す）〔忠実なる臨摸本一軸、内閣文庫に残存し、校斎の筆になる守重の考証文附記あり。〕に、

一、相続而可ㇾ被ㇾ直二学挍一、能化大才之方も無ㇾ之処、此度之御帰国歎敷被二思食一事。

一、畢竟可ㇾ有二御抑留一之由候、然者御覚悟之通、有ㇾ之儘可ㇾ被二御申上一事。

以上

五月六日　宗甫

とあるのは、その際、北条家臣宗甫（永禄二年二月の小田原衆所領役帳に御奏者宗甫と見え、又、一、宗甫。八貫五百文小机神奈川斎藤分。六貫文鎌倉ノ紺屋分。廿貫文御蔵出。とあり）が、小田原から帰った九華に送った執達の文書と認められ、文選の識語と共にその間の消息を明らかにし得るものであると思われる。なおこれ等氏康の九華を通じての学校援護の状は、その後の文書に拠っても察せられる。即ち、同じく守重所引の学校文書に、

尊翰拝読。仍先年大聖院殿（氏康）被二進置一候所御判之布目、亡父下野守（石巻康宗）御取次仕候。以二此御好一、此度其口若御動も有ㇾ之者、無二相違一御印判馳走可ㇾ申旨尊簡、誠以旧好之思召入候義忝存、則令二披露一、学挍無二御相違一御印判幷御院家中へも別紙ニ相調進置候。今日其表可ㇾ為ㇾ動間、早ゝ進覧申候。猶重而可ㇾ奉ㇾ得二貴会一候。恐ゝ敬白

十月廿九日　石巻左馬允康敬（花押）

学校

貴答

と見え、又同時の禁札に、

定

右於当寺中、軍勢甲乙人等濫妨狼藉堅令停止畢。若至于違犯之輩者、速可処罪科旨被　仰出者也。仍如件。

癸未十月二十九日　　石巻左馬允奉之

足利学校

とあって、これは天正十一年のことであることが判るのであるが、即ち、氏康が学校に附与した所領の地に関する学校側の懸念に対する安堵の処置の取扱い状である。天正十一年は九華歿後第八世庠主宗銀の時である。又、鑁阿寺現存の文書に、北条氏邸（氏政の弟）の書状があり、それには、

鑁阿寺・学校、尤加敗可申。明日其元へ御陣寄候はば我々人衆指置可申、可有御心易候。又自今日遣指置可申由承候付而者、重而人を可被給候。指置可申候。恐々謹言

八月廿一日　　氏邸（花押）

鑁阿寺御中

と見える。これ亦、同じ頃のものであろう。右に鑁阿寺・学校とあるのは、鑁阿寺と足利学校との両所の意であって、これを学校は鑁阿寺の隣近故、同寺の管理の如く思い違ったものであろうと解するのは（鎌倉室町時代之儒教）不当であろう。（なお在来、この状を氏親（同じく氏政弟）の状と誤り引いている。）又、これを以て鑁阿寺にも同時に学校が存したと推し量ることも早計に失するものである。以上に拠れば、早雲以来、学校に対し、若干の関連を有した北条氏は、九華の再帰任を機として、特別な援護を与えることとなったのであって、かくして室町時代における学校の主要なる援護者は、前半においては、上杉家三代、後半においては北条家二代と言うことになるわけである。

二氏の外にも、時々若干の武家の援護があったことは前にも述べた如くであり、北条氏援護の時代においては甲州の武田氏も亦、戦乱の巷より学校を救護すべき留意を加えている事実がある。武田氏は、信玄が足利学校の易学に対する権威を認めてい

た事実は甲陽軍鑑所収の一挿話に拠っても察せられるが（後記参照）、勝頼も亦、天正八年十月三日附で下した禁制（前記六二頁臨摸本による）に、

定　　　学　校

當手軍勢甲乙人等、於彼寺中濫妨狼藉堅被停止之訖。善致違犯之輩者　可被處罪科由被　仰出者也。乃如件。

天正八年十月三日　　　跡部尾張守奉之

とあり、時に武田勝頼は北条氏政と東海関東両方面に戦っている最中であって、かゝる禁札を下しているのは、ともかく学校を戦渦より救おうと留意したことが判る。無論これは北条氏の保護を受けている学校が、相手方たる武田氏にも兵乱を避けんことを要請したのに対して出した許し状であろう。

天正十八年七月、学校の保護者たる小田原北条氏の滅亡は、学校にも亦頗る大いなる影響を及ぼしている。その戦乱の際の学徒の様子は、前記の和漢朗詠集私注の識語に拠っても察せられるが、次いで翌十九年六月、秀吉の命を受けて陸奥福岡城主九戸政実を降した関白秀次は、帰途、足利に立寄り、孔子等の画像並びに宋版五経類等什物典籍を接収し、庠主三要をも伴って帰洛した。但し、その際、秀次は学領百石を給して学校は存続せしめている。（学校にその際の天正十九年十一月附）朱印状が残存していたことは、後の寛文五年の朱印状に拠って明らかである。（後記参照）この天正十九年十一月の朱印状を家康のそれであると解する考（近藤守重）は、誤りであってこれは秀次の下給したものと見るべきで（須永廬山）あろう。その際庠主三要は、聯繫を求めて学校の将来のために種々劃策奔走する所があったらしく、それは三要がかなり政治的手腕のある学僧であったことからも推測せられるが、又、曲直瀬家文書の中に存する一渓道三宛の三要の書状に拠って十分に察知することが出来る。その書状の全文は左の如くであって、恐らくその内容から見て、天正十八年九月の書状と認められ、これに拠って秀次が学校に関与するに至ったのも、三要と道三との交友関係が与って力のあったこと等が知られる。道三は、嘗て足利学校に学んだ医家の長老で、当時名医の誉高く、朝廷はじめ武家の信寵を得、殊に秀次には近侍していたため、（後記参照）三要にとっては、同学の先輩ではあり、学校について秀次に斡旋を乞うには最適の人物であったのである。秀次は終りを完うしなかったが、頗る文事に

意を寄せ、金沢文庫の典籍等をも多数手中に収めていたのである（拙稿「駿河御譲本の研究」（日本書誌学之研究所収））から、足利学校のそれに対しても大いに食指が動くのは当然と言わなければならない。

的便不可扶過令啓候。仍為関東御仕置、近江中将殿草津迄御下着之由承及候。希有々々。就レ夫貴老御下向候哉。予令ニ覚悟一、呈ニ一封一候。抑此度北条氏直被レ催ニ数千騎一、檀那長老新五郎方被捕、進ニ悖逆之弓箭於足利之地一、自ニ去八月廿日一、到ニ于今一籠城候。此故既学校退転之状、愚僧之折角不レ可ニ勝計一。可憐々々。雖レ然檀那新以ニ関白様之御威光一、可レ為ニ長久一之趣、深被ニ故詰一候。此意趣に付而、従ニ檀那方一、中将殿之被投ニ壱翰一候。殊無ニ案内一之儀之条、貴老御取成所レ頼候。如幾度申入之、在洛中御芳情、更不知所謝候。於ニ下向以後一も再三御音信、山帛海浅矣。諸般難レ尽ニ毛楮一候、而不レ詳候。恐惶謹言

学校

九月廿六日　　三要（花押）

養庵老

参旅篭下

かくして、庠主三要は学校の主要なる典籍重器と共に秀次に従って京へ赴いたのであるが、学校その物は百石の学領を附与せられて存続した。然し、権威ある司業の講師が欠けている学校の存在は、有名無実の実状であったに相違ない。三要の去った翌二十年（文禄改元）秋、湘南金沢文庫を訪い、次いで鎌倉に遊んだ後、足利を訪れた禅僧鉄山は、「鉄山録」（慶長中写本、二冊、石井氏積翠軒文庫蔵。三井文庫亦鉄山手稿の一本あり。）中に左の如く記している。

下野国足利学校久虚ニ講主席一、満院青苔黄葉耳。感慨太多者也。

露宿風飡数十程、客衣行尽、入ニ村黌一、青灯半盞無ニ人学一、月落講堂鐘一声。

行道山開山法徳禅師已及ニ百三十年一云々

久伝フ行道ノ古禅墳、水繞山囲テフ帳ニ素聞ニ、暫借ニ僧房ニ飽テ高臥ス、百年ノ世事半閑雲ノ。

又

山々深鎖ス旧僧房、岩下雲閑ニシテ眠ル石床ニ、二百年来行道ノ桂、秋風一枕覚猶香。

天正二十年壬辰八月廿三日住□之平林寺之
歴観之

然し、北条氏滅亡の関東騒乱中にも遠く足利学校を訪うて学に従う徒もあったことは上述の如くであるが、ここに又特に注意すべきは、天正十八年秋に堀川国広が足利学校に滞留して鍛冶に従っている事実である。（昭和二年中央刀剣会刊「堀川国広考」参照。）国広は、現存所作の刀剣銘に拠れば、天正十二年二月・十四年二月には日向の古屋に住居して鍛冶に従っていたのであるが、その後何故か（或は天正十五年夏、秀吉島津征伐の兵乱を避けんがためか、又は島津征伐落着の結果か。）関東足利の地に遷ったのである。足利で製作した遺品としては、田安徳川家旧蔵の小脇指（平造、刃長一尺三分、反り二分五厘、雕物、表（杖）・裏（眠布袋及び夢香梅里多））で、表には、

日州住信濃守國廣作

とあり、裏には、

天正十八年八月日
於野州足利學校打之

と在銘がある。恐らくなお他にも足利学校滞留中に打ったものもあったに相違なかろう。何故に足利学校に来住したかも不明であるが、室町時代の学校には終始九国より来学の僧徒が頗る多いので、その縁故にでも基くものであろうか。足利の地で古く鍛冶の行われた事実を徴すべき証左は在来殆ど知られていないが、足利にはカナッチを採用した「土山」（ヒヂリヤマ）と伝称する地があるとも言うが、左の鑁阿寺文書（室町末期）に拠れば、堀内と河原町とに鍛冶が居住したことが判り、室町時代に足利の地に鍛冶が盛んであったことが証せられる。足利には国広が来遊製作に従事すべき好環境が存在したわけである。次記文書中に堀内鍛冶と称するのが、学校若しくは鑁阿寺境内居住の鍛冶であろう。両所ともに外廓に堀を廻してあるからである。

先日九日に古釘河原町鍛冶ニ下候分合

腰　釘　九十」　肩七寸　百四十」　売七寸　百五十」　五寸釘　三十

以上

進レ之候。又是程堀内鍛冶請取候既其へ直ニ可レ進候也。可レ有ニ御納一候。恐々謹言

十一月廿九日　　　泰（其下一字不明）花押

年行事御房

これ等足利における鍛冶の存在意義に関しては、なお後章において論ずることとする。

附　西教徒の記録に現れたる足利学校

室町末期に盛んに来朝して布教に従事した西教徒、即ち耶蘇教の宣教師の手記に現れている足利学校に関しては、新村出博士が嘗て発表せられたものがあり、（大正八年八月、史林「足利學校の盛時と西教宣傳」（南蠻廣記所収）（新村出選集第一巻再収））ここにそれに拠って略述する。但し、フロイスの日本史は柳谷武夫氏の翻訳が出版（「東洋文庫」所収）されたので、それに拠って補うことができた。耶蘇教徒が来朝すると直ちに、その手記に学校のことが現れているのであって、天文十八年七月十二日に鹿児島に来着したシャギエル上人が、その十月六日又は十二日鹿児島発、印度ゴアの耶蘇会へ送った書信の一節に、

京都（ミヤコ）には有名なる一の大学（ユニバーシチ）あり、尚又五つの主要なる学林（カレーヂ）と二百有余の僧院（モナステリ）とあり。（中略）京都の大学の外、日本には其他の五ヶ所に主なる学院（アカデミー）存す。コーヤ（高野）・ネグ（根来）・ヒソ（比叡）及びオーミヤ（近江、恐らくは三井寺ならん）、この四つは京都の周囲に互に相近く位し、各三千五百の学徒を有す、これらの外、坂東の学院あり、日本国中最も大にして最も有名なり、而も京都を距ること甚だ遠し、坂東は一大領土にして、六人の小主之に割拠し、その中一人最も勢力あり、（中略）

明年中には、京都の事情や諸大学の事や耶教関係の報道を詳細に書送らん、本年印度に渡航して我が教の秘奥を学ばんとする日本人のうち、京都及び坂東の大学にて教育を受けたる二人の僧侶(ボンズ)あり、

と見え、又、同じく上人が印度のコチンより欧本国の耶蘇会へ宛てた天文二十年十二月二十五日附の送信中に、

坂東の大学は、日本の一島に在り、(中略)諸大学中最も有名なり、多数の僧侶その教法を学ばんとて絶えずかしこに至る、(下略)

とあり、又、同時に羅馬のイグナチウス・ロヨラに宛てた書信にも、

主要なる坂東の大学は、日本諸島中最も北部に位せり、(中略)予屢ゝ思へらく、白耳義人又は日耳曼人にして、葡萄牙語さては西班牙語を知る者ぞ此地の宣伝に適すべけむと、此等二国の者は能く労苦に堪へ、又坂東の寒気に耐ふる素質訓練を有すればなり、

と述べており、又その数日後、葡萄牙コイレブラ学院のシモン・ロドリゲーズに宛てた書信には、

坂東其他の諸大学に於て、僧侶より宣教師に対して大なる攻撃大なる迫害を与へらるべきこと期待せらる。坂東は山口より遙に北方にあるを以て宣教師は酷寒に堪へざるべからず、又彼地は米穀蔬菜類より外食ふべきもの殆ど絶無なるが故に、彼等は食物の欠乏を忍ばざるべからず、(中略)予惟ふに、白耳義及び日耳曼人は寒気に慣れ身体の艱難に馴るゝことなれば彼等を派遣せんこと然るべし、坂東の大学には四方より攻学の徒雲集す、かくて学徒その郷国に帰るや、おのが学びたる所を以て郷人に授くるなり、予の聞く所に由るに坂東は一大都会にして人口繁殖し、その住民は血統高く武勇剛きを以て誉あり、而も猶温和の性情を認むるを得とかや、希くは有徳謙譲の法友を此地に送るやう配慮あらんことを、日本に渡来せん者どもが、諸大学に至りて種々の困難に遭遇すべきことを概説せんか、彼等はそれよりそれへと幾多の質問論議を以て断えず攻めかけらるべく、民衆の愚弄を受け国人の嘲笑を被むるべきことを心得ざるべからず、彼等は思索冥想の暇も弥撒を述ぶる余裕もなかるべし、殊に坂東と京都とに於いて、聖教の日課を吟誦するの寸暇すらも得がたかるべし。

と言っている。坂東の学院は、即ち足利学校を指すものと推定せられる。シャギエルは、天文十八年七月に鹿児島に来着し、

島津氏の許に同地に約一箇年滞留の後、平戸・博多を経て、山口に赴き大内氏に寄って布教に従い、天文十九年の末に山口を発して、翌春入洛し、在京半月にして平戸へ帰り、再度山口に赴き、天文二十年の末に豊後日出港より出船して印度に向ったのであって、その間、我が国に在ること約二年三箇月、西国諸地方における足利学校に関する見聞を送信したのである。当時は第七世庠主九華司業の際であって、学校は最も学徒の多く参集した時期であり、又、九国は参学の徒も殊に多く、学校を遠く離れた地でありながら、学校に関する知識は比較的豊富であり、且つ又、学校の権威を認識する点も比較的強かったと思われるが、西教徒はかゝる状勢の地における見聞を右の如く報告送信したのである。而して、ここに又、シャギエルと足利学校とが間接に聯結せられた事実として、彼が鹿児島において教化した僧侶があり、マシウ及びベルナルドという改宗の名を有する者であるが、この二人は京及び坂東の両大学に学んだ者であると言う。即ち足利学校参学の徒が彼の門弟に加わったのである。両人は山口において洗礼を受け、シャギエルに従ってゴアに至り、一人はゴアで歿し、一人は西欧に赴いて羅馬観光後、葡萄牙に帰ってコインブラの学林で客死した。

又、クラッセの日本布教史（西教史）に拠ると、永禄八年在京の宣教師ギレラ並びにフロイスの両人が、京都の兵乱を堺に避けた時、同地において三名の僧侶が帰宗したが、その中の一人は、坂東の有名な大学のドクトルで、占星術（アストロジー）に達している人であったと見えている。なお又、シャールボアの日本志にも、この両宣教師が堺に避難した際のことが記されており、彼等は、坂東の大学へ誘われたことがあったが、応じなかったと言う。

フロイスは、永禄六年来朝し、同八年入洛して以来、天正十年頃まで引続き在洛、宣教に従事し、終に慶長三年長崎で歿した。日本在留三十五年に及び、その間の日本に於けるキリスト教布教の実情と日本内地の見聞、日本人観などを詳しく書き纏めた。それがフロイスの日本史と言われるものであるが、（――フロイスの日本の書留については別に私が一寸関係したことがあり、それらフロイスの自筆本はローマ法王庁の文庫に蔵せられていると思われる。）――今上述の柳谷武夫氏の訳文に負うて足利学校に言及した記事を抄出すると次の如くである。

そのうえ、彼等は占星術や医学のことも多少学ぶ、そうして、これらの学問について、日本全国にたった一つの大学であり公開の学校がある。そうして、それは関東地方〈下野国〉の足利という所にある。（緒言の中）

またそこ（京）から百五十レグワ以上も隔たっているが、坂東へ、日本の最も有名な僧侶の大学足利学校にまでも、ばあでれの到来、みやこ滞在及び彼が説く教えの知らせが忽ちにして伝わった。（第二十七章、永禄三年の条）

坂東の地方から、別の僧侶が一人ばあでれを訪ねて来た。彼は、同じく禅宗門徒である多数の貴人の師匠で、シオヤスという。彼は六十歳近い人で、占星学の事に通じ、みやこ生れの貴人三兄弟とともに来た。みやこに両親を持っている兵（つわもの）どもで、皆彼の弟子であった。（中略。その禅僧が回心した由をしるして）かの僧侶は、自分の弟子であった数人の殿たちに書翰を認めた。その中で、彼は今まで自分が彼等に教えた教義を撤回して、もし彼等が実際に救われたいと思うなら、堺へ来るようにと言った。そうして、彼がばあてれと話していた時に、我々のばあてれたちのうち、日本の言葉と風習とをよく知っている人が誰か一人、仲間をつれて坂東へ行くことを切望すると言った。なぜかといえば、すべての〔大学の〕中で最も主要な足利の大学で討論が行われれば、教養ある人たちの改宗はほとんど困難はなかろうということを自分は確信しているからである。（第七十五章、永禄九年の条）

足利学校の教学目的は仏教信仰ではないから、右の記載内容とは又別問題であるが、足利学校をわが国第一の学林と見ていた通り、当時確かにその実があったのである。

かくの如く、西教徒が、足利学校を以て、占星術の攻学に関する学所と言い、又、綜合分科を有する唯一の大学と見たことは、最も注意すべき点であって、学校の教学目的とその内容とが、西教徒の耳目に如何に映じたかが判ると共に、又当時における学校の事相を如実に語るものと言うべきである。それ等に就いては、後章において論ずることとする。

なお因みに、外人の手に記録せられた足利学校については、明の鄭舜功の日本一鑑（嘉靖四十三年即ち永禄七年撰）に左の如く見えているから、ここに附記しておく。

夷都列国、久開二学館院一云々。惟其下野大設二学堂一、題二名学校一、一名足利、一名風世、中奉二先師神位一、学之左右、開二鑿二渠一名二洙泗一、皆僧主レ之、列国学徒嘗二三千人一。講二学其中一、惟蹲踞之未レ改也。（巻第四、文教の条）・中国書籍流レ彼多。珍二蔵山城・大和・下野文庫及相模金沢文庫一。（同書籍の条）

第二節　室町時代における足利学校の所在地

現在足利学校遺蹟図書館並びに聖堂の存する箇処は、旧時の足利学校の遺構の一部であって、往時は、隣接の小学校の敷地を含み、周囲に空壕を廻した一廓をなし、あたかも、現在の鑁阿寺の外廓とその趣を一にしていたわけである。然しながら、学校は憲実建設の当初から現在の位置に在ったのではなく、中途で移転しているものと認められる。これについては、これまで種々の説があり、今ここにそれ等の所説を検討し、併せて私見を述べようと思う。

在来、鎌倉大双紙に、

　応仁元年長尾景人が沙汰として政所より今の所に移建しける。

と見える記事を基にして、もと政所の地に在ったのを今の所に移建したものと解することは、皆同一で、「今の所」は無論大双紙著作の室町末期を意味するものであるが、諸説多くは爾来再度移転することなく現今に至ると見ている様である。但し、足利学校事蹟考は、学校が下野国学の遺構を再興したものと解するため、もと下野の国府（即ち都賀郡）に在ったのを足利の地に移したものであろうとし、さらに又、

　さてこの学校、足利に移したる始は、今の地にはあらず、足利駅の東、岩井村との境辺に、字学校地先といふ所あり、今は大かた渡良瀬川敷となりたれど、折々布目附たる瓦を掘出すことあり、古へ学校のありし地なりといひ伝へたり、しかるを洪水川欠のために、今の地に移したるものと見ゆ、それはいつの頃にやありけむ、詳ならねど、足利興廃記といへる古写本に、足利五箇ノ郷、先年渡良瀬川洪水ノ砌、民家多ク流水ニ曳カレ、居住ヲ失ヒ、皆散乱困窮ニ及ビ、永禄十年卯ノ春ヨリ、広原ニ新地ヲ開キ、浪々ノ民、居住セン事ヲ乞願ノ由、シキリナレバ、則其頃白石豊前守、町田内匠、内田弥六、古之趣館林ヘ披露アリテ、委細ノ沙汰ニ及ビシカバ、長尾殿被二聞召一哀憐限リナク、早速願ノ地被二下置一疾ク民ノ歎ヲ可レ止ムトテ、

スナハチ安ク其成就ヲ被ニ仰付一、同年ノ秋已ニ事成テ、本町ニ続テ凡八町余新町割ヲ定ム、云々、（この足利興廃記といふは、広樹したしく見しにあらず、旧同藩なる服部寛信が見しとて、抄録しておのれにおくれるところなり。）といへるを見れば、此頃共に学校も移したるにや、こは試に言ふのみ。

と論じており、応仁の移転後、又さらに三転して現在に至ると推考しているのである。これに対し須永廬山は、都賀郡の国府に地頭の政所が在ったと言う徴証もなし、足利荘内において転じたもので、景久以前は「当時領主の支配役所たる政所と学校とが同一箇所にありしを、今の所に移したりといふに解釈」すべきであると正し、さらに進んで、足利学校来由略に、

足利学校境内長尾家政所ノ由申伝ナリ、去ニヨツテ四方高土手溝沼アリ、当時居住ノ屋敷ハ慶長年中拝領ナリ、旧地ハ五丁程東ニアリ国分野ト云、慶長中聖廟文庫学舎等建立被成下候、今ハ菜園ノ地トナル園中ニ小塚多シ、農人崩シ平地トナス、古瓦色々の模様アルヌノメ之外菊花ノ巴瓦時々出コトアリ。

とあるのを援引し、この国分野こそ学校旧所在地であることを指摘し、なお寛政九年新楽定所撰の足利学校書籍目録所引の「後僧快元興復旧国府野後今徙地乃足利氏所治処」を掲げ、又、鑁阿寺文書に国府野と見えるのが政所を指称しているらしいこと等を傍証として提示している。

これ等と異なる所説としては、大日本地名辞典（吉田東伍博士）は、応永年間鑁阿寺古図と永禄天正頃の地図（江戸初期写、図版及び後記参照）と思われるものとを引いて、前者には学校は見えないが、（既に本書において論じた如く、当時学校は未だ存在しないと考えられるのであるが、これは別な意味で、見えないのは当然である。）後者には鑁阿寺と相接して所記せられている故に、鎌倉大双紙に言う今の地とは即ち現在の所であって、旧地即ち、政所は本城（ホンジャウ）たる字の地であり、本城は本荘の訛転とし、長尾景人（類従本大双紙には景人、水戸本には景久とあり。）が政所に居城するに及んで城地内に在った学校を現在の地に移したものであると考えている。藤岡継平学士の足利学校の研究も亦、これに従っている。

又、八代国治博士（「足利荘と皇室御領との関係」（歴史と地理））は、足利学校の起原を上述の如く解する関係上、政所の所在は荘園の領主地頭等の第宅内に設けられる例であるから、政所は鑁阿寺境内に在り、学校も亦その境内に在ったのを、現今の地に景人が移したものであると論じている。これ等諸説に対して、渡辺世祐博士（「足利荘及足利学校に就て」（史学雑誌三五ノ二、大正十三年二月））は、前の川上広樹の足利学校事蹟考は、地方の

伝説に重きを置いた所論で、単なる伝説のみに拠って学校の旧地を決定するのは危険至極であるとし、（渡辺博士は、須永説は援引せず。）次に、吉田博士の両崖山足利城の附近と言う所説は、足利城は伝説では古い様であるが、実際にはさ程古いものとは思われず、永禄天正頃、景人の曾孫政長・顕長父子が永く北条氏と抗争し、後に上杉謙信の旗下に馳せた頃のものであろうと考えられ、それより以前のものとは信ぜられない上、景人はこの城に来入したものではない（後記）から、この所説は問題にならないとし、第三に八代博士の鑁阿寺説は、鎌倉時代から一足飛に、時代と言うことを全く無視して室町時代の応仁まで来た説で、首肯出来ないとしている。

即ち政所は荘園の地頭代官等の第宅内に設けられることのあるのは事実であるが、足利氏が足利荘を中心として関東に居住していた間は、その第宅内に持仏堂も在り、又学校も在って、子弟を教養したであろうが、尊氏に至り、俄かに大身となり、京都に去って将軍となるに及んでは、基氏から満兼に至る間、鎌倉府が足利荘を管理していた頃とても、身は鎌倉に在って、代官を下して荘務を執行せしめ、又室町幕府が直接管理する様になってからは、いはば鑁阿寺は将軍家の持仏堂であるから、崇敬と遠慮とのためにその境内で荘務を執ることは出来そうにも思われない。かく鎌倉時代と室町時代とでは、明らかに足利荘の代官の鑁阿寺若しくは足利荘に対する考えが異なって来るのであって、この異なった考えの存在すべきことを無視して、鎌倉時代の場合と同一に室町時代を考えようとするのは早断と言うべきである。従って、学校が以前の儘に鑁阿寺境内にあると断ずるのは穏当ではあるまい。なお鎌倉時代においても、学校が境内にあったとする考えは研究の余地が存するとし、かくの如く従来の諸説は孰れも欠点を有するものであって、学校の旧地を決定するには、鎌倉大双紙の文句に立ち返りその政所の所在を決定すべきであるとし、応仁以前の政所の地を「勧農」であろうと推考している。（渡辺博士説）

鎌倉大双紙に言う景人の入部は、古河長尾系図には「自二京都一足利荘給、文正元年丙戌十一月十五日、足利庄勧農打入」とあるから、勧農の地に政所があったらしく察せられ、勧農は足利町の東一里許、山川郷の内で、南北朝頃にも既に観音堂等が建てられていた由緒の地（後鑑所載暦応二年四月十日の打渡状）であって、この地を根拠として景人が荘務を行ったことは明らかに考えられる。なお一歩進めて、景人入部以前においても、代官が荘務を行った所であるとも考えられぬこともない。ともかくも勧農は政所の地であ

り、鑁阿寺文書に言う公文所の在った所であるから、大双紙の記事に従い学校がこの地に在ったと断定することが出来るのであって、それを景人が現在の地に移したのである。この移転の理由は、景人が、この地が城地であるため、兵火を恐れたか、もしくは従来唱えられる如く、渡良瀬川の汎濫を避けたのであるかは未だ明らでないが、渡良瀬川も当時の流域が現在の通りでなかったことも記録に徴して明諒であるから、これが果して移転の理由となるかどうかはなお研究を要することであろう。

（下略）と説いている。（渡辺博士説）

右の博士の所考の如く、長尾新五郎景人（初め忠政）が文正元年に足利荘勧農に入部したことは確実であろう。又、勧農の地が足利荘内の一要地で、早くより堂宇等が建てられていた由緒ある地であったことも明らかであろうが、それ以前に政所の所在地であり、且つ又、学校の旧所在地であると言う証拠は、皆無であって、学校が勧農に在ったと言うが如きは、全く推測の域を脱しないものであることは改めて論ずるまでもないことである。

博士の同じ論文の前半における足利荘の管理に関する所考中に述べてある如く、憲実が荘の管理を行う様になってからは、恐らくその長臣たる大石氏が代官となって入部し、爾来その一族が引続き代官を勤めていたであろうと考えられ、又、その後、長尾景人が使を京へ遣し、足利荘の代官たらんことを請い、その望を達したこと（親元日記寛正六年八月の条に見ゆ）並びにその入部以来先例を改変する所が多かったこと（鑁阿寺文書）等も亦、確かであろう。従って他の鑁阿寺の例等から推して、大双紙の所記の如く学校を移転するが如きことも決行したものであろうとは考えられる所である。

然しながら室町時代における学校の所在地を闡明し得べき確実な資料は現存しないのであるから、推論を試みる他はないのであって、鎌倉大双紙の記載さえも疑えば疑えないこともないのであるが、まずこれは信拠すべきものとして、以下に若干推定を述べてみようと思う。

前述の吉田博士所引の永禄天正頃の地図と思われるものと言うのは、鑁阿寺に現存する江戸初期筆の彩色鳥瞰図を指すものと考えられるが、（該地図は、足利城の規模を示すのが主目的の図であるが、）それには、博士所説の如く、現在の地に学校が記されている。（次図参照。図版は全図の極少部分、学校の部のみを示す。）上述の鑁阿寺文書に北条氏邸が「鑁阿寺・学校」と

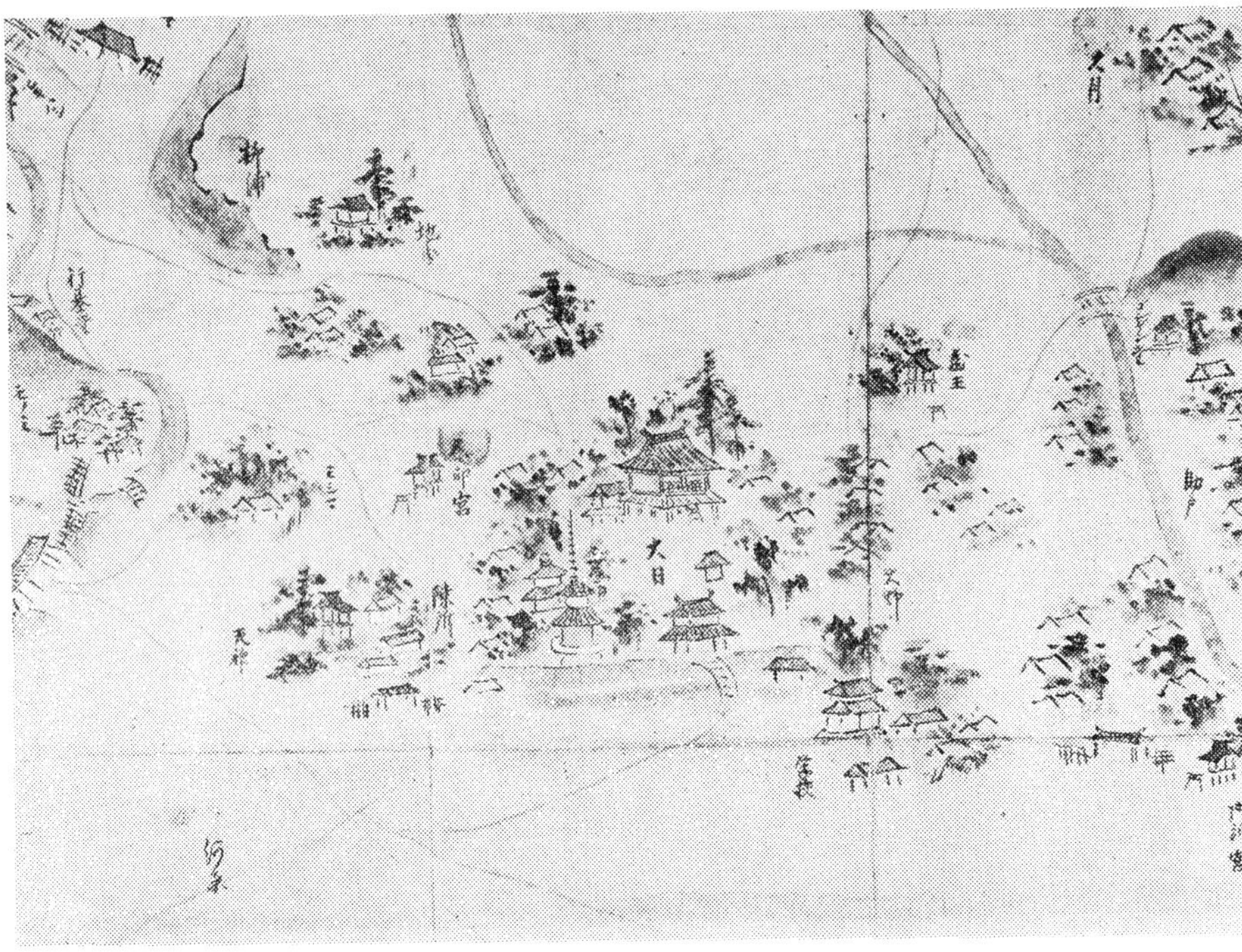

鑁阿寺蔵足利古地図（部分）

両者を併記しているのも、一には、両者が相隣接して存在していたためであろうとも推測せられる。同じく前記の天文二十二年九華所作と認むべき学校再興の勧進帳中には「足利講堂渡良瀬河上構之」とあるのみで、所在地を詳らかにし難いが、九華の時代は無論現在の地と考えられるわけである。

文正元年秋長尾景人の勧農入部以前、政所の地に同じく学校も存在したことは、鎌倉大双紙の書きざまに拠って察せられるのであるが、既に述べた通り、政所が何処に在ったかは明確にし難い。けれども、もし学校の旧所在地が明らかになれば、その地が即ち又政所の所在の地であって、景人入部以前、鎌倉府の管領時代より憲実の大石氏代官管理の時代に亙る政所の所在地も亦闡明せられることは言うまでもない。既に本節の初めに記した如く、足利学校事蹟考並びに足利学校遺蹟考の両者が比較的新しい記録ではあるが、その所伝を引き遺蹟の地の状態をも述べているのは、学校の旧所在地を考え求める上に参考とすべき資料となるものであって、これを渡辺博士の如く単なる伝説とのみ取扱うのは早計に失すると言わなければならない。（然るに博士はその旧地を勧農の地と単に推断し、さらに又、足利学校事蹟考に言う字学校地先と勧農とに関し、「勧農の地に学校があったとして、これが川上氏の説かれた第一の学校地先説に果して一致するや否やは実地踏

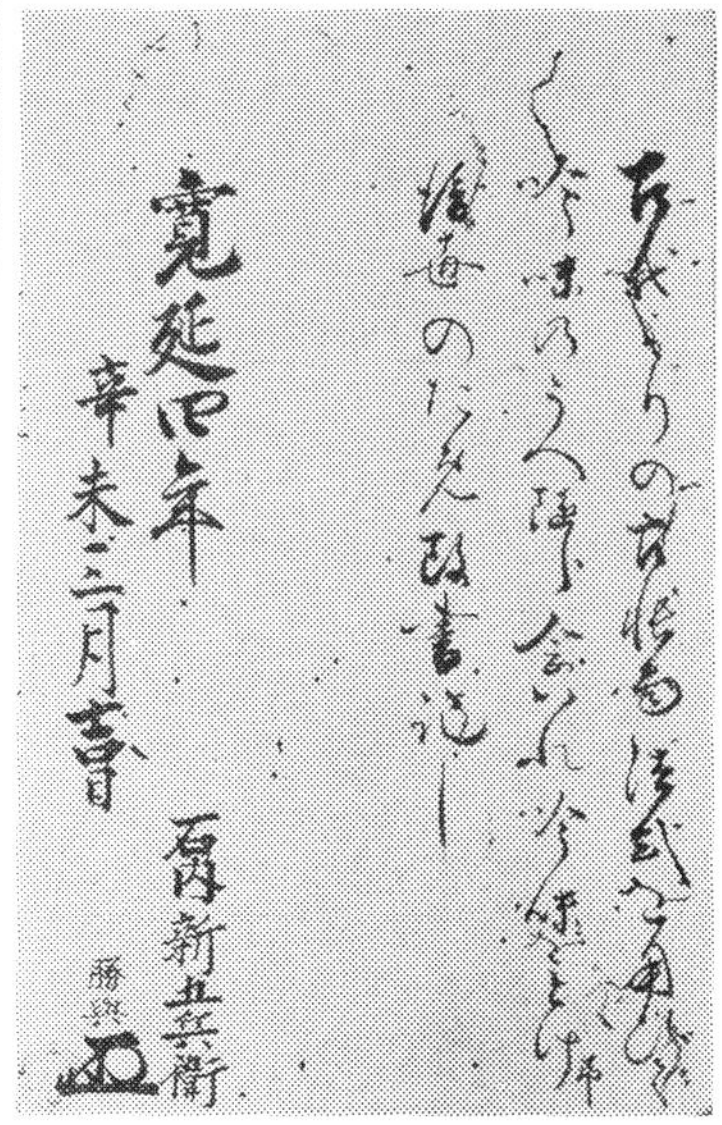

寛延四年写足利学校領（巻末）

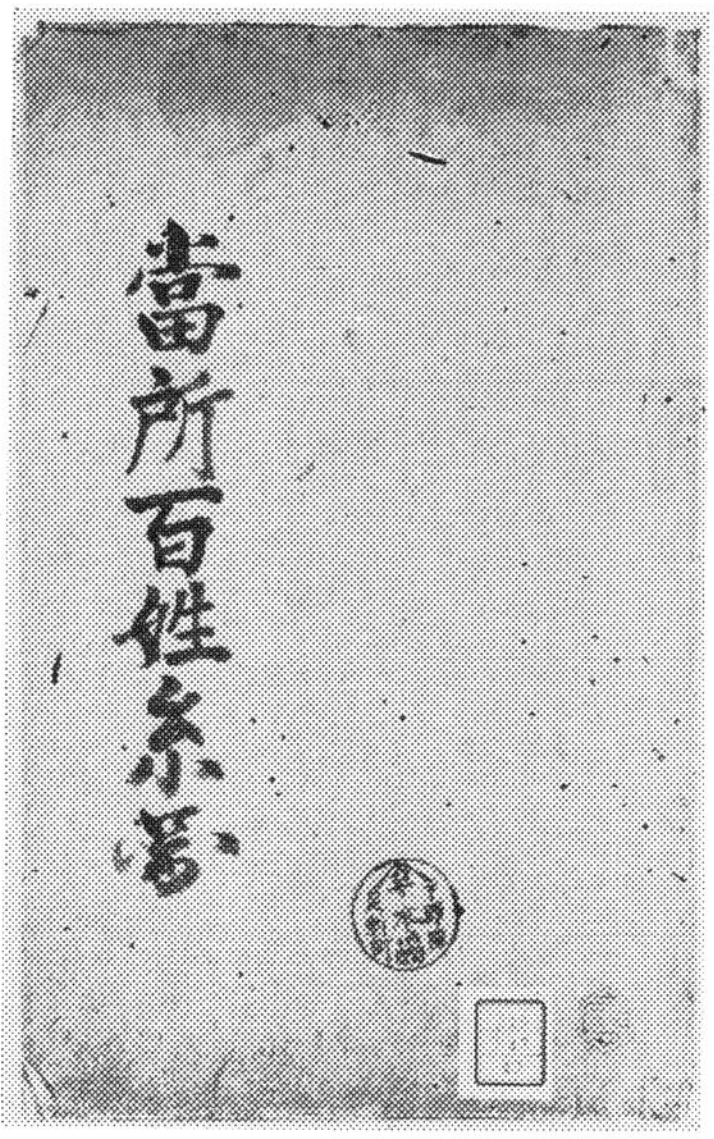

当所百姓系図（表紙）

査もせず、且地理にも精通せぬので、其決定は甚だ困難であるが、大体の地点から考へれば余程近い様に思はれる。元来学校地先なる字地も余程明諒を闕いてゐる様に思ふから、果して適当に学校地先と一致するや否やを恐れるのである。尚これは今後土地の形勢に明かな方に考慮を仰ぐことゝしよう。而して実地に於て学校地先の字地が勧農の地であると十分に説明され得るなれば伝説と記録と一致して川上氏の説が最も有力なものであつたことゝなるのである。」と所論を進めている。これについては、ここに改めて批判するまでもないと思う。その旧所在地と伝える辺を今改めて発掘し、遺蹟を考究することが出来るならば、或はさらに所論をも進め得ることとなろうが、事実においては不可能であるから、他に何等かの資料を求めなければならないが、近年に至り、須永弘氏は足利市なる山藤言六氏所蔵の天保六年に足利五箇村と対岸の田中村との川流変化に拠る境界争いの裁断資料として係役曾我豊後守へ差出した絵図に十念寺の西方に「学校領」と記された箇処があるのを指摘し、これが国府野の旧地とも合うので、旧足利学校の所在地は、その地図に記されている箇処であると断じている。

然しながら、天保六年の絵図に単に「学校領」とあるからといって、それを以て直ちに旧足利学校の地位と定めるわけにはゆかないのである。それは、「学校領」とは、当時の学校領百石の地を示すのみに止まるものであるからである。当時の学領百石は、文禄四年五月十日の「御縄水帳」以来相伝の領地であって、これは恐らく、上述の天正十九年の秀次寄与の百石の地をその儘襲ったものであろうと思われるが、足利町本島家旧蔵（今家蔵。上図参照。）の寛延四年写「足利学校領」等（三冊）

に拠れば、その一冊には、表紙に「足利學校領」とあって、巻首に、

足利學校領

一高百石

此訳

上田貳町八反拾九歩　　定七斗五升

此取米弐拾壹石〇四升七合五夕

中田八反貳畝歩　　定六斗五升

此取米五石三斗三升

本米合而弐拾六石三斗七升七合五夕田方納

とあり、以下に定納の細則を列記し、その末に「貞享帳面ニ如此御座候」と見え、次に「古代ゟ役人覚」を記し、末に、

古代よりの古帳面法式を用ひて吟味のうへ随分念いれ吟味をとげ、即後世のため改書記了

寛延四年辛未三月吉日　石内新五兵衛勝與（花押）

と見える。又、他の一冊は、表紙に「当所百姓系図」と題し、巻首（右図参照）に、

一、当所御繩文禄四年乙未五月十日

一、百石者　家康公ゟ被下候文禄四乙未年五月十日被下候

とあって、三要以来の名主の姓名を注記し、その記事の末に、

寛延三年庚午小春吉日　石内新五兵衛勝與（花押）書之

右有躰ニ依怙贔負無之惣百姓書記す者也

と見え、次になお「古代ゟ役人覚」等を附記し、さらに「下野国足利五ヶ村之内学校領御繩水帳」「文禄四乙未年五月十日」「案内者春清・勘三郎・忠助」「弐冊之内」「弐拾弐冊之内」等と外題を記し、上中下畑の細別を列記してその末に、

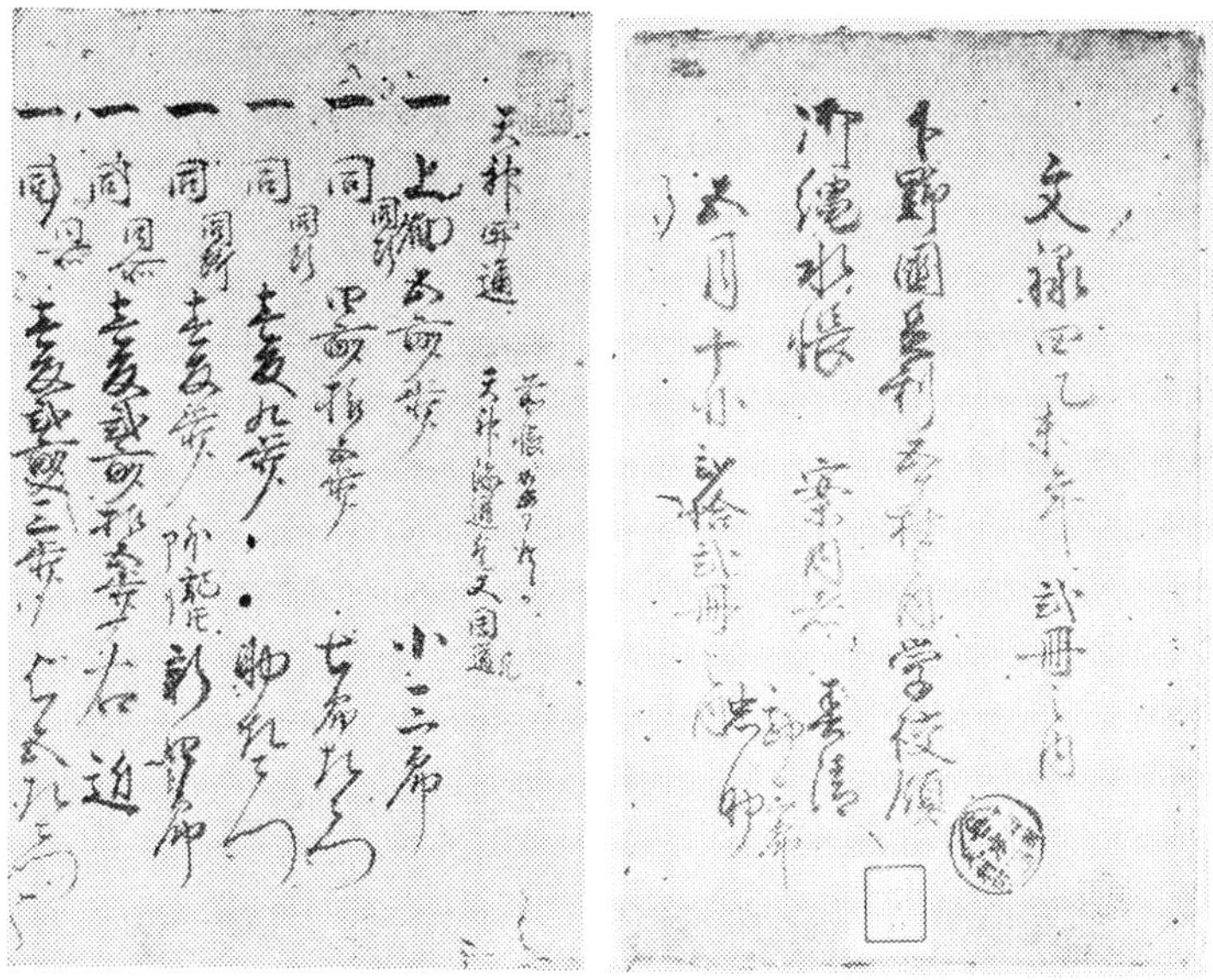

足利学校御繩水帳（表紙）（首巻）

文禄四年乙未五月十日　案内　春清
　　　　　　　　　　　奉行　角田将監
　　　　　　　　　　　　　　玉勢代右衛門
　　　　　　　　　　　　　　高野善次
　　　　　　　　　　　　　　内藤右衛門太郎

とあり、なお以下に、前に引用した小野篁当時より在住の十二人の姓等を附記している。（右に文禄四年五月に百石を家康より受けたとあるのは誤伝で、これは所謂文禄検地の事実を伝えるものである。）

さらに他の一冊は、前書の後半の「御繩水帳」（一冊）で、表紙には前書のそれと全く同一の外題があって、（上図参照）内容には若干異同があり、人名等にも異説を注記しているから、両者ともに同一の原本から転写を行ったものが、併せ残存するに至ったものであると思われる。本書の方には、巻首に、

天神開通（その下に張紙あり、曰く「前帳ニ如此御座候が天神海道歟又開道歟」）

と見え、（上図参照）末には「石内新五兵衛勝與（花押）」とある。この「天神開通」というのは、石内新五兵衛は意を解しかねたのであるが、（前書に見えない所を見ると、前書の筆者も亦これを解し得ず、省略したものであろう。）これは恐らく、五箇村内における百石の領地の地名であろうと思われる。それが、後には「学校領」と呼ばれる様になって、その伝を失うに至ったものではなかろうか。足利市制施行法所載の大字名廃止小字並区域改正の禀請写の中に、

左ノ区域ヲ以テ伊勢区ト改称ス

字十念寺、字寛宥寺、字高野、字東町ノ全円
字天神塚ノ一部、字向川原ノ一部

とある「字天神塚」というのは、この「天神開通」と何等かの関連を思わしめるものであって、即ち、この地が学校領であったことを示すものと考えられる。然らば前記山藤氏の天保の絵図とも地域においては一致することとなるのであるが、足利学校事蹟考・足利学校遺蹟考の両者援引の所伝記録とその古瓦出土等の事実とより推して、文禄四年以来（恐らく天正十九年以来）学校の領地となった右の地は、恐らくもと学校所在の地であった因縁でその所領として下附せられたものではなかったか。かかる推定の下に、文禄四年以来学校領として定められた地は旧学校の所在地、即ちこれが又、所謂政所の旧地と所考せられるのである。

長尾景人が学校を移したと言う応仁元年は、なお初代庠主快元の最晩年であり、これを移した理由も不明である。理由なくしてことを決行するのは領主代官等の稀な行為ではないが、既に建築その他然るべき規模を具備していた学校を別地に移すことは、たやすいことではなく、然も、当時、憲実・憲忠は歿しているが、長尾氏の主家たる上杉氏はなお健在であるから、少くとも学校が元の面目を著しく損ずるが如き移転は行わなかったであろう。後の寒松等が、東井庠主の交割帳の残存を伝えているのも、恐らくは、応仁の移転後、次第に面目を整えるに至った学校の諸施設の台帳を作成したものであるとも解し得よう。景人が現今の地、即ち、鑁阿寺の門前隣接の地に移したとすれば、その代地は、恐らく鑁阿寺の境内に属する地であって、或は塔頭子院等の一部の地ではなかったか。鑁阿寺文書の中に、

爰去文正之秋以降、為二京都御代官当方庄務一之間、殊以成二帰伏之思一処、或依二佞人之口給一、或依二当座之浮言一、敗二先規一背二制止一事雖レ多之」（同寺十二院供僧等が景人に捧げた目安の中）

と見えるのは、或はその裏面の消息等を告げているものであるかもしれない。なお又、景人が入部に際してもとの政所の地に拠らず、何故に新たに勧農に本拠を構えるに至ったかは未詳であるが、憲実等が荘務を執行した時代とは異なり、且つ又、その荘務執行の意味も相違しているため、景人は、兵乱の世において己が本所として攻防ともに適当なる要地を求めて勧農を選

択したものであろうと推せられるのである。

前記の如く文明十四年に勧農で職原抄・論語義疏等が書写せられている事実があるのは、足利学校来学の徒の関与する所ではあろうが、景人入部以来、代官住居の地として勧農に人士の出入も多く、その地が栄えていたことをも示すものと言うことが出来ると思う。

第三節　室町時代における歴代庠主の事蹟

一　第一世庠主快元

室町時代における学校歴代の庠主の事蹟は、他の足利学校の史的諸問題と同様に詳らかにし難い点が多いのであって、江戸時代における学校側の記録として伝えられる所は、寛政九年新楽定の撰した足利学蔵書目録及び右文故事足利学校事蹟考に之を再引す。に住持世譜として紹介せられているが、極めて簡単なものである。そして、それ等の僅少な記事も学校現存の諸本の識語等がその資料となっていることが明らかである。近く足利衍述氏は、五山緇流の詩文語録及び学校現存書等を参照して調査し研究を進められているが、ここにそれ等の他新たに得た資料等をも若干併せて、明らかにし得る限りのことを記しておこうと思う。

第一世庠主快元は、鎌倉円覚寺の僧であったのが、上杉憲実に招かれて、その初代の庠主となったことは既に述べた所である。（学校由来記に憲実の学校創設より前に既に学校に来住している様に記してあるのは、後人の誤解であることも亦、前に論じた。）住持世譜に、

中興第一世快元和尚、不ㇾ知二何許人一。蓋其為ㇾ人材幹過絶、興二久廃之業一、修二庠序之旧一、多積二典籍一、以教二生徒一、一如二儒者事一。爾後連綿以至二于今一。故以和尚為二中興祖一也。文明元年四月廿一日卒。

と見える。その初めて学校に来講したのは、永享十一年以前数年の間であろうと推定せられることは、前章において論じた如くであり、又、その易学の門弟柏舟の周易抄にその師承関係（快元の師は喜禅、その又師は義台。）並びに興味ある挿話が記されていることも亦、前に述べたから、ここには重言しないこととする。即ち、その易学の造詣の一端は、柏舟の周易抄に拠って察知することが出来るのであるが、なお又、相国寺桃源瑞仙の百衲襖、文明九年三月講抄の条に、

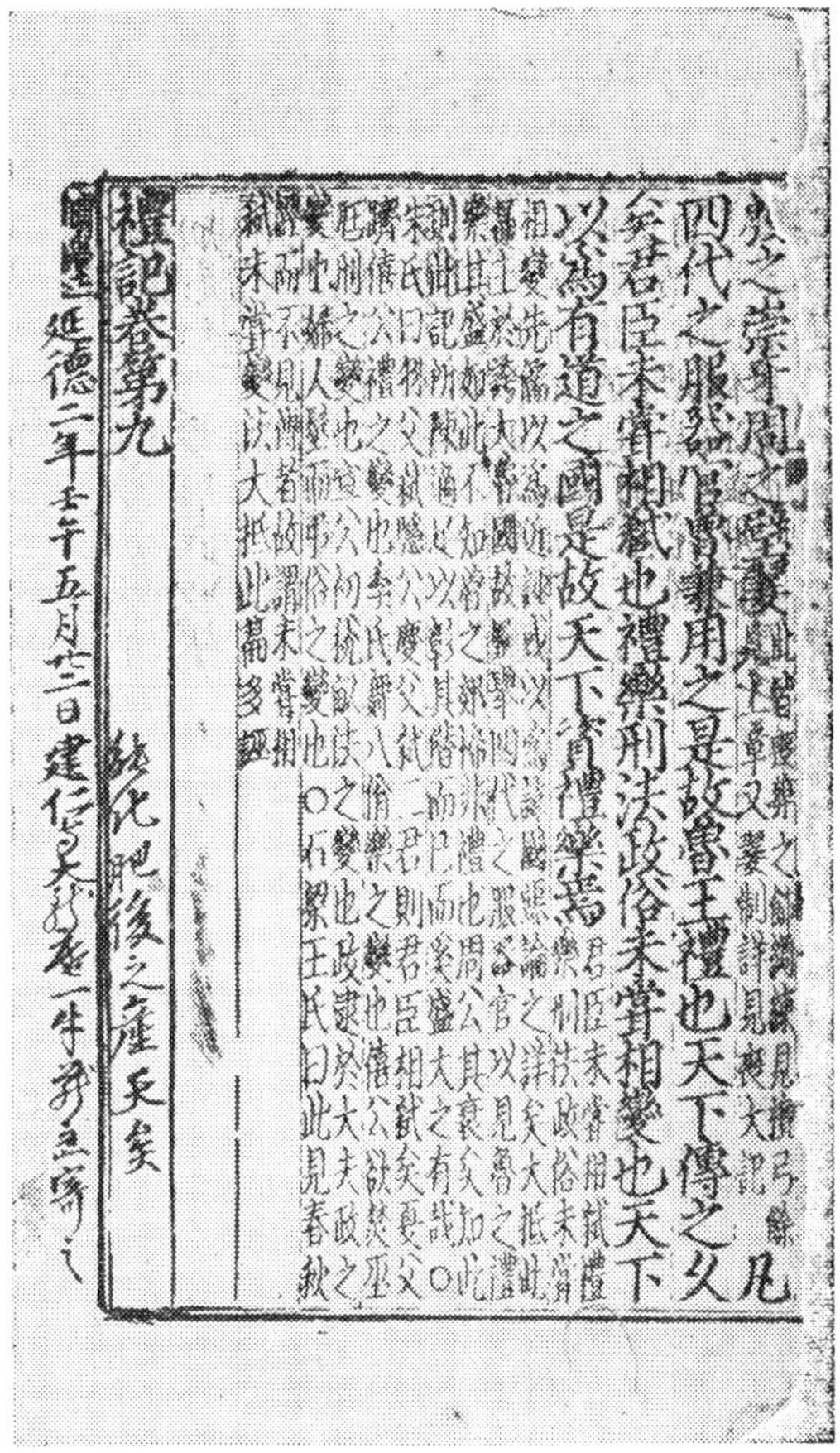
四代之服器官魯兼用之是故魯王禮也天下傳之久
矣君臣未嘗相弑也禮樂刑法政俗未嘗相變也天下
以為有道之國是故天下資禮樂焉
禮記巻第九

元版礼記集説（巻九末）

（上略）与派葭玉之二老、曾在足利学易之日、至於閏算、雖有師説、甚不暁了、二老相倶校讐撰之、与派者今講主柏舟師也、余写之、入百衲襖中、（下略）

と見え、又、同じく巻二にも、

柏舟師ノ云、足利デ易講ヲ聴タハ、百四五十日ニ畢ルゾ。其ワ初カラ読ンデ、繋辞ハ百日バカリノ時分デアツタ程ニ、能化モ聴徒モクタビレタル時ヂヤホドニ、大概ニシテトヲツタゾ。

等とある。さらに、快元は儒学研究の目的を以て入明せんと企て、筑紫まで赴いて中止したらしく、九華の頃かゝる所伝が存したことは、三要自筆の稿本なる春秋経伝抄（現存、十八冊。後記参照。）の巻首に、

要云、先師華（九華）云、詩書礼春秋内、就中、伝ルコト春秋大義也。学校開基快元伝ニ詩書礼ヲ一、後欲レ伝ニ春秋ヲ一、而思ニ入唐ヲ一赴ニ筑紫筑前国ニ一。宰府之天満宮ニ一七日参籠、或夜夢中ニ、爾謂レ伝ニ春秋之五事ヲ一。一曰、一字褒貶。二曰、勧善懲悪。三曰、獲麟之瑞。四曰、知治乱。五曰、宣十一伝、蔵辞云々。己伝ニ此五事ヲ一。故不ニ入唐一而帰国。其後解ニ譜ス此五事ヲ一詳ナリ。

と見えているのに拠って知られる。その所伝は中世以前に多くの例が存する如く、極めて神秘的であるが、その由って生じた所以、即ち快元に入明の志があったのを中止したことは真実なのであろう。

又、もと学校にあった「礼部韻略」（三冊）（今、国会図書館蔵 旧帝国図書館蔵）の巻首に「康正改元乙亥南源寺浦雲置」と識語があったと伝えている。（識語の丁今欠）快元の時のことであろう。（これについては後記一五七頁参照）

二　第二世庠主天矣

第二世庠主天矣は、快元の門弟に相違ないが、住持世譜に、

　第二世天矣和尚、肥後人。延徳年間、二月十六日卒。

と見えるのみである。学校現存の「礼記集説」（元天暦元年刊本、五冊。四・五は首少々欠。後記参照。）（右図並に図版一五参照）の墨書識語に、

（巻二末即ち第一冊末）延徳二年五月廿二日能化肥後之産天矣
建仁寺大龍菴一牛蔵主寄之

（同別筆）至徳二年六月十一日以五条大外記家本移點了　某本之奥書曰
永和元年五月二日以此本候　禁裏御讀訖　清原良賢

（又、別筆、九華自筆）天文廿二年勘之百七十二年也

（巻五末、即ち第二冊末）延徳二年壬午五月廿二日
能化肥後之産天矣
賀州之産洛建仁之僧一牛寄之

（巻九末、即ち第三冊末）延徳二年壬午五月廿二日
能化肥後之産天矣
建仁寺大龍庵一牛蔵主寄之

（巻十三末、即ち第四冊末）（同右）

（巻十六末、即ち第五冊末）能化天矣御代洛之建仁寺大龍菴一牛蔵主寄置長門之西燕誌之

と見えているから、延徳二年五月までは生存していたことが知られる。住持世譜等もこれに拠って延徳年中と言うのであろう。延徳年間に卒したと言うのであれば、延徳は四年七月に明応と改元せられたので、歿年は、延徳三年か四年かの二月十六日に限定されることとなるのである。文明元年快元歿後第二世庠主となったものと考えられるが、さすれば、二十余年学校を司業したわけである。〔なお礼記集説巻首上欄の書入、識語「下野州足利庄學校常住也」等は、九華の筆に似ている。〕

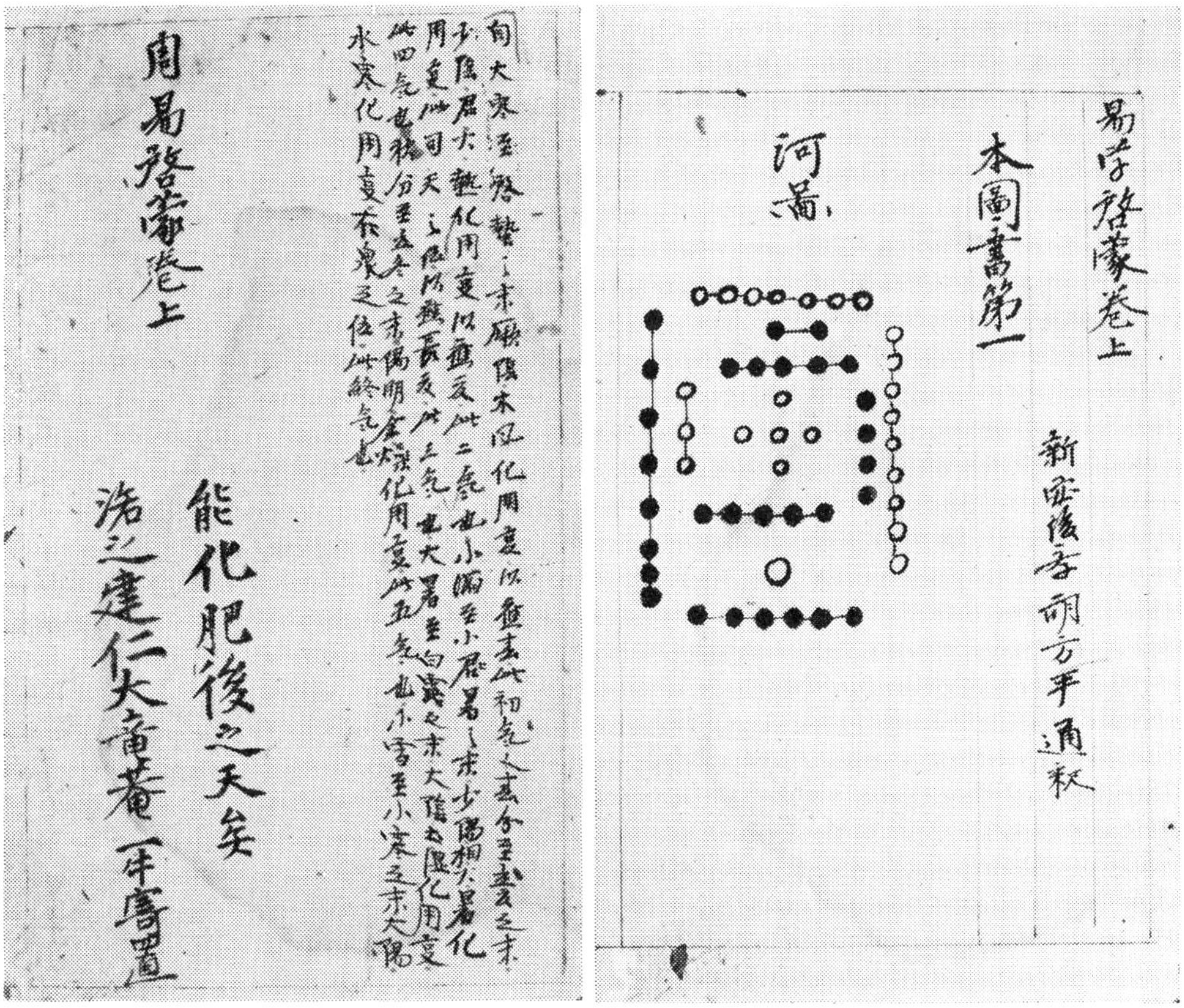

易学啓蒙通釈（巻上首）

なお学校には、同じく天矣の時に一牛が寄置した「易学啓蒙通釈」（二巻、合一冊。）があり、左の如き識語が存する。本書はもと上下を各二冊に分ち、四冊となっていたもので、各冊末に寄置識語が見える。（なお後記参照。）（上図参照）

能化肥後之天矣
洛之建仁大竜庵一牛
寄置

右の識語の文字は、前記礼記集説と同時の筆と認められるから、恐らく、一牛が参学を卒えて帰洛するに当り、記念として寄置したものかと思われる。

以上の他に、今は佚して残存しないが、江戸末期には「書経集註」（蔡氏伝、鄒季反音釈、写、六冊。）の末に「近江宗理置之」と記し、又、「能化肥後之天矣」という識語のある本があったことが、新楽定所撰の足利学校蔵書目録及び右文故事等に見えている。さらに現存の長享二年写本「孟子註疏解経」（七冊）（一〇〇頁挿図並に図版四二参照）にも、奥州の天輔が寄置した由の識語が存するが、天字を名前に附けている点からも、天輔は天矣の時代にこれを寄置したものかと思われる。即ち、これ等に拠って見れば、天矣庠主の時代には、

遠地より参学の徒も亦少からず、学校も賑い、且つ又、その司業講師たる天矣も先師快元に劣らぬ碩学であったことも察するに難くない。

三　第三世庠主南斗

第三世庠主については諸庠主中最も伝記が明らかでない。住持世譜には、

　第三世南斗和尚、不知何許人。

とのみで、他は全く不明である。或は筑前の人であるとも言われ、又、学校由来記には、「十月五日寂」とも見える。なおその名前に関しても、南牛 新楽定の書目（家蔵一本）・南計 足利学校事蹟考所引 等の異説がある。「斗」字の行草体が「計」「牛」のそれと相似しているための誤訛であろう。

四　第四世庠主九天

第四世庠主九天は住持世譜に、

　第四世九天和尚不レ詳二姓氏一、在二永正間一以二六月二日一卒。

と見える。享和二年改正の学校書目（学校現存。）等に拠れば、当時の学校現存書（今は佚す）に、唐本の「文公家礼纂図集註」（端本、一冊。）があり、その末に、

　武劦児玉黨吾那式部少輔寄附
　永正三年丙寅八月日
　野州足利學校　能化九天誌焉

永正龍集戊辰七月日拂乾𣵀之次筆焉
司業東井叟

とあった由である。住持世譜・学校由来記等の永正年間と言うのも、この識語に基く言であろうと思う。何れにしても、永正三年秋にはなお健在であり、同五年七月には東井が庠主となっていた事が判る。（東井の識語は右文故事、新楽定の書目等には伝えず。且つ、天矣の識語を永正二年と誤記せり。）従って九天の歿年は永正四・五年の間の六月二十日となるわけである。

五　第五世庠主東井

第五世庠主東井和尚については、住持世譜に、

第五世東井和尚、諱之好、吉川氏、大永年三月五日卒。

と見え、又、学校由来記には、

大永年中之人、安芸国山県郡、吉川氏之一族、名之好、三月五日寂。

と記されている。これ等の記事も亦、学校残存書に見える東井の識語に基くものであることが判る。学校現存の明初刊本「十八史略」（二巻、一冊。上杉憲房寄進、前記参照。）の巻末に、

大永丙戌小春日　藤公前年乙酉三月薨逝
依遺命今歳
秋寄置

能化安執州山縣郡「吉川氏之族」（括弧内、九華頃の人の加筆）
之好叟述東井（花押）

の東井自筆の墨書識語（四五頁挿図参照）が見える。大永丙戌は大永六年で、即ち、東井が庠主の時代は、上杉憲房の援護を蒙った時で

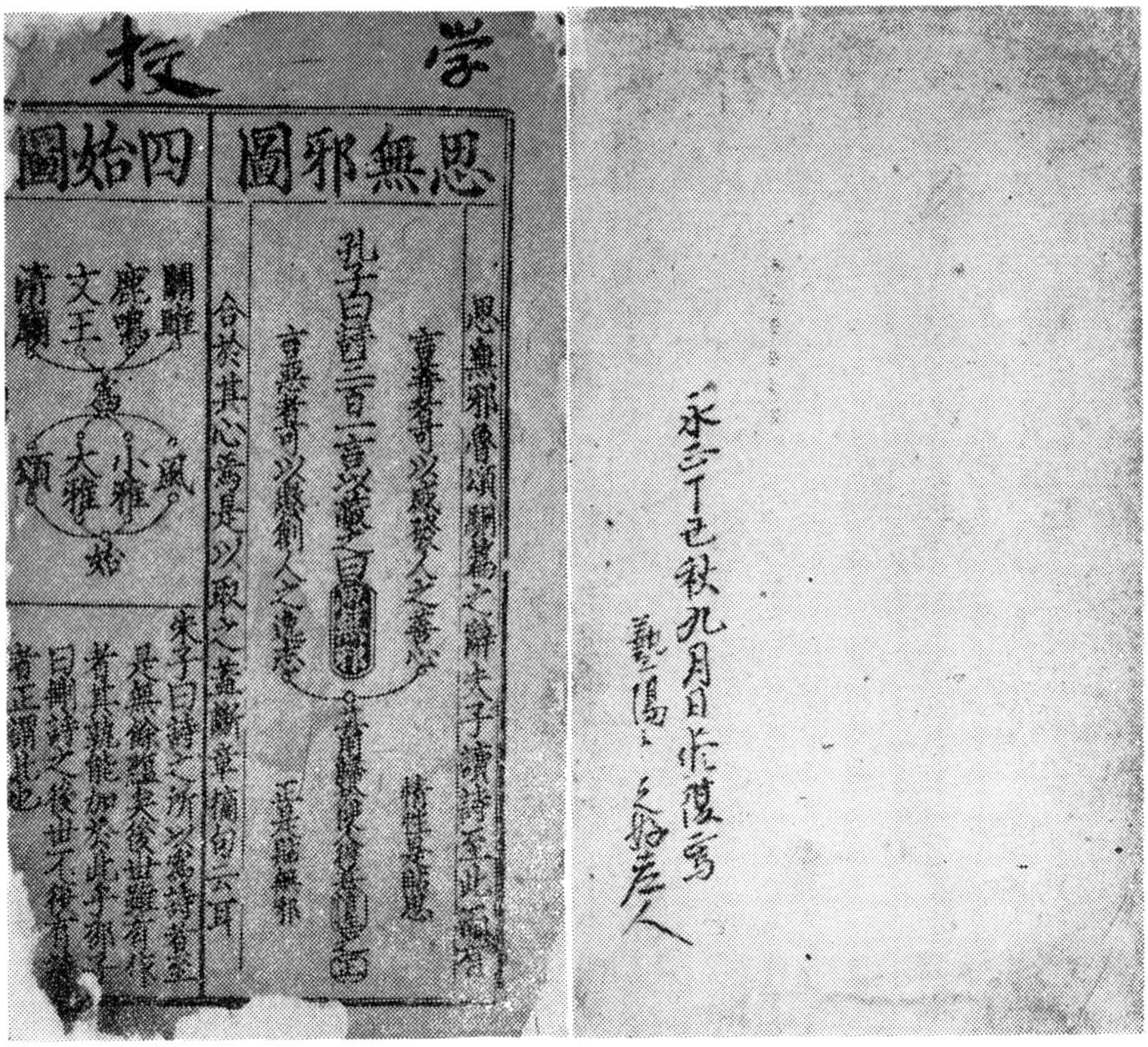

元版詩集伝（首巻）

あって、もと学校に大永三年二月に東井が記した交割帳があったと言い、当時、学校の規模も一通り整っていたことが察せられる。なお東井手沢の現存書には、東井以前に如道が寄進した元至正十一年刊本「詩集伝」（現存零本、一冊。（上図並びに図版一六参照））の見返に、

永正丁丑秋九月日修復焉
藝陽之　之好老人

と自ら識している。永正丁丑（十四年）に老人と記している点から、大永六年にはもはや相当な年配に達していたと見てよかろう。

後の寒松が慶長年中に「野州学校客殿本尊薬師如来安座」の文中に「文伯老人司業之時、享禄年中、学校値二回禄之難一」と述べている点から推すと、東井は大永六年十月以後、享禄の極初年頃の二三年の間に歿したとも言い得よう。その庠主となったのは、上述の如く、文公家礼の識語に拠って限定せられる天矣の歿年、並びに北条早雲寄進の孔子画像及び連歌師宗長の「東路のつと」の記載等から推して、永正四・五年の間であったと思われる。なお又、雪嶺永瑾（建仁寺十如院住。天文六年寂。）の梅渓集（石井積翠軒文庫蔵、江戸初期写本に拠る。）には東井の詩句に和韻したことが左の如く二箇処に見えており、その盛名

が京洛にも聞えていたことが判る。

多歳聞レ名未レ寄レ声　何時傾蓋孔兼レ程　高人恰似ニ士峰雪一　隔レ海常増渇望情

和ニ関東教授東井老人句一

景在瀟湘集大成　某山某水筆縦横　画師亦慣元紘趣　烟寺晩鐘聞不声

右二詩の中、後者は梅渓集中、享禄辛卯（四年）云々と見える次の方に存するので、或は享禄中の和韻の作であるかもしれない。されば、享禄年中には東井はなお在世となり、寒松の文伯庠主の際享禄年中学校火難と言う伝称は少しく疑問となるかもしれない。

別にこの時代のものとして、現存しないが（後記、新楽定の寛政の蔵書目にも見えないが）、学校にある享和二年の蔵書目録（後記）には、目外として掲げている中に次の記載がある。

三体詩　講義本　端本　一冊

大永八之春三月十一日書之終此時関東在市中穏至享和二壬戌得二百七十五年

白崖行状

永正十一年歳在　逢閹茂秋九月十二日前建仁月舟寿桂渉筆于一華軒

三体詩講義本は大永八年に足利で書写したものと認められるが、又、白崖行状は、この奥書のみでは月舟自筆か否か判らない。一華軒と言うのは、この頃の在学の徒に一華があるから、或は何か関連があるのかもしれない。月舟の書いたものが学校へ伝存しやすいのは、次記文伯と月舟との関係からも容易に推測することができよう。

今一つ、今度の戦災で焼失してしまったが、水戸の彰考館文庫に蔵せられた「三巻本世俗字類抄」（三冊、永正十二年写）の各巻末に左の書写識語があった。もし、この関左者（即ち、比丘順識）が足利であるとすれば、学校にこの種の辞書の具えがあっても然るべきであろうと思われる。ただし、関左とのみではむしろ当時は常州や鎌倉を指すことも多いので、足利とも定め難い。参考のため附記する。（拙著「古辞書の研究」三五九頁参照）

（上・中巻末）于時永正十二年（中巻ハ「季」）乙亥三月上澣日　比丘順識拝
（下巻末）永正十二年乙亥三月上澣日　関左者書之

六　第六世庠主文伯

第六世文伯は、住持世譜には、

　第六世文伯和尚、不レ知二姓地一、以七月十六日卒。

とあり、学校由来記も亦同様であって、伝えることが極めて乏しいのである。歿年も未詳であるが、九華が庠主となったのは、天文十九年であるから、同年に入寂したものであろう。そして、前記の如く、その司業時代、享禄年中に学校が火難のため、建築物の殆ど全部を失ったと言うから、その庠主の任に在った期間は、享禄・天文の約二十年間と言うことになるわけである。後の第十世庠主寒松は、左の如く「懐文伯老人」と題し、学校庠主の先人としての文伯を追懐している。

　鱣序当時設二講筵一　此郎勛業冠二諸賢一　写書故紙補二衣破一　宛是宋家揚大年（寒松稿巻三）

右の第三句に拠ると、文伯の手写本は学校に多数残存しなければならないわけであるが、署名のあるものがないので詳細を明らかにし難い。然し、次項九華の条に述べる如く、或は「礼記鄭注」等はその遺筆であろうかとも思われる。（図版三五参照）

又、悦岩東悆（建仁寺両足院住。享禄二年寂。）の悦岩集及び月舟寿桂（建仁寺住。天文二年十二月八日寂。）の幻雲稿に左の如く見えている点から見て、文伯はもと建仁寺の僧で、学校に来学し、一旦帰洛したが、再度足利へ赴いたことが判る。悦岩と月舟との両禅僧の作詩は同時の作に相違ないから、両者の寂年並びに建仁寺住（月舟は永正七年以後建仁寺住、悦岩は永正十八年三月以後建仁寺住。）の年代より推して、文伯の帰洛は、大永年間のことであろうと思う。月舟は作詩において又の帰洛を要望しているけれども、文伯が再度の帰東は、学校に骨を埋める覚悟であったと察せられる。庠主東井老人の晩年において京洛東山より数歳来学した文伯は、有力な庠主の後任と目せられ、一旦帰洛の上、再び足利に戻ったものであろう。（悦岩集、上村観光「室町時代関東の学問」所引）

東山文伯蔵主、游二東関一者数歳、頃旋レ洛無レ何而又東奚、詩以壮二行色一云。

東州游学六霜余　一日帰来問旧廬　怪得忩々重告別　客窓知有読残書

東山文伯蔵主、頃至レ自二関左一、未レ幾、又告二行色一、卒作二小詩一、以壮二其志一。

行色匆々千里間　尋師又欲レ赴二東関一　鬓辺若帯二士峰雪一　他日帰来照二洛山一。

七　第七世庠主九華

第七世庠主九華の時代が、即ち学校の最盛期であって、来学の徒も亦頗る多かった様である。九華は、歴代庠主中、学識も亦傑出しており、庠主の任に在ること二十九年、小田原北条氏（氏康・氏政父子）の後援を得る機会を得て、前代に火難のため殆どその規模を失った学校を再建した。住持世譜には、

第七世九華和尚、諱瑞璵、自称九華老人、又号玉崗。大隅伊集院氏支族也。九華学業尤盛、生徒盖三千。在庠三十年。天正六年戊寅八月十日卒。年七十九。

とある。なお後記占筮伝授の文書には自ら「如月」と記しているから、如月なる別号もあったのであろう。又、学校由来記には、

第七世九華和尚。師諱瑞璵、自称二九華老人一。大隅伊集院之一族。始出二世于禅興一、号玉崗。此時儒学盛而、学徒凡有二三千一。聖廟前有二一松樹一。学徒見レ書有二不レ解者一、書二紙于不レ解之語一、貼二樹辺一、則師毎レ日偏見以正レ之、書二其解語于其傍一、以教二諭学徒一云々。時俗迄レ今曰二之字降松一。（下略）

と見え、教学上の一挿話を伝えている。（字降松と伝称する古松は今なお植継ぎの枝葉が栄えている。）右に言う在庠三十年はその大数を述べたものであって、後記の寒松の玉崗和尚三十三年忌頌幷序に天文庚戌（十九年）より天正戊寅（六年）に至る二十九年とあるのが正数であろう。又、学徒三千は前述の如く、天文二十二年の学校再建勧進帳に記された孔子に擬した形容

の句であって、実数を意味するものではないのである。唯多数来集の徒があったことは確かであろう。また、九華自筆の占筮伝承系図によれば、九華は九沢啓遵から占筮の伝授を受けている。九沢については明らかでないが、九の字は第四世庠主九天を思わしめる。九沢は庠主の中の何人かに当るのではないかと考えるが、これを証すべき傍証は見当らない。

九華は、若年の際、建長寺の玉隠永（英とも）璵に参禅したのではあるまいかと推測せられるのは、玉隠の語録に拠れば、玉隠は足利に学ぶ僧徒と交渉が甚だ多いことと、九華の玉崗瑞璵は、玉隠永璵なる師名に因んで附与せられているのではなかろうかと思われる点とである。玉隠は室町時代を通じて鎌倉における儒僧の尤なる者であって、諸人の需めに応じて附与する字号に易の語を多く採っている点から推しても、易学に造詣の深かったことも察せられ、且つその語録に見れば、書経等蔡沈の書集伝をも読見していたこと等が知られる。頗る長命で大永三年には九十三歳でなお存命であり、（語録）その法孫寒松（第十世庠主）の寒松稿には、九十三で入寂したとあって、さすれば大永三年内に歿したこととなるが、語録にはなお天文二年端午に足利に学んだ肥前の存公蔵主に字号を附与していることが見えるから、少くとも百二歳まで生存したこととなる。何れかに誤伝が存するものであろうが、ともかく長命であったことは確かである。従ってもし九華が玉隠に学んだとすれば、永正の末年か大永年間の頃であろう。（永正十六年は九華二十歳。）文伯に教えを受けたことは確かであるが、次の猶如昨夢集の彭叔の詩句等から察すると、学校においては晩年の東井にも学んだと思われる。天文六年（三十八歳）には、上野長楽寺の賢甫等と共に、足利から入洛して東福寺の塔頭善恵軒なる彭叔守仙に参禅したことが、彭叔の猶如昨夢集に左の如く見えている。

関左有レ僧。璵（九華）云、哲云、甫（賢甫）云。夙於二郷校一雖レ立二勲業之功一、猶為レ歉矣。今茲丁酉暮春、来掛錫乎我善恵之小軒。可レ謂三学精二于勤一。予卒綴二八七言一章一、寄二三公之研右一、以光二投轄一云。

不レ遠二関東千里天一　寄二生輦轂一玉炊烟　何唯同入儒兼レ老　只麼来参詩又禅
扶レ杖眺望士峰高　煮レ茶今酌恵山泉　勉レ旃此地又村校　夜雨青灯約十年

翌年足利に帰校したことも同じ集に、

九華老衲、随二賢甫一還二東関之郷梓一、於レ是詩以餞二其行色一云。

五経聞説久蟠胸　纔歴二一年一帰意濃　貪聴東関村校雨　莫レ忘恵日寺楼鐘

と見えている。その後十二年、天文十九年には文伯の歿後を承けて第七世庠主となり、文伯庠主の時代に火難のため建物大半を焼失した学校の復興に努力したことは、上述の天文二十二年の学校再建勧進帳等に徴しても明らかである。又、その素志も漸次実現しつつあったことは、同二十三年に稲荷社を再建し、新たに八幡大菩薩を合祀している事実（前記参照）等に拠っても知られるが、永禄三年六十一歳の時、庠主を辞して郷国薩南に帰省せんとし、途中、小田原に立寄った際、北条氏康・氏政父子の乞いに応じて周易と三略との講筵を開き、これが縁となって、北条父子は、かかる碩儒を東国より去らしめるに忍びずとし、学校に再住せんことを要請したのに対して、九華も亦これを諾し、帰郷を断念して再び学校へ戻り、さらに庠主たること二十年、天正六年に歿したのである。この九華の帰郷の原因が華甲寿に達したため、老を郷国に養わんとの意図に発したものであろうとは、もとより考えられる所であるが、なお直接的な原因としては、その異常な努力にも拘らず、学校の再興が到底遂げられないことを覚悟するに至った失意のためではなかったかと推せられることは、前記の如くであり、且つ又、再び学校に帰任するに当っては、氏康父子が九華のために学校に対し後援を約したことが有力な翻意の原因となったものであろうと推せられることも亦、既に述べた所である。北条家の家臣宗甫より学校九華に宛てた文書はその間の消息を語るものであり、又、氏政の名に拠って九華に贈られた金沢文庫旧蔵の宋版文選（二十一冊）も亦、その一斑を察知すべき好箇の資料となるものであって、単に一部の宋版文選を得て、学校再住を翻意するに至った体の実相ではないのである。いわば北条氏の虎印の据った一部の宋版文選は、九華が再住する学校に対し援護を約諾する一種の証見とも言うべきものとも見られ、その各冊末に識るされた九華の自筆識語には、一層意味深きものがあると考えられるのである。即ち、各冊の識語（各冊若干語句の異なれるものもあれど、略同文なり。）は次の如くである。

（図版一〇至一二参照）

（各冊末）学庠寄進

永禄第三龍集庚申六月七日

北条氏虎印　平氏政朝臣

司業　大隅産九華叟（花押）

又、巻二十四以下の諸巻には左の如く附記せられている。

（巻三十）　隅州産九華行年六十一之時欲赴于郷里過相州大守氏康氏政父子聴三略講後話柄之次賜之、又請再住于講堂。

（巻二十四末）能化九華六十一歳。百日之周易之講、一十六度時書之。

（巻三十九末）隅之産九華六十一歳。周易講一百日之会、十有六度、傳授之徒以上百人也。欲赴郷梓之時、抑留次有寄進也。

（巻五十七末）能化九華叟、行年六十一歳。義易之講、百日而畢十又六度、而欲赴舊里、過相州之（以下欠）

（巻六十末）　能化大隅産九華叟。周易傳授之徒、百人百日、講席十有六度也。行年六十一書之。

なお本書には後の庠主三要の加点の識語が各冊末にある。この宋版文選（南宋刊本、十行二十三字、注三十字。匡郭内、縦七寸二分、横四寸八分。界幅五分。）には「金澤文庫」の墨印（双枠、外縦二寸五分、横六分。内縦二寸三分五厘、横四分五厘）があるから、もと金沢文庫の蔵本なることは明らかで、北条氏が他の諸本と共に金沢文庫より接収して所持していたものである。北条氏が他にも金沢文庫本を所持していたことは、秀吉に小田原城を攻囲せられた際、氏政は黒田如水に金沢文庫本東鑑を贈った事実があり、又、榊原康政は軍功に拠り城内の珍籍、北山行幸和歌・土御門内大臣通親日記等を附与せられた事実等があることに拠っても知られる。榊原家に伝わった両書に捺印せられている金沢文庫印も亦、足利学校の宋版文選と全く同種の印である。榊原家の両書は、後に故あって家老安藤氏に移り、近年入札せられて又他に転じた。九華の自筆本又は自筆の書入本並びに手沢にかかる書籍は、学校に数多く残存している。又、他に散出しているものも若干管見に入ったものがあるから、今併せてそれ等を列記し、九華の学識の博高であったことの証見としよう。

まず自筆写本としては、左の如きものがある。（所在を注記しないものは学校現存。）

「論語集解」（巻一・二）零本　一冊

毎半葉八行十六字書写。界高六寸。界幅六分弱。魏何晏集解本に皇侃義疏・邢昺疏・新注等を細注してあり、細注は同じ頃の書入と認められるが、九華の筆ではなく又別筆である。見返の文字は礼記集説の見返の識語と同筆であるから、或は文伯の加

筆にかかるものかもしれない。然らば本書の筆写が九華壮時の筆かと思われるのに適っている。その外題（「論語 自一至二」）は九華の筆に成り、なお本文中には、後の三要の書入及び睦子（第十一世庠主）の書入も見える。（図版三八参照）

「論語集解」　十巻　五冊

毎半葉七行十六字書写。界高六寸六分。上欄一寸四分。前半（巻五まで）は、九華晩年の筆蹟と思われる。巻六以下の後半は同時の別筆で、恐らく門人の手になるものであろう。書入は見えないが、訓点・朱点が加えられている。大本、斐楮交漉料紙。藍色原表紙を存し、巻首序の次に論語起十四行がある。（図版三九参照）

「毛詩鄭箋」　二十巻（有欠）　七冊（図版三四参照）

巻十一・十二並びに十七至二十を欠く。毎半葉七行十四字。界高六寸三分五厘。大本（大いさ、縦九寸六分。横六寸六分。）本書はこれまでただ室町末期写本と称せられているが、九華の自筆本である。現在扉になっている部分は本文共紙のもとの表紙である。朱墨点並びに注記書入（多く釈文正義を抜抄）を存する。巻末に「野之國學」の朱印記を捺す。この書は別蔵十冊完本を以て移写したものであろうか。或は両本共通の祖本に基づくものか。

九華自筆論語抄（表紙）

「論語抄」　十巻　五冊（鑁阿寺蔵）（挿図参照）

次記の史記列伝・七書講義等と同じく極めて大型の写本（縦一尺一寸弱、横八寸）で、毎半葉九行有界、注双行片仮名交り。論語の仮名抄で、本文は九華盛時の筆蹟と認められる。その内容は先行の抄物を基にしてはいるが、異なる所もあり、九華の編著と言ってもよいであろう。各冊の外題に

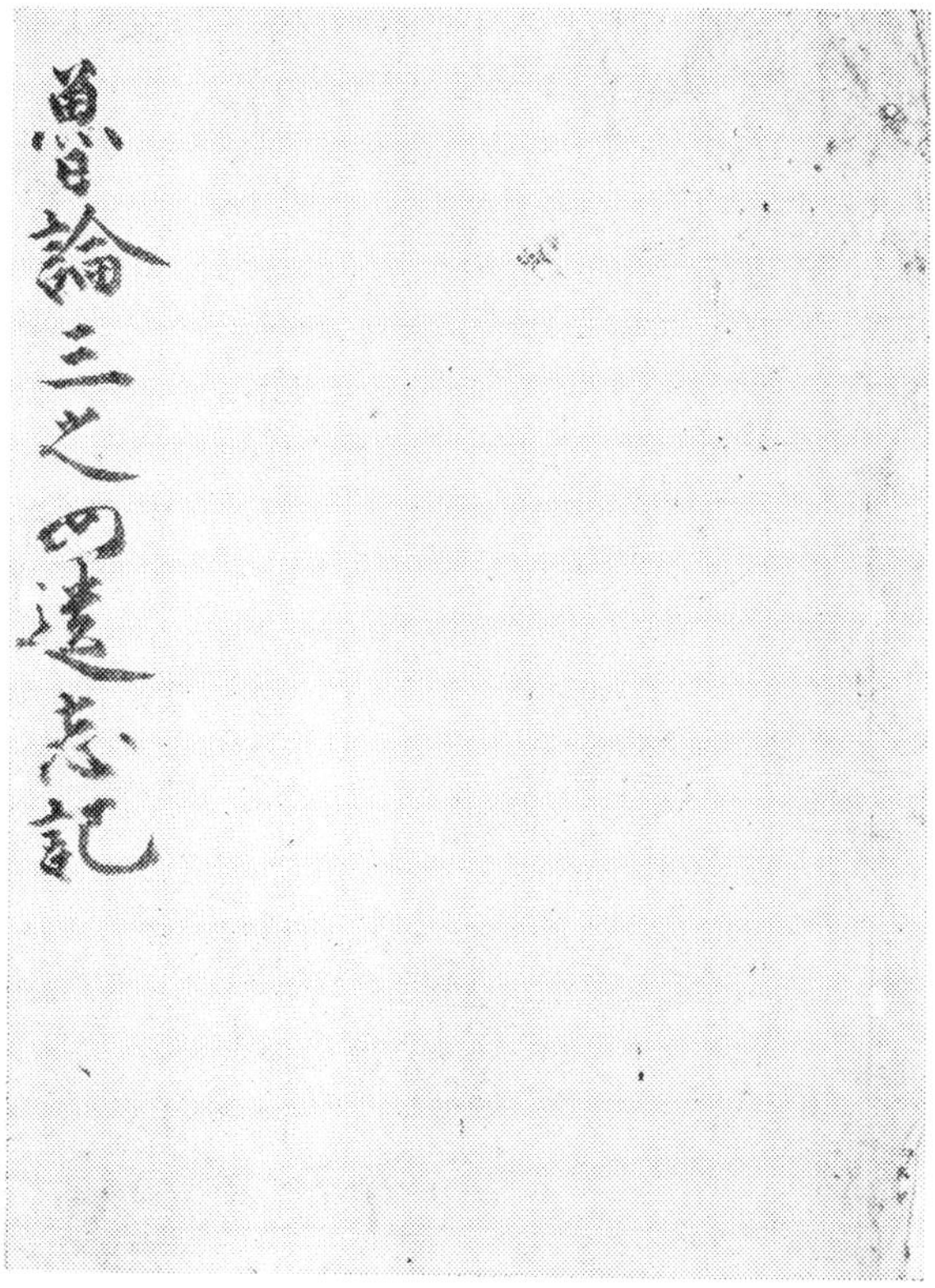

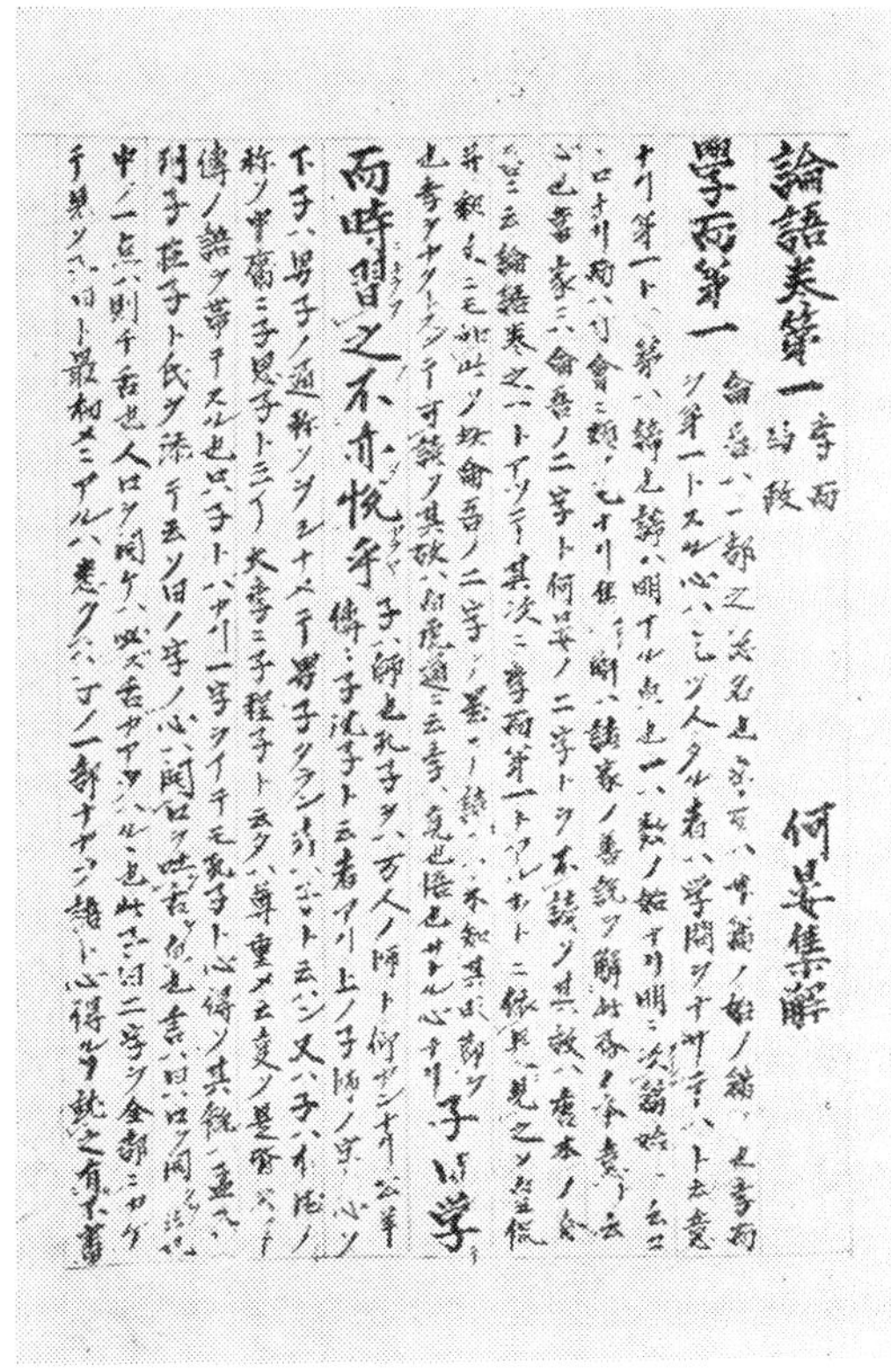
論語巻第一　何晏集解
学而第一
学而時習之不亦悦乎

九華自筆論語抄（巻一首）

自ら「魯論三之四（五之六・七之八・九之十）遺忘記」としたためているのも、その傍証となるかと思う。（第一冊のみ外題佚す。）なお全巻に晩年の自筆書入も見えているから、座右に具えて絶えず講読に用いていたものと推せられる。かくの如く、九華が論語集解を二度以上も手写し、且つその講義などをも著作している点から見ると、九華が論語を重んじていたことも判るのである。本書は現に鑁阿寺に伝えられているけれども、もとは学校に在ったものに相違なかろう。但し、新楽定所撰の書目等にも見えていないから、それ以前に鑁阿寺に渡っていたものである。

「扁鵲倉公列伝」（史記列伝第四十五）　一冊（図版四三参照）

毎半葉十四行有界、二十四五字書写。界高七寸五分。本文墨附十二葉。巻末に、周本紀及び詩抄が綴込まれているが、それは別筆であって、後に合綴せられたものと思われる。極めて大型本で、本文の他に上下の欄外等に注記の書入が多く見え、九華講学の跡が伺われる。本書は史記中の一巻ではあるが、それが扁鵲倉公列伝であるのは、頗る意義深きものがあるのであって、当時学校に学んだ徒の中には医家を以て立つ者もあり、田代三喜・曲直瀬道三等の如き名医をも出しており、又、学校においては医書の講ぜられることもあったと伝えているけれども、講義に用いた医書は他に残存していないのである。然るに、本書は漢土医家の祖たる扁鵲倉公の伝であるから、いはば医書講学の立場から存在する一本であって、一見史記列伝の零本の如き本書は、実は学校における医書講学の資料として極めて注意すべき伝本と言うべきであろう。長らく「史記（零本）」として扱われて来たが、筆者はこれを「扁鵲倉公列伝」として立てたいのである。九華が盛時の筆になるものである。なお別に瑞仙桃

源の史記抄（欠本）十二冊の残存中、原の第七冊のうちに扁鵲倉公列伝の分のみが綴込まれてある。この抄物を九華は参考に使用しているのは注意すべきである。（「室町時代医学史の研究」（服部敏良）参照）

「施氏七書講義」　四十二巻　十冊（図版四五参照）

毎半葉八行有界、十七至二十九字書写。界高八寸四分。朱墨点・振仮名附。九華晩年の筆で、巻六の末を七と改め、以下順次四十三巻に終っているが、原本は四十二巻である。本書の書風には清原宣賢のそれが偲ばれるものがあるから、或は九華は宣賢の伝本に拠って移写したものであるかもしれない。頗る達筆に手写せられていて、現存九華自筆の諸本中論語抄と共に最も筆蹟の勝れたものである。第七冊末巻三十四三略の部の末及び、第九冊末（巻四十）に九華が最晩年に至って加筆した左の如き識語が見え、九華好学の状を伺い得ると共に、兵書の講義が学校において盛んであった事実をも知ることが出来るものである。〔なお三要もこれを講読に使用したと見えて、巻中に間々自筆の書入がある。〕

（巻三十四末）講義印板自壬生殿令恩借一挍早矣借肥後州人九海老手入落字

天正四年丙子之秋雨灯前挍之

（巻四十末）　借大隅産九益手以印板挍之

又、今は佚しているが、新楽定所撰の書目には、「武経七書　写本　十冊　九華老人ノ自筆也」と言うものがあり、さすれば本書と併せ見るべきものであったわけである。

「重離畳変訣」　一巻　一冊（図版二八至三〇参照）

文安三年に謙宗の著したものを、九華が手写した一本で、毎半葉十行書写、字面の高さ、七寸一分。毎行約二十三字。学校にはなお他に同内容の書が二部残存し、一部は本書と合綴せられていて、同じく室町末期を降らぬ頃の筆になるもので、文安の跋一葉を欠く。毎半葉有界八行。界高六寸四分。又、他の一部は江戸初期の書写と認むべきもので、それには巻末跋文の末に「文安三丙寅仲春上澣日　謙宗焉」と見える。（江戸初期写本は原拠本が完い姿の際移写せるものなるべし。）その跋文に拠れば、謙宗が先師の密かに校する所の重離畳変之法を略述するものであると言い、先師（耕雲）は万年鹿苑の大岳老和尚に受

業したものとある。占筮関係の伝書を手写している点は最も注意すべきであろう。

他に、九華の自筆写本としては、その若書きかと思われるものに東洋文庫蔵の「黄山谷詩集注」（巻一至四、一冊、零本。）がある。巻二の末に晩年の筆で「不可許他借學校九華（花押）」の墨書識語が見える。（本の大いさ、縦八寸二分、横六寸。）又、帝国図書館（今、国会図書館蔵）で明治三十八年に購入した「論語集解」（裏打補修、一冊。）は巻六まで書入ともに九華の壮年以前の筆で、巻七以下巻末までは同時の別筆。巻中に張紙を加えて注記書入を施してあるが、それも殆どは本文同筆である中に、或は文伯の手かと見られる注記書入が若干存し、時に「私云」と自家の説を記した部分がある。（毎半葉九行有界二十字。注双行。界高六寸七分五厘。上欄一寸五分五厘。紙幅九寸四分。）

又、今は佚しているが、新楽定所撰の書目に見えているものに、「毛詩序」一冊があり、巻末に左の識語があったと言う。（なお「上に書入多し、注は正義也。」とある。）

　永禄十三歳次庚午秋九月九華叟行年七十一記之

次に自筆書入のあるものとしては、「古文尚書」（十三巻、写二冊。）・「尚書正義」（零本、一冊。文安三年写。）・「毛詩鄭箋」（二十巻、写、十冊。）・「礼記」（二十巻、写、十冊。）・「礼記集説」（十六巻、元天暦元年刊本、五冊。前記参照）・「文選」（宋版、六十巻、二十一冊。前記参照）（以上学校現存）・和漢朗詠集私注（釈信敬注、今佚す。）等があり、表紙又は扉（もと表紙、今新たに表紙を加えたる故、扉となる。）等に外題等を加えた手沢の諸本としては、「周易本義啓蒙翼伝」（四巻、写、三冊。）・「孟子註疏解経」（十四巻、七冊。長享二年写。天輔寄進。別記参照）・「荘子抄」（写、六冊。）・「帳中香」（二十巻・写、九冊。）・「聯芳集抄」（写、六冊。）・「科註妙法蓮華経」（八巻、写、七冊。）・「人天眼目抄」（三巻、写、三冊。）等がある。

「古文尚書」（旧題漢孔安国伝）は、九華より稍以前の写本と認められるが、毎半葉有界九行二十字。界高六寸二分。上層には正義・蔡伝大全等をも補注し、本文には異体字が多い。後の三要・寒松等の注記書入も見えるが、九華注記書入の筆も交っている。藍色原表紙を存し、「足利孛校」の印記があり、また巻四・八・十三末に「雪」と署してその下に朱印を捺す。（図版三一参照）

「尚書正義」（零本、一冊。）秦奭の上表（首欠）・上五経正義表・古文尚書正義序及び巻一のみを存し、巻末に、本文と同筆で

左の書写識語がある。

　文安丙寅之春野州足利之北窓下書之也　主丶藝也

右の識語の上下の部分に九華が「尚書巻第一」「主九花也」と加筆し、下の「主丶藝也」は判読し難くなっている。（図版三二参照）藍色原表紙の下部に「尚書」「九華」の識語がある。なお巻中には、後の三要の書入も見える。毎半葉九行書写。毎行十五至二十一字。

「毛詩鄭箋」（二十巻、十冊。）本書は九華頃の書写にかかるもので、藍色原表紙に白墨で「周詩自五届六」等の九華壮年時の外題があり、巻中、上層欄の注記書入には、本文と同筆のものもあり、又、九華の筆もある。（なお三要の筆も交れり）。本書には各冊末に慶長二十年龍派禅珠（寒松）の墨書識語があり（後記参照）、これは相国寺卜隠軒主心甫伝西堂の寄附の由であるから、九華の手沢本が他へ出ていたのが学校にかえったものである。第一・十冊等に三要の「敬復斎」の黒印記を捺す。毎半葉九行二十二字。界高六寸。九華自筆の有欠七冊本は本書をもとに書写したものであろうか。或は本書と共通の祖本に基づいているものかもしれない。（図版三三参照）

「礼記」（漢鄭玄注、二十巻、十冊。）毎半葉九行二十字書写。界高七寸五厘、上欄一寸三分五厘。九華より稍以前の頃の書写になるものであって、上層等に釈文・正義・新注等を補記してある。第六冊の見返（次図参照）に本文と同筆で、

　後学東滙澤陳澔集説　　陳澔外題下如此

　在東魯学校主席書之　　寫点之時也

と言う識語があり、第一冊の末には、九華が「学校常住本陳澔本奥書云」として、別蔵の一牛寄置の元版「礼記集説」の第一冊末の墨書識語（前記参照）を移写し、一牛に傍注して、

　能化天矣時人也大隅産九華能化之時為童蒙点之、本経同注以正義本校之圏削字也

と記し、又、永和元年の左傍に「天文廿四年勘之百七十四年也」と注記している。（図版三五参照）従って九華の正義本との対校書入は天文二十四年のことである。（元版礼記集説の永和の識語の左傍には同じく九華の筆で「天文廿二年勘之百七十二年」と見える

ことは、上述の如くである。）なお又巻中には、九華晩年の注記書入も存する。（第四冊の表紙外題も九華筆。）然らば、九華より稍以前に本文を書写した学校主席とは何人であるかと言うに、恐らくそれは、文伯であろうと思う。達筆の麗しい筆蹟であって、学校司業の人の手として適わしいものである。さらに本書と同じ筆蹟の写本は、前記論語集解の見返等をはじめ学校に現存するものが少くないから、もしこれを文伯の筆と推定し得るならば、前記の寒松の言は遺品に拠って実証することが出来るわけである。殊にこの手蹟に属するものに仮名講説を多く手写しているのが注意せられる。即ち、「古文孝経抄」（一冊）・「荘子抄」（写、六冊。）・「人天眼目抄」（写、三冊。）・「山谷略抄」（写、一冊。）等がある。（図版四九至五二参照）〔「禅門古抄」と仮に題する小冊に同筆の書入一丁あり。〕「宋版文選」に関しては前に述べたからここには略し、他になお、今佚しているが、新楽定所撰の書目に「和漢朗詠集私注至テ古シ、九華ノ書入ナドアリ。応保元年辛巳　釈信救」と見えるものがある。

又、九華が外題等を認めたものとしては、

「周易本義啓蒙翼伝」〔今、上篇を佚し、中・下・外の三篇を存する写本、三冊。本文は九華頃の筆になり、原の表紙（今、扉）を存し、外題は九華の自筆である。十一行二十一字。界高六寸二分。界幅四分。〕（図版二七参照）〔大東急記念文庫に九華筆と認められる周易（王注）巻七・八の零本一冊がある。〕

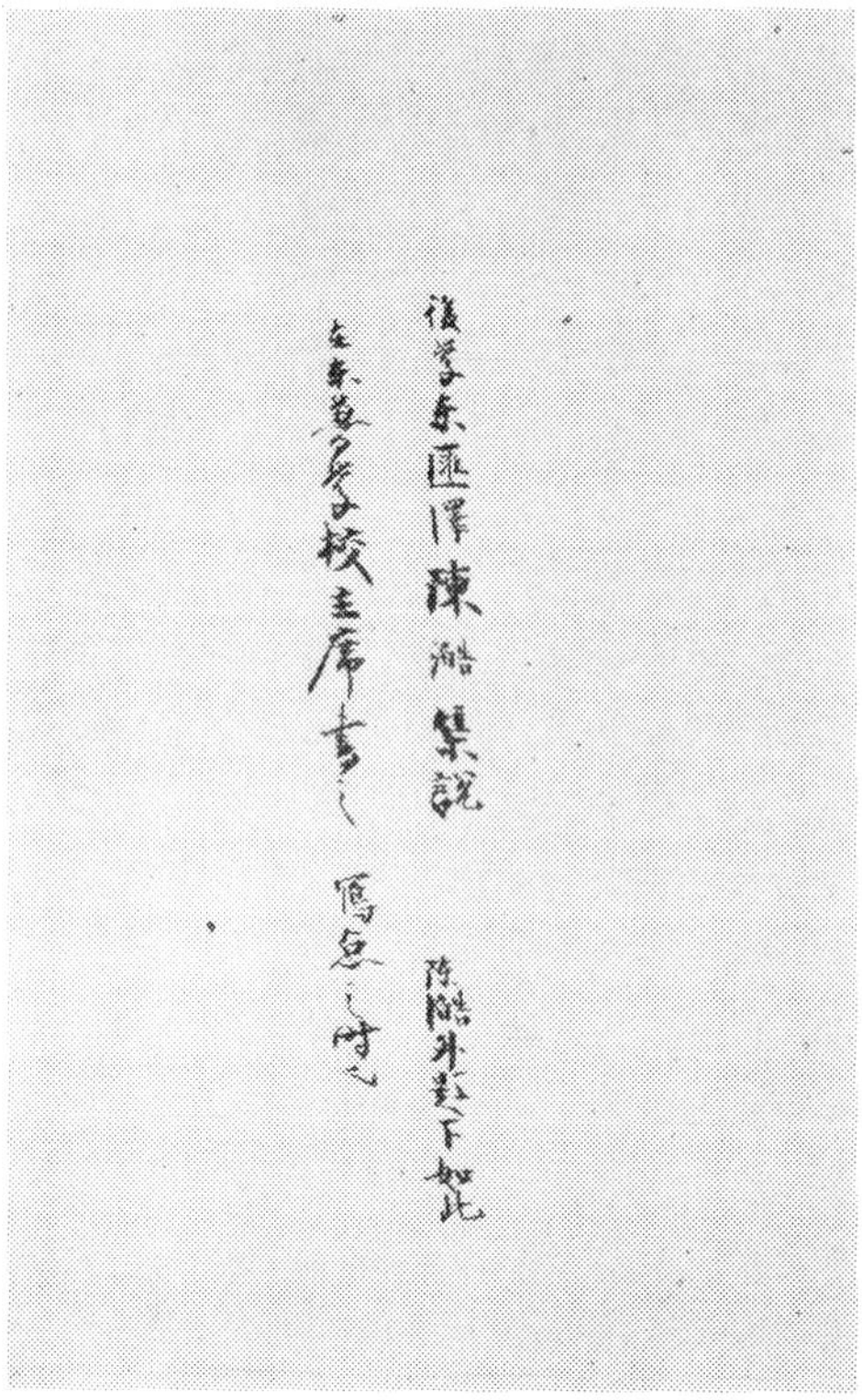

礼記第六冊見返墨書（文伯筆か）

「周易」〔魏王弼・晋韓唐伯注、十巻。巻五・六欠、三冊。毎半葉八行十六字。字面の高さ七寸。本文は柔かい書風で九華門人の筆かと思われる。朱点附訓書入。本文料紙はやや厚い楮紙で、もとの共紙表紙は今扉となって残っており、これに九華自筆の外題がある。下篇にはその上にさらに扉（一時は表紙となっていたもの）が添えてあり、それは三要風の筆で「共四冊」と記してあるから、その当時は四冊であった。しかしこれは学校伝存の別本を写したものかも

しれず、今の中冊の見返に「享和元年酉秋改焉失上篇　董席元牧」と墨書が見え、もと五冊であったと思われる。」

「孟子註疏解経」（十四巻、七冊。八行二十三字。巻一首、字面の高さ六寸七分。巻末、界高五寸五分。長享二年写、奥州天輔寄置。第四至七の四冊には天輔の時の原表紙（今扉となる。楮紙）の残存するものがあり、九華が外題「七冊之内　孟子疏」等を認めている。（上図並に図版四二参照）

「荘子抄」（写、六冊。毎半葉有界十六行、界高六寸二分五厘。上欄一寸五分。第二・三・六の三冊のみ原表紙を存し、九華の手題がある。）人天眼目抄と同筆であろう。本文は前述の文伯筆かと思われるものである。（図版五二参照）

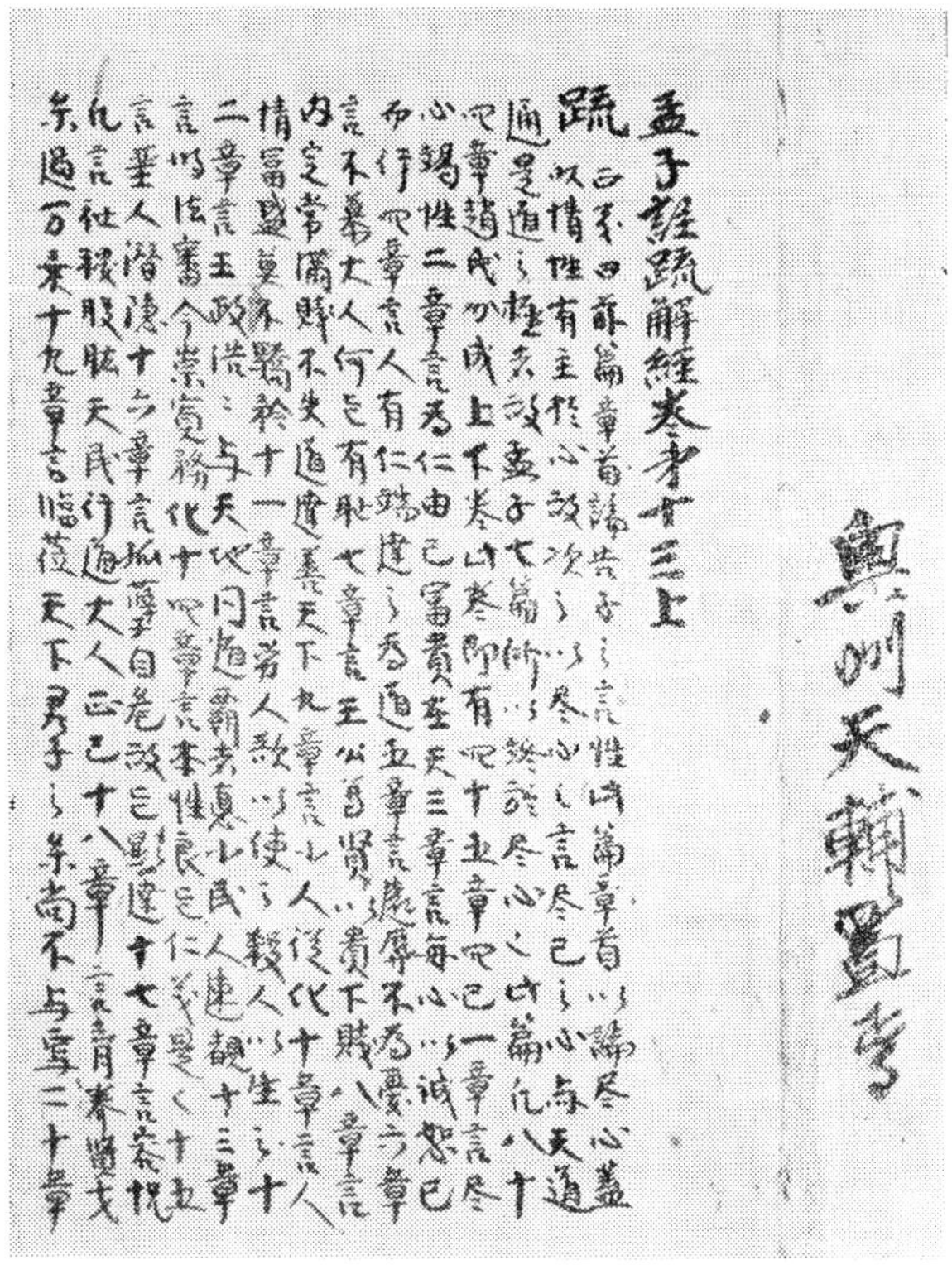
孟子註疏解経巻第十三上

孟子註疏解経（天輔識語）

「帳中香」（二十巻の内、巻一・十の二巻欠。写、九冊。十四行書写。字面の高さ八寸四分。寄合書。九華に似た書風があるから、門人の書であろう。又、荘子抄・人天眼目抄等と同筆と思われる部分もある。（図版五三参照）原表紙には九華の外題が見える。）

「聯芳集抄」（釈印成撰、写、六冊。十二行書写（巻二のみ匡郭あり）。字面の高さ七寸三分五厘。巻二上・同下・三上・四・七・九の六冊を存し、本文は九華頃の寄合書で、巻三上に「学校常住　聯芳集七札　九華」の九華手題がある。

「科註妙法蓮華経」（八巻の内、巻一を欠く、七冊を存し、九華の自筆外題がある。有界九行二十至二十二字。附訓。匡郭縦六寸三分、横四寸七分五厘。上欄一寸五分。）

「人天眼目抄」（三巻、写、三冊。上巻を欠き三体詩絶句抄を補配してある。下冊に「人天眼目川僧抄下共三冊」の九華自筆の外題がある。その他、巻中の頭注にも九華の手かと思われる部分もある。）（次図並に図版五〇・五一参照）

等があり、これ等の中、荘子抄・人天眼目抄等が或は文伯の遺筆ではあるまいかと思われることは上述の如くである。以上に拠って見れば、九華は学校における講学のため、若年より老年に至るまで絶えず勉強を続けていたことがよく判るのである。九華の講学の範囲も、易学以下四書五経の経籍類より道家・詩文等に及び、又、当時の学校参学の徒が易と共に併せて最も要望した兵書・医書の類より、貞永式目・和漢朗詠集の国書・仏典等頗る多方面に亙っていたのであって、この庠主の下に学徒が雲集し、学校の最盛期を現出したのも当然であったと思われる。

他の禅家緇流の詩文集等に拠って九華と交渉のあったことの知られる禅徒としては、猪熊信男氏蔵の葛藤集に見える菊潭（前記参照）、上記の猶如昨夢集の彭叔守仙等の外、建仁寺両足院蔵の雑抄（五山僧の詩文を抄録せるもの）に、巣雪が「自二鎌倉一寄二九華一詩」と題して、

九華山容名字新　思量学者仰之臻　桃紅李白薔薇紫　東魯春風属二一人一

と言っているのが見える。彭叔守仙は、前記の他に、東福寺僧熙春が足利の九華に従学していたのを招帰せんとする詩を九華に贈った際、九華が次韻して返答したのに対し、後に熙春が帰洛してから関東遊学の僧に託して再和の詩を贈った由が、猶如昨夢集に左の如く見えている。（上村観光「室町時代関東の学問」所引）

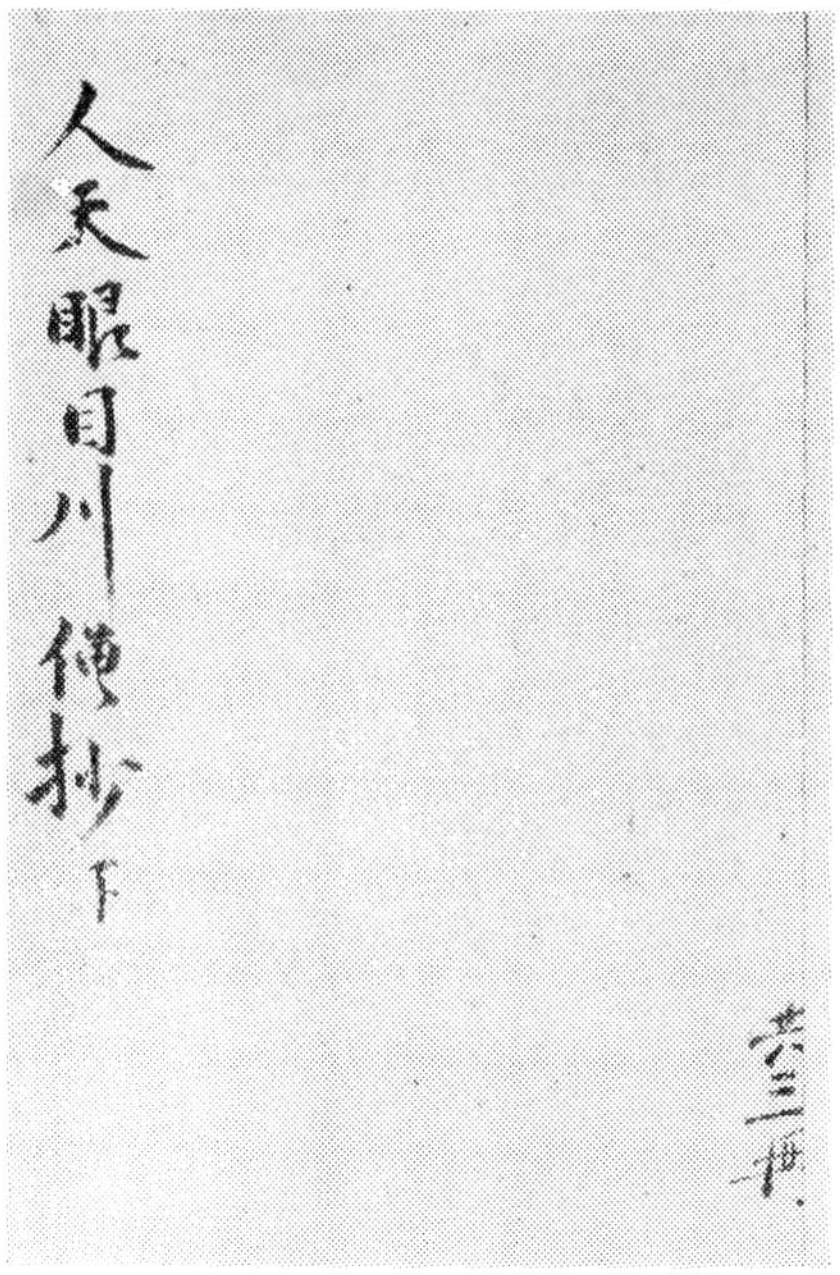

人天眼目抄（九華手題）

癸丑（天文二十二年）之歳、予有下招二熙春首座一之野作上。学校九華老師次二其韻一賜二一章一。後日不レ聞二鴻音一、因而弗レ能二再和一。多罪々々。今玆乙卯（弘治元年）、熙春旋京、於レ是乎、有レ僧入二関左一、不レ堪二踰躍一、遂攀二前韻一、叨綴二一絶一。

師翁立レ学在二東方一　孔日麾回猶未レ□　白髪□□齢六十　青衿着了侍二灯光一

九華の受業者中聞えている者としては、第九世庠主三要・第十世庠主寒松・東福寺の熙春・涸轍（祖博）・古渓（宗陳）・要法寺の円智（日性）・天海等がある。

九華の歿後は、受業の徒も四散し（寒松稿、「奉信州関善蚉宿和尚書」中に、天正初年共に学校に入り、九華死後「洙泗之徒東西離居、三十二年于今」と見ゆ。）、一時学校も寂びれたのであって、これ亦、九華の人徳と学識とを如実に物語るものであろう。その七周忌（天正十二年）に際し、熈春は、

利陽能化前禅興玉崗大禅師七周忌之辰、予頃罹微疾、不離枕席三旬余、不識歳月之逝。于時閑室禅伯来告予曰、今月某日、当玉崗大禅師七周忌之辰、翁記之否。乃袖香瓣、為大禅師要供茶菓。予聞之、且駭且嘆、老涙潸然不収。東遊之日、就大禅師聞講周易、十旬而終之。恩義大哉、先是禅伯寓利陽十余霜、従大禅師該通経籍之奥、竟抜萃於杏壇之諸徒。加之代能化為諸徒講書伝、其才望誰不仰止乎哉。然則予之於禅伯、可謂異姓兄弟。於是不勝感激、設伊蒲寒供養、近寺浄侶諷演楞厳神咒、次賦伽陀一篇、聊充非薄之奠云、伏乞昭鑑。

大興二聖業一魯東家　万巻蟠レ胸小二五車一　八月回春再来僧　徳香不レ改七梅香

と記している。（清渓稿）又、熈春は、足利遊学中に両野の地を遍歴した際、桐生より九華に宛てて、

離会依然収五螢　十年灯両眼纔青　釣衣寄宿御床側　添得桐江一客星

と賦して贈っている。（清渓稿）

寒松も亦、慶長十五年、九華の三十三年忌に当り、次の如く先師を追偲している。（寒松稿巻三）

玉崗和尚三十三年忌頌弁序

野州利陽杏壇七世之講師、前住禅興玉崗和尚、諱瑞璵、自称二九華一、自二天文庚戌一、至天正戊寅一、司業已二十九年、七十有九歳示寂、禅珠某甲、二十五歳之歳、尋二師於花裏一、来而借二甕牖於鱣堂之傍一、蒙二慈誨一者殆五六霜。今茲慶長十五祀庚戌八月十日、正当二講師三十三年一、某甲董二当庠之席一者九年、于レ今偶逢斯二遠忌之辰一。鳴年蝗無レ由レ備二薄供一、集二七箇道之徒一諷経而已。聊唱二祇夜一篇一、以奉レ酬二慈誨之万一一云、伏乞真鑑。

昨日講筵曾得レ陪　白頭三十有三回　清香董徹博山上　一燧黄雲八月梅

なお、九華が永禄十一年に易学を伝授した証文の類が近時市場に出て、慶応義塾図書館に蔵せられるが、それについては後章

に言及する。

八　第八世庠主宗銀

第八世庠主宗銀についても伝えられる所は極めて乏しい。前庠主九華の盛時を承けて、ともかくも司業に任じたと言うに止まるものであろう。住持世譜には、

第八世宗銀和尚日向人。在庠九年。十月廿日卒。（不知何年）其所筆蓋多。今存者、司馬光指掌図等不一皆其手書也。

と見え、学校出来記も亦、同じく「書本多有レ之、司馬光指掌図等、皆師自筆也」とあるが、指掌図も今は佚しており、その筆蹟も未詳であるため、現存書中に宗銀の筆になると思われるものを求めることは困難である。

なお煕春の笑閣集に拠れば、宗銀の需めに応じて煕春は「古月」なる字号を撰んだことが判る。

利陽学庠教授銀公禅師、价レ人被レ需二佳称一。乃択二古月二字一応レ命。盖薩埵月照二白銀世界一者、非二普賢境界一庁。月者大陰之精也。光照二混沌未レ分之先一輝二騰古今一者、禅師心頭之月也。誰不レ借二余光一也乎。以レ古加レ月者、本二于玆一矣。其詞云。

鏡容本不レ仮二磨礱一　那堕一辺光影中　試自威音己知看　氷輪依レ旧掛二秋空一

宗銀は、天正十五年に庠主を辞して、三要に譲り、同十七年十月二十日に歿した。

九　第九世庠主三要

第九世庠主三要に関しては、伝える所が比較的多く、大日本史料第十二編之十三、慶長十七年五月二十日の条（三要歿時）にも亦、関係資料を掲げてあり、学校由来記には、

第九世閑室和尚。師諱元佶、一名三要、又世称二佶長老一。肥州小城郡人、幼而於二同州円通寺一薙髪、諸方遊歴、壮歳好二儒

書一、至二于足利学校一、徧二通内外学一。以レ有二抜群之奇才一、従二東照宮様一被二召出一、御年筮御用等被二仰付一、昵近多年。又蒙二大恩一。与二金地院本光国師伝長老一、同掌二寺社職一。初自主二都鄙国学一而位二于十刹一、又歴二乎五岳一、特賜二紫衣一、位昇二南禅一、加レ之以二御直判一釆邑百石拝二領之一。於二伏見城一、大神君命レ師改二正孔子家語・貞観政要・武経七書等之軍書一、而寿梓流二布于世一。大神君又賜二書籍二百部并植字判木数十万一。又曾於二学校一作二四書五経之口義一。関ヶ原御出陣供奉之節、白練絹朱丸之内、以二御直筆一書二学之一字一、指物賜レ之、毎度御出陣之節、御日取御吉凶等考差二上之一也。大神君台徳院様両御代、年頭之外、依二御用一往来之節、御朱印伝馬被二成下一、毎度御暇并御領物等被二仰付一也。師晩歳伝二中峯和尚法於耳峯東堂一、又有レ偈曰、万事人間傀儡子、棚頭日々使レ狂レ予、言レ非言レ非是何物、端的看来脱二有無一。師慶長十七壬子年、於二駿府一御側相勤、同年五月二十日、則於二駿府一遷化。世寿六十五。為二遺物一献二黄氏日抄全部一。全部三十一冊也。

と見えている。即ち、天文十七年の出生、鍋島勝茂譜考補に拠れば、肥前小城郡晴気の城主千葉大隅守胤連の落胤で、その懐胎した妾が老臣野辺田氏に嫁して出生したと言う。永禄中円通寺塔頭養源院で出家し、同寺にあっては、金庭菊に侍して句読を受け、その法を嗣いだが、後に足利に遊学して九華に従った。学校において抜群であったことは、熈春の記す所に拠って最もよく知ることが出来る。清渓稿の九華七周忌の際の文詞に見える部分は、前に掲げた（九華の条参照）から、ここには、笑闇集所収の三要が熈春に字号を需めた際の「閑室号説」に拠ってこれを見よう。

（前略） 円通門下、有二一英衲一、諱曰レ佶、蚤歳負レ笈、不レ遠二千里一、入二東関一読二東魯書一、経史子伝共該通、互討論則為レ之撤二皐比一、誰不レ尚乎。（中略） 一日就レ予請レ更二其字一。輙命以二閑室二字一。詩周六月篇曰、四牡既佶、佶々且閑。予所レ取在二于玆一矣。考二字書一曰、佶正也閑也。物正則閑也。復易艮卦曰、時止則止、時行則行。動静不レ失二其時一道光明矣。是故雖レ窮二居于江湖一、有下抛レ竿為二帝師一者上。雖レ野二処于岩穴一、有下釈レ耒為二輔相一者上。山林丘隴之際、韜レ名晦レ跡之族、或得レ時動、或失レ時止、其揆一也。宋黄太史詩曰、江南野水碧二於天一、中有二白鷗一閑似レ我、古今膾二炙人口一、是閑之時也。以レ室加レ閑者、孤山閑居、禹錫陋室、其義同而其趣異也。公異日坐二断三間峰頭一、端二居方々室内一、喧寂倶泯、物我相忘、当二此時一、毘耶不レ克レ杜レ之、摩竭何曾掩レ之耶。

三要が足利に学んだのは何時頃か判然しないが、上記の熈春の天正十二年九華七周忌の文中に「先是禅伯（三要）寓利陽十余霜、従大禅師説通経籍之奥、竟抜萃於杏壇之諸徒、加之代能化為諸徒講書伝、其才望誰不仰止哉。然則予之禅伯可謂異性兄弟。」と言っている点から推して、天正の初年頃であろうと思われる。その頃であれば、天正元年は三要二十五歳に相当するから、蚤歳負笈と言うのに合する。九華の歿後、天正十五年第八世庠主宗銀が任を三要に譲るまでの間は、熈春の清渓稿に見える如く、天正十二年には在洛しているのであるから、間々他郷へ出たこともあるのであろう。慶長五年三月二十二日賜帖南禅寺に陞った際の承兌作の陞座（南陽稿所収）に、「前建長閑室和尚住南禅山門」と題しているのも、その間鎌倉に在ったことがあるためであろう。庠主となって後数年、小田原北条氏の滅亡に際し、秀次に従って、天正十九年冬学校の典籍什器と共に入洛し、学校には百石の学田を寄せられたことは前記の如くである。後数年、文禄四年七月、秀次が秀吉のため高野で自尽して果てた後、徳川家康に従うに至り、秀次の命に拠って京洛に持ち去った典籍什器も亦、家康の斡旋に拠り、再び学校へ戻ったのである。そのことは林羅山の承応二年日光紀行中（羅山文集所収 前記参照）に庠主睦子の語る所に拠って判明する。その文を重ねてここに引用すると左の如くである。

睦子復談云、関白秀次、帰レ自レ東時、前寮主元佶閑室、取二什物一従二秀次一以赴レ洛。東照大神君聞而恚レ之。既而秀次背二秀吉公一、入二高野山一自殺。於レ是佶亦転徙、神君使三城氏与二月斎一、責二収什物一。以還二此処一、所謂此四幅聖像及五経注疏在二其中一。（下略）

これについて近藤守重は右文故事に、その城氏を考証して、

家譜ヲ按ニ、城昌茂織部佐和泉守天正十二年奉大権現ト見ユ、此人ナルベシ。今学校ニ織部佐の古文書アリ。

と言い、又、別に守重は、慶長七年十一月二十一日附、寒松宛の三要書状（好書故事所引）を掲げ、その附考には、

（三要書状）此書付為二後昆一如レ此候

就二此度退院之儀一、書院致二建立一候、為二奉加一

柱十本城織部殿 垂木竹百本 書院板壱枚 懸三郎左衛門殿

為ニ御心得ノ書付進候。恐々敬白

慶長七寅

十一月廿一日

学校隠居

元佶（花押）

学校侍者禅師

守重考ニ、此一通ハ三要退院ノ時、当住ヘノ遺書ナリ。寛永諸家譜ヲ按ズルニ、城織部佑、名ハ昌茂、後ニ和泉守ト改ム。武田晴信及勝頼ニ事フ。天正十二年、父景茂ト同ジク御朱印ノ書ヲ拝領シテ、大権現ヘ拝シ奉ル。永久手御供、慶長五年関原御陣供奉、元和元年大坂両御陣ニモ従ヒ奉リ、寛永三年信州ニ於テ死去スト云ヘリ。武辺雑談ニ大坂御陣ノ軍監トナリシ事見ユ。板坂卜斎ノ慶長年中記ニモ比々ト見エタリ。又或人京師ニ於テ、織部佑自ラ其ノ名ヲ題シテ某寺ヘ寄進セシ古本ヲ購ヒ得。懸三郎左衛門ハ考フル事ナシ。又、城氏譜ヲ閲スルニ、武州鴻巣辺ヲ知行セシマデニテ、足利学校ニ于係スベキ事見エズ。道春ノ日光紀行ヲ按ズルニ、睦子復談云（中略）トアリ。其ノ城氏モ即チ此ノ人ナルベケレバ、嘗テ命ヲ奉ジテ学校ノ什物ヲ保護セシ縁故ヲ以テ、材木寄進ノ事モ有リシナラン。（中略）慶長記ニ、慶長六年九月、大御所、伏見ニ於テ学校ヲ草創シ、僧侶ノ入学ヲ勧メントテ、足利ノ学校ノ住職閑室僧三要ヲ召シテ、師範タルベキ旨ヲ命ゼラル。即チ一院ヲ建立アリテ、円光寺ト云ト見エタリ。然レバ慶長六年秋、三要伏見学校教授ノ命アリシ故ニ、其ノ翌七年冬、足利学校退院アリシナルベシ。又、此充名学校ト云フハ、第十世龍派ヲ指ス。諱ハ禅珠、又、寒松ト号シ、又鐵子ト称セシ和尚ナリ。

と見えている。城氏に関しては守重の考説の如くであろうが、なお城織部佐に関しては、承兌の鹿苑日録、（慶長二年九月二十二日の条）に「自ニ城織部方ニ群書治要六冊来、此以前四十三巻、合四十九巻之分返進也」とあり、又、同十月一日の条に「太平御覧廿五冊渡于城織部、史記抄十八冊自城織部来、残一冊也。」と見え、又、同十一日に「自城織部方摘綿百目被贈」等あって、城織部は家康の命に拠り、書籍の借写等について承兌と交渉があったことが散見し、又、藤原惺窩の文集（享保刊本）巻十二、林道春に与えた書簡中に、「此史冊四十五、頼ニ足下ニ以達ニ于城泉刺史ニ、則幸之幸也。蓋拙奴不レ識ニ彼旅館ニ故也」とも、又「城泉手牘、具得ニ事実ニ、蓋足下介紹之労、謝有レ余。」等とも見えているから、秀次所携の足利本の復帰等に関して

亦奔走したことも推測せられる。

又、三要の学校退任については、右の状に「此度退院云々」と言っているから、慶長七年に庠主を辞した如くであるが、それより先、慶長四年六月刊行の伏見版孔子家語・同六韜の跋文に「前学校三要野衲於城南伏見里書焉」と自ら記し、又、同五年刊貞観政要の承兌の跋文中にも「前学校三要老禅」とあるから、慶長七年以前、即ち、秀次に従って入洛して以後は、家康に属するに至ってからも、恐らく足利の学校には自ら赴いて督学することもなく、学校は、その実質を失っていたらしく思われる。三要が、何時から家康に近侍するに至ったかは未詳であるが、鹿苑日録、慶長二年九月十七日の条に、承兌が伏見の家康の許に到った時、「関東学校三要亦来」とあり、同じく十月二十八日夜、家康の許で、毛詩を講ずるのを自分も亦聴聞した等と見えているから、当時、既に三要が家康に属していたことが判明する。関ヶ原の役に家康に従軍して陣中で占筮講書を行ったことはよく知られているが、翌慶長六年九月に至って、家康は伏見に円光寺を創設し、足利学校の制規を摸して所謂上方之学校を開き、儒釈の典籍二百余部を下附して、三要を校長とした。その機会に或は本所たる足利の学校も亦、再び顧られるに至って、建物等の修復が行われることとなり、三要は暫く疎縁となっていた足利の学校に対して再び庠主としての責任を自ら荷わなければならない様になったのではあるまいか。けれども家康に対する要務、伏見版の刊行、寺社の聴裁、円光寺学校の督学等、三要に俟つべきことが京洛に多かったため、足利の再興とも言うべき仕事は、後任として家康に薦めた寒松に譲って、己は正式に足利を退いたものかと思われる。

慶長七年十一月寒松が、新たに庠主の任に就いたことは、寒松稿巻二に、

奉㆓呈円光寺長老㆒幷序

往歳天正丁五（五年）之冬、在㆓利陽㆒、与㆓洛之円光閑室老翁㆒、共陪㆓周易之講筵㆒、臘月逢㆓立春㆒。嘗作㆑詩曰、耽玩研窮在㆓魯壇㆒、寿觴薄々対斟残、東君也似㆓摸稜手㆒、新古一年持㆓両端㆒。今茲慶長壬寅（七年）冬之仲、応㆓内府公（家康）之厳命㆒、而来董㆓学校之席㆒、又逢㆓臘之立春㆒。忽憶㆓同遊㆒、聊次㆓前韻㆒、託㆓洛陽之雁㆒、奉㆑呈㆓老翁之侍机下㆒、以供㆓一莞㆒云。

蒼顔白髪再登壇、邂逅新正値㆓臘残㆒、風采難攀春樹下、帝城望遠五雲端。

と見えるのに拠っても確かである。

三要の円光寺学校は、現今、円光寺（同寺は後に間もなく相国寺中へ移り、又後年さらに一乗寺に移り、中途より尼寺となる。）に当時の杏壇の額と杏壇図（一幅）とが残存しており、又足利の制規に摸して儒学を以て立ったことは明らかであるが、如何なる実績を収めたかは未詳である。円光寺もその後幾何もなくして家康の命に応じ相国寺内に移り、三要は寺社の訴を聴き、板倉伊賀守勝重と共に政務の署理に当ったから、学校に対して力を尽す遑も少かったことと思われる。

又、円光寺創設の前後に家康の命に拠り、木活字を以て、慶長四年より同十一年に亙って、所謂伏見版を刊行した事実は、よく知られている所であって、既に拙著「古活字版之研究」（第二篇第四章第三節参照）（同増補版六九四頁・九五二頁参照）にも詳細に考究してあるから、それ等を参照せられたい。その刊行書を表示すれば次の如くであって、何れも家康愛好の書籍である。（伏見版にはこの他、富春堂五十川了庵刊行の東鑑あり。）

慶長四年刊	孔子家語（六巻 附素王事紀一巻）（四冊）	三要跋（図版二一・二二参照）
	三略（三巻）（一冊）	同
	六韜（六巻）（二冊）	同
同　五年刊	貞観政要（十巻）（八冊）	承兌跋
	三略（三巻）（一冊）	三要跋
	六韜（六巻）（二冊）	同
同　九年刊	三略（三巻）（一冊）	同
	六韜（六巻）（二冊）（二版あり）	同
同　十年刊	周易（六巻）（三冊）	承兌跋
同十一年刊	七書（二十五巻）（七冊）（二版あり）	三要跋

伏見版の刊行に当っては、在来足利学校の蔵本を以て底本とし、又は校正を加えていると言われていたが、事実は余り参考し

ていない様である。慶長八年七月、家康は円光寺に寺領二百石を附与し、又、関ヶ原戦後慶長五年十一月、家康は、安国寺恵瓊から没収した書籍（恵瓊は朝鮮の役に彼の地の書籍を多数持ち帰った。）を承兌と三要とに分与したと言うが、（慶長年中記）それ等は、円光寺下附の二百余部の儒釈書と共に主として朝鮮本であったことが察せられる。即ち、足利学校に残存する朝鮮本は殆ど三要手沢本であり、又、円光寺に在った三要の遺書も亦、朝鮮本が多かったことは、江戸末期に京都の書肆佐々木春行の調査した「畿内学校円光寺蔵書目録」（春行自筆本、一冊、静嘉堂文庫蔵。）に拠って知られる。春行の当時残存していたものは、朝鮮本八十六部（内仏書十部、漢籍七十六部）である。

又、「三岳寺御建立由緒并寺領被仰付候事」（三岳寺文書）に拠れば、駿府の臨済寺江州之総見寺等の住持に召成されたともあるが、慶長十四年には、家康はさらに駿府に円光寺を営み、三要が在府の常住の居としたが、同十七年五月二十一日駿府で病歿した。寿六十五。寒松稿巻三には「悼閑室和尚并序」と題して寒松の追偲が左の如く見えている。

洛之万年山中円光主盟、前南禅閑室大禅師、中年為当庠之司業、而後以其業令予司之、在官行李、密々堂々、咸謂当世師表也、維慶長壬子之歳、蕤賓乙未朔、二十日、唱滅於駿府之新寺、越八日訃聞当庠、不勝痛慟、予修全蘭之盟者、四十年于今、追慕之情隠然于言外、欽裁一偈遠贈之、以準擬一銖之沈檀云、伏希昭鑒

杏壇寒松禅珠謦折

一顆円光洛水涯、三千価値浄無瑕、眉毛剔起去何処、化度他方欝笈花

なお又、三要の郷国の主、鍋島勝茂は、関ヶ原の役の際、三要が家康に謝した取りなしを徳として、小城に医王山三岳寺を創建し、三要を請じて開山とした。

三要は政治的に活動した関係もあって、交りを致した者も多く、鹿苑日録（慶長二年至十二年）を通じて知り得る公武の交友には、日野輝資・勧修寺光豊・山科言経・広橋兼勝、亀井玆矩・細川幽斎・藤堂高虎・東条行長・有馬豊氏・寺沢広忠・相良長毎・堀尾吉晴・片桐且元等の人々があり、緇流学儒においては、曲直瀬道三・同正琳・半井驢菴・承兌・煕春・天海・崇伝・寒松等の他、藤原惺窩とも交渉が浅くなかったことは、鹿苑日録（慶長七年三月七日の条）に、惺窩の宅で聯句を共に行

っていることが見え、又、惺窩文集（享保刊本）巻十一、林道春に与えた書簡中に「（前略）陽明文録、在二僧三要書室一、先レ是借以瞥爾過了。（云々）」等とあるのに拠って判る。

三要は家康に従ってから、その下に在って学校を経営し、開版事業を行い、寺社関係の政務に携わる等、種々政治的手腕を示したが、又、家康のために兵書経籍を講じ、且つ、学校由来記に「毎度御出陣之節、日取御吉凶等差上之」と言う如く、卜占をも行ったのである。

家康・秀忠父子に年筮を勘進したことは、三岳寺文書中に存する三要宛本多上野介正純のこれに対する礼状（慶長十五年正月）等が残存しているのに拠っても証せられる。

家康の他に武将で三要に卜筮を乞うものも亦少くなかった様で、毛利輝元が萩築城の吉凶の卜占を三要に依頼した事実が、毛利文書中に存する左の如き三要自筆の書留に拠って知られる。

（端裏書）「三　小吉」

謹筮　輝元公ハギ（萩）ニ城ヲ可取立申吉凶之占

（「遇」「臨」「之」「比」の図とその彖及び象の文とを記し）

慶長九年甲辰正月吉辰　前南禅学校閑室叟（扐之印）

即ち、これ等は、足利学校の伝統を伝える三要の占筮が世に信用せられていた事実を示すものと言うべく、三要が家康の側近に用いられたのも、三要が占筮に達していたためであったとも言えるのであるが、三要が単に占筮の実際に止まらず、易学の基礎たるべき経籍にも広く通じ、然るべき学識を具備していた点が同時に家康に重用せられ、その信望に適った所以であったのである。それ等は又、三要の遺書を検することに拠ってよく伺うことが出来る。乃ち、足利学校に現存する三要手沢の諸本を見るに次の如くである。

まず三要の著述としては、「春秋経伝抄」（十八巻、十八冊。）がある。本書は、毎半葉十行、十九至二十五字書写、字面の高さ八寸一分。巻十八襄公二十八年までで、以下は未完であったものと思われる。巻首に「春秋経伝抄　三要集（巻二以下「三

要集注」又は「三要集解」とも）（表紙には三要自ら「左抄（一）」等題する。）」と見え、その編著であることが判るが、九華の講説等を掲げてある部分もあり、足利における受講を基にして出来たものと認められる。大体、正義・大全等を集録してあって、自説と見るべきものは少く、その摘注に見識を見るべきものと言えよう。（又、本書には「野之國學」の印記があり、第一・二冊の首に睦子庠主頃の筆で「足利學校文庫」なる墨書識語が加えられている。）（図版三六参照）学校由来記に拠れば、四書五経の口義（仮名抄）を作ったと伝えているが、本書の他には現存していない。なおこの他に三要自筆本としては「職原抄」（二巻、一冊。）がある。毎半葉、有界八行十七字。朱墨点附。巻末に、正中二年・寛正五年及び「文明十四年歳次壬寅夷則一日聊終書写功太以左道〻〻。不可他見而已。紫微舎人丹治宿祢氏泰朱墨点如昼本同令読合早。同四日重而挍合入落字等訖」の原識語を存し、本文及び加注ともに三要の自筆にかかる。自説を加えた点もあろうと思うが、未詳である。（巻首若干葉を欠き、又、巻中に間々寒松の自筆書入が見える。）何れにしても、三要の博学を見るべき資料となるものである。（上図参照）

三要自筆書入の見える諸本としては、左の七本がある。

「古文尚書」（十三巻、写、二冊。九華の条参照）先師九華の自筆書入もあるが、「要云」として、巻首を初め、全巻中に三要自筆の注記書入が多い。又、巻四・八・十三の末に、「雪」字を自署し、鼎形「昇」字の朱印（三要所捺、円光寺現存三要自筆文書（文禄五年心也禅伯に与えた筮祝）等にも用う。）を捺してある。従って、本書はもと三冊に綴じられていたことも判る。（なお寒松の加筆もあり。）

「尚書正義」（零本、文安三年写、一冊。九華の条参照）九華の手沢本であるが、「要云」として三要の加筆も見えてい

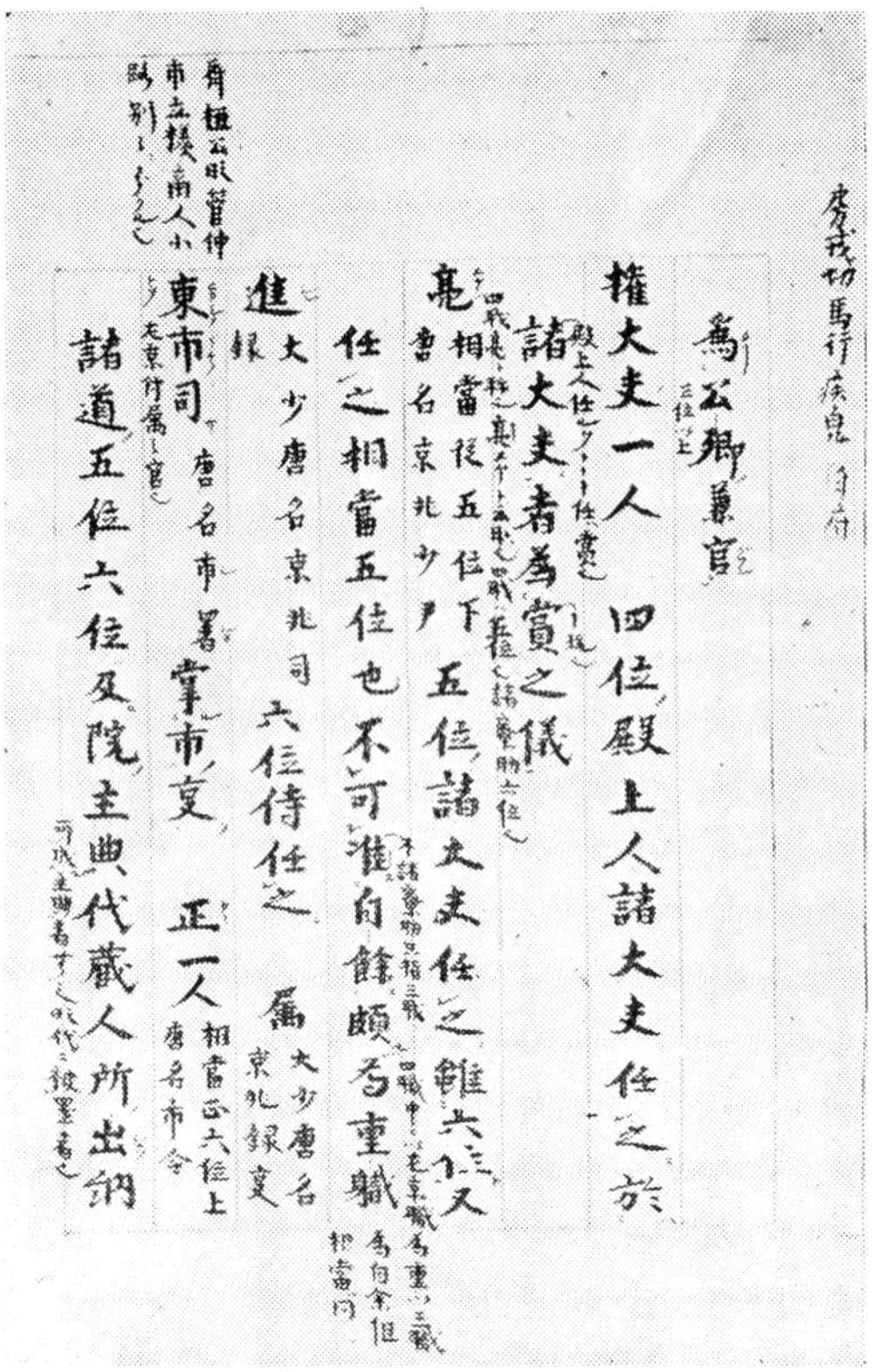

職原抄（三要自筆）（巻首）

る。又、九華自筆の「施氏七書講義」にも三要の自筆書入が見える。

「毛詩鄭箋」（二十巻、写、十冊。九華の条参照）九華の注記加筆もあるが、三要のそれは、「要按」と注記してあるから、明らかに弁別し得る。又、第一・十両冊の末に、三要所用屋形「敬復斎」の黒印を捺してある。本書には各冊末に寒松の手識（各冊同意異文）が見え、三要の遺書を歿後、遺弟相国寺の心甫伝西堂が寄進したものであることが判る。

（第三冊末）下野州足利学校常住。洛之相國卜隠軒主心甫傳西堂寄附。慶長二十稔三月五日、董席鐵子寒松龍派禅珠誌焉。（「龍派」鼎形朱印記）

卜隠軒主の心甫伝西堂は、三要の法嗣で、円光寺第二世、天正十四年生、十一歳で承兌の門に入ったのを、後に三要が乞い受けて己が門弟とした玉質宗璞である。

「毛詩注疏」（宋版。憲実寄進本。三十冊。前記参照）第一・第十二の両冊に若干三要の書入が見える。（第五冊には寒松の頭注書入あり。）

「春秋左伝註疏」（宋版。憲実寄進本。二十五冊。三要以前の古い書入と共に三要の加筆も見える。）

「論語集解」（零本、写、一冊。九華の条参照）本文は九華の手筆であり、又、加注も同時の別筆と認められるが、巻中には三要の書入も交っている。なお見返の文字は礼記集説（写、十冊。）の見返の筆蹟と同じであるから、或は文伯の筆であろうと思われることは、既述の如くである。

「孟子」（趙注。巻一至四、零本。写、二冊。）毎半葉九行有界二十字。界高五寸九分五厘。上欄一寸三分。本文は室町末期の書写と認められるが、巻中には、三要が本文の傍に「雪・月・花」等の符号を附して補注の書入を加えた部分が頗る多い。書入には新注をも用いている。（図版四一参照）

「文選」（宋版。二十一冊。九華の条参照）各巻末に「加朱墨点　三要」という手識があり、全巻にその加点が見える。

次に、三要が外題を認めたり、又は所用の印記等を捺しなどした手沢本と認められるものには、「詩集伝」（元至正十二年刊本。零本、一冊。東井の条、及び後章参照。巻末に「敬復斎」の印記あり。）「十八史略」（明初刊本。憲房寄進本。二巻、合一冊。前記参照。各巻末に「雪」の自

署及び鼎形「鼎」字朱印を捺す。）「荘子鬳斎口義」（五山版。十巻の内、巻一・二の二冊欠、八冊。各冊末に「雪」自署、鼎形「鼎」字朱印あり。）「帳中香」（室町末期写、有欠、九冊。九華の条参照。同上自署捺印あり。図版参照）「蒲室集（十五巻、五冊。五山版。第三冊末に「圓光寺常住元佶花押」の手識あり。）（図版二三参照）・「笑隠語録」（一巻、一冊。五山版。巻末に、「蒲室六冊」「圓光寺　元佶花押」の手識あり。（次図参照））等を初めとして、特に注意すべきものとしては、十五部の朝鮮版（明版も若干あり）の現存があり、又、三要所刊の伏見版四種が残存していることである。後者は、他の諸本とは稍性質を異にするが、三要が刊行に関与し、上梓の後、学校に寄進したものであって、伏見版の遺品としては、注目すべきものである。即ち、「貞観政要」（慶長五年刊、十巻、八冊。）・「孔子家語」（慶長四年刊、三巻附一巻、四冊。原表紙を存し原装を伝う。）（図版二一・二二参照）・「三略」（慶長五年刊、三巻、一冊。）・「六韜」（同上刊、六巻、後半三巻一冊を欠く。一冊。見返に三要手筆の大字書入あり。）の四本である。他の伏見版、周易・七書等も寄附せられたに相違なかろうと察せられるが、現存していない。

朝鮮版十五部は、何れも三要の寄附になるものと認められるが、「円光寺常住」等と識しているものが多い点から推すと、或は三要歿後、遺書として学校に施入せられたものもあろうと思われる。十五部の朝鮮版（明版を含む）は左の如くである。その中の明版も亦、朝鮮伝来らしく、恐らく文禄の役の将来本であろうと思う。

(一)「四書輯釈章図通義大成」（朝鮮活字版。元倪士毅釈・程復心章・明王逢通義。有欠、十二冊。）黄色原表紙に「共十二不足」と墨書せられているから、朝鮮に在った頃から欠本となっていたものと認められる。元来二十五冊の内、残り十三冊は円光寺に分伝していると言う説があるのは、（新楽定所撰書目に「十三冊ハ京円光寺ニアリ」と見ゆ。）誤りである。大学の部一冊、論語の部一至七・十至十七の八冊、孟子の部巻三至六・十一・十二の三冊、併せて十二冊を存する。

(二)「律呂解註」（明嘉靖刊、二巻首一巻、二冊。明鄧文憲撰。）

(三)「史記索隠」（明正徳九年刊、零本。十五冊（新楽定所撰書目には十五冊と見ゆ。）の内、巻十五至十八の一冊のみを存する。）

(四)「資治通鑑節要」（朝鮮版。五十巻外紀五巻、宋江贄・劉恕撰・宋史炤音・明王逢編。十六冊。朝鮮原表紙（裏に朝鮮文書あり）を存し、各冊首に朝鮮旧蔵者の印記三顆あり、各冊首尾に「足利斈校」朱印、第一・第十五冊末及び外紀末に「敬復

斎」黒印を捺し、第十五冊末に「圓光寺常住　元佶（花押）」の墨書がある。）

㈤「続資治通鑑綱目」（明弘治十七年刊。宋朱熹撰。二十七巻、十三冊。四周双辺、有界十行二十二字。匡郭内、縦六寸二分五厘、横四寸五分。総目の末に「弘治甲子慎獨齋刊」の木記及び広義序の末に「弘治甲子孟春慎獨齋新刊□」の木記がある。黄色朝鮮表紙を存し、紙背に明万暦三・四年の朝鮮文書が見え、朝鮮伝来であることが判る。各冊見返に「三要」、各冊末に「雪」字と「昪」の鼎形印及び「寄附足利學校」（「雪」の自署印記より後の筆）の手識がある。」（図版二〇参照）

㈥「歴代十八史略」（朝鮮活字版。元曾先之撰。七巻、十冊。四周単辺、有界十行十七字。匡郭内、縦八寸二分、横五寸五分。界幅五分五厘。黄色原表紙を存し、表紙裏張に通鑑の活字本の摺り遣り二枚を使用してある。第一冊首に「宣賜之記」の朱印があり、巻末には鋳字始末の跋文が附載せられている。第一・十の両冊末に「敬復斎」印記、第三冊末に「圓光寺常住　元佶（花押）」の識語がある。）（図版一九参照）

㈦「十九史略通攷」（朝鮮万暦版。八巻首一巻。清余進撰。八冊。第一・八両冊末に「敬復斎」の印記がある。）

㈧「五朝名臣言行録」（朝鮮版。宋朱熹・李幼武撰。前集十巻・後集十四巻・続集八巻・外録十七巻・別録上十三巻・下十三巻。十六冊。第一冊及び外録一の末に「敬復斎」の印記がある。）

㈨「劉向新序」（朝鮮版。漢劉向撰。十巻、二冊。四周双辺、有界十一行十八字。匡郭内、縦六寸二分、横四寸九分。各冊末に「敬復斎」印記及び下冊末に「圓光寺常住　元佶（花押）」の手識がある。又、巻首に朝鮮旧蔵者の印記が見え、又、見返に朝鮮人の詩句の墨書が存する。）

（一〇）「大学衍義」（明初刊。四十三巻、宋真徳秀撰、十冊。第二・四・六・八・十の各冊末に「寄附下野足利學校　三要」の手識があり、もと五冊に綴られていたものであることが判る。）

（一一）「性理大全書」（朝鮮版。明胡広等奉敕撰。七十巻。有欠、二十三冊。巻四・五の両巻重複（版式別にして、この方版式よし。）巻八・九の両巻欠。（目録の首の上層に「學校三要」と横書の墨書があり、巻七十の末に「圓光寺常住　元佶（花押）」の手識並びに「敬復斎」の印記があるのを塗抹している。）又各冊に「足利孝校」朱印記があり、睦子の筆で「學校公用」と手識が見える。」

㈢「韋蘇州集」（朝鮮活字版。十巻拾遺一巻。唐韋応物編。第一冊末に「敬復斎」印記がある。）

㈢「唐柳先生集」（明版。二十巻別外集附録各一巻。唐柳宗元撰・宋童宗説注・張敦頤音弁・潘緯音義。各冊表紙（黄色紙）に「三要」の手識がある。）

㈣「三峯先生集」（朝鮮版。朝鮮鄭道伝撰。八巻。四冊。第一・四の両冊末に「敬復斎」印記がある。又、第四冊末に「圓光寺常住　元佶（花押）」の手識があるのを消去している。）

㈤「唐詩正声」（明嘉靖刊。明高棅編。二十三巻。四冊。巻末に「寄附下野足利學校　三要」の墨書がある。）

以上の他に、もと学校に在ったものが、今他へ散出しているものに、五山版「春秋経伝集解」（三十巻、十五冊。安田文庫蔵。慶応義塾図書館現蔵。次図参照。）があり、各冊末に「雪」字自署と鼎形「昪」字印記とがあり、又、巻末に原跋を三要が補写添附している。なお各冊首に「足利學校　正傳院常住」の墨書が見え、室町時代の筆と認められる。又、各冊首に「野之國學」朱印記がある。（図版六七参照）

又、五山版「春秋経伝集解」については、三要が手識を加えた一本がもと学校にあり、市野迷庵がこれを見て文化十四年に家蔵の五山版同本（第一・二冊迷庵頃の補写、十三冊。今、台北、故宮博物院蔵。）の奥に三要の跋一葉を臨摸添附し、その由を迷庵が手識（図版八四・八五参照）しているが、その三要手識本は神宮文庫に蔵せられる。（御巫氏旧蔵、昭和二十一年寄附。）（図版六八至七〇参照）同本は初印本で、巻一至四の二冊は天正以前の同種本補配、各冊に持主就安覚俊の手識がある他、全冊香色古表紙（第二冊のみ欠）に三要の手題があり、さらに巻末に、

右春秋左氏傳之占（点カ）者圓光寺

学校為就安老翁令補益者也

天正三年林鐘九日

三要翁（「學」鼎形朱印）

なる三要の手識がある。その意は、この書の訓点は円光寺（三要）が足利学校の就安のために補益したものであると言うので

あろう。三要は少くとも天正三年頃より円光寺を称しているから、これに拠っても京都の住坊を早くより三要がかく名付けていたことが知られる。

さすれば、就安覚俊は学校参学の徒で、その手識によると洛陽から足利に学んだ者のようであるが、三要の手識の如く、明らかに三要自筆の書入が見える。（また他人の書入もある。）迷庵の手識は左の如くである。三要手識の五山版が江戸時代に学校に残っていた証拠となるものとして貴重である。（図版八四・八五参照）

舊板左氏傳十五本覆宋本而」摸刻者流伝絶少世間所希見」足利学所蔵有三要老翁之跋」友人狩谷氏所蔵及此本纔見三種是而已」也曝書之次摸写三要之跋粘於」巻末且贅数語

文化丁丑七月迷菴市野光彦誌（市野光彦）（俊卿）（陰刻朱印）

なお新楽定所撰の書目に拠ると、「周易会通」（「唐本八冊、十四巻、翠岩精舎新刊。鄱陽董真卿編。至元二年丙子ノ刻也。雪ノ印アリ。」と見ゆ。）「韓文正宗」（「二冊。唐本。神祖ヨリ賜フ所ナリ。」と見ゆ。）「天原発微」（朝鮮本。全十冊。首ニ宣賜之朱印アリ。又表紙ノ裏ニ嘉靖三十二年六月日内賜禮賓寺正任補臣天原發微一件命除謝恩右承臣尹ト誌シアリ。）の三部も右十五部と同類と見られるが、その中、韓文正宗と天原発微の二書は明治八年文部省交付本として足利学校から出て帝国図書館の所蔵となっていたことが判った。（現国会図書館蔵）

「韓文正宗」は唐本ではなく、朝鮮古活字本で、（合）一冊、大本。単辺有界十一行十九字。縦六寸八分、横四寸七分。界幅約四分。「天原発微」も同じ朝鮮古活字本で、五巻、十冊、大本。左右双辺、有界九行十七字。縦七寸二分、横四寸八分五厘。三要の蔵印があり、巻首に宣賜の朱印が見えるが、見返しの嘉靖三十二年の墨書識語は佚している。

又、享保十年月江編の学校の書目によると、その巻頭に三要が家康から拝領したと称する十部の書を列記した中に、

一、禅儀外文　一冊

一、長恨歌並琵野（マヽ）　一冊

と見えるものがあるが、これも今は残存していない。

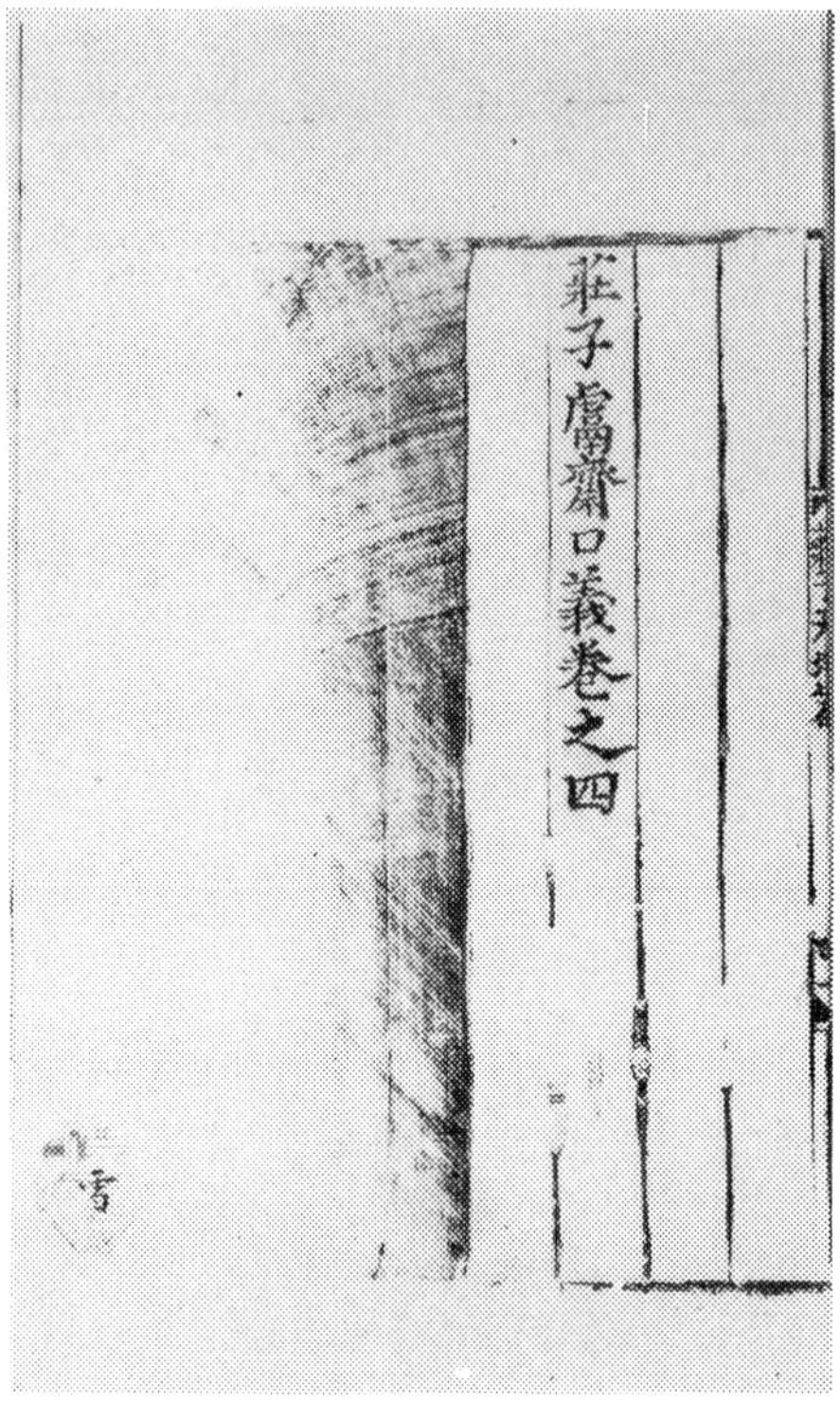

五山版荘子鬳斎口義巻四末（三要署名並に捺印）

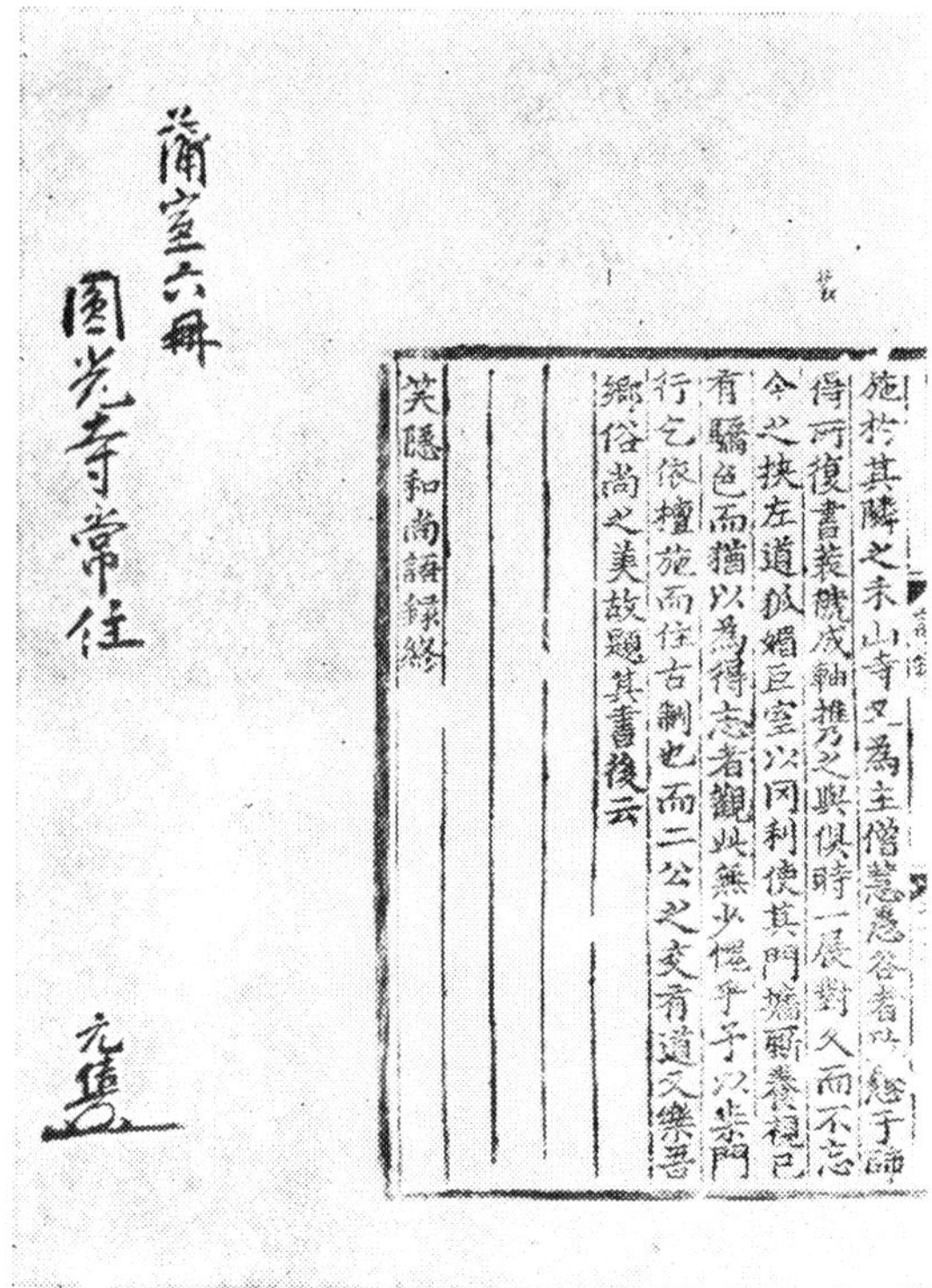

五山版笑隠和尚語録巻末（三要自署）

以上諸書の中、「雪」自署並びに鼎形「昇」字朱印記は、在来、三要の自筆所捺と認められなかったものであるが、上述の如く、三要のそれであることが明らかであって、それ等の見えるものは、学校伝来の常住本ではあるが、特に三要の座右手沢本と見ることが出来よう。参考のため、重ねてここにその自署印記の見える学校現存書（六部）を列記しておく。

「古文尚書」（写、二冊。）・「史記索隠」（明正徳九年刊、零本、一冊。）・「十八史略」（明初刊、憲房寄進本、一冊。）・「続資治通鑑綱目」（明弘治十七年刊、十三冊。）・「荘子鬳斎口義」（五山版、有欠、八冊。）・「帳中香」（写、有欠、九冊。）

終りに、三要が家康に寵用せられていたことを時人がよく認めていた事実を察知し得べき挿話が山州名跡志、円光寺の条に伝えられているから、ここに附記しておく。これと同様な話は、鎌倉初期に臨済禅を初めて伝えて京洛に建仁寺を開いた栄西禅師の声望が旺んであった事実を伝える「ヨウサイ」と掛け声を発すると、重量ある物も持ち上げられるまじないになったという例がある。能狂言などでも「ヨウサイ」の掛け声を用いることが残っている。

今世、奴婢大物ヲ舁動スニ、三要々々ト言フコト、当寺三

要ヲ言フナリ。其ノ故ハ　大神君ノ御愛ヲ得テ、出頭比類ナシ。無大小及御沙汰事ハ、皆以テ要ノ披露ヲ頼ムニ、成弁セズトイフコトナシ。然ラバ則チ、要ヲカクル時ハ、堅大トイヘドモ、能ク通利スルノ謂ナリ。

〔太平広記以下三十二部の漢籍を抄出した「三要雑抄」と仮に題する一冊があるが、その筆蹟は三要以前のもののようで、三要の筆ではないと思う。〕

第四節　室町時代における足利学校の学徒

一

室町時代における足利学校来学の徒については、足利学校現存の蔵書の識語並びに他に残存する足利における室町期鈔本の識語、当時の禅家の語録詩文集、及び来学者の伝記、その他の記録等に散見する記事に拠って僅かにその一斑が伺われるに過ぎないが、右の諸文献に見えるものもかなりの数に達する。禅家の語録詩文集等に現れる所に関しては、先に上村観光氏が「室町時代関東の学問」（明治四十四年四月至六月、禅宗、後、「禅林文芸史譚」所収（大正八年刊））において、玉隠和尚語録・翰林胡蘆集（景徐周麟）・猶如昨夢集（彭叔守仙）・幻雲稿（月舟寿桂）・縷氷集（仁如集尭）・梅花無尽蔵（万里集九）・南浦文集等より、学校に学んだ僧侶十数名を索出したが、その後、足利衍述氏は三十数名を増附した（なほ足利氏は単に関左に遊ぶとあるものを加算し、又、三要の弟子玉質をも加ふれど、こは学校に来学せざるを以てここには除去す。又、同氏は玉質を玉質、心甫、甫伝の三人に誤算せり。又、寒松稿によりて慶長以後寒松につきて学校に学べるもの四十余名を知り得。後章参照。）が、さらにその他にも新たに増益する所があるから、ここに現在調査し得た限りを記述し、その大勢を見ようと思う。まず最初に出典別に掲げ、後に改めて庠主時代別に整理することとする。

二

第一に足利学校に現存する蔵書の識語に拠って知られるものは左の如くである。なお又、明治以後学校から散失したもので、江戸時代の書目に拠って知り得るもの、及び、学校外に現存する足利学校において書写した由の識語を有する古写本に拠って判明するもの等をも併せて掲げる。

㈠「大奇」。学校現存の「周易伝」（六巻・宋李中正撰、三冊。）の巻四・六の末に、「時文明九丁酉仲春日　紫陽大奇置之」という書写識語が見える。この書は巻四末に「應安五年極月八日寅時書寫了」の書写識語があり、応安五年の写本を、大奇が文明

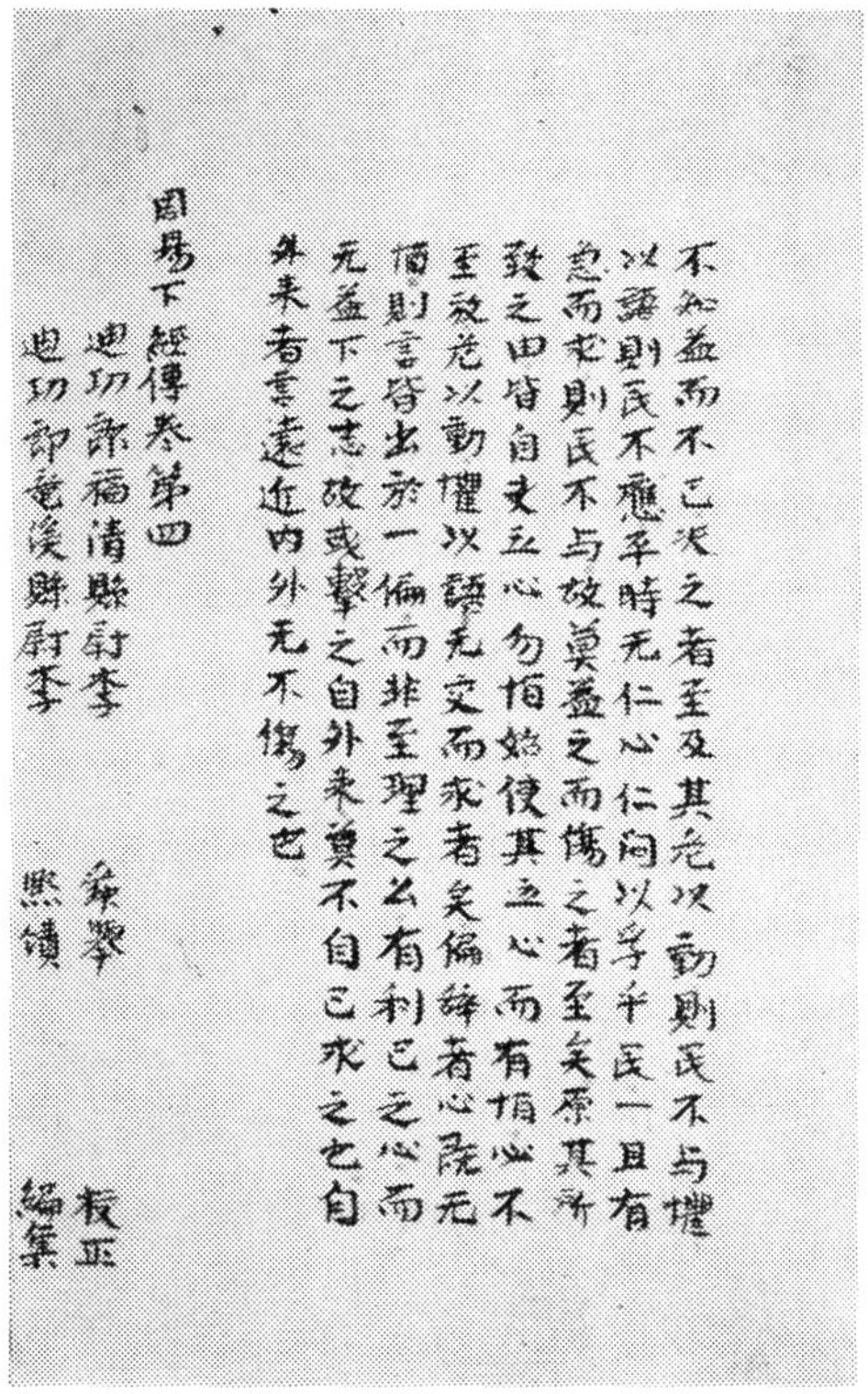
不知益而不已必之者至及其危以動則民不与懽
以語則民不應乎時无仁心仁向以乎千民一旦有
急而求則民不与故莫益之而傷之者至矣原其所
致之由皆自売立心勿恒始使其立心而有恒必不
至致危以動懼以語无交而求者矣偏辞者心既无
恒則言皆出於一偏而非至理之公有利己之心而
无益下之志故或撃之自外来莫不自己求之也自
外来者言遠近内外无不傷之也
周易下経傳巻第四
迪功郎福清縣尉李　承撃　校正
迪功郎竜渓縣尉李　熙績　編集

応安五年写周易伝（巻四末）

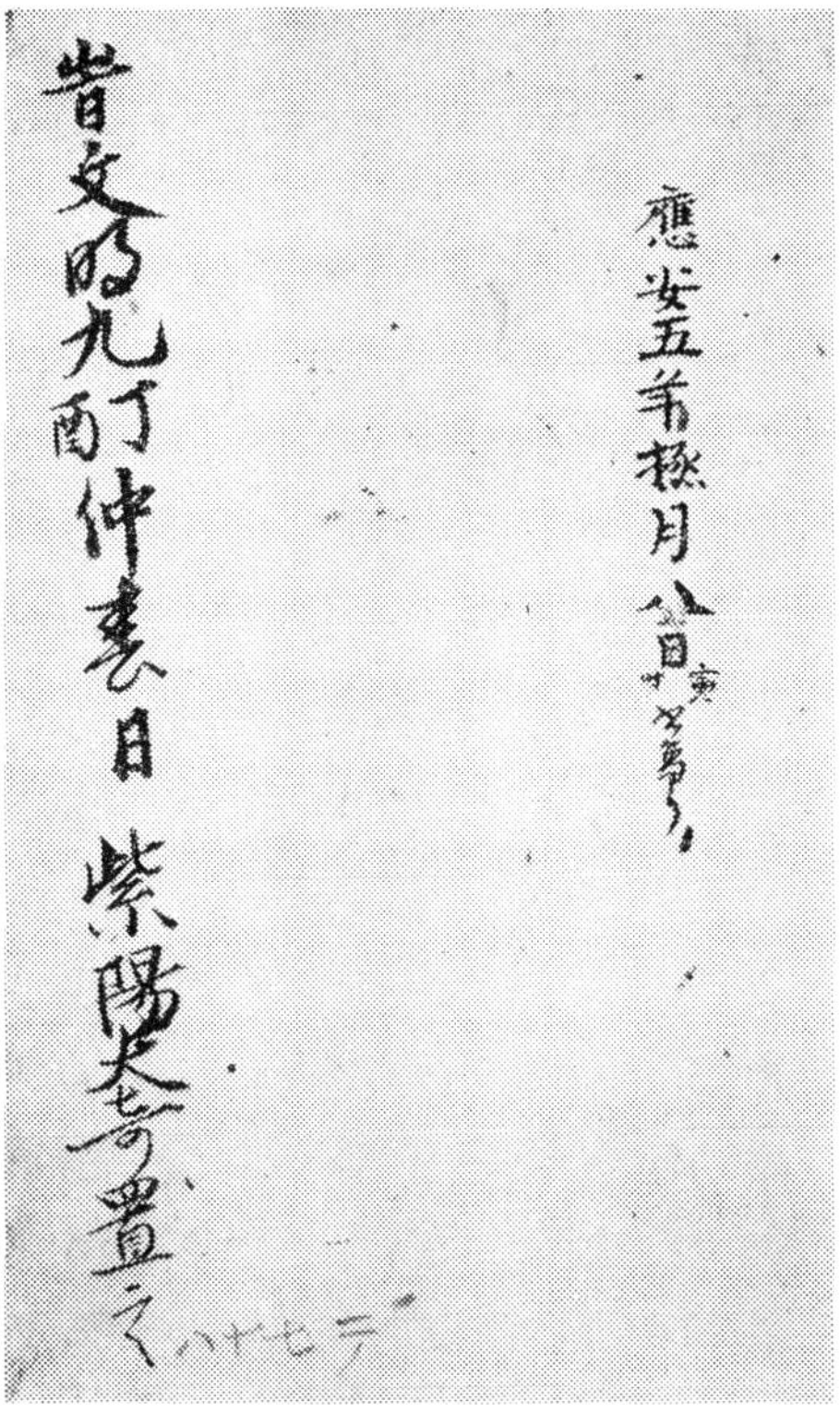
應安五年秋月
昔文明九丁酉仲秋日　紫陽大奇置之

同右（大奇墨書）

九年に学校へ寄進したものである。（上図参照）（なお後章参照）文明九年は二世庠主天矣の時代である。

(二)「一牛」。既述の如く、天矣の時の来学徒で、「易学啓蒙通釈」（写、一冊。）と「礼記集説」（元版・五冊。）とを延徳二年五月に学校に寄進しており、建仁寺大龍庵の僧である。（前掲八二・八四頁挿図参照）

(三)「西燕」。右の一牛寄進の「礼記集説」の第五冊末の墨書識語に「能化天矣御代、洛之建仁寺大龍庵一牛蔵主寄置。長門之西燕誌之」と見えるのに拠って、その来学を知り得る。

(四)「如道」。学校現存の「詩集伝」（元至正十二年刊、零本、一冊。）の冊末に「野州足利庄學挍常住也」「如道寄進」、詩序末に「足利学挍如道寄進」等と見え、その後に第五世庠主東井の永正十四年の修復識語の加筆があるから、如道は東井の修復よりも、相当以前に寄進していることが判り、やはり文明・延徳頃の来学者と推定してよかろうと思う。（挿図八七頁及び図版一六参照）

(五)「砭愚」。学校現存の「周礼」（宋版。十二巻、漢鄭玄注、二冊。小本。）の各冊首欄上に「下野州（上冊今欠）足利庄學校之常住　文安六年己巳六月晦　洛陽僧砭愚置之」と墨書

識語が見え、又、それより以前の筆で、各冊首に「萬秀（上冊今欠）山正宗寺公用」、各冊末に「正宗寺書院」の墨書がある。（又、巻末に後の狩谷棭斎・近藤正斎の手識書入がある。）（図版一三・一四参照・後章参照）文安六年であるから第一世庠主快元受講の徒である。

(六)「一華」。憲実寄進の宋版「礼記正義」の不足の分たる巻三十三から四十までの四冊を附釈音本で補写しており、そのことは、もと補写の部分の首に「紫府豊後僧一華學士於二武州勝沼一以二印本一令二書寫一寄進一度校合畢」等と識語があったので、判明するが、明治年間の修補の際のことか、その識語の部分を失し、今は残存していない。一華は、豊後万寿寺の僧で、文明永禄間の人である。幻雲文集に出て来る易を治めた一華は同人であるかもしれない。（前記並びに後記参照）

(七)「天輔」。学校現存の「孟子註疏解経」（十四巻、写、七冊。）の第七冊末に「于時長享二年臘月日書之」とあり、又別筆で「奥州天輔置焉」等と見える。この天輔はその名に天字を冠する点から推し、又その文字の時代から見ても、天矣の門人であろうと思われる。（一〇〇頁挿図並に図版四二参照）

(八)「九海」。九華自筆の「七書講義」の第七冊末天正四年校正の識語の中に「借肥後州人九海老手入落字（云々）」と見え、九華の門人であったことが判る。

(九)「九益」。前記と同じく「七書講義」第九冊末の九華校正識語中に「借大隅産九益手（云々）」と見え、これ亦九華の門人の一人である。

(一〇)「瑞俊」。近藤守重の右文故事等江戸時代の学校書目に拠れば、右の九益の見える九華識語の後になお「瑞俊點検落丁落字補之、天正四丙子」と記してあったと言う。巻末奥附の一葉が今は佚脱したものであろう。これに拠り、瑞俊なる門人が知られる。

(一一)「浦雲」。もと学校に存した唐本「礼部韻略」（三冊。今、国会図書館蔵。但し、康正の識語佚。前記参照。）の首に「康正改元乙亥南源寺浦雲置」と識語があったと言う。学校寄進の識語と見られるから、浦雲は、康正元年頃、即ち第一世庠主快元に学んだ者である。

(一二)「宗理」。同じくもと学校に存して今は佚した「書経集註」（写、六冊。）の末に「近江宗理置之、肥後之天矣。」と記してあ

ったと言う。即ち、天矣の門人である。

㈢「英文」。同じくもと学校に存した「小学集解」（唐本四冊）（今、国会図書館蔵。元版。）（後記並びに図版七六至七九参照）の各巻首に室町末期以前の筆で末に「學校常住寄進英文」と誌してあり、新楽定の書目では「慶長以前ノ事ト見ユ」と注記してあるが、少くとも九華以前の学徒であろう。

㈣「魯窮」。新楽定所撰の学校書目等に拠ると、もと学校に存した「古註蒙求」（写、一冊。）の末に、

天正十年卯月廿九日於関東下野国足利此一部三巻書写畢沙門魯窮

と誌してあったと言う。魯窮は、九華・宗銀の頃の参学の徒である。

㈤「真瑞」。経籍訪古志所載、小島宝素所蔵（後、森立之、大槻文彦に転蔵。仮名字体沿革史料所収）の「老子」（河上公注、二巻。）の巻末に、

于旹天正六戊寅季孟夏下旬寫之関東下野州足利之内学校下真瑞

と書写識語が見える。即ち、真瑞は九華の受講の一人である。

㈥「台岩」。国会図書館（旧帝国図書館）蔵、もと足利学校にあった古注蒙求（三冊。）（前記参照）の巻末識語に拠れば、台岩なる者が大永五年にこの書を学校で求め、飢寒に堪えてこれを読み了ったと言う。台岩が学徒の一人であったことは確かである。第五世庠主東井の晩年である。（挿図五三頁参照）

㈦「龍誉」。大槻文庫旧蔵（今、尊経閣文庫蔵。）の「三体絶句抄」（写、一冊。）の末に、

于時天正拾一年未於三月十一日関東下野国足利書寫之早

とあり、それと同筆で表紙に「絶句抄龍誉」と墨書がある。これ亦、九華・宗銀に学んだ一人であろう。

㈧「文石」。東洋文庫蔵「孝経直解・同正義抄・同孔子伝」（写、一冊。）の巻末に、「下野国足利於學校之中書寫之　于旼天正第五丁丑龍集初冬望日　秀圓文石」と見える。従って秀円文石は九華に受講した禅学の徒であろう。（故宮博物院に「于時天正第六戊寅六月吉日　秀圓（花押）」の書写識語ある尚書正義（五冊）あり、本書と同筆と思われる。その原表紙に「九易」の手題あり。九華門人なるべし。）（五五頁参照）

(九)「周長」。東洋文庫蔵「三体詩抄」（写、一冊。）の巻末に、「関東於足利周長書之（花押）」と識語が見え、その書風から推して、元亀天正年間を降らない頃の書写と認められるから、少くとも九華の門に参じた一人と思われる。

(一〇)「松月」。家蔵（今、慶応義塾図書館蔵。）「黄石公三略」（三巻・写、一冊。）の巻末に、

　於東関野之足利学校近邑書之　旹天正念一癸巳長春吉日　松月用之

と識語が見え、松月は宗銀庠主の際足利に居たことが判る。（五六頁挿図参照）

(一一)「良印」。栗田元次氏蔵（今、慶応義塾図書館蔵。）「和漢朗詠集私註」（二巻、写、二冊。）の天正十八年書写識語に拠れば、柘俊（玄純房）が、信州の人、良印所持の本を借写した由が見える。（前記参照）

(一二)「拓俊」。右に言う和漢朗詠集私註を天正十八年に足利において書写しており、上下巻末の識語中には、玄純房と自署し、又、上巻の表紙には「柘俊之」「玄純房」と自署している。（前記参照）

(一三)「天津」。慶応義塾図書館蔵「毛詩正義序」（写、一冊。）（図版八二・八三参照）の末に、

　干旼明應歳次乙巳仲穐上旬足利之庄千手院之内屮庵南窓下書之畢積年二十一歳天津之

と書写識語が見え、天津は明応六年（乙巳）に足利鑁阿寺内千手院に宿って学校に学んでいたものである。第四世庠主南斗の頃であろうか。千手院が鑁阿寺の塔頭の一院であったことは、前記、連歌師柴屋軒宗長の「東路のつと」の記載によって判明する。（四七頁参照）

(一四)「閑月」。慶応義塾図書館蔵「六韜」（写、一冊。）の末に、

　于時天文五季五月九日於足利書之主閑月拝（花押）

と書写識語が見え、閑月は第六世庠主文伯の時の学徒の一人である。

(一五)「棠庵」。慶応義塾図書館蔵「老子道徳経」（写、一冊。）天正六年に南春が学校で書写した一本であるが、その原奥書に、長享元年に棠庵なる者が学校で書写した由が見えて、この一冊は二人の学徒の存在を新しく伝えている。長享元年に学校に

在ったと言えば、第二世庠主天矣の際である。

（二六）「南春」。右の老子道徳経の末に、

於足利学校

于時天正六戊寅三月廿八日南春書之

の書写識語がある。南春は第七世庠主九華庠主に学んだ一人である。（図版七一参照）

（二七）「周厚」。龍門文庫蔵「和漢朗詠集私註」（写、二冊。）の巻第四の末に足利月光において享禄三年八月に書写の由、周厚なる者の書写識語がある。第六世庠主文伯の際であろう。（図版七四・七五参照）

（二八）「帰玄」。小汀文庫蔵、五山版「聯珠詩格」（合二冊）に巻末四葉天文頃の補写があって、その末に、

天正第八庚辰八月七日求之　足利ニテ帰玄

の墨書識語が見える。帰玄は九華庠主の際来学した徒の一人である。

（二九）「吾木」。ここに示す木禅と寿歓とは、新しく野州佐野あたりから出て慶応義塾図書館に現蔵する足利学校易伝授書なる一軸の所収せられている文書の中に見える学徒で、吾木は九華から易の伝授を附与せられた学徒である。（一八三頁並に図版五八・五九参照）

（三〇）「寿歓」。右と同じ文書の中に所収せられている第五・六両通の伝授起請文は、慶長五年梅叟雲意から寿歓に伝授したもので、或は梅叟雲意は三要庠主の際に実際に足利に居て庠主を代行していたものかもしれない。年代から言えば寿歓は三要に学んだことになるが、未詳である。（なお後章に詳しく述べたい。）（一八五頁並に図版六〇・六一参照）

三

次に、禅家の詩文語録類に現れているものは左の如くである。まず建長寺百六十四世玉隠永璵の語録（上村観光「室町時代関東の学問」参照）には、学校に学んだ僧五名が録せられている。

（三一）「器朴」。（玉隠和尚語録所収）

利陽搏桑日域之名区、而有学校。夏曰校、殷曰庠、周曰序矣。有虞氏之学美老之官之、今如虞庠、推博学多聞者師之、猶孔丘於魯、文翁於蜀、之四海九州、関之東西、有志游学者、輻輳于此。無学而不成者、故風俗皆効之、或田夫野叟、吟詠於山林韙畝之間、況学之徒乎。寔風雅之一都会也。爰鹿山之器朴上人、寓利陽有年矣。螢雪之席孳々不倦、今茲文明丁未之元日、造雪詩。詩者天地之清気、非胸中有清気者、不足与論之。艶麗新美、如挿花舞女者、清気染上人之肺肝者乎。付其詩于介人、以求湖之巨山諸彦之和。和者五六輩、予預其韻、彼庠必有楊子雲之眼腆顔而已。

琢雪煎裁非女紅、清詩歌付小鶯風、乾坤一様六花瑞、自尽虞清美老官。

即ち、文明十九年(丁未)正月に円覚寺で来学中の器朴が学校から雪詩を送って和韻を乞われた際の詩序に拠って、「器朴」が来学の事実を知り得る。文明年中であるから、第二世庠主天矣に受講したわけである。

㈢「祖養」。(同右)

建長寺の祖養首座が学校に掛籍していたことが、「賢輔号説」の中に左の如く見えている。即ちその在学は文明辛卯(三年)以前であるから、第一世庠主快元に受講したものであろう。

天龍国師遠裔、福山第二位祖養首座、因州英産也。游学乎利陽庠序、而勲業已成矣。今居赤甲城龍珠、寄紙求雅号、号以賢。易頤卦、聖人養賢以及万民、故云養花如養望。又云釣築収望輔殷、尊宗夢得賢相。曰朝夕汭誨以輔台徳、若歳大旱、用汝作霖雨、首座他年出世、普施法霈、作法輔佐、利目俟之。重説小偈曰、

緇林元気有斯郎、披起宗風徳愈彰、不袖伝岩霖雨乎、英材羽翼法中王、辛卯春日。

㈢「隠甫」。(同右)

隠甫丈、処利陽二年、以詩督帰

万一記曾雲懶辺、別時鳥過已環年、利陽春色深君後、花暮巨山文字禅

と語録中に見えるから、建長寺僧で玉隠門下であろう。器朴と同じく天矣に学んだものかと推せられる。

㈣「乾翁」。(同右)

永正五年五月の記なる乾翁の号説に、長州の僧瑞元が十五年以上も足利学校に遊学したことが左の如く見えている。永正五年より前十五年と言えば、その遊学は第三世庠主南斗第四世庠主九天の間である。

吾仏中天竺人也、四十九年説経、孔釈之徒所翻訳也、故欲得此道者、竺冊魯典、先学而後入総持門也、爰有中国長門之産瑞元者、由良開山法燈円明国師遠裔、蚤歳而顯名於洛之南禅、掌蔵司職、俄然有徧参志、到曹洞下有歳矣、自反復謂、不参文字禅、仏語祖語難明、遂入足利学庠、勤魯典者十五年、蔵旧名曰文長、功成後、欲帰郷振武吾宗、檀越志難黙、暫淹耳、就于懶菴求別号、欲拒辞、聞其為人、律而勲業風韵之不泯、感之乃字曰乾翁、（下略）

㉕「菊径」。（同右）

天文二年端午、肥前の僧存公蔵主が足利遊学の帰途、湘南の地に立寄り、号説を求めたことが左の如く見える。第六世庠主文伯に受講したものであろう。

九州肥前法泉寺、山号万歳、其緇侶存公蔵主、游学于利陽、功成名遂、帰国之頃、転作瀟湘遊、袖片楮、需雅称、廼称以菊径、賛一章証其義、兼壮行色云、

依約君無俗曹、九衢天外姓其陶、三々若著紅塵脚、恐有黄花咲裏刀、

天文第二蒼蛇児之歳端午

㉖「羊角」。

龍崇常菴の文集（「室町時代関東の学問」参照）に次の如く見えている。

関西羊角老人、游学利東者久。其還也、仮道都下、濡滞三歳、将行、漫写小詩為贈。

贏糧東魯十余年、了得六経中有禅、一衲巻還海西寺、夕陽依旧在君辺。

第五世庠主東井頃の来学であろう。

㉗「石室」。

景徐周鱗の翰林胡蘆集に、石室観罣が足利に遊学したことが左の如く見える。（「室町時代関東の学問」参照）

恵日双峰国師派下佳衲、其号覩鞏、字曰石室、隷石州万寿、嘗登霊亀領記室、遂負笈於東関之儒席、頃入洛、托紹介求予之作偈以証石室之義、弗克辞、大書二字係其下、

千古生公高座前、点頭動地不頑然、看他嵩小雪深処、春属拈華面壁辺。

第六世庠主文伯頃に学んだものと思われる。

(三八)「景欧」。

東福寺彭叔守仙の「猶如昨夢集」中の左の景欧字銘に拠って知られる。（「室町時代関東の学問」参照）

正叔蔵主者、讃陽寒河郡得月禅庵之宰也。甲族、紀之殖田氏、祖派由良之法灯国師、数歳之先、遠東関村校、励車蛍孫雪之業。（云々）

天文十七年に帰郷しているから、第六世庠主文伯の門に学んだものである。

(三九)「賢甫」。（同右）（九華の条参照）

上野長楽寺の僧で天文六年に九華等と共に東福寺善慧軒に参禅し、滞留一年にして帰東したことが猶如昨夢集に見え、又、煕春の清渓稿にもこの人の事が散見する。なお又、佐竹家系図に拠れば、佐竹義篤の子で、はじめ増井の正宗寺に住し、天敬周崇と言い、後に名を賢甫崇哲と改め、洛西妙心寺で寂したとあり、又、一には永禄五年に寂したとも言う。

なお「猶如昨夢集」には、次の如き学校来学者に関する記載が見える。（足利衍述「鎌倉室町時代之儒教」参照）

(四〇)「不孤」。（同集巻上所収）和二不孤老人詩一序に、

不孤老人。（中略）自二少壮一、遊二学于関之東一、殆歴二二十余霜一也。或時探二四書一、順二乎孫雪之檠頭一、或時索二五経一、隠二乎車蛍之窓下一。加之、隻日双日、目染二唐詩一、耳濡二宋文一、遂以二其学力一、略究二禅教之奥義一、寔可レ尚矣云々。

公徳不レ孤呼作レ名、名声久在二碧湘一馨、相逢先説聖経学、孔亦思之周亦精。

とあり、彭叔（弘治元年歿）が二十余年関東に遊学と言うのであるから、恐らく、不孤は第五世庠主東井・第六世庠主文伯等の間在校したものと思われる。

(四一)「鶴翁」。(同右「送鶴翁詩及序」)

琉球の僧で、名は智仙、字は鶴翁。最初東福寺に彭叔に参学し、後足利に赴き、天文六年京に戻り、彭叔に辞謝して帰国した。本土に留学すること前後十三年に及んだ。彭叔の送詩に、

不三啻参二尋恵日禅一、又遊二東魯一道相伝、借窓幸是点二周易一、白髪重来卜二□年一。

と見える。文伯に学んだものと思われる。遙々琉球より来学している点は最も注意すべきである。

(四二)「乾室」。(同右「乾室字銘」)

伊予安楽寺の僧で、天文二十三年離校帰郷し、彭叔に字号を乞い、乾室を附与せられた。九華に学んだものである。

(四三)「承貞」。

相国寺仁如集堯の縷氷集(「室町時代関東の学問」参照)に、

日州長楽禅寺、承貞書記者、古林和尚末裔也。元亀元年庚午、負笈為学問欲赴関東足利、解制之日入洛、因扣予弊廬、説件々事。(下略)

とある。即ち、九華の受講者である。

(四四)「以継」。(同右「以継号説」)

同じ集に、

宗紹座元者、南貫薩州人。(中略)壮年志於学、見仏法東流之機、秣鞋不遠千里、到鎌倉足利、先学典籍、後扣諸地識、密室参決已事矣、今也居常州正宗禅寺(下略)。

と見えている。天正の初め正宗寺に住したのであるから、これ亦、九華門の一人と認められる。

(四五)「東明」。(同右「東明和尚遺像讃」)(「鎌倉室町時代之儒教」参照)

但馬の人、佐々木氏。名、永杲。天文二十二年南禅に賜帖し、永禄四年七月一日に六十八歳を以て歿した。嘗て足利に学び、又、播磨赤松氏の帰依を受け、三枝寺の開山となった。縷氷集の著者仁如とは親交があり、「東明和尚聞塵」(慶長頃写本、

「仁如和尚玉唾」と合写、一冊。石井氏積翠軒文庫蔵。）の遺稿がある。東井頃の来学であろう。

(四六)「太玄」。（同右「太玄字説」）

石州の人で、東福寺より足利へ数年間遊学し、帰途伊勢に赴いて安国寺香仲禅師に周易を学んだ。後、郷寺に在ること十余年、永禄三年上洛して天龍・東福に住し、元亀四年石見銀山大龍寺を董した。歿年未詳。（慶長元年に八十四歳。）文伯庠主頃に来学したものであろう。

又、漆桶万里の梅花無尽蔵巻二にも足利来学の僧徒のことが次の如く見えている。

(四七)「厳超」。

諱厳超、字然叟、廼石城人也。其境有島津。有十里松。捨是而東遊。看士峯、扣学黌、且又尋芳於洞上之宗師、留止凡一有三霜。往来相陽太守鷹釣閤下之幕府、今及西省之日、閤下督予、令作陽関之新曲（石城即博多也。島津又号冷泉津。）

旅衣花落十余春、西出陽関皆故人、一々所看君若話、士峯雪可満島津。

右に「扣学黌」とあり、足利学校に学んだことが知られる。万里のこの作詩序は、長享元年であるから、二世庠主天矣の受講者と思われる。

なおこの他に同集には「負笈関左十有余霜」「関左留鞋十四年」と言う日向の人、起雲丈人（巻二「送起雲丈人并叙」）、「寓関左」と言う洛東龍山の籍僧「文波丈人」（同巻）、「游関左、履霜久之矣。」と言う三河の人「穆公上人」（同巻四）、「挾笈東遊」と言う薩州の天府老人（同巻三及び巻四）等は、或は足利にも赴いたかもしれないが、万里の記した文意から推すと、鎌倉に在留して参学した人々らしく察せられるから、ここには加えないこととする。

因みに、当時の禅徒の詩文語録中、「関左」の地とあるのは、広く関東地方を指して言っているのであるが、禅徒が関東に遊ぶと言えば、特に注記のない場合は多く鎌倉を意味するものであるから、（無論足利又は常陸・上野等の巨禅刹の宗師の下を歴遊する場合をも含んでいることは言うまでもないが、）右の万里所記の諸僧も、九国よりの東上者が多く、当時九国の徒の足利に来学した者が少くなかった点より、これ等も亦足利に赴いたものと類推することは可能であるが、九国よりの

東関来遊禅徒が、必ずしも皆足利に参学したとは限らず、右の梅花無尽蔵の記載等は却って九国より東遊する禅徒が多数に上ったことを証するものと考えられるのであって、それが夥しい数であったればこそ、その中より足利に到った者も亦多数に上ったものと思われるのである。同じ梅花無尽蔵巻二に見える「南禅之廷麟和尚寄錫声於関左九華山下之次」、同巻五に存する「関左鹿山之泛梗左公蔵局、不遠千里（云々）」（前記参照）等、明らかに鎌倉を指している諸例に拠っても、関左は一般に鎌倉を指す当時の慣用の一端が判ると思う。前記水戸彰考館文庫蔵世俗字類抄三巻本の筆者の識語「関左者」も同じであろう。無論「関左」が足利を意味している場合もあるが、特に足利学校を指す場合には、「利陽」と称して、鎌倉の「相陽」と区別しており、又、「村校(黌)」「東魯」「東関郷校」等とも言っている。例えば、煕春の清渓稿に、

送昌林之僧赴利陽

出遠方来赴遠方　年華可惜易斜陽　留秋有万巻書菊　為折一枝浮別觴

と見えるが如きである。但し、これは昌林之僧とのみで、何人か不明である。

次に、幻雲稿（幻雲寿桂著）に、「功甫昔在関東足利而学、今年領寿勝帖」と、建仁寺の㊽「洞丹功甫」が足利に遊学したことが見えるのを初め、（「室町時代関東の学問」参照）

㊾「授生」。（幻雲稿所載）

稟授生往興国山門

（前略）後堪授儒生乎東魯　六経之中有禅（中略）（公承于高山派、興国土地、堂曰明応、壮出游学足利。）

㊿「光璘芳卿」。（同右）

前真如芳卿和尚東福江湖（諱璘、大永四年八月）

（前略）栄遷雖沐殊恩、游学尚憶往事

五千里外三年客　村校灯明

十八灘頭一葉身　蓬窓雨暗

公承三聖派、壮年游学関左、今年七月、御小袖帰相公手裡、諸家賀之。

光璘は天文五年六月十四日歿。字、芳卿、又、安枕と号し、東福寺の宝勝院に住し、終年学徒のために史記を講じたと言う。蔵書に富み、その手沢本も現存するものが少くない。壮年に三歳足利に来遊したと言うのであるから、永正の初年以前のことであろう。第五世庠主東井か又は第四世庠主九天かに受講したものと思われる。前記、授生・功甫も亦、同様であろう。

なお幻雲文集の部、「前席東勝一得西堂肖像」の附記に、

文圃璵公首座、需其師東勝一得和尚肖像之賛、公久遊関左、学道読書、不克固辞、書之付之。

と見えるが、鎌倉に在ったものかと思われるから、ここには加えないこととする。その他、幻雲稿には、南禅の月谷進公座元禅師が東国人について周易を学んだことが見え、（「進月谷住景徳、江湖」の注記）その東国人とは或は足利学校の徒であるかもしれない。同じく幻雲詩巻第三に、「壬戌冬、雲坡上人将東遊、予輙作詩、以留其行。」と見えるのも、足利遊学の志であったかとも推せられるが、その五首の詩から推して、鎌倉行らしく思われる。又、幻雲文集所収「漢水余波序」中に、恵林太岳（周崇）が弱冠にして遠く関左に赴いて漢書を学び、業成って帰洛したと言う一百年前の往事を掲げてあるが、これ亦その年代から推して、足利ではなく鎌倉と考うべきであろう。同じく幻雲文集「前住泉龍天叟西堂肖像」の附注に「有客従関左来曰、吾泉龍一華翁嗣天叟和尚。和尚嗣夢庵、夢庵乃青松明鑑門下活衲子。而傍治易也。夢庵之道到天叟而興。翁図天叟遺像、以表授受不虚、冀題一語。（下略）」とあり、「傍治レ易」等と言うのは、足利に関係がある人々である。（夢庵は後記九華自筆の占筮伝承系図に載っている人物であり、一華は足利に学んで、宋版礼記正義に識語を加えた僧である可能性が強い。）然し、臥雲日件録（宝徳元年閏十月三日の条）に「竺華曰、吾翁大椿筑紫人也。少年東游、就常州師、学四書五経（下略）」と見える如く、東遊して易乃至漢籍を学ぶと言うのも、必ずしも足利とは限定し得ない場合もある。

なお、「三益稿」に、「永正十五年夏、未瑞光未、関東之僧寄詩於瑞光祖塔乞和。有諸老之和。某代益蔵主作之。」とあり、「冷泉集」に「若耶竹也道人、遊学関左者殆十砧葛、一日作小詩簡阿兄。（下略）」とあるのも、足利か否か判然しない。

南浦文之の南浦文集には、その師天沢が足利に進学したことを左の如く伝えている。その遊学は文伯庠主の時代である。

(五一)「天沢」。（南浦文集）

寄二僧徒一詩

予生六歳之時、老父令下予入二天沢老師之室一以作中僧苗上矣。爾来屈レ指、則殆乎五十七年。不幸而老師早弃レ予而物故矣。時老師六十一歳、而予十四歳也。（一馬云、時に大永七年）老師者何人、即前建長雲夢大和尚之徒弟、而其諱曰崇春、十九歳而赴二東関郷校一、而隷止者五六年矣。学徒之時改二崇春一名二不閑一、且焉入二越之前州一栢上人之門一、学二典籍一者十有余年。功成名遂、四十九歳而帰二日州肥水南陽故里西光枌寺一、造二耆堂於目井延命古寺一、業二占筮之学一。予作二僧苗一者此時也。

又、同じ文集中「与二重位公一書」に島津家の侍臣重位公が兵術を嗜んで蘊奥を究めたことを叙して、東関より来た一道人の説に教えを受けた由を言っているのは、それが兵法の関係である点から、或は足利の徒らしくも推せられる。又、同集、「和人山禅老詩二十首」中に、

人山禅老者曹洞派之一耆徳也。自二蚤歳一入二東関一経二歴一百十城之烟水一洗二趙州之鉢盂一喫二雲門之胡餅一飽参二善知識一者十余年矣。功成名遂晒二昼遊之錦一住処処名藍領レ衆董レ徒（下略）

と見え、これにも東関に入るとあるが、足利に赴いたものか否かは不明であって、寧ろ鎌倉と見る方がよかろうと思う。

四

以上の他、種々の記伝等に拠って知り得るものになお左の十数名がある。

(五二)「柏舟」。

近江の人、明応四年十一月十二日歿、年八十。江州山上永源寺に住し、永享十二年、二十五にして足利に易を学んだ。後に周易抄（柏舟自筆本、成簣堂文庫蔵。）を著し、その巻末に、

文明丁酉十月廿一日始之、十一月十七日終之。自始到終、与景徐麟蔵主講罷校讐夜以継日、余過半聴瑩閣筆者多。到節角

処、今景徐連誦数過、或添或削。蓋余所筆乃景徐所筆也。而義理之異、烏焉之同後之見者正其誤可也。
予昔於武州箕田県就希禅禅師学易、時卅一歳也。今以余所学易幷三ヶ秘訣、尽以奉授小補翁与景徐老、無余蘊矣。蓋余易小補之易也。第恐所聞寡陋、不適小補之意也。

文明丁酉十一月廿一日　柏舟叟宗趙

とあり、柏舟は快元和尚に易学を聴いて後、さらにその師希禅について易学を修め、後年師説に基づいて文明九年に周易抄を著したのである。この抄は後に足利にも伝わり、又、禅徒等の間にも広く行われ、易学の徒の伴侶となったものである。

㈢「葭玉」。

桃源の百衲襖巻二十三末の識語に、

与派（柏舟）・葭玉之二老、曾在二足利一、学レ易之日、至二於閏算一、雖レ有二師説一、甚不二暁了一。二老相校讐撰レ之与派者、今講主柏舟師也。余写レ之入二百衲襖一。

と見えるので、柏舟と共に蚤歳遊学したことが判る。

㈣「曇英」。

永正元年八月に玉隠和尚の記した曇英和尚行状（続群書類従巻二百四十三所収）に、

師諱恵応、号曇英、其姓藤家、父九重城転法輪人也。有故降防州。（中略）同年（応永三十一年）十二月二十三夜誕生。（中略）明年二歳之秋、父寓於遠江見付府、有相人一見曰、此好男子、為千人之主張。旅店之主聞、乞父母為養子。六歳投今浦山金剛寺為童、諸経誦読、不労師教。夙深般若縁所致乎。十三而居相之瑞鹿円覚続燈。或時聯句詩之席執筆、垂露有手、清内入懐、一座皆傾嘆奇児。麟天瑞字曰曇英、幷作説。天瑞預知師為衲子、命乎可謂濁世優曇華矣。居洛之相国数年。相洛往還、入臨済古叢林、参文字禅。十九歳、自念願、瞿曇十九。離金輪位出家、願入無上道、吾歳豈不然乎。国史補言曰、釈迦生中国、説教如周孔、周孔生西方、説教如釈迦也。不可竺冊魯典不相兼。故往下野足利、学儒書。（下略）

とあり、その後二十七歳にして越前慈眼寺に掛錫し、天叟和尚に入室すること五年、さらに長門大寧寺なる竹居和尚その他

諸方に宗師に問い、後、上野双林寺の開基となり、中途、相州最乗寺越前永平寺等を董し、晩年復双林寺に戻って、永正元年十月十四日に歿した。年八十一。

(三五)「驢雪」・(三六)「古渓」。

古渓和尚は千利休の師として聞えている。越前朝倉氏の子、十余歳にして同国の驢雪覇公について句読を習学し、後に驢雪に従って足利に笈を負い、驢雪歿後、京の紫野に到り、江隠宗顕に参じたが、永禄四年（三十歳）、江隠も亦歿した。天正元年大徳寺百十七世となる。秀吉の帰依を受けなどしたが、慶長二年六十五歳を以て歿した。（「室町時代関東の学問」参照。）九華に受講したものである。

(三七)「熈春」。

熈春（名、龍喜、号清渓。）の遊学については、既に述べたが、第七世庠主九華に学び、在学二年、弘治元年、その師善恵軒彭叔の招帰に遭って帰洛し、東福寺を董した。東国来遊の際の詩が、その詩文稿「清渓稿」等に見え、又、師九華の七周忌の際の追偲詩等も残っている。（前記参照）文禄三年正月三日歿、年八十四。足利において新春に詠じた詩に、

試筆　於足利

到処有〻花京洛春　東游千里影随身　二年斯地解鞍馬　従此青山我故人

とある。

(三八)「春岳」。

清渓稿にも上洛して熈春に学んだ由が見えるが、（清渓稿「春岳号詩序」「送春岳帰郷詩序」参照）上野新田長楽寺の僧で、九華門の一人である。寒松稿巻二に、

上州長楽春岳老翁（予三十年来之旧識也。慶長甲辰（九年）五月九日（寂））

曾寓杏壇講肆而、日問月学（云々）

と見えている。

(五九)「不鉄」。

日本洞上聯燈録巻十一にその伝が左の如く見え、また足利来学者の一人であることが判る。宗銀庠主に受学したものであろう。

肥前州宗智寺不鉄桂文禅師。本州杵島郡藤氏子。生而英敏匪レ凡。十三依二本郡之無外本公一為二童子一。十五祝髪受具。十八而游方。首上二大寧一謁二安叟一。尋抵二関東一掛二錫於常州多宝院一。昼夜体究七載。詣二足利学校一聴レ講二経史一。久之曰。是可三以了二生死一耶。乃棄去。時貴雲開二法於大寧一。師往謁。命首レ衆。以二大事未一レ了謝去。慶長丁未登二拘留法孫山一住静。(下略)

後に鍋島直茂は師のために宗智寺を建てて、これを始祖とした。寛永十三年入滅。七十四歳。

(六〇)「玉仲」。

宝山紀譚等に拠れば、足利に遊学したと言う。日向の人。名、宗琇。後に入京して大徳寺を董し、秀吉の帰依を受け、又、小早川隆景の師となった。慶長九年十一月十六日歿。年八十三。玉仲和尚遺文一巻が残存している。文伯に受講したものであろう。

(六一)「白鷗」。

名、玄修。足利に学んで第六世庠主文伯につき、晩年、小早川隆景に招聘せられ、隆景の請に拠り、足利学校の規定に倣って「名島学校」を創設して、子弟の育成に当った。(小早川隆景行状等参照)

(六二)「円智」。

世雄房日性。天文二十三年京に生れ、所化名は円智、台家を修め、又、身延山に学び、妙年にして東関に赴き、暫く足利に留まり、後帰来して三十歳の時、東山建仁寺に入って大蔵を看閲し、「蔵経纂要」一百巻を集大成した。その他にも著述が少くないが、生前に自ら活字印行したものに、「法華経伝記」(慶長五年刊、五巻、五冊。活字版。)・「元祖蓮公薩埵略伝」(慶長六年刊、一巻、一冊。)「倭漢皇統編年合運図」(二巻、二冊。慶長五年以後数時刊行。活字版。後、覆刻整版本あり。)等があり、又、所謂要法寺版の刊行を主宰し、以上の諸本の他、慶長末年に至るまでに「太平記」「日本書紀神代巻」・「沙石集」(以上慶長十年刊)・「直江版文選」(慶長十二年刊)・「論語集解」・「天台四教儀集註」(慶長十八年刊)等を上梓し、近

世初期における印刷文化の開発に貢献する所が少くなかった。詳くは、既刊の拙著「古活字版之研究」第二編第五章第一節（並びに増補版七〇一頁）を参照せられたい。なお又、その伝記資料は、大日本史料第十二編之十三、（慶長十九年二月二十六日の条。）に収められている。足利においては、三要・涸轍等と同じく九華に学んだものであって、それ等同門の学徒を遶って、慶長初年における印刷文化史上に注意すべき一現象が見られるが、それは後章に詳述することとする。

(六三)「涸轍」。名。祖博。その慶長十年に活字印行した周易王注（十巻、五冊、古活字版。）の刊語に、

時丁垂拱之運无長无少入学志道也其所謂道者何也耶仁義礼智是也又推諸於極則元亨利貞乃天之徳也豈不学乎哉予壮歳遊学在東関日雖希宣尼之三絶慕劉安之九師僅闚戸牖不到其奥也雖然以所希慕之厚欲鋟梓以広其伝日奄矣去歳之秋獲自一而六王氏註之自七至九韓氏註之到略例之十唐学士邢璹伝之又加陸氏之音釈於其註下之唐朝一本而兼用本朝外局之善本而参攷訂議浸塈暮而梓行以成矣嗚呼巻中舛謬且待博雅君子而已庶幾元亨之徳日新而无所其終仁儀之道拡充而永行于世矣

慶長乙巳季夏日東下洛涸轍子祖博謹跋

と見え、東関に遊学して易を学んだと言うのであるから、足利学校に在ったものと解してよかろう。九華門の一人と思われる。又、その足利学校出身者であることは、要法寺日性・三要等と交友があるらしいことからも証せられるのである。涸轍は直江山城守兼続に招聘せられ、朝鮮之役にも朝鮮に従軍したことが、俊岳の宿蘆稿に、

文巳之夏、直江兼続英将奉太閤殿下厳命、欲追戮三韓残党等、而杳踰万里鯨海、忽維舳艫於釜山海、于見軍旅于兹矣。予始赴英将之佳招之次、熟視群臣中有一俊衲、即問厥佳名、曰、涸轍禅匠也。目撃道存、果得肩袂、漸迨旬蓂、不亦楽乎。于越英将今又丁欲移軍営薺海之日、予叨綴野詩一絶、式奉壮其行色矣。禅匠傍容電覧、辱賜尊和、坐誦行吟罔措焉、予以言不送禅匠、禅匠却而如許、予恐随詩罪哉。既雖落在第二、卒同韻緝蕪詞、式呈旅欄下云、

萍水相逢雖写情　定離不免恨何乎　自今書信約君処　月落寒潮夜々声

とあるのに拠って判る。林道春とも親交があり、羅山文集にその交渉を知ることが出来るが、「謝祖博詩」に、

専攻術業善相期　問切望聞中規　縁使斯民登寿域　医林猶茂万年校

とあり、医術にも達していたことが知られる。慶長中期に涸轍書院の名の下に医書類を多く活字印行しているのは、その故であろう。涸轍書院の名目になる出版事業が涸轍の関与する開版であろうと推せられる理由は、直江版文選（慶長十二年要法寺刊）の所用活字と同種の活字を以て、慶長十三年に古注千字文・韻鏡等を印行している事実に拠るものであって、即ち、要法寺の日性と涸轍とが、足利学校における九華同門として親交があった関係上、涸轍の近侍する直江兼続は、文選の印行を要法寺に託し、涸轍も亦、その活字を利用して各種の漢籍を開版したものと思われる。

慶長十三年刊行の脈語も、文選と同種の活字を用いて印行せられており、現存唯一の完本（内閣文庫蔵、一冊。）は、巻末に「慶長十三戊申龍集仲冬如意珠日　新刊」の刊記があり、涸轍書院の名目はないが、これ亦同じ刊行者の手になることは略確実と認められる。なおそれより先、涸轍は又、別種の大型活字を以て、慶長九年に十四経発揮（三巻・一冊。東洋文庫蔵。）を刊行している。以上の外、慶長九年に大広益会玉篇を刊行していることなど、後記二〇六頁参照。（これ等については、なお後章に述べることとするが、拙著「古活字版之研究」二七四頁・六九一頁参照及び「増補古活字版之研究」七〇七頁等をも参照せられたい。）

㈣「田代三喜」。

その先は伊豆の人、医を世業とし、関東の武士の病ある者を治療した。父を兼綱と言い、武州川越（又は越生とも）に移り住み、三喜は寛正六年四月八日誕生、年十五にして方技に志し、当時の医師が皆緇徒であった例に従って、妙心寺に入って参禅し、又足利学校に医書を学び、長享元年（二十三歳）商船の便を得て入明し、滞留十二年、李東垣・朱丹渓の術を学び、明応七年（三十四歳）帰朝し、初め鎌倉の江春庵に住し、後に足利に移った。永正六年に古河に在った足利成氏は、その高名を聞き、これを古河に招いたので、これより三喜の名声は愈々四方に宣揚した。宗長の「東路のつと」等に見ても、その東関諸処を往来し、医活済生の功の多かったことが伺われる。天文六年二月十九日歿、七十三歳。三喜は我が李・朱医学派の開祖であるが、居住の地が東国に偏していたため、その説が早く中央に行われるに至らなかったが、曲直瀬道三がその門に入るに及び、道三を通じてその説は広く唱道せられ、遂に天下の医風を一変する様になったのである。日本医学史一四八頁参照

（六五）「谷野一栢」。

幻雲寿柱が「関東一栢震上人、治易而入禅矣。頃年西遊、寓居洛下。洛人云、古則易東矣。今則西矣。於是学徒之（云々）。」と言って、易の権威としている一栢は、九華自筆の学校占筮伝承系図によると、足利では占筮を万象—夢庵—一栢現震と小野侍中から四代目に相伝した関係にあり、夢庵も亦幻雲文集に、「青松明鑑門下活衲子、西傍治易也。（云々）」と関左から来った客が語ったとあり（前記一三一頁参照）、これも足利で学んだ一人かと推せられる。然らば夢庵は庠主から見ると、第一世庠主快元に学んだものとなる。一栢は学校では田代三喜と同じ頃に第二世庠主天矣に学んだと推せられる。学校の学びを終えて一旦入洛した一栢は、後に入明して医を修め、後半生は越前に招かれて彼の地に住し、天文五年にはその校正した「八十一難経」（三冊）が一乗ヶ谷で開版せられた。一栢は又、雲庵叟、連山道人などとも号している。連山道人は易に通じている意であろう。一栢は博学で医書の述作のほか、天文暦法にも音韻の学にも通じていた。（「韻鏡三話」（太田晶二郎）（田山方南華甲寿記念論文集））何れにしても、一栢が足利に学んだすぐれた学徒の一人であることは明白で、医学の基礎も足利において学んだものと考えることもできると思う。一栢は現存資料の示す限り、天文七年までは生存している。

（六六）「曲直瀬道三」。

名は正盛。字は一渓。雖知苦斎、又、盍静翁等と号した。永正四年九月十八日、京柳原に生れ、翌日父を失い、又、母を失う。幼にして穎悟、十歳の時、江州天光寺に入り、十三歳にして相国寺に移った。二十二歳の時、肥後人（六七）「西友鷗」と共に東行し、足利学校に入り、第六世庠主文伯に学んだが、寛永系図伝には「二十歳ニシテ足利ニ至リ学校文伯ニ従ヒテ群書ヲ学」とある。時に田代三喜が「導道練師」と称して毛武の間を往来して治を施し、名声が高かったので、享禄四年十一月初めて柳津において入門し、爾来講究十余年、その道を尽く伝授せられ、天文十四年辞して帰洛した。天正二年策彦は啓廸集の序文中に、道三が東行の事を、

（前略）蚤歳発憤遊方不遠千里鱗于杖臓于鞋而直入野州足利而渉猟五典三墳及丁林曰之書維時武刕有導道練師者中年従国信使而南遊遍歴闔闠諸医之間而択其尤探其賾而帰公于以師之学習研精覃思而究其蘊奥自往風還于野武二州之間前後更十有

八之葛裘而旋洛（下略）

と言っている。翌十五年還俗し、医治を専らとするに至ったが、この年将軍足利義輝に謁して、大いに寵遇を蒙り、又、全治の効多きを以て諸将に信服せられた。学舎を洛下に建てて講経し、後進を誘掖すると共に、その体験する所の診療を基にし、古来の医書の精粋を抜抄集編して「啓廸集」（八巻）を著作し、天正二年に至って脱稿し、叡覧に供し奉った。正親町天皇は大いにこれを嘉称遊ばされて、「翠竹院」の号を賜い、又、策彦に命じて、序を作らしめ給うた。晩年は豊臣・徳川両氏に重んぜられたが、自ら医に隠れて出仕せず、文禄二年正月四日、八十八歳を以て世を終えた。嘗て、毛利元就が永禄六年出雲の軍陣において病んだ際、義輝将軍は、翌七年に道三を下向せしめたが、（小早川文書、隆景自筆状等参照）元就はその診療の奏功と学識とを愛寵し、引続き留めて会談した。道三が元就の陣中に在って編録した医書（二冊、安田文庫蔵。但し道三門流の筆写本。）の上巻末に、

右四十九箇条之例縄、千治万療之通格、后学宜諸之而冀慢云々

于時永禄第九丙寅季八月朔　盍静翁道三

於雲州島根元就陣中編録焉　印

と見えている。

なお又、元就の乞いに応じ、雲州参陣中の見聞について認めて書き送った意見書があり、道三の見識とその人物とを最もよく伺うことが出来るから、左にその全文（毛利家文書巻二所収）を掲げる。爾来、道三は毛利一族に重用せられ、屢々一家の人々（輝元・広家夫人等）の病の際、道三に下向を乞うている文書が残存している。（天正十九・二十年等、毛利・吉川・小早川各家文書参照）

今度参陣以来、御家門繁栄御武運長久祈念之外又無レ他、故不レ顧二忌憚一、愚慮言上目録。

一怠勤之弁

二飲食居所之倹約

三歌舞之用捨

四威徳宣兼行

五兵戦莫好莫怠
六貴兼聴嫌偏信
七勉謙懈奢之異
八親賢智遠宝飾
九予養生予防乱

一、連年御武略之勤無二怠慢一、故中国悉応二御意一候。殊此度富田一着之趣、天道感応、冥慮加護誠無レ疑也。泰平御一統之今、武略之深慮、政道之明察、弥御勤専要候。

養生書曰、
　病加二于愈一、
　乱起二于治一。

大鑑禅師曰、怠二衆生病一、
　勤二衆生薬一。

二、歳暮年頭、欲レ述二祝詞一、詣二諸陣一之処、新営氈席、厳二飾屏障一、并珍肴豊足、祝酒銘酊、隔二遠路一苦二人馬一之長陣、不レ可レ然歟。

堯帝
　采椽不レ斲、茅茨不レ剪、
　舟車不レ飾、衣服無レ文。

論語曰、
　君子（食無レ求レ飽、
　　　　居無レ求レ安。

三、連歌者、遊客桑門之家業。乱舞者、同朋猿楽之勤藝。雖レ然、武略遠慮、政道愍懃之休息。邂逅催興不レ苦候歟。諸将武藝之様、可レ有二御覚悟一之儀、不レ可レ然也。

論語曰、

攻二乎異端一、斯害也已矣。

四、御威武天下無双之段、無二其隠一所。所二以然一、山陰・山陽、皆属二御手一候。雖レ然、下民御憐愍之文徳、未レ承レ及也。

説苑曰、

有レ文無レ武、以無レ威二天下一。

有レ武無レ文、民畏不レ親。

文武倶至、威徳乃成。

近年名将不レ知二此理一、故以二武威一一旦雖レ取レ国得レ民、文徳不レ足、故持世長久不レ能レ如二殷湯周武一。

論語曰、

徳不レ孤、必有レ隣。

五、以剛二強勝一敵、以二武勇一奪レ国之勤、異二于他一耳。雖レ然、

漢書曰、

兵凶器。

戦危事。

史記曰、

国雖レ大好レ戦必亡。

天下雖レ平、忘レ戦必危。

如レ右則兵戦莫レ好莫レ忘。

六、諸訴不レ可二偏信一。普問兼聴、則政法必可レ明也。
新論曰、
君明国治、兼聴也。
君闇国乱、偏信也。
臣軌曰。
助レ君恤レ人者、至忠遠謀也。
損レ下養レ上者、人臣浅慮也。
七、貧賤学レ道勤レ業、則必為二富貴一。富貴恣レ情怠レ行、則為二貧賤一。
韓詩外伝曰、
以レ古為レ鏡、可三以知二興替一。
以人為レ鏡、可三以知二得失一。
近年於二都鄙一予潜窺レ之、
以レ勤各致二出身一、
以レ懈悉及二没溺一、
慎謙者遠近仰レ之、
慢奢者貴賤憎レ之。
八、可レ仰者賢者、可レ親知人、可レ賞勇士、可レ憐不民。当時不レ然。信レ讒貴レ佞、専二遊興伎巧一、事二珍翫珠玉一。故苛レ政而貯レ財。
貞観政要曰、
珍翫伎巧喪レ国之斧、

珠玉錦繡迷ㇾ心之鴆、
恣ㇾ欲事ㇾ遊、則必民貧国費。貴ㇾ宝専ㇾ飾、則必怠ㇾ政敗ㇾ国。

九、平生節ニ飲食一慎ニ淫事一、則病不ㇾ生、安世正ニ政道一専ニ武略一、則乱不ㇾ興。

序例曰、

賢者造ㇾ形而悟、
愚者臨ㇾ病不ㇾ知、

君知ニ其在ㇾ我故。

中庸曰、

戒ニ慎不ㇾ睹、
恐ニ怖不ㇾ聞。

予在国中、見聞之褒貶、不ㇾ貽ニ心底一、可ㇾ奉ニ注進一由承候。雖ニ斟酌不ㇾ浅、染ニ禿筆一録ニ九ヶ条一而已。

永禄十丁卯年二月九日　　洛下雖知苦斎道三（花押）

(六八)「天海」。
天台僧、南光坊と称し、家康に重用せられ、江戸に東叡山を開基し、世に黒衣宰相と称せられたことはここに言うまでもない。会津の人、俗姓三浦氏。永禄三年足利に赴いて、在学すること四年、即ち九華に受講し、さらに同七年、上野国新川善昌寺に道器禅師（九国の人）を尋ねて周易を学んだ。寛永十四年に一切経の活字印行に着手し、寛永二十年十月二日に歿した。年は百三十余歳と言う。（詳伝は慈眼大師全集参照）
なお、寒松稿に拠って知り得る九華の受講者と認むべき人々数名があるから、左に列記することとする。

(六九)「蘆栖」。
名、大円、号、蘆栖。岐陽是心寺の僧、寒松が「往昔寓ニ洙泗之間一、其居与ㇾ予相近。于ニ風花一、于ニ雪月一、往来憧々。陪ニ講

帷一、則挹二浮丘之袂一、侍二雅席一、則拍二洪厓之肩一。其接如レ水者、殆杜之楚砧也。」と言っているから、壮歳共に九華に受講したものと思われる。

(一〇)「蚕宿」。

信州開善寺の僧で、寒松の「奉信州開善蚕宿和尚書」に、

(前略)天正之初、予入二得魯庠門一、与二師翁一渉二五六之歳華一矣。戊寅秋之(天正六年九華歿するの年)、九華講師唱二泥桓之曲一以還、洙泗之徒、東西各離居、三十二年二于今一。承聞師翁受二檀越堅請一而住二古刹一、猶存二先師面目一而興二宗風一云々。諸子負レ笈以従、四衆望崖以郤。人焉廋哉、人焉廋哉。謂二之吾法梁棟一、誰不二敢瞻仰一乎。

と言っており、九華同門の先輩であることが判る。

(一一)「侶庵」。

足利来学の徒で、寒松稿には、既に故人と言っているが、小田原北条家に在ったものらしく思われる。

(一二)「養岳」。

足利善得寺の僧、寒松が元和六年「養岳之号」中に、夙に学校に学び、董席以来二十年の交りを致すと言っているから、寒松と同門の徒であろう。

なお三要の受講者をもここに附記しておくと、

(一三)「西嶂」。

米沢城外一華院の主席典座で、閑室(三要)について往歳庠門に入るとある。

又学校に来遊する目的で郷国を出でながら中途において転じた例として、島津長徳軒がある。長徳軒は、相模入道忠幸、幼少より入寺剃髪して学に志し、享禄年中、十九歳にして出国、足利へ赴こうとして、途中遠州今切渡で風波の難に遭い、辛うじて駿府に至った処、領主今川氏親は長徳が名門の出で、父祖の雄名あるを聞き、勧めて還俗せしめ、禄を給して好遇した。その後、三浦氏を娶り、一子広弁を設けた。長徳軒は又、医術にも通じ、天文初年、北条氏綱が病の際、小田原に至っ

てこれを治療したので、氏綱は愛寵して近侍せしめた。長徳軒は又、兵学に達していたため、氏綱はその方策に拠って連勝を得、かくて長徳軒は北条氏の重臣の一人として終った。墓は今、品川の海晏寺中にある。

(七四)「就安」。

もと足利学校に蔵せられた春秋経伝集解の五山版（今、神宮文庫蔵）の巻末に三要が「右春秋左氏傳之占（点）者圓光寺、学校為就安老翁令補益者也　天正三年林鐘九日　三要翁（「學」鼎形朱印記）」の手識を施してあり、これは三要（円光寺）が学校の就安のために訓点を補益したと言う意で、就安は足利学校の人間であったことがわかる。この識語のみにしか見えないが、同書の第二冊末等に「持主就安覚俊亮遍」（「就安」鼎形朱印記）又、第五・六冊末には「洛陽就安斎（印）」、第十一冊末には「持主就安茅座人亮遍（印）」の就安手識が見える。（図版七〇参照）右の五山版が学校にあったのを市野迷庵が一見し、文化丁丑（十四年）に手許の五山版に三要の手識を臨摸して添えてある一本が故宮博物院に蔵せられる。（一一五頁参照。）

五

以上の人々をその受講歴代庠主の時代に拠って分つと、大体左の如くとなる。（人名の上の数字は前記の番号順である。）

(イ)第一世快元時代の来学受講者
(四)如道（或は天矣頃か）　(五)砭愚　(一〇)浦雲　(二一)祖養　(二三)柏舟　(五三)葭玉　(五四)曇英

(ロ)第二世天矣時代の来学受講者
(一)大奇　(二)一牛　(三)西燕　(六)一華　(七)天輔　(一三)宗理　(二五)棠庵　(三一)器朴　(三三)隠甫　(四七)厳超　(六四)田代三喜　(六五)谷野一栢

(ハ)第三世南斗時代の来学受講者
(三四)乾翁（或は九天時代か）

(ニ)第四世九天時代の来学受講者
(三三)天津　(四八)功甫（或は東井頃か）　(四九)授生（同上）　(五〇)芳卿（同上）

(ホ)第五世東井時代の来学受講者

(一六)台岩　(三六)羊角　(四〇)不孤（或は文伯時代か）　(四五)東明

(ヘ)第六世文伯時代の来学受講者

(二四)閑月　(二六)南春　(二七)周厚　(三五)菊径　(三八)景欧　(三九)賢甫　(四一)鶴翁　(四六)太玄　(五一)天沢　(六〇)玉仲　(六二)白鷗　(六六)曲直瀬道三　(七〇)西友鷗

(ト)第七世九華時代の来学受講者

(八)九海　(九)九益　(一〇)瑞俊　(一五)真瑞　(一六)文石　(一九)周長　(二八)帰玄　(二九)木吾　(四二)乾室　(四三)承貞　(四四)以継　(四五)驢雪　(四六)古渓　(四七)熙春

(五五)春岳　(六二)円智　(六三)涸轍　(六六)天海　(六九)蘆栖　(七〇)蛮宿　(七一)侶庵　(七三)養岳　三要　寒松〔故宮博物院蔵尚書正義の手題に「九易（花押）」とあり、九華の筆蹟に似る。門流なるべし。一二二頁参照。〕

(チ)第八世宗銀時代の来学受講者

(三)英文　(一四)魯窮　(一七)龍誉　(二〇)松月　(二九)不鉄

(リ)第九世三要時代の来学受講者

(二)良印　(一三)柘俊　(二〇)寿歓　(二三)西嶂　(二四)就安〔フロイスの日本史、永禄九年の条に「シオヤス」なる足利学校出身の禅僧が見える。〕

六

然らば、これ等多数の来学者の収容の設備は如何なる状態にあったかと言えば、憲実の規定等を案ずるに、当初より全部の受講者を学校内の宿院に起居せしむべき施設はなかったと思われる。九華の時代の如く多数に達すればなおさらであろう。無論学校内にも相当数の宿泊施設はあったに相違なく、それ等は禅院の僧坊のそれであったのであるから、比較的多人数を収容しても、さまでの大規模な建築等は必要としなかったであろうが、それでも多数の僧徒が参学すれば、やはり相当な施設が必要であったことは言うまでもない。享禄年中に回禄の厄を受け、憲実の寄進になる建築施設が失われて後、戦乱の時世であったためとは言え、再興の勧進が思わしくなかったのも相当な規模の再建を必要としたが故であろう。学校の再建は、九華の力に拠り、北条氏の援護を得て望みを果したらしいのであるが、三要・寒松の時代に重ねて修復し、殆ど新築の如くに改ったと言

うのを見れば、再建の程度も推測せられると思う。

何れにしても、室町時代を通じて、来学者は一部分しか学校内に宿泊生活を行い得なかったと思われるから、寧ろ大部分は、校外に宿を求めて学校へ受講に赴いたものと推せられる。それは、文明以来、足利学校来学の徒が足利の地で筆写した現存諸本の識語を見るに、（前記参照）足利庄内の各地において筆写を行っている。これ即ち、来学者が学校を中心に庄内各地に滞留していた事実を示すものと言ってよい。その宿泊所としては、鑁阿寺以下の寺院禅刹は無論、庄内随所の士庶の家宅がこれに充てられたことと推せられる。又、来学者が多数に上れば、庄内の士庶とも種々なる交渉を惹起すべきは当然であって、早くも憲実の規定の中に、それ等士庶に対する教戒が述べられているのは、その関係問題が発生していたことを意味するものである。従って足利学校を中心とする庄内近邑は、田夫野叟も山林壟畝の間に吟詠する風雅な一都会云々と玉隠和尚語録に所記（一二五頁「器朴」条）されている通り、一種の学校町とも称すべき状況にあり、天正十一年写本三略の識語に「足利学校近邑」においてこれを写すなどと記しているのを見ると、学徒の宿泊状態も、一種教団的なものになっていたのではあるまいかとも推測せられるのである。学校における講義等も、庠主の講筵の他に、助講者・代講者とも称すべきものもあり、一時に各種の講義が行われたこともあるらしいので、九華庠主の時代の如く来学の徒が極めて多数に上った際には、相当組織的な教授法も行われたことと推定せられる。

次に、来学者は僧徒に限られており、僧徒でない在俗者は、学校に受講中は剃髪して僧形となり、離校の後還俗した様である。後の寒松庠主の時代に、宇都宮城主奥平氏の家老、志水長右衛門尉信教が学校に在って寒松に学ぶ間、由子と称して僧形となり、離校して還俗し、寒松が宇都宮城に至って論語を講ずる際は常にその邸内に宿っている。又、駿河の人、荻野梅窓も、医を業とする者であるが、同じく学校内で寒松に受講中、雪江と称して形を改め、後に再び俗に還っている例があり、寒松稿にも、「是古来之箴規也」と言っているから、前代にも同様であったことが知られる。これは当初は、専ら学校が禅院としての規律に拠って行動をしていたことに拠るものと思われるが、後にはなお有力な別種の理由も加わったのではあるまいかと考えられる。それは戦国の世に在って、要害の地に存する学校が、何れの勢力からも侵されず、中立を守るために、学校は僧院であり、学徒は僧形であることが必要であったのではなかろうか。即ち、戦陣中に使者として、中立的なる陣僧（使僧）が用い

られたと同様な意味であろう。

又来学者の身分についても、何れも僧徒ではあるが、名族の出身者も少からず、従って、留学の徒の生活状態も亦、学校の所定の厳格な規律には従いながらも、当然各人に拠って異なるものがあったと察せられる。

これと共に考うべきは、学校経営の経済状態である。寺院の形態をとっていることと在学生が僧徒であることとは、その生活は寄進の資材によってまかなわれたのは当然であるが、当初憲実に一応の経済が成り立つだけの寄進があったに相違ないけれども、参学の徒が多くなればなおさら、経営の費が間にあいかねるようになったと思われる。学校に学ぶうちに書写した書物の識語などに甚しい飢寒に堪えて勉学した様子などを思わず漏らしてあるのは、その頃の実情を伺うに足るものである。上述の如く九華が北条氏の援助を受けて漸く完うし得たのも事実であろう。

なお学校には応永三十年仲秋上澣の告示年号のある学校省行堂日用憲章と称するものがあったと言い、これを伝えているが、上述の如く、応永三十年に学校は未だ存在しないと考えられるから、この一つ書きは、少くとも室町中期以来、学徒が多く参集するようになって定められたものであろう。それを応永の古にあった如くに権威づけたものと考えられる。参考のため附記しておくと左の如くである。

一、荘内学徒不一唯学校掛錫之輩一去一来雖然名字而告命於学校同盟之衆長而後来過
一、方来同会或譲堂主或争単位之意可放出前者後者和同為本
一、伏枕平癒之者頓迎来者可去莫為稽留脚之会
一、告帰之徒以孔方四十字可易償坐席従雖舎宿不可許亦破却常住什物兼償若有亡僧集学校衆徒結縁諷経
　右件条今若有浸凌者堂主於学校之衆中評論其罪罰而不可許庠序出入者也伏乞衆知

又、その来学者中には医を兼ねる者があり、医書の講義をも受けていた事実は、最も注意すべき点の一つであるが、それについては、さらに後章において論ずることとする。

なお又、来学者を通覧するに、遠地の者が多いが、これは遠国の負笈者なるが故に、五山の緇流の筆に留まったものであって、

関東近邑の来学者がそれ以上多数に上ったことは推測に難くない。而して、関東地方における文化の交流は、それ等学校の来学者に拠っても著しく助長せられたものと思われるのである。

鎌倉時代の関東における文化は、鎌倉に集中せられていた観があり、鎌倉の五山並びに極楽寺及び金沢称名寺等の寺院がその活動の中心を成していたことは、改めて言うまでもないが、当時においても、各地の有力な豪族は、同じく地方の寺院を本拠として各々一種の文化圏を形成していたのである。

佐竹氏の常州における、又、上州の新田氏並びに野州の足利氏等の如きは、その最も著しいものと言うべきであって、室町時代に入っても亦、各々その伝統を継承し、殊に足利（利陽）の地には、学校が創設せられたため、全国より学徒が蝟集し、鎌倉（相陽）と相並んで関東における学藝文化の一中心地と目せられるに至ったのである。

足利の地にも、学校の創設と相前後して、禅刹の開基せられるもの亦少からず、それ等が学校の来学者に便宜となり、共にこの地の学術文化を発展せしめたことも亦、注意すべきであろうと思う。即ち、上述の如く、偉仙斎禅師（応永二十一年、八十一歳寂。）は行道山に浄因寺を開き、諸偈撮要・夢中問答集等の開版事業をも行ったが、又、大見禅龍禅師（康正二年、六十六歳寂。）は長尾氏の請に拠り、足利の地に長林寺を建て、その後、玆に傑伝（明応九年寂）・天英祥貞（永正八年寂）等が相続いて董席し、天海舜政禅師（大永七年、六十歳寂。）亦、鶏足寺に在住する等、荘内に有力な禅刹が増加し、又、近くの佐野荘にも、大朝宗賀禅師に拠る禅院草創があり、これ等は学校と共に荘内学術文化の開発に資する所が少くなかったことは勿論、足利が関東における学術文化の中心としての活動を助長することもまた大いなるものがあったと思われる。

武州も、室町時代に入っては、太田氏の江戸城における文化活動をはじめ、箕田・勝沼等の諸地方にも各々相当の文化が開けていたことは、箕田において喜禅の周易講筵が行われている事実、勝沼において学校来学の徒一華が附釈音註疏本の礼記を補写している等の事実に拠っても知ることが出来る。又、武州の児玉党と足利と交渉が少くなかったことは、永正三年に吾那式部少輔が文公家礼纂図集註（唐本）を学校に寄進している事実や、鑁阿寺蔵の摺経妙法蓮華経に、

右相当能隣道賢禅門第七箇季忌為頓証仏果奉施入者也

武刕児玉郡沼上郷妙珍禅尼
永正十年癸酉正月廿日
同下児玉勝輪寺　当住持法印祐重
（別筆）上野刕多比良普賢寺法印祐尊

と識語の見えるもの（応永頃の摺写なるべし。）が存する点等よりも推測せられる。（右の妙経は又、武州・両毛の間における寺院の交渉関係をも見るべき資料となるものである。）

上州新田の長楽寺は、鎌倉時代には、延応元年に首楞厳経の開版等も行っており、関東地方における出版としては、二荒山と共に最も早い頃のものとして注意すべきであって、その文化開発の状も察せられるのである。長楽寺は天台と禅との兼学であったが、夢窓国師の頃までは禅の方が盛んで、室町時代においては、特に著しい活動はないが、その住僧は京洛に参学すると共に学校にも来学し、互に密接なる関係にある。即ち、前述の如く、長楽寺住持（佐竹義篤の子、初め正宗寺住。）賢甫は、文伯の門人で、九華と共に東福寺善慧軒に学び、後を嗣いだ東高も亦東福寺熈春と親交があり、又その後の春岳も九華の門人で、上洛して東福寺熈春に学び、寒松の老友であった。

常州と足利との関係は、文安元年に砭愚が正宗寺旧蔵の宋版周礼を学校に寄進していることに拠って初めて知られるが、後には長楽寺とも関係のある正宗寺住持賢甫が来学しており、又、熈春の清渓稿に拠れば、同寺の主宰、籌叔和尚が在洛二年、天正二年暮春に帰東することが見え、（この人は、それ以前にも入洛している事実及び学藝に志の篤かったことが正宗寺所蔵文書飛鳥井雅教（永禄三年正月十二日死）自筆書状等に拠っても知られる。）寒松稿にも、旧相識なる俊海西堂が慶長十四年春、正宗寺の請に応じて董席に赴くことが見えなどしているから、同寺より学校へ来学の徒も少くなかったことと推せられる。正宗寺は、常州久慈郡太田増井村に在り、夢窓国師の弟子月山（周枢、佐竹貞義嫡子）の開基にかかり、佐竹家の菩提寺で、代々一族の僧が住持となった。同寺には左伝の単疏本等も蔵せられており、又、中山信名の所纂「常陽雑纂」等に拠れば、江戸初期にはなお禅籍の所蔵も豊富であり、その蔵書のみに見ても、代々学僧が在住していたことが察せられる。常州には他に鹿島・笠間等神宮

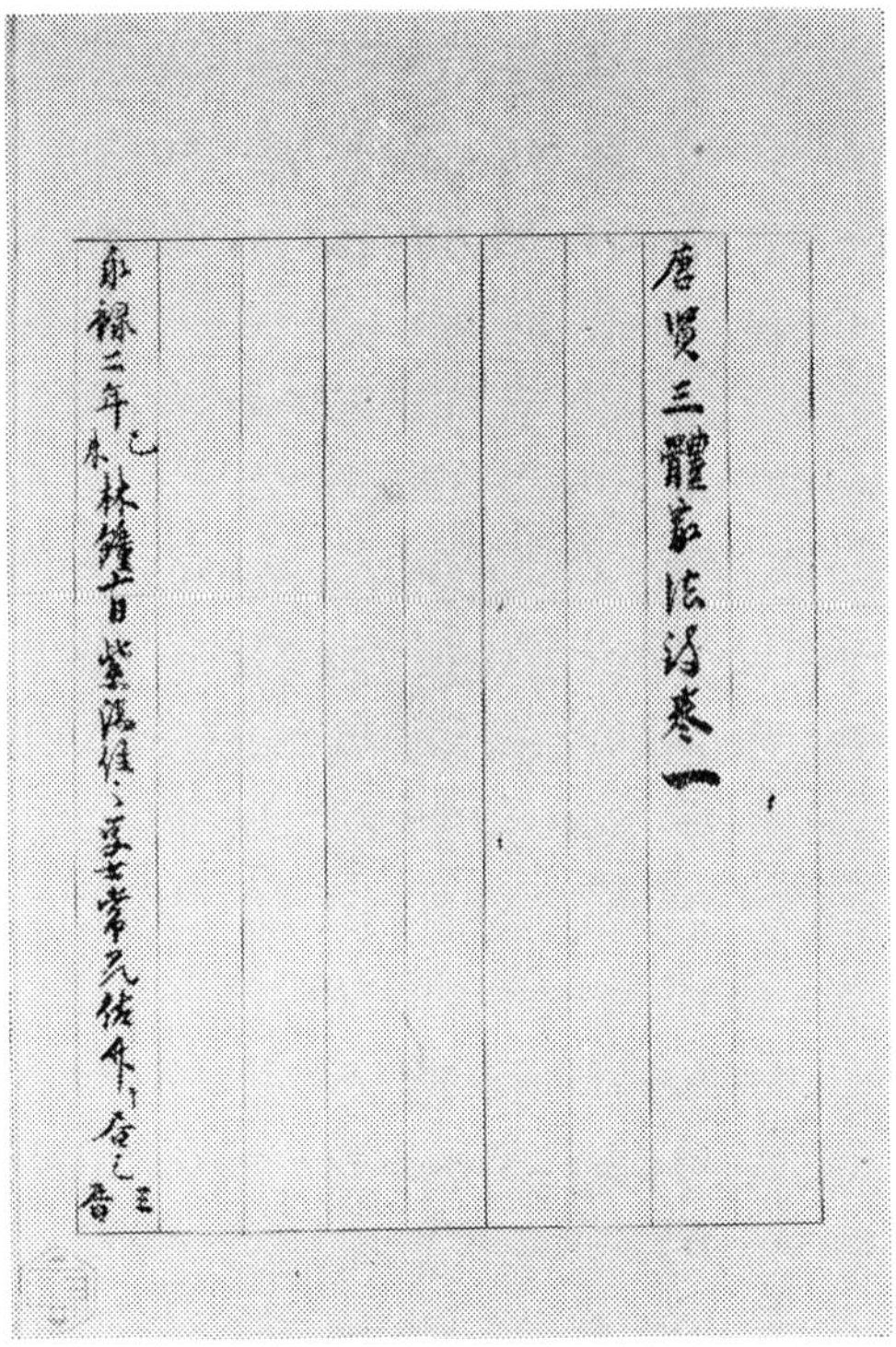
唐賢三體家法詩巻一

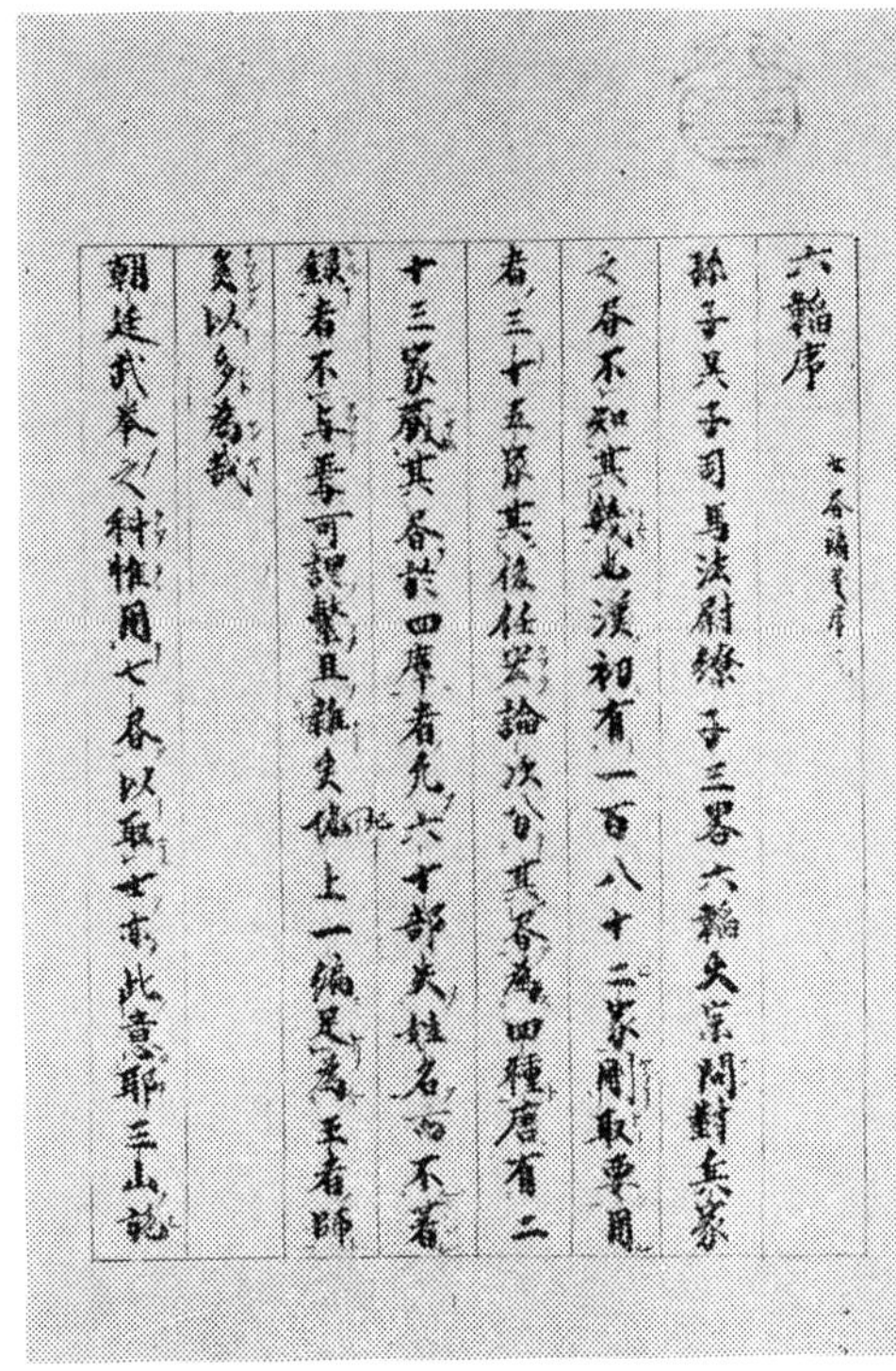
六韜序

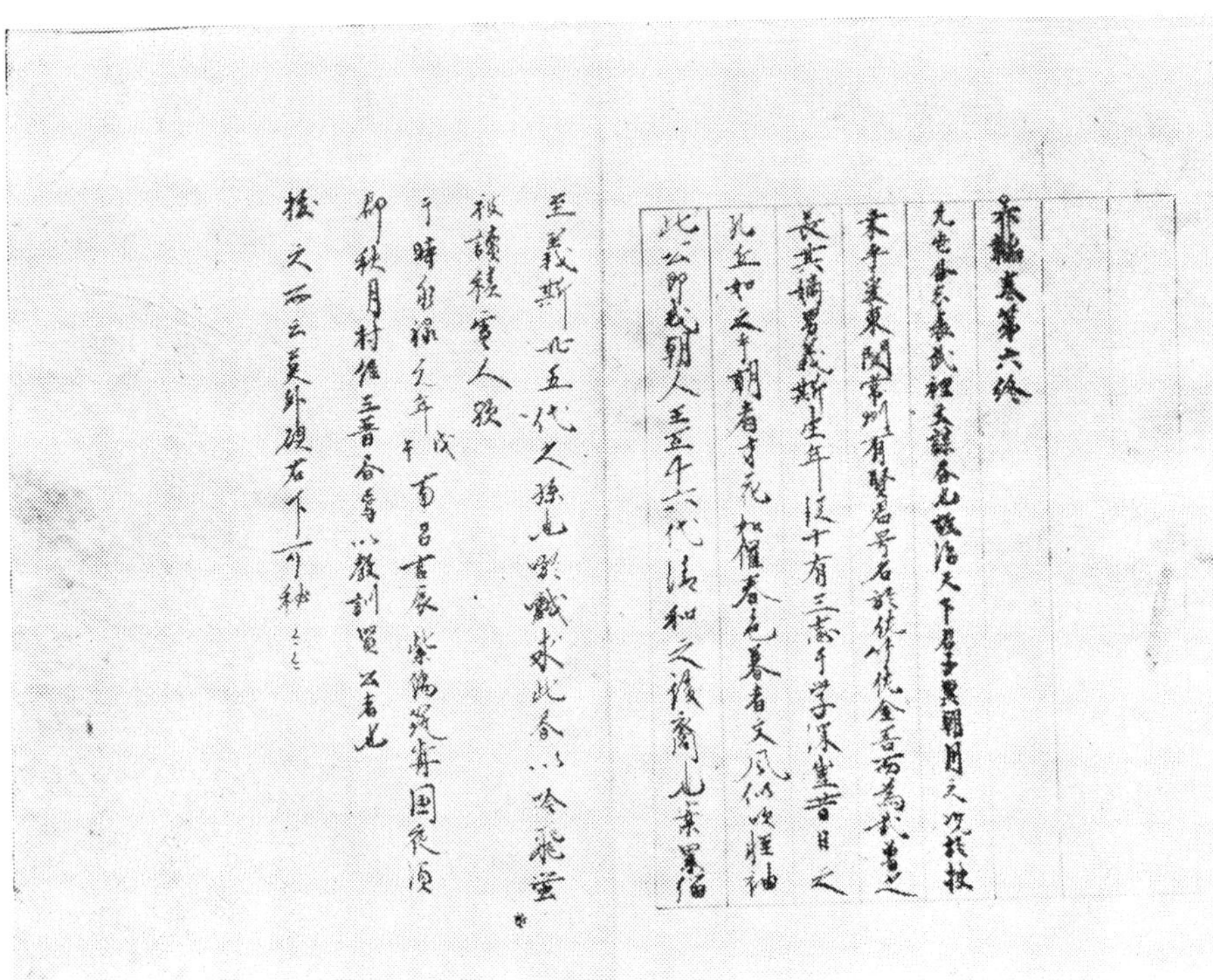
六韜巻第六終

永禄元年写六韜（首巻）・同二年写三体詩（末巻）
同上六韜（末巻識語）

寺を中心とする文化の見るべきものもあるが、六蔵寺・金龍寺（牛久）等、同じく蔵書の富の世に聞えた寺院も存し、又、ともに佐竹氏の建立にかかる清音寺（佐竹義篤造立）の如く、学校と交渉もあり、来学の徒を多く出している寺院もある。（寒松稿並びに後記参照。）が、正宗寺にはその背後に檀越佐竹氏の在ることを忘れてはならない。佐竹氏は代々好学で、子弟の中には、月山と同じく夢窓国師の弟子で、南禅寺に正因菴を剏めた徳叟周佐禅師（南禅第四十九世、応永七年寂）等もあり、室町末期には周崇（賢甫、前記参照。）も亦、正宗寺に住し、妙心寺で寂しているが、永禄初年に紫陽筑紫国夜須郡秋月の住僧三晋なるものが佐竹義斯（北家）のために、七書・三体詩等を手写している事実も亦、その一族の学藝に対する態度を伺うべき資料となるものと思う。残存しているのは、三体家法詩巻一（毎半葉有界九行、縦六寸八分、横五寸五分、界幅六分。）・太宗問・六韜（両書とも、毎半葉有界八行、縦六寸八分、横五寸五分、界幅七分、三本ともに雁皮紙の稍厚手の上質紙を用い、朱点・訓点を施してある。藍色原表紙を存し、大いさ、縦九寸五分、横六寸九分の大型の美事な本である。）の三部（龍門文庫蔵）で、他にこれと別手で同時の書写と認められる佐竹北家旧蔵の司馬法一冊（家蔵）もあり、三体詩の巻末（右図参照）には、

永禄二年己未林鐘十日紫陽住之学士常劢佐竹テ昬之三晋

とあり、又、六韜の巻末には、

凡此昬者表武裡文謀昬也。故治天下君子異朝用之。况於扶桑乎。爰東関常州有賢君。号名於佐竹佐金吾、而為武勇之長。其嫡男義斯生年従十有三、志于学深、豈昔日孔丘如之乎。朝者才花如催春色、暮者文風似吹軽袖。此公即我朝人王五十六代清和之後裔也。案累緇至義斯廿五代之孫也。吩嚱求此昬以吟飛螢被読積雪人歟。

于時永禄元年戊午南呂吉辰紫陽筑紫国夜須郡秋月村住三晋昬焉以教訓賢公者也

抜之而云莫外硯石下可秘〻〻

と見える。（右図参照）筑紫の僧が常州において佐竹のために手写している事実も亦興味があるが、臥雲日件録、宝徳元年閏十月三日の条に「竺華曰、吾翁大椿筑紫人也。少年東遊、就常州師、学四書五経（云々）」と言っているのと思い合せ、常州における佐竹氏を中心とする学藝が早くから進んでおり、それが室町時代を経、さらに江戸時代においては、佐竹氏の奥羽国替の際、多くの士族が士農（郷士）となって残留し、それ等の人々が水戸学を興している事実も亦、余風として注意せらるべ

き一事である。

足利と関東各地方との文化上における交渉については、殊に鎌倉とは来学者の来往も絶えず、なお又後には北条氏の小田原とも交渉が生ずるに至ったこと等、なお述ぶべきこともあるが、以上、両毛・武州・常州等、来学徒の事蹟に関して附言するに止める。

第五節　室町時代における足利学校の蔵書

附　足利学校の蔵書印

一

室町時代足利学校の盛時における蔵書は、北条幕府が総力を挙げて結集した観がある金沢文庫等に比すれば、その数量が僅少であったことは止むをえない。無論現在の遺蹟図書館に残存している室町時代以来の伝存書は、伝承の間に散佚したものもあるから、今の残存諸本を以て、直ちに往時の全貌を推すことは早計であろうが、学校現存の享保の書目（附載参照）に存するもので、現在散失しているものは比較的少数である点から見れば、現存書を通じて室町時代における学校蔵書の状態を考察しても、大して誤りはないと考えられるのである。乃ち、ここに、現存の旧籍を通じて学校の蔵書の増加して行った経路を辿り、且つ又、その蔵書内容の性質傾向を見ようと思う。現存の慶長以前、即ち、三要庠主以前における学校の蔵書は、凡て五十六部であって、三要の寄置並びに遺書の類は二十四部存する。三要以前、即ち、九華・宗銀時代までのもので、今は佚しているが、江戸時代の学校蔵書目に拠って、その書名並びに性質の判明するものがこの他に若干部あり、又、学校外に伝存する足利学校関係の写本も多

	三要以前の分			三要時代増加の分		
	刊	写	計	刊	写	計
経部	九	一八	二七	二	二	四
史部	三	三	六	七	―	七
子部	―	九	九	七	―	七
集部	四	三	七	五	―	五
国書・仏書	三	四	七	―	一	一
合計	一九	三七	五六	二一	三	二四

少あって、本問題を考察する上に参考となる。今、学校現存の室町末期までの書籍を、その内容性質に拠って分類すると右表の如くである。

次に三要以前における学校の蔵書増加の状を大体三期に分けて考察しようと思う。第一期は、憲実の学校創設より応仁頃まで、即ち、第一世庠主快元の時代。第二期は、応仁以後大永頃までで、第二世庠主天矣より第五世庠主東井に至る数十年間。第三期は、第六世庠主文伯及び第七世庠主九華の時代で、蔵書に関する限りにおいては、まず九華の時代と言ってもよかろう。

二

第一期。学校の蔵書は、永享十一年閏正月上杉憲実の寄進にかかる宋版五経註疏の類が、その基本である。然も、これが結局学校における最貴重書である点も亦、注意すべきであろう。憲実寄進の現存宋版は、尚書正義（八冊）・毛詩注疏（三十冊）・礼記正義（三十五冊）・春秋左伝註疏（二十五冊）（以上三三頁参照。）の四部で、これに上杉憲忠寄進の周易注疏（宋版、十三冊）を加えて、五経となる。憲忠の寄進は右京亮と自署している点から推して文安四年（右京亮となる）以後の数年間に限定せられる。（四一頁参照）憲実寄進の分はなおこの他にもあったと覚しく、近時、金沢文庫旧蔵の宋版唐書（欠二十二冊）が判明した。（三三頁参照）これと同じく文安頃に学校に寄置せられたものに、宋版「周礼」（重言重意本、漢鄭玄註、十二巻、二冊。）がある。該本には、毎冊首に「下野州（上冊今欠）足利庄學校之常住、文安六年己巳六月晦洛陽僧砭愚置之」の墨書識語があるが、又、別に淡墨で毎冊首の欄上に「萬秀（上冊欠）山正宗寺公用」、毎冊末に「正宗寺書院」の識語があって、もと常陸国久慈郡増井村正宗寺の什物であったことが判る。同寺は夢窓国師の弟子月山（佐竹氏）の開基する所で、世々佐竹一族の学僧が居住し、蔵書に富んでいた。（前記参照）本書の寄進者砭愚も、或は正宗寺の僧ではあるまいかと思う。この書には下冊首に「□學」（綴目にかかりて上字読めず）の古朱印記（文安以前頃のもの）を捺印してあり、又、文安頃の筆で「周禮左（右）」の小口書が存する。（後、江戸時代に狩谷棭斎及び近藤正斎の自筆識語が添附せられた。）（二二六頁参照）（左図並に図版一三・一四参照）その他には、「尚書正義」（零本、一冊。）が、文安三年に足利の北窓において書写せられたもので、これは学校来学の徒が書

写して学校に留めたものか、或は、その遺書として残ったものかであろう。後に九華・三要等が手沢本として、これに加筆していることは前述の如くである。

次に、「周易」（十巻、魏王弼・晋韓康伯注、五冊。）の古写本（宋刊本の転写、毎半葉七行十六字。）は、藍色原表紙（「洗心易」と外題）の裏張りに、永享九年の平仮名版暦（版暦を裏張りに用いたる藍色原表紙は、第一（八・九月の分）・第二（正月・五月）・第四（二・三月）・第五（六・七月）の四冊残存せり。）を用いており、毎半葉有界七行十六字。界高六寸四分五厘。界幅六分。毎冊首に「足利學校公用」の墨書、及び各冊末には左の如く学校寄進の識語が存し、これが本文と同筆である点から推し、又その書風に見て、永享の末年を去る程遠からぬ頃の書写にかかるものと認められる。即ち、本書は、快元に受講の徒が学校常備の参考書として書写寄置したものであろう。

（第一冊末）足利學校常住易学之徒置之

（第二・三冊末）足利學校常住

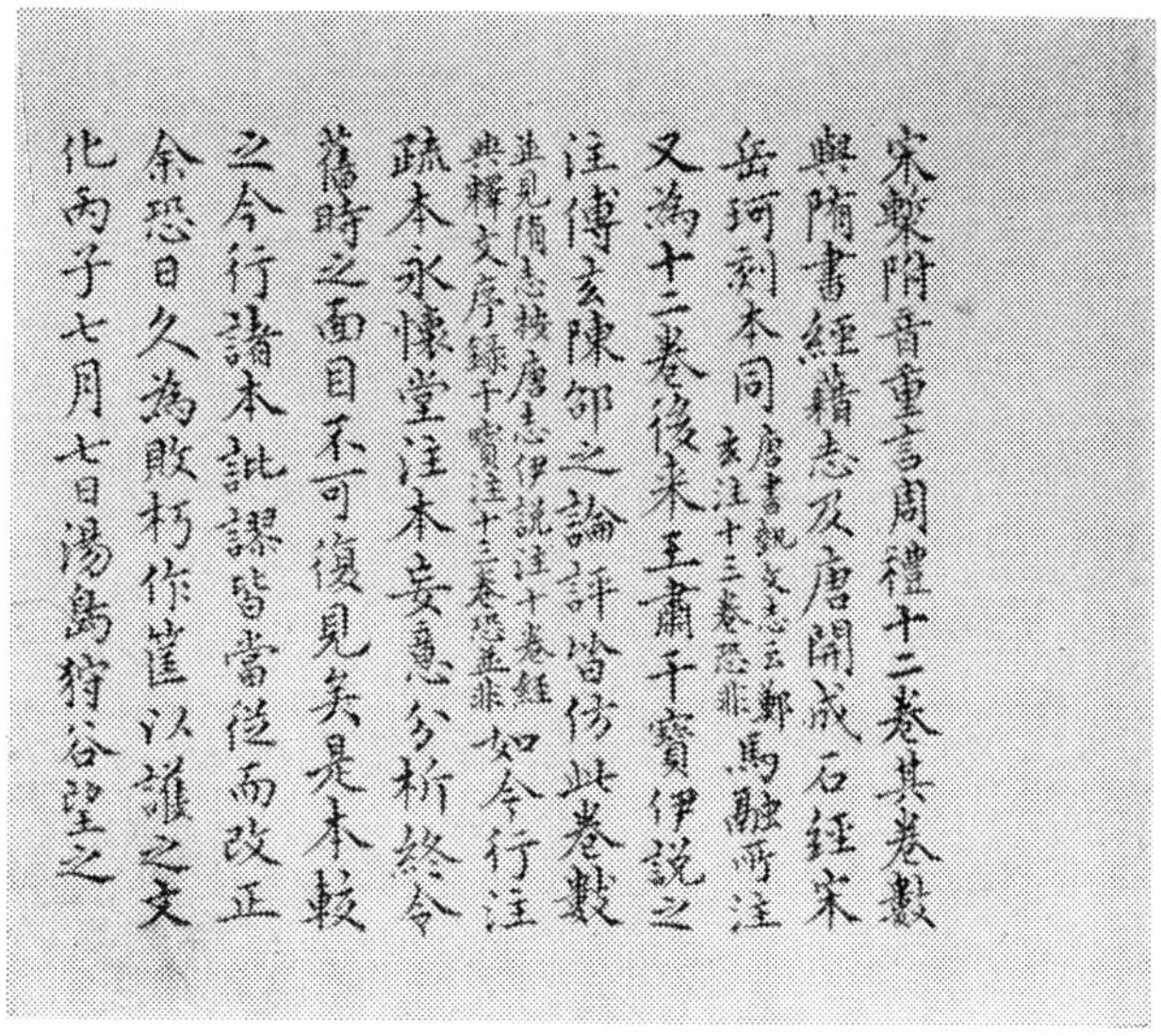
宋槧附音重言周禮十二巻其巻數
與隋書經籍志及唐開成石經宋
岳珂刻本同唐書藝文志云鄭玄注十三巻恐非馬融所注
又為十二巻後來王肅干寶伊説之
注傅玄陳邵之論評皆仿此巻數
並見隋志按唐志伊説注十巻經典釋文序録干寶注十三巻恐並非如今行注
疏本永懐堂注本妄意分析終令
舊時之面目不可復見矣是本較
之今行諸本訛謬皆當從而改正
余恐日久為敗朽作崖以護之文
化丙子七月七日湯島狩谷望之

宋版周礼巻末（校斎手識）

（第四冊末）下野州足利庄學校常住

（第五冊末）足利學校常住　易學之徒寄進（図版二四参照）

なお、「重離畳変訣」（写一冊。）は、謙宗撰述の易学関係の書であるが、同内容の写本が三部現存する中、一は江戸初期の転写本、他の一部は、同一内容の書を二部合綴してあり、その一半は九華自筆、他半は或はそれ以前の書写にかかるかと思われるものである。本書は巻末に「文安三丙寅仲春上澣日　謙宗誌焉」とあり、謙宗（寛正元年死）が先師の説を略述したものであって、太岳老和尚（かの関東に赴いて易を学んだという恵林太岳であろう。）の説を引くものである。（或は文安三年の撰者自筆本であるかもしれないが、跋文の下半が欠けているため、その判定が困難である。）何れにしても、古くより学校にこの種の本が伝存していた事は確実で

あろうと思うから、ここに附記する。（図版二八至三〇参照）
また、新楽定編録の足利学蔵書目に「礼部韻略唐本全三冊」「首ニ康正改元乙亥南源寺浦雲置ト誌シアリ」と見えている。康正元年に浦雲が寄置したのは快元の時のことであろう。この本は今佚しているかと思ったら、明治八年東京書籍館へ栃木県から召し上げて交付した七十九部の中にあり、巻首の識語は裏打改装の時失われたものと見えて存しないが、国会図書館に現蔵の分は、同じく三冊（巻一・二・五の欠本）がそれに該当すると推せられる。巻一は損傷を裏打修補した元版で刷りよく、巻中に僅かに室町時代書入の朱点が見える。（左右双辺、有界十一行。匡郭内、縦七寸二分、横四寸五分。）巻二・五の二冊は五山版で補われている。もと元版の不足分を五山版で補配して完本としてあったものが欠佚して残ったものであろう。

三

次に第二期における学校蔵書の増加の状態は、まず、文明九年に、応安五年書写の「周易伝」（三冊）が、大奇によって寄進せられたのを初めとして、天矣庠主時代に寄進せられた確証の存するものに、「易学啓蒙通釈」（二巻、写、合、一冊。一牛寄進。）「礼記集説」（元陳澔撰、十六巻、元天暦元年刊、五冊。延徳二年一牛寄進。）の二部があり、又、今は佚しているが、江戸時代の蔵書目録に拠れば、「書経集註」（写、六冊。宗理寄進。）も天矣の時寄進と明記せられていたと言い、なお、「孟子註疏解経」（長享二年写、十四巻、七冊。）にも「奥州天輔置焉」の寄進識語が存し、その書写年時と、天輔の名が天矣と関連を有するらしく推せられる等の点から考えて、これも亦、同時の寄進かと思われる。

又、「詩集伝」（宋蔡沈撰、元至正十二年刊、零本、一冊。）には、巻首に「足利学校」「学校常住」巻末に「野州足利庄學校常住也」「如道寄進」、詩序末に「足利学校如道寄進」、巻中にも「野劦足利」「學校常住」の如道手筆の寄進識語があるが、本書には別に永正十四年九月に第五世庠主東井が修復を行った由の識語が見え、如道の墨書は東井以前と認められる上、東井が修復している事実から推せば、如道の寄進は、東井の頃よりなお遡っていることが判る。恐らく、天矣の時代より下ることはあるまいと思われる。（一二〇頁参照）

第四世庠主九天の時代に寄進せられたものとしては、今は佚しているが、享和の学校蔵書目録等に拠れば、唐本「文公家礼」（零本、一冊。）が、永正三年八月に武州児玉党吾那式部少輔によって寄進せられている。（これ亦永正五年に東井が修復している。詳しくは前記八五頁参照。）

第五世庠主東井の時代には、上杉憲房の寄進があり、永正十二年に「孔子家語」（写、二冊。）を、又、永正年中に「後漢書」（明正統刊本、二十冊。）を寄せている外、遺命に拠って大永六年十月寄進せられた「十八史略」（明初刊本、二巻、合、一冊。東井手識あり。）も残存している。

「明本排字増広附音釈文三註」（詠史詩）渋引原表紙に「釋文三注」なる室町時代筆の外題があり、又各冊扉に同じく「詠詩史」の外題がある。零本、三冊。巻中に古文孝経抄等と同筆の文伯かと思われる書入がある。三註の中、蒙求は今、国会図書館（もと帝国図書館）にあるが、それと同じ頃の相似の筆蹟と認められるから、これも大永五年以前に書写せられたもので、それが残存したことが判る。毎半葉有界九行二十字。界高五寸五分。上欄一寸四分。江戸中期頃捺印の「足利學印」の朱印記がある。（図版四六参照）

新楽定の足利学蔵書目によると、「小学集解唐本」に「末ニ學校常住寄進英文ト記セリ。慶長以前ノコト見ユ」と注記があるが、この本は今、国会図書館（旧帝国図書館蔵）に蔵せられ、もと明治八年に東京書籍館の補充に召し上げた書物の一つである。この本は元版で初刷と認められる善本、二巻宛を合綴して二冊になっているが、もとは四冊で、各巻首上欄に「學校常住」（表）「英文寄進」（裏）の墨書が見え、しっかりした筆蹟で室町末期を降らぬ頃、恐らくは九華庠主以前のものであろう。（上記、書目に末に墨書があるというのは誤り。）巻首に「標題音訓小學集解」と大題があり、左右双辺、有界、十一行十八字。注双行。匡郭内、縦五寸七分五厘、横四寸二分。上欄九分五厘。改装。大いさ、縦八寸二分強、横四寸九分。巻三の末に「四明章玄祐刋」の刊記がある。巻首に序（一葉、淳熙丁未三月朔旦晦庵題）及び晦庵朱子小影・弟子受業之図・世子問寝之図・子婦嘗薬之図・子事父母之図・婦事舅姑之図（三葉）並びに朱文公小学題辞（二葉）を附す。巻中、巻二に二箇所室町期の朱筆書入（二三字）が見え、又、巻四には朱点の附加がある。本書が新注の書である点を注目すべきである。（図版七六至七九参照）

この他、「老子道徳経」（漢河上公章句。二巻、二冊。毎半葉有界八行十六字。界高五寸八分五厘、界幅五分。裏打改装。下巻

は首葉を欠く。乎古止点並びに朱墨附訓。）は室町中期以前の書写にかかり、学校現存の古写本中でもすぐれたものであって、少くともこの期は降らぬ頃に学校に存したものであろう。（図版四七参照）「南華真経注疏解経」唐玄英撰。十巻、十六冊。毎半葉有界九行二十字。界高六寸七分五厘。上欄一寸四分五厘。藍色原表紙存す。宋版に拠って移写したもので、十五至十七の三篇を欠き、六至十一・十三・十四・十八・十九の各篇は夙に佚していたので、文化十三年に市野迷庵が通行の刊本で、欠部（六冊）を補配した。第十四・十九・二十三・二十四・二十八・三十一の末及び補配本三冊の首尾に、迷庵が補配する由、当時の庠主和西堂の手識があり、又、巻末に、迷庵の手識並びに近藤正斎の識語（狩谷棭斎の代筆）がある。本書も亦、九華より稍以前の書写で、室町中期を下らぬものであろう。後に「足利孛校」の朱印記を捺す。注記書入には本文同筆のものと後の加筆とがある。（図版四八参照）又、享和二年の学校蔵書目録等に拠れば、「詩経図」（唐本、零本、一冊。恐らくは今の詩集伝なるべし。）にも「永正丁丑秋九月日修復焉執陽之好老人」なる東井の手識があったと言い、又「三体詩 講義本 端本 一冊」の注記にも、「大永八之春三月十一日書之終此時関東市中隠」の識語があったと言うから、これ亦、この期の書写本に属するものである。なお学校外に現存するものに、文明十四年孟秋足利の北窓で書写した「職原抄」（二冊、三浦周行博士旧蔵、梅沢記念館蔵。）（図版六二・八〇・八一参照）及び同年足利官濃山口で書写した「論語義疏」（帝国図書館旧蔵、五冊。）等があるから、この種の書籍も学校にあったことは確かであろう。又、長享元年に足利で写したことがある「老子道徳経」（前記、天正六年南春移写本によって知られる。上述の如く老子道徳経はその頃の写本を学校に遺している。）明応二年に足利から出来の本を写したという「中庸章句」（一冊、醍醐三宝院蔵。）、同六年足利鑁阿寺千手院内で書写したと言う「毛詩序正義」（写、一冊。三井家旧蔵。慶応義塾図書館蔵。）等の諸本が第二世庠主から三世庠主の頃に学校に備えられていたと考えられること、さらに第四・第五庠主の頃に「古註蒙求」（大永五年に学校で求めた由の識語ある一本が明治初年まで学校に存し、今は国会図書館にある。）「和漢朗詠集私註」（大永六年写、一冊。川喜田氏蔵。）等があったことが、それらの転写本の学校外残存によって知られる。

四

第三期は、第六世庠主文伯及び第七世庠主九華の時代である。文伯の頃に増加したものは詳かにし難く、且つ、その手蹟も明らかでないが、学校現存の「礼記」（漢鄭玄注、二十巻、写、十冊。）は、或は文伯の手写ではあるまいかと推せられることは、前述の如くである。その礼記には九華晩年の書入も見えている。（図版三五参照）又九華自筆の「論語集解」（零本、巻一・二の一冊残存。）の見返の文字は礼記の本文及び見返の筆蹟と同一と認められるから、或は、九華手写の一本へその師文伯が加筆を行ったものであろうか。なお、又、少くともこれと同じ頃の同じ筆になると思われるものに、「古文孝経抄（内扉に「古文孝経直解全」とあり。孔氏伝による抄物。」（写、一巻、巻末一葉欠。一冊。毎半葉有界十八行（界幅二分）。界高六寸四分五厘。）・「荘子抄」（写、六冊。外題は九華自筆。本文は人天眼目抄と同筆であろう。）・「人天眼目抄」（写、三巻、三冊。外題は九華手筆。）「山谷略抄」（写、一冊。）等があり、何れも達筆に認められている。また、文伯時代と思われる享禄から天文初期の間に学校で書写した識語のある書物も、二三学校外に残存しているものがある。（前記参照）

九華の自筆本並びに書入手識ある諸本については、前に詳しく述べたが、自筆本としては、「施氏七書講義」（四十二巻・十冊。）・「扁鵲倉公列伝」（史記列伝第四十五の一冊、医書の類と見るべきものなること上述の如し。）・「論語集解」（上記、巻一・二の一冊。本文九華手筆、細注は同時の別筆にて本文より後に加筆せられたるもの。なほ又、三要・睦子等の書入も存せり。）・「論語集解」（十巻、五冊。巻六以下同時の別人筆。）・「重離畳変訣」（二部合綴の後半の分。）・「毛詩鄭箋」（二十巻、有欠、七冊。現存十冊完本を以て移写したものか。在来九華自筆と考えられずにあったもの。）・「論語抄」（鑁阿寺現存、魯論遺忘記と題する仮名抄物。大本、五冊。）・「山谷詩集註」（東洋文庫蔵、第一至四の零本、一冊。）・「毛詩序」（今佚、もと学校蔵。江戸時代の蔵書目録に拠れば、巻末に永禄十三年九華七十一の書写なる由識語あり。）等がある。

又、書入本としては、北条氏政より贈られた宋版「文選」（前記参照）を始め、「古文尚書」（写、二冊。）・「毛詩鄭箋」（写、十冊。）等がある。なお門流の手写したものに外題等を認めたものには、「周易」（魏王弼・晋韓唐伯注、十巻。巻五・六欠、三冊。毎半葉八行十六字。渋引原表紙存す。）・「周易本義啓蒙翼伝」（元胡一桂撰、写、三冊。有欠。）・「帳中香」（二十巻 巻一・十欠 九冊。）（図版

（図版五二参照）・「聯芳集抄」（釈印成撰、写、六冊。）・「科註妙法蓮華経」（八巻、写、七冊。）等がある。

次に九華時代に書写せられた伝本と認められるものに左の諸書があり、学校現存書中最も多数を占めている。

「毛詩抄」・巻一・二、四至十、十八を欠く、六冊。本文とも紙原表紙には外題とは別筆で「共八冊不足」とある。本文は余り達筆ではないが、全部一筆で、毎半葉十一行二十二至八字、片仮名交り。字面の高さ七寸五分。本書の扉は或は三要の筆かと思われる。

「古文孝経」旧題漢孔安国伝、一巻、一冊。毎半葉有界九行二十字。界高六寸五分。本文並びに書入ともに同筆であるから、元来注記書入のある伝本を転写したものである。享保十七年に太宰春台がこの本に基いて孔伝を印行して以来、足利本の古文孝経として世に聞えている。藍色原表紙の裏に、慶長十一年の連歌の書入が見える。（戦前足利学校遺蹟図書館の影印本あり。）（図版三七参照）

「孝経抄」文明十八年、釈希璵撰、一巻、一冊。毎半葉十四至十七行、片仮名交り。裏打改装、紙幅九寸一分強。

「論語義疏」梁皇侃撰、十巻、十冊、毎半葉九行有界二十字。界高四寸九分、界幅四寸五分。巻首に第十一世庠主睦子の識語及びその印記「龍」の捺印があり、又「轟文庫」の朱印記がある。（又「足利孝校」朱印記もあり。）江戸初期の薄褐色からおし菱形文様の表紙を添えてある。本書も亦、寛延年中、根本遜志がこれに拠って校刊本を著し、これが佚書として清国に流伝し、四庫全書に入り、又、武英殿本・知不足斎叢書本等に翻刻を重ねられて、有名になった。或は睦子が古写本を学校に置いたものかもしれないが、その書写年時が合するのでここに掲げておく。（図版四〇参照）

「孟子」漢趙岐撰。十四巻の中、巻一至四の二冊残存。毎半葉有界九行二十字。界高五寸九分五厘。上欄一寸三分。三要の自筆加注頗る多く、又、寒松の書入も見える。書入には新註をも多く引用している。（図版四一参照）

「史記桃源抄」瑞仙桃源撰。零本、十二冊。毎半葉十一行二十一至三十字。片仮名交り。巻七（項羽本紀、中に扁鵲倉公列伝混入せり。）・八（高祖本紀）・九（呂后本紀。首に江戸初期の筆にて釈奠式を書入る。）・十（孝文本紀）・十一（孝景本紀）及び列伝十二より終までを存する。九華門流の寄合書であろうと思う。第十二冊末に文明丁酉の自跋がある。

「史記抄」幻雲寿桂撰。零本、四冊。毎半葉十一行二十八字。漢文の講説。第一冊本紀全部、第二冊列伝二十一至二十四（十一行二十二至四字。）第四冊列伝四十五まで。

「南華真経注疏解経」唐玄英撰。三十三巻、残欠、十三冊。毎半葉八行十九字。附訓。寄合書。巻一末・二首・六首・八首・十一・十二・十四下・十七下・十八上・二十下・二十三首・二十四首・二十五下・二十七首・三十至三十三を欠いている。

「杜詩抄」雪嶺永瑾撰。残欠、大本。十冊。毎半葉十行片仮名交り講説。寄合書で、一下・二・三下・五至九・十二（末欠）を残存し、巻三の末に、

以雪嶺多少聞書幷読翠抄（抄之畢）

とある。

「蒲室集抄」幻雲寿桂撰。大本。裏打改装。四冊。褐色原表紙存す。毎半葉有界八行十二字。細字双行二十五字。界高七寸七分五厘。巻末に、

予写　幻師之本者始于天文癸巳正月十一日終于同八月三日　牧雲子寿識

とあり、幻雲寿桂の弟子牧雲子寿の手写にかかるものである。何時如何にして学校に伝えられたかは不明であるが、第一・四冊の外題は或は三要の筆かと思われるから、牧雲が自ら学校に学んで残したものか、或は牧雲の交遊者が寄置したものかであろう。

「職原抄注」二巻、一冊。巻末若干葉を欠く。毎半葉有界二十行片仮名交り講説。界高八寸七分。江戸中期頃の「足利學印」朱印記を捺す。

「聯句集」七冊。毎半葉十三行。寄合書で、粛至歌・庚至尤の部を欠いている。

「聯句集幷題詠」一冊。毎半葉十三行。三千句、東至厳の部の一冊。

以上の他、五山版の「王状元集百家註分類東坡先生詩」（二部、一は二十六冊、一は首一冊を欠く二十五冊（藍色原表紙に内容目次を墨書せり、その筆九華に似たり。又「足利孛校」朱印記あり。（その他、江戸期の写本に補配せる同版の巻十五・十七及び二十四・二十五の三冊あり。））及び「山谷黄先生大全詩註」（巻一首三葉欠・二首至第八葉欠の零本、一冊。）の三部並びに仏書の

五山版「蒲室集」(笑隠和尚語録とも六冊。三要の墨書あり。)「首楞厳経義疏釈要鈔」(観応元年刊、後印。六巻、六冊。)「枯崖和尚漫録」(三巻、上巻欠、一冊。南北朝刊。)「仏果圜悟禅師碧巌録」(室町時代刊。零本巻八、一冊。)「廬山外集」(南北朝刊、巻三第七葉以下欠。合一冊。江戸時代まで目録外であった。)「広韻」(元版、零本、巻三至五各冊首欠。三冊。)等も恐らくは九華の頃か或はそれ以前に学校に入ったものであろうが、ここに附載することとする。

又、安田文庫旧蔵の五山版「春秋経伝集解」(三十巻、十五冊。藍色原表紙存す。三要自筆書入あり、又「野之國學」の朱印記を捺す。)には各冊首に少くとも九華の時代を降らないと思われる筆で「足利學校正傳院常住」の墨書識語があるから、ここに附記しておく。〔なお神宮文庫蔵、五山版「春秋経伝集解」(十五冊。前記参照。就安覚俊手識。)の巻末に天正三年学校就安のために訓点を補益した由の三要の手識があるが、正伝院常住本と密接な関係があろう。この本は江戸末期には足利に残っていた。)〕(一一五頁参照)

以上、九華を主とする第三期に学校に増加した書籍は、五山版七部を除いて、三十四部(学校残存)以上に達し、現存三要以前の伝本総数五十六部の約三分の二を占めている。この数量は、比較的年代が降るため、残存率の高いことにも拠ると考えられるが、(殊に九華以前に回禄の厄に遭っている)一面には又、九華庠主の時代における学校繁栄の状を如実に示しているものとも言えよう。

右の他、今は佚しているが、江戸時代の蔵書目録に拠って知り得るものに、九華の書入があったと称する「和漢朗詠集私注」があり、又、同じく書目に見える「倭名類聚鈔」(五冊)も、伴信友等の校合本に拠れば、学校の蔵書目に武州児玉党吾那式部少輔が永正三年に寄進の本とあるが、狩谷棭斎もこれを校本の中に加えておらず、信友の言は誤りであって、上述の文公家礼などが誤伝したものかとも思われる。

なお同じく書目に見え、今は国会図書館に蔵せられる「易帰蔵抄(周易抄)」(六冊)は、柏舟の著した仮名抄で、巻六の末に筆者と覚しき「滴翠亭子(印)」の識語があり、又毎冊末に「莽萬」の朱印記を捺す。その書写は少くとも九華時代を下らぬ頃のものであろう。

さらに九華の歿後、宗銀庠主の時代のものであるが、天正十年卯月二十九日に足利で沙門魯窮が手写したと言う「古注蒙求」（一冊）も伝えられていたことが、新楽定撰述の学校蔵書目録に見えている。その他、学校外に伝存する足利学校において書写したと言う当時の写本もある。それ等は大体において学校に伝存したものを遊学中に手写して持ち帰ったものと解する方が穏当と思われるが、前に記したので、ここには再び掲げない。（前記参照）当時の学校の蔵書を考察する上に参考資料となるものであるから附記しておく。

又、これ等学校の蔵書の内容を通じて、学校の学風並びに教学目的等も亦、よく窺われるが、それ等に関しては次章に述べることとする。

なお、三要の手に拠って増加したものの中には、三要の歿後、遺書として寄進せられたものもあり、又、三要が慶長七年に庠主を寒松に譲って後に学校に送ったものもあるが、（円光寺常住三要等の識語が存するので明らかである。）それ等については、三要の伝の条に述べたから、これまたここには繰返さないこととする。

唯三要寄進のものは、自筆本若干、並びに自ら刊行した伏見版数部を除けば、中に少数の五山版を考え得るとしても、他は殆ど家康から附与せられた朝鮮之役将来の朝鮮本及び明版類であるのは注意を要する。これは家康が蒐集した駿河文庫の内容においても亦同様であって、その文庫蔵書の大半は朝鮮之役の将来本であった。この事実は、或る種の限られた仏典以外に刊行書の極めて少数であった我が慶長以前に、国書漢籍の多数の書籍を蒐集することが如何に難事であったかをよく物語っているものと言えよう。

されば、朝鮮之役に拠る多量の将来なく、又、刊行も乏しい慶長以前において、特に又、漢籍のみの蒐書を旨とした足利学校において、刊写数十部の蔵書を備え得たと言うことは、特筆すべき事実と言うべきである。当時、僅かに舶載せられた唐本が珍重せられたことも亦、想像以上であって、足利学校に存する宋・元・明の諸刊本は、当時における学校の漢学の権威を世に誇るに十分であったのである。

附　足利学校の蔵書印

因みに、ここに、足利学校の蔵書印について附言しておくこととする。

学校の蔵書印は、何れも江戸時代のもののみであって、その中で最も古いと認められるものは、「野之國學」の四角朱印記であるが、これは学校の旧地より掘出したと称し、集古十種にも収められているけれども、前述の如く室町以前のものではなく、江戸初期に伝説に基づいて作成せられたものと認められる。（図版三六参照）この印記を捺印したものには、「毛詩鄭箋」（二十巻、有欠（巻十一・十二、十七至二十欠）七冊。九華の自筆と認められる。）・「春秋経伝集解」（三十巻、十五冊、慶長中刊活字版。（学校来学者、会津若松の産、津梁（宗祥蔵主）の死後、遺物として、慶長十七年閏十月二十七日学校に施入せられた由の寒松の手識がある。（又、津梁の手識も見える。）・「春秋経伝抄」（十八冊。三要自筆稿本。）・「春秋経伝集解」（五山版、安田文庫旧蔵、十五冊。もと学校蔵。）

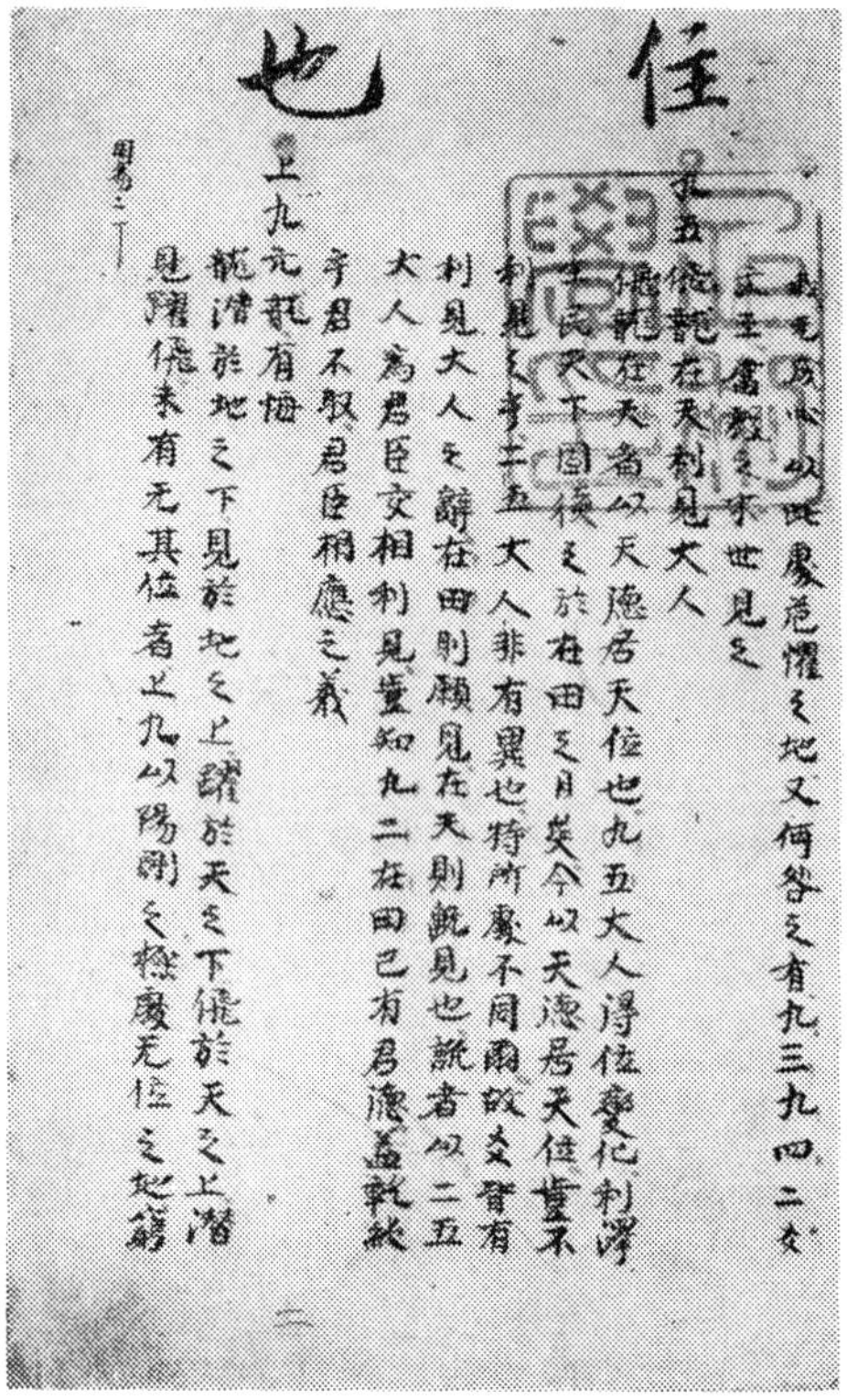
応安五年写周易伝（首巻）（足利學印）

の四部がある。慶長十七年施入の本に捺印がある点から推して、この印記は、少くとも寒松以後の所捺となる。

次に「足利李校」の小型長方形の朱印記も亦、江戸初期の捺印かと思われる。この印記を捺印したものには、慶長十七年に睦子が手写した「周易」（王注、三冊。）（二一七頁挿図参照）九華・三要等の自筆書入のある「古文尚書」（十三巻、写、二冊。）・九華手写（後半は別筆）の「論語集解」（五冊。）・「論語義疏」（室町末期写、十巻、十冊。）、三要寄進の「少微家塾点校附音資治通鑑節要」（朝鮮刊本、十六冊。）「性理大全書」（朝鮮刊本、二十三冊。）・「荘子鬳斎口義」（五山版、巻一・二欠、

八冊。）及び五山版「東坡先生詩」（巻首一冊欠、二十五冊。）の諸本がある。

なおこの「足利斈校」印記には、これと同文で、それよりも少しく小型の別印がある。それは、宝暦十三年に中村明遠が遺書四十九部を学校に寄進した中に存する「唐文粋」（明嘉靖刊本、一百巻、七冊。）に捺印せられているものであって、或はこれは、前記の捺印記に倣って明遠が寄進に際し、作成所捺したものであるかもしれない。

以上の他に、今一種「足利學印」の四角朱印記を捺したものがある。この印記も亦、中村明遠寄進本に捺印せられているものがあり、前記「足利斈校」（小型）印記と略同時代のものと思われるものであって、上記二種に比して、その年代も下り、且つ又、その書風も劣っている。野之国学の印記よりも少しく大型で、「周易伝」（応安五年写、文明九年大寄寄進。三冊。）（前頁挿図参照）・「明本排字増広附音釈文三註」（胡曾詠史の部、三冊。）・「臨川呉文正公集」（明刊本、四十九巻附年譜、十九冊。明遠寄進。）・「職原抄注」（仮名抄、二巻、室町末期写、一冊。）「枯崖和尚漫録」（五山版、三巻、上巻欠、二冊。）の諸本に捺印せられている。

以上のほか、学校現存の寛政九年書写の識語がある「書籍目録」（後記参照）の第一葉裏に「足利學圖書記」の大型朱印が捺してあるが、他の蔵書には一も所用せられていない。恐らく諸印中最も新しいものであろう。

第六節　室町時代における足利学校の学風

足利学校は、上杉憲実が学校創設の際に、儒学を専らとし、その他の学問はこれを禁ずると規定したのであって、当初より講義書は、三註・四書・六経・列・荘・老・史記・文選の漢籍類に限定せられていた。然しながら、同じく漢学の教授といっても、時世の進展に従い、社会の要求に連れて、講義内容にも自ら変化を生ずるに至るのは、元来実用の学としての漢学教授を目的とする学校にあっては、当然のことと言わねばならぬ。即ち、時代が降るに従って、講書の種類範囲等も著しく増大し、且つ又、参考に用いる注釈書の如きも、所謂古注の他に、漸次新注書増加の傾向にあることが伺われるのである。

「桂庵和尚家法倭点」に、岐陽方秀の講本論語集註の巻末に記す所として、諸方より学徒の参集する我が国唯一の郷校たる足利学校において、その儒学教授の師と称する者が、古注を専らとし、新注を以て教授しないことを惜しむ由を掲げているが、（前記参照）桂庵が家法倭点を著した明応年間より以前に、既に足利学校においては新注書をも参考としている事は明らかであって、全く新注を知らなかったわけでもなく、又これを解しなかったと言うのでもないけれども、（中庸章句の如きも、明応二年に足利にあったことも明らかになったが、）全部新注に拠って講じようと言う岐陽・桂庵等の学派から見れば、古注を基にして若干新注を参酌するが如き態度には慊らなかったものであろう。然しながら、足利学校においては、室町時代を通じて、新注を参考する分量は次第に増加の傾向にあり、古注に新注を折衷しているのではあるが、これを折半すると言うのではなくて、その基本とする所は、やはり古注であって、新注は参酌する程度であった。そのことは、学校の蔵書の性質内容、殊に庠主等が講義に用いた的本を検すれば自ら明らかであって、その講義所用本は、多く古注に新注を書入した類のものである。これは単に足利学校の特色と言うのではなくして、実に室町時代における漢学界の大勢であって、足利学校も亦、その世風を敏感に享受しているものに外ならない。

その故は、足利学校は世の学風を新しい方向に指導する立場に在ったものではなく、学校は、広く当時の社会、殊に武家社会一般の要求に適った学儒を教授養成するのが眼目であったからである。換言すれば、当時の社会一般がなお専ら新注に拠る漢学に耳を傾けるに至らなかったが故に、飽くまでも実学の立場にある学校は、右の如き態度を以て講義を行っていたものと解すべきである。

九華以前の庠主が講義に用いた底本の草稿と見るべき書籍は残存していないが、九華等所用の自筆書入本より類推して、憲実等寄進の五経注疏等、漢唐の古注本を基にして講義を行っていたものであることが思考せられるのである。

即ち、九華が自筆の所用本の例を見るに、尚書は漢孔安国伝・唐孔穎達正義に、纂図互註本や新注をも書入してあり、毛詩は鄭箋に、孔穎達疏と新注とを、礼記は鄭注に、疏と新注（陳澔の集説等）とを、論語は、集解に、皇疏・邢疏と共に新注を、孟子は趙注に孫疏と朱注とを、各々引用書入を行っているのに見て、その講義の所説の依拠する所が判ると思う。三要自筆の稿本たる春秋経伝抄の如きも、九華の師説に基いて集注せられていることは明らかであるが、（さらにそれは上述の如く快元以来の伝統を包含し、これ亦学校創設以来の講説の一端をも察することが出来るものであるが、）これ亦杜注を基とし、これに正義等と共に句解（元朱申撰）・大全（明永楽奉勅撰）等を引用併記しているのである。易学の如きも快元に学んだ柏舟の周易抄を検するに、王注に基づき、これに正義と新注（大全伝を引くこと多し。）そして「新注」云々として新注の意を述ぶ。例えば、豫卦、六五の条に「新注ノ意ニハ、九四威権之臣ヨリ制セラレテ疾苦スル者也」とあるが如きなり。とを参酌して説をなしており、著作の根幹が師説に拠っていることは、跋文に柏舟自ら記している所であって、これ亦、快元当時の足利学校における講説の如何なるものであったかを知るに十分である。

そして、それ等古注に参酌した新注本は、大体学校に参考書として常備していたものと解せられるのであって、三要以前、即ち、室町末期以前に確実に学校に伝存していた現存書籍に拠ってもこれを推定することが出来るのである。（無論一部分書入等に拠ってその内容の伝えられた新注書もあったであろう。）その書目を列記すると次の如くである。

周易伝　宋李中正撰　六巻　応安五年写　文明九年大奇寄進　三冊

易学啓蒙通釈　宋胡方平撰　二巻　室町中期写　一牛寄進　一冊

周易本義啓蒙翼伝　元胡一桂撰　四巻　九華頃筆　（欠）三冊
周易会通　元董真卿撰　十四巻　元至元二年刊　八冊（今佚）
書経集註　宋蔡沈撰　天矣の時宗理寄進　写　六冊（今佚）
詩集伝　宋蔡沈撰　元至正十二年刊　（零本）一冊
礼記集説　元陳澔撰　十六巻　元天暦元年刊　延徳二年一牛寄進　五冊
文公家礼纂図集註（唐本）　永正三年吾那式部少輔寄進　（零本）一冊（今佚）
小学集解（元版）　明陳祚撰　英文寄進　四冊（今、国会図書館蔵）

三要の時代には、家康附与の朝鮮之役将来本に拠って、さらに「四書輯釈章図通義大成」（朝鮮古活字本、残本、十二冊。）・「大学衍義」（明初刊本、四十三巻、十冊。）・「性理大全書」（朝鮮刊本、七十巻、有欠、二十三冊。）等が増加している。

かくの如く、学校の講義は、古注を基とするものであるから、従って朝廷の博士家の伝流を汲むものであることは言うまでもないが、これについては桃源瑞仙の百衲襖に、

凡ソ、易経ノ倭点多シト云ヘドモ、先ヅ江家・菅家ノ二点ナリ。江家ハ今ハ則亡ブゾ。足利ハ皆菅家ノ点ナリ。

と言っており、柏舟の周易抄所収の周易要事記にも同じく、

一、或本ニ云フ、凡ソ易経倭点ト云ヘドモ、先ヅ江家・菅家ノ二点也。江家ハ貴備大臣家也。菅家ハ北野君家也。京師ノ諸儒ハ或ハ江家ノ点モアリ、又ハ菅家ノ点モアル也。足利ハ皆菅家点ヲ為スレ本トレ也。（云々）

と見え、少くとも周易については足利学校は菅家の講点を基にしている事実を伝えている。思うに、足利学校は、最初、鎌倉から円覚寺の快元を招いて第一世の庠主に任じて以来、代々その説を師承しているわけであるが、それが菅家の点であると言うのは、鎌倉の地に行われていたものが、即ち、菅家点であったがためであろうと思う。空華集巻十二に、

餞ニ粟田口武衛公帰省一詩序

武衛之先菅氏也。而世業レ儒。本朝所レ謂四道之儒、其一曰ニ紀伝一者是也。武衛学博而弗レ雑、気和而弗レ同。与レ人交以レ誠、

久而益敬。貞治間以レ所レ業游二于関東一。鎌倉賢府君源公父子先後皆以二師道一待レ之。由レ是東人董二道徳一炙二仁義一率而化者幾乎十八九矣。咸謂孟軻復生也。永和乙卯歳武衛之令尊吏部大卿公栄二膺菅家長者之選一、是可レ慶也。故武衛暫輟レ講而帰省焉。時也幕府群彦僚佐及諸生受レ業者咸惜二其去一競以二鞍馬酒食之具一餞二于郊外一。有二告レ余者一曰、昔仲尼孟軻以レ道游二諸侯之間一或菜二色于陳蔡一、或困二厄于斉梁一。卒皆不レ合而帰。此後生以レ道游者所三以遺二恨千載一也。今武衛其道也合其帰也栄如レ此焉。則常人尚可二歌而張一レ之也。而況与三武衛以二儒釈之道一相二忘於方外一、而楽甚。豈可二黙而不一レ歌乎哉。余雖二疾憊不一レ従二事於毫楮一有レ愧二於告者之言一。乃勉而為レ詩八句句七言以代二酒食一追而餞レ之。呼古有下献二白豕於遼東一者上、人以為レ笑。今余献二詩於武衛一。是白豕也。豈不レ見レ笑二於彼朝廷士大夫一也邪。武衛諱豊長家二于京師粟田口里一、時人不二敢斥一以レ地称、実北野神君十四世孫也。其詩曰、

翰林風月半凄涼、尚覚菅家奕葉芳、鼻祖有レ霊存二社稷一、耳孫無三学不二文章一、手攀二桂樹一枝枝秀、吟到二梅華一字字香、好去趨レ庭称レ寿罷、帰来落レ筆賦二霊光一。

の一文があり、菅原豊長が永和元年に鎌倉より京へ帰るのを餞すると言うのであって、豊長は鎌倉において講筵を開き、その地の五山緇流も亦その席に侍したに相違なかろうから、南北朝の末葉から室町初期の鎌倉の僧学徒が、その流を汲み、その影響を蒙っていることも亦、容易に推定せられる。それ故に、鎌倉で修学した快元がその伝統を足利へ移植したのは当然と見なければならないと思う。快元に受講した柏舟の周易抄小畜卦、六四の条に、

私「六四血去(スイススタル)トハ日本ノ公家ヨミ也。読曲(ヨミクセ)也。血去(チサル)ノ心ゾ。サレドモ読曲ニスイススタルト読ム也。(私とは柏舟の自説という意。この条、次述の清原家本には「血去(スタレ)」と訓が見え、同書書入の足利点には「スイスタル」とある。)

と見え、又、同じく噬嗑卦、初九の王注の条の「懲」字の訓み方に、

足ガコル、ノミゾ。コル、共ヨミ、コラストモヨムゾ。又コロス共ヨムゾ。

菅家ハ「コラス」ゾ。江家ハ「コロス」ゾ。此ハ「コラス」トヨウデヨイゾ。足利ハ「コラス」トヨムゾ。

と見えて、足利学校の訓み方が菅家点に基づいている例を示している。

また、九華自筆の足利の占筮伝承系図の文書によると、学校の占筮の法は漢土では孔子・商瞿子木・晦庵と伝わり、本朝にあっては菅家から小野侍中（篁）に伝わったとし、ここで足利の地にこれが始まって、以来、万象・夢庵・一栢現震・宗寿・九沢啓遵・九華と伝承したことになっている。万象以下は、第一世庠主快元以後に相当するのであろうが、庠主との関係が不明である。庠主は易学の出来る禅僧で、その道の権威と認められる者が占める地位であるから、已む無く継承させた場合があるとしても、学校で出した免状とも称すべき占筮の法を印可したしるしの文書を発行すべき庠主が、この占筮伝承系図から漏れている人物のみとは考えられぬと思う。しかしこの系図の中には夢庵・一栢現震の如く、しかるべき人物で庠主ではないものもいるから、占筮の法の伝承は別途に出たもので、足利へ入って来て易学の講義と合流したという事情にあったものかもしれない。しかし何れにしても、占筮の法が九華以前から秘伝の授受の形を採っていたことは九華自筆の文書が出て来たことで明らかとなった。ただこの文書の系図の最初に「菅家」の伝をうたっている点は易学の内容と併せて注目すべきであろう。然しながら周易以外の諸書が何れも菅家点に拠っているとは言い得ないのであって、尚書・礼記・論語・孝経等は清原家のそれを基にしている様である。これ等の学校現存書は室町中期から末期に亙るものであるから、当時、京洛を中心に諸方に講筵に出張し、専らその家学が世に行われた清原家のそれが、自ら学校にも移入せられるに至ったことは蓋し当然であろう。なおこれに関して考えられることは、易学においては菅家点を継承し、これを基にして足利学校の一流が世に喧伝せられ、その所説が京洛において、博士家・緇流の間に問題にせられていると言うことは、学校が当初より易学を宗とし、庠主に易学の権威を招き、来学者も亦、易を学ぶことを目的として蝟集した事実を物語るものであって、他の経籍の如きは易学に入門の段階として講じた関係上、自他ともにこれを余り重んじなかった故に、或はそれが所拠の教授底本の性質にも自ら反映しているのではあるまいかと思われる。もっとも、点本における博士家相互間、及び博士家のそれを基にして変化した禅家緇流の訓み方の相違は、仮名抄物等に散見するが如く、各家の訓みと言うものも、必ずしも固定したものではなくて、実は、時代に拠り人に拠って変化しているのであって、例えば、柏舟の周易抄（訟卦、初六の王注の「四召而応」の条）に、

四召（ヨバ）レテハ、学校ノ点ゾ。召（ヒカ）レテハ、外記ノ点ゾ。

とあり、外記とは清原業忠であるが、その後の清原宣賢の講本（永正六年の宣賢書写本を、永禄七年に林宗二が手写した一本に拠る。）には、

四召（ヨバレ）而應

と附訓があり、右の如き相違は見えず、足利の説と一致しているが如きである。なお林宗二自筆の王注本には、その巻一のみ慶長前後の朱筆で、足利学校伝授の点を書き加えてあり、清原宣賢の訓み方と学校のそれとの相違が一見せられるから、若干例を掲げておくこととする。（図版六三・六四参照）なお該本の巻一末加筆の朱識は左の如くである。

右之点ヲ改テ此朱点者足利之傳授也
於下野国足利学挍傳授之

○

	（清家点）	（足利点）
蒙卦、象王注「関」	フサガレリ	サヘラル
訟卦、象、王注「違」	タガヒテ	サカイテ
比卦、象「窮」	キハマレヌレバゾ	キウスレバナリ
同　王注「寒」	コイタル	コ、ヱタル
小畜卦、象「尚往也」	ナホユケバゾ	ヲウヲタツトブナリ
履卦、象「疾」	ヤマシ	イタマシ

その他、清家点には「利アリト云ハ」とあるのが、足利点では「利アリトハ」となっているが如く、「云」の語がない例も多く、動詞助動詞の相違は少くないが、全体として見れば、元来、博士家の点を伝える学校の点であるから、余り著しい相違はないのである。この学校の点が、諸博士家の善を取り、自己の見解を加えて、足利流を立てたものである（鎌倉室町時代之儒教）と考える説もあるが、必ずしも善を取り、さらに独自の見解を加えて特色のある所説を樹立したものとも言い得ないのであって、元来博

士家の点本を講義の底本に使用したものであっても、長年に亙り多くの師承を経てゆく間に、自ら講説に変化を生ずるのは当然であって、その他の異なる部分が必ずしも勝れた所説に満ちていると言うわけではない。唯、足利へ来学して各地へ帰郷し、その学ぶ所を教授などする者が多くなるに従って、京洛を中心とする伝統に対し、足利における地方的な相違が学徒の間に論議せられると言う様な現象が発生したことは事実である。論語抄（古活字版）中に見える左例の如きはその一例である。

万里ガ云、余曾聴ニ先輩之言一云ク、本邦ニ礼楽学問盛ニ行之時、西京東洛之間ニ有ニ学徒之争一。西京ノ徒ハ、曰ク、思無レ邪ノ三字已ニ出ニ詩篇一ヨリ、今マ講ニ論語一者往々ニ読デ云、思無レ邪ト、与詩頗相違矣、東洛徒曰ク、自ニ古昔一講ニ論語一者皆云、思無レ邪不レ及レ質(スニ)ニ詩ノ正義論語等及末書(ヲ)一、東西ノ徒紛諍無(シ)レ罷(ムコト)、於レ是、就(テ)ニ翰林学士大外記一質レ焉。

かくの如く解義講説の相違する場合もあったことは当然と言えようが、諸抄に散見する相違として掲げられているものは、多く訓み方の差異であって、然もそれは、右に清家点との相違を表示した如き性質のものではなく、何れかと言えば、所謂関東方言に基くものと言うべく、これが京洛の言語意識に対して特異な感を与えたのである。関西方言を宗とする立場から言えば、それ等の関東方言は嘆ずべきものであったに相違ない。即ち、足利の特色として伝えられている訓み方の例として、

○（笑雲清三著論語抄、微子篇、周公謂魯公章の注）

魯公ト云フハ伯禽ゾ。関東ニハ伯禽(ギン)トニゴリテヨムゾ。京ニハ禽(キン)トスムゾ。

○（三要自筆稿本春秋経伝抄）

要云、杜預ヲ快元ノ霊夢ニ依テ「ド」ト濁ツテ読ムゾ。夢中ニ音咎(ド)。

○（桃源瑞仙著百衲襖、乾卦、初九の条）

足利ニハ初九(ショ)トヨムゾ。京ノ儒者ハ初九(ソ)・初六(ソ)トヨムゾ。

の如きは、京のソに対し、関東のショは、現今でも同様に相違し、又、所謂「東ことばはだみことば」と言うが如く、関東方言は濁音に発音する場合が少くなく、音便にしても、西国の「う音便」に対し、「促音便」「撥音便」もしくは拗音化する例が多いのであって、右の諸例の如きは、何れも関東方言が学校の講義に現れている事実を示すものに外ならない。清原宣賢が中

庸章句（京都帝国大学蔵）の巻末に、

　僧俗学徒、関東学士、十三経訓点清濁、悉背二先儒之説一、且失二師家伝一、悲哉。

と言っているのは、その間の消息を伝えるものである。

　そして、学校においては、創設当初より易学を以て宗としたことは前述の如くであるが、無論、憲実が校規にも言うが如き三注（千字文・胡曾詩・蒙求）・四書・六経・列・荘・老の道家、史記・文選等を講じたのである。然しながら学校における講書目を見れば、多くの経籍を講じ、漢学一般を教授するのが目的であるかの如くに見えるけれども、易書以外の経籍は、何れも易に至る段階としてこれを学び、易学に入る準備として、参考のため講じたものと言うべきである。その目的が易のみを学ぶにあっても、易は深奥難解、初学が直ちに入門することは事実困難であるから、まず三注の如き初学入門書に拠って、文字を習い、故事に熟し、その後、四書及び左伝・毛詩・尚書・礼記等を経、又、中途において傍ら道家・史記・文選等をも兼修し、その根柢を培って最後に易に到達するのである。なお創設の当初より老荘を講書の中に加えている点は、特に注意すべく、これは学校が当初から易学を以て宗としている事実を裏書しているものと言ってもよかろうと思う。

　易学を直接教学の主目的とする場合と否とを問わず、かくの如き漢学課程は、往昔より現代に至るまで漢学修行における不変の順路であり、従って単に表面的にその修学課程のみを見るならば、易学を目的とする場合と、漢学一般の教授完成を目的とする場合と、弁別することは困難である。在来、足利学校を目して、漢学一般、即ち儒学教授を施すを以てその目的とするものであると説くのは、何れも学校の教授書目を単に表面的に考察していたがために他ならない。学校の易学は、学校の経学中において特に異彩を放つものである鎌倉室町時代之儒教と言う程度のものではなくして、易学そのものが、学校の最大且つ究極の教授目的であったのである。換言すれば、足利学校は易学を教授するのがその目的であると言ってもよいのである。これ即ち、学校の蔵書中において、特に易学関係の書籍が多数（享和の蔵書目録に拠れば、易学関係の古写本かと思わるるものにして、今は佚したものなおあり。）存在し、他の経籍に比して最も内容が充実している所以であって、これは単に易が他経よりも難解であるため参考書が多数用意せられたと言うが如きことではないのである。柏舟の周易抄に、学校における修学課程に関し、

新学ノ者ハ、先学ニ四書三注ヿ、後ニ所レ学五経六籍。最初ヨリ五経六籍ノ深イ道理ヲ習学セバ却ツテ退屈シテ亡ゾ

と述べているのは、その間の消息を告げるものであり、同人の周易抄に、学庸・論語・左伝・毛詩・礼記・尚書・老荘等を多く援引しているのも亦、学校における他経教授が、易学の準備段階としての必要上行われた事実を察する傍証ともなるものであろう。

そして学校の易学は又、実は占筮術のための易学であった。学校では経文の解義を正伝と言い、占筮術を別伝としたが、学校に参学の徒は、易学の応用方面である占筮術修得がその主目的であったと言ってよい。それについては、なお後章に別に論ずることとするが、室町時代を通じて学校が繁昌し、全国各地から来学の徒が絶えなかった所以は、当時の社会、殊に武家社会が、占筮を必須とし、占筮術に通達した者を求めていたからに他ならぬのである。然もなお占筮は、所謂軍配思想とも関聯し、従ってこれが又軍法とも不離の関係にあるため、占筮術に通じた者が、軍配を承知し、さらに兼ねて軍法をも心得ていると言うことが最も便宜でもあり、事実、易学を学修した実力のある漢学者にとって、七書等の兵書の講読は比較的容易であったから、卜筮を行い、易学を解義する者が、即ち兵書をも併せ講じたわけである。

学校において九華以前に兵書を講じている確証は見当らないが、既に田代三喜等が第二世庠主天矣の時代に学校において医書の講義をも聴聞したと言う以上、(又、前述の如く九華も医書を講じている。)夙に兵書をも講じていたと類推することが出来ると思う。さらに又、上述の如く、永禄年間に鑁阿寺流の三略の講談と言うものが世に伝えられていた事実から推しても、学校創設以前の足利の地に易学と軍法との権威とも称すべきものがあって、その軍法が足利氏の将軍出世と共に武家社会に尊重せられて世に行われたのではないかと推測せられる点からも、恐らく早くより学校において占筮・軍配と共に兵書の講読も行われていたことと考えられるのである。

なおここに附言すべきは、学校における医書の講義についてである。中世において学僧が医術を兼ねていた例は少くない。後世まで医者が僧形をとることも、むしろ兼修の慣習から来たものと言ってもよいかもしれない。医者の疹療授薬ともに師から直接体験を見倣うこともあろうが、やはり医学は漢籍(本草類)を読書せねばならぬから、医者は自然漢学にも通ずる学識者

であるのが一般である。（唯、何時の世にも藪医は少くない。）その上武家は戦闘において生死傷害の手当を特に必要とするので、側近にすぐれた医師を求める要求も甚しかったと思われる。むしろ名医を争って招いたであろう。学校の教育が易学・占筮・兵学・医学と、漢籍講読の面からだけでも拡がって行くのは当然であると言わねばならぬ。田代三喜と同じ頃（第二世庠主天矣時代）にやはり入明の名医として聞える谷野一栢（別記一三八頁参照。）が学校に学んでいるのも、少くともその基礎を養う十分な温床が学校にあったものと考えられると思う。第六世文伯庠主以前から学校客殿の本尊は薬師如来であったと言うのも、これに関聯づけて意味があるような気がする。

学校の第一世庠主快元の易学の師承は、上述の如く、義台・喜禅等、同じく鎌倉の禅僧であるが、その周易の点本が菅家のそれに基づいている以上、その占筮も亦、少くとも、所謂博士家の伝流を汲むものであることは容易に推定し得られる所である。そして又、もしも、鎌倉時代以来の足利鑁阿寺のそれが残留し、これに合流しているとすれば、緇流の間に伝えられた一派なる所謂真言流をも包含していることとなるのである。柏舟の周易抄に所収せられている「周易要事記」の中に、我が国における易学伝授の歴史を述べ、「真言・陰陽・算家・紀伝・明経共有之」と言い、さらに具体的にその血脈を掲げている。博士家としては、元来、算道及び陰陽道の人々が専家であるが、漢学の立場から、他の諸道（紀伝・明経・明法等）の博士達も亦、多くこれを兼修していたのである。そして、占筮と陰陽五行の思想及び天文暦法とは一体の関係にあり、易筮は、元来、「陰陽師（おんやうじ）」（中務省の陰陽寮に属して、占筮及び地相等のことを掌る職。又はおんみやうじ、おみやうじとも呼ぶ。）、「宿耀師（すくえうし）」（二十八宿・九曜等の行度を以て、人の運命を考える術を行う者。）、「禄命師（ろくめいし）」（陰陽道に於いて忌むべき日を告げる者。）、「相人（さうにん）」等（時には又医師もこれを兼ねたが）の重要な職掌であり、算博士も亦、儒者たると同時に、それ等の道の師と目せられ、陰陽・天文・暦の道の師は、必ず易筮に通達していた。されば、陰陽寮を「うらのつかさ」とも言ったのである。二中歴（第十三、一能歴。）中に掲げられている平安朝のそれ等諸師の列名の例を見ても、この事実は直ちに首肯せられであろう。左に参考のためその列名を掲げよう。

算道

小槻 糸平　同 忠臣　三善 茂明　菅野 実国　丹生 益光　同 奉親　三 雅親　三 為長　小 孝信（已上抽近代名儒注之）　善 為康

陰陽師

大臣吉備　波羅門僧正　法皇弓削　春苑玉成　滋岳川人　志斐楮養　県奉平　笠名高　惟宗文喬　同具瞻　巨勢孝秀

賀忠行　忠行子保憲　忠行子光栄　光栄子守道　道平　守道子道言　道言子(弟イ)光平　道平弟陳経　道平子道栄　道栄子家栄

安倍晴明　吉平　時親　有行　国随　泰長

医師（略）

宿耀師

僧都法蔵　闍梨利源　五師仁宗　法蔵弟子仁祚　五師仁統　禅命扶宣　仁祚弟子忠允　扶宣子禅命良湛　仁統姪子増命　仁統弟子証昭　仁統弟子彦祚　仁統弟子能算　法橋成忠子清昭　僧都□舜　同国空

法眼増命弟子尊源　法印賢暹　大僧都慶増　闍梨賢進弟子良祐　能算子明算　能算弟子深算　良祐弟子日覚

禄命師

上人日延　扶仙　良湛　能算　忠清　慶増

易筮

禅師一行　和尚弥曇　大師弘法　僧都(正イ)貞観　修理権大夫巨勢　相公善家　善家弟日蔵　僧正仁海　僧都成尊　僧都善範　善家八男浄蔵　摂安　仁祚　忠允　彦祚

彦祚子文賛　文賛子字西山公扶尊　懐尊弟子尋実　扶尊弟子恵海　同日覚

善相公　善文江　善茂明　善雅頼　善為長　善為康

説云、善相公伝于三家舎弟、日蔵者醍醐説也。一男文江者算家説也

相人

許負　康挙　蔡沢　京房　管輅　左慈　圭孟　黄興（一云統）　朱平　胡媼　樊英　李南　陶隠（已上康十三家）

満洞　皐通　清河　観睿　笠景　睿登　虚平　詞昭（一云洞照）　睿聖　義舜　日暗　忠寿　教光　浄蔵　磐上　重恒

説云、唐人張満洞〻〻伝周皐通、〻〻伝清河大臣、〻〻伝観睿律師、〻〻伝睿口（公イ）、〻〻伝義舜、自余随舜公并日暗者洞昭之後也。教光（橘高明大臣）　浄蔵（善相公第八男）　磐上別当。

即ち、右に拠れば、平安朝以来、易筮は、善相公（三善清行）より三派に分れ、弟日蔵の流は醍醐（即ち真言）説、一男文江の流は算家説、八男浄蔵の流は天台説（又、宿耀）となり、次第に分流して行ったのであるが、その源流は皆同一である。周易要事記の伝える所も略同様であるが、成尊の後三伝して藤原信西に至るとし、又、尋実から信西に伝わるとし、信西において、真言・宿耀両流が合していることを示し、「今之易中興多出レ自ニ此信西一」と言っており、さらに、季長易塵相伝系図に拠れば、信西の後、季親・季長に相伝した由が見えるから、学校の易筮はその流を汲むものであることが判る。前記九華の占筮伝承系図の示す所は、菅家の伝を加えている点は注意すべきであるが、伝承は少しく異なっている。右の季親は、十訓抄巻三、不可侮人倫事の条に

権漏刻博士季親といふものありけり。周易の博士にて、其の道は、世におぼえありけれども、風月の方、ことなる聞えなかりけり。或文亭の聯句の座に臨みたりけるに、沈淪したりけるを、其の中の宗との儒者ありけるが、これをあなづりたるけるにや、「閉ヅレ口ヲ後来客」と上句をいひたりければ、季親「含ムレ陰ヲ先達儒」とぞつけたりける。儒者にがりて、いふ事なかりけり。かくいひけるも、いささかゆゑありけるとかや。

と見えているが、その伝は未詳である。季長は或は菅原季長か。

室町時代における学校の占筮法を詳しく述べた書類は現存していないが、元禄十一年に巳東軒元貞子なる者が記した「周易別伝秘訣足利学校流占筮伝授要記」（写、一冊。帝国図書館旧蔵。今、国会図書館蔵。次図参照）があり、往時の伝統を伝えるもの

である。
表紙の外題の下方に「共四冊」と墨書があるので、現存分は四冊の中の一冊かとも思われるが、これは四冊を併せて今一冊に仕立ててある意と考えられる。その内容は、巻首に占筮伝授要説があり、次に、「看卦法・起六神法・生旺墓法・推四季旺神法・十干合・定六甲旬空六伝・地支六冲・推納甲法・定六親法・定世法・定応法・定身法・用爻秘訣之伝」等の十四箇条の秘伝を記してある。そして巻末に次の奥書が見え、本書は元禄十一年の写本であるが、その次に別筆で天保七年に庠主太嶺自筆の証明書が識されている。

右納甲星附數件之條論者別傳占法
之易術足利學校流秘授口傳之捷法
也故御再傳之外他見不可有之右授
受起請文之趣如件

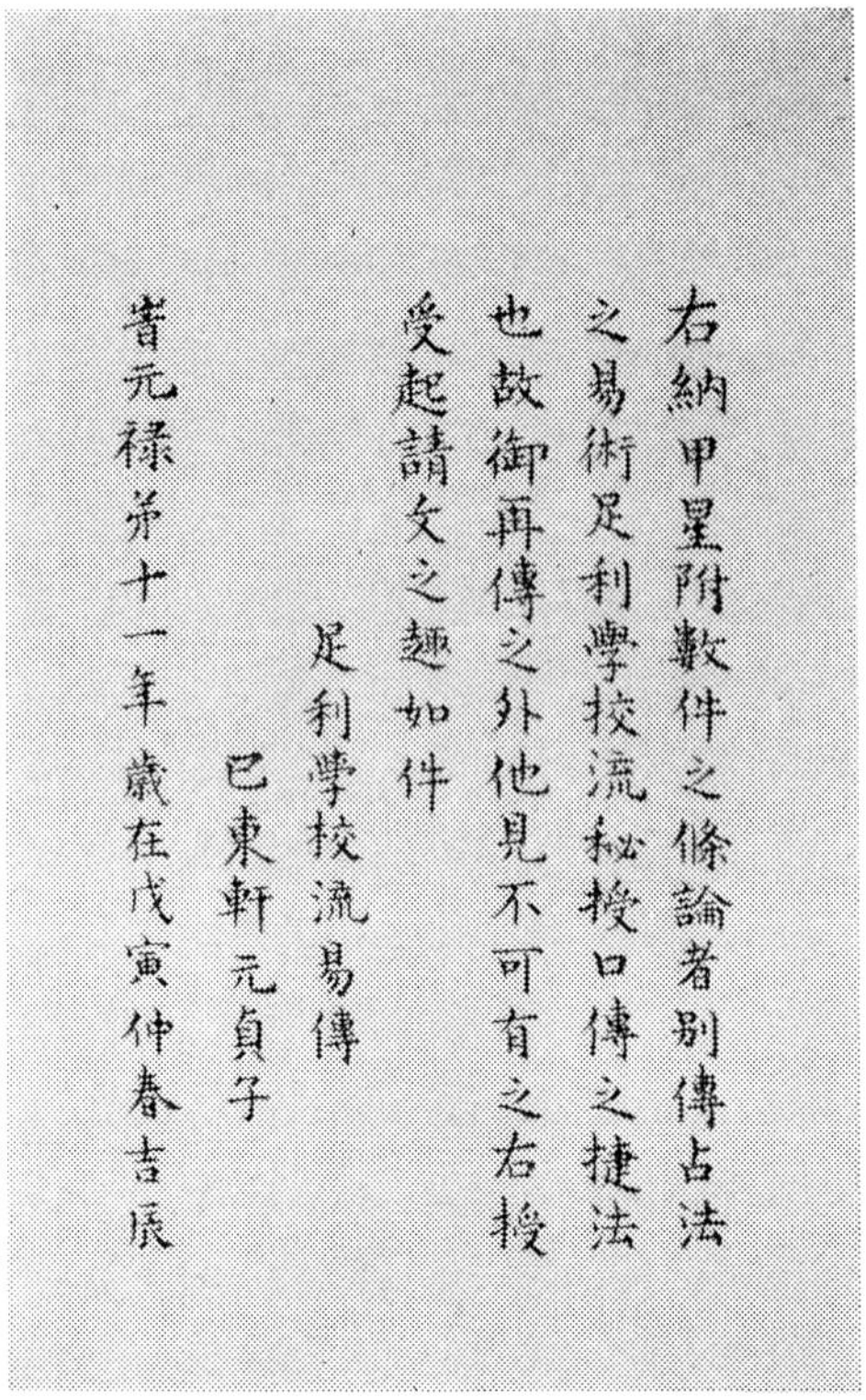
右納甲星附數件之條論者別傳占法
之易術足利學校流秘授口傳之捷法
也故御再傳之外他見不可有之右授
受起請文之趣如件
足利學校流易傳
巳東軒元貞子
旹元祿第十一年歲在戊寅仲春吉辰

足利学校流占筮伝授要記（元禄十一年写）巻末

足利學校流易傳
巳東軒元貞子
旹元祿第十一年歲在戊寅仲春吉辰
「足利庠校」（長方形小形朱印）
此書吾庠門之秘蔵也于然
瑞巖主人昭邦師袖来此冊而
干吾乞書證巻于時天保七丙
申稔如月下院日足利學太嶺
書于字松亭（朱印）（朱印）

右の秘伝書は占筮の種々な場合を述べているが、その一部

を例示すると次の如くである。

定レ身法

初爻ヲ子午ト数エテ世ノ支ノ至ル処ニ身ヲ付ル仮令ハ八純乾ノ卦ヲ例トスルニ世上爻ニ在リ戌ノ爻ナリ初爻ヨリ子午ト数ユレハ五爻戌ニ当ル也故ニ五爻ニ身ヲ付ル也餘ハ皆准スレ之ニ但シ乾坤二卦以レ例示レ之

（頭注）此説断易等ノ書ニ論スル処ハ初学ノ至リ難シ　足利学校流ノ掌中ニ諳誦スル口傳也

壬戌 土

乾⚊世⚊身⚊⚊⚊

癸酉 金

坤⚋世☷身☷

初爻ヲ子午ト数ユルトハ右朱書ノ如ク初爻ヨリ子ハ始テ世ノ支ノ至ル処マデ数エテ先始メニ其卦ノ世何ノ支世ヲ持ツト知リ其支ノ出ル処ニ身ト付クル也六十四卦モニ此ノ例也是レ的當ノ捷-法要訣也右二卦ノ例ヲ以テ餘ハ准セヨレ之ニ

用爻秘訣之傳

父母ハ文書トス書中音信ヲ占ニ用爻トス此爻ノ旺スル寸生ノ寸墓ノ寸ニ至テ書信至ル尤父母尊長ノ占ニ此爻ヲ用-爻トス皆相-生相-尅ノ理ヲ以テ占法ヲ決断スル也委口傳ニ在リ

子孫ハ子孫ノヿヲ占ヒ及ヒ眷属ヲ占ノ用爻トスルナリ病ヲ占ニ醫家幷ニ醫薬トス水ヲ求ル皆此爻ノ長生帝旺墓ノ方位ヲ用ル也

官鬼ハ師君ノ爻トス婚姻ヲ占ニハ夫トスル也及仕官ノヿヲ占ニ用-爻トス長生帝旺墓ノ時ニ至テ成就スル也病ヲ占ニ病ヲ生

スル源トス故に用爻トス公事及ヒ敵身方ヲ占ニ敵トス盗賊ヲ占ニ盗トス病及ヒ公事等皆此ノ爻ノ生旺ノ時ニ至テ発生シ墓絶ノ時ニ至テトル病ヲ占ニ尤此爻ノ五行ヲ定テ醫薬針灸等ニ皆心得有ベシ

妻財ハ妻ヲ占ノ用及財寶商（アキナフ）物亦金銀米錢等ヲ求ルニ皆用爻トス此爻ノ生旺墓ノ年月日時ニ至テ期日ヲ指スベシ方位等モ又然リ尤出現旺相ヲ吉トスルナリ

兄弟ハ朋友及ヒ兄弟ヲ占フ時ノ用トス然ドモ財ヲ占ニハ又忌（キ）神トス失物耕（ガウ）散ノ人トス兄弟朋友ノ行人待人此爻ノ生旺墓ノ期ニ至テ来ルコヲ占フ其口訣一槩ニソ論シ難シ生旺墓ヲ考ルハ此爻五行ヲ考テ十二運ヲ未来ノ日支ニ合セテ考ル也

またその遁甲法は、栗原柳庵が足利学校の蔵本「遁甲儀一巻」について遁甲儀附註（松井簡治博士旧蔵、静嘉堂文庫蔵、写、一冊。）を著している。その附註の巻首には左の如く見えるが、憲実の判があると言うのは、もし事実であるとすれば、足利学校の創設に関しても有意義な参考資料となるが、原本が無いから確実なことは判らない。然し、恐らく後人の仮託と思われる。

遁甲儀一巻、原下野足利学校ノ本也、何年ニ書シ、何人ノ伝ト云事ヲ詳ニセザレ共、巻首ニ上杉安房守憲実ノ判アレバ、安房守ノ学校再興ノ日、新ニ穫テ納ムル処カ、将従上学校ニ伝フル処ニシテ、百済ノ僧勧勒ガ本カ、知ベカラズ。信充コレヲ今日頒行ノ暦ニ弁セ行ハント欲シ、種々ト校訂シ、漸ヲ遁甲天正暦ヲ作ル事ヲ得テ、中山某ニ伝ヘシガ、今マタ、曾小川氏ノ為ニ、此ニ附註ス。安政二年十二月又楽老人信充。

そして又、巻末には次の如く見えている。

文化之初、足利学校僧某、来日、釁蔵遁甲儀一巻、未詳誰所編、加之鮮解釈者矣。予能読之、得則幸甚。余受読之、反覆研究十余年、而後天正暦可製、九宮・六儀・三奇・順逆布置・如指掌、以蔵乎笥底、乙卯十二月下浣、佐土原、曾小川氏、有請、因筆以授焉。丙辰正月三日、又楽老人信充記。

最近市場に足利学校の占筮に関する江戸初期書写の伝書が出たので、筆者はいちはやく注文したけれども、この類はもともと一種の秘伝的な要素をもって扱われていたに相違ないから、占筮伝授についての内容も、またそれに関して行ったき

まりなども、当事者以外は伺うこともできないし、またその伝書類も残りにくい。それはあらゆる秘事伝授の書類が伝存しにくいのと同断である。古今伝授の例などでも判明したことであるが、正統の伝承には、系譜的に伝えられた許し状なども全部すっかり渡してしまうので、授けた側には何も残らず、自分が師承したものは悉く、これを伝うべき相手に譲ってしまうのである。それ故、伝授された側で無くしてしまえば、最初からの全部の相承の記録は潰滅してしまうのである。戦後、足利近辺の佐野あたりから出たという九華老人関係の「足利学校易伝授書」（六通。慶応義塾図書館蔵。）は極めて珍しく貴重な資料である。（図版五八至六二並に挿図参照）

前にも述べた通り、占筮の術は、周易に基づくものである以上、周易の講義を聴講した学徒が別伝として授けられたものであるに相違ないが、その周易の講義は漢籍読解の実力如何によって聴講を許されたと考えられるから、学校参学の徒の中、最終課程を教授される者は常に限られていたと思われる。これに伝授式・潔斎式その他の儀式が伴っていたことも周易講義の伝授を特別扱いに重視していたことが判る。（伝授式潔斎等は周易要事記にも見えている。）そして、この講義聴問と占筮の法の伝授とは不可分であっても、占筮はまた別伝で、しかもその伝授の内容には、恐らく段階があったと見られる。この占筮は九華自筆の系図書きを見ると、別に学校へ入って来たように思われるが、学校で扱うことになった以上は、その最高の伝授は、学校の庠主となって伝統の権威を継承する人物に対する場合であったであろう。学校で学んで各地へ帰住して地方武家豪族の要求に応じて占筮を行い経書を講じて教導の任に当る人々に対しては、その分に応じて各々印可の伝授を附与していたと思う。それは禅僧の禅法の印可と同様であったと考えてよろしかろう。

右の伝授書類六通の中、四通は九華自筆で永禄十一年のもの、他の二通は梅叟雲意の筆で寿歓に宛てたものであって、恐らくこの全部は寿歓の手許に残された秘伝の書附である。梅叟雲意は江左の産と言うから足利生れの者で学校に学び、一応の占筮伝授を受けた彼の地方在住の徒であったと思う。或は学校の庠主を助ける程度の禅僧であったのかもしれない。永禄十一年から慶長五年までは三十二年経っている。従ってこの文書は二代相伝と見てよいが、或はここに見えない中間に今一人の伝授を挟んでいることも考えられる。寿歓に伝えられた秘伝書附が全部そっくり残存していないであろうから、そのことも推測され

るが、両文書の中で相伝の人名表記が異なるのは一栢現震の例でも明らかであるように、別号を伝えているものであるとすると、やはり二代間の相伝文書の残存となる可能性が強いであろう。なお次の九華自筆の文書に如月と誌しているのは九華の別号である。在来知られぬ号であるが、如月の下に捺印してある印文は、九華所用の「玉崗」（鼎形）「瑞璵」（四角双枠）であるのが何よりの証拠となる。本文はもとより九華の筆である。

㈠（占筮伝承系図）楮紙、縦一尺一分五厘、横一尺四寸三分。

孔子作十翼易道大明孔子伝之商瞿子木〻〻伝〻及晦菴〻〻
伝〻至本朝菅家〻〻伝〻及小野侍中〻〻伝〻及萬象〻〻
伝之夢菴〻〻傳之現震〻〻伝之宗寿〻〻伝之啓遵〻〻伝之九華〻〻伝之　吾木老禅也
旹永禄十又一歳龍輯戊戌春壬二月如意吉辰
杏壇下九華叟（玉崗）（瑞璵）

㈡楮紙、縦九寸五分、横一尺一寸。

啓蒙翼傳云
筮法
有以卦名占者　有以卦字占者　有以卦気占者
有以卦体卦象占者　有以卦爻辞　占者　有以世応納
甲占者不一而足令附見以備観覧
永禄十一年戊辰仲春　吉辰
日本之杏壇九華
易学發起諸徒

㈢楮紙、横一尺四寸、縦七寸四分。（次図参照）

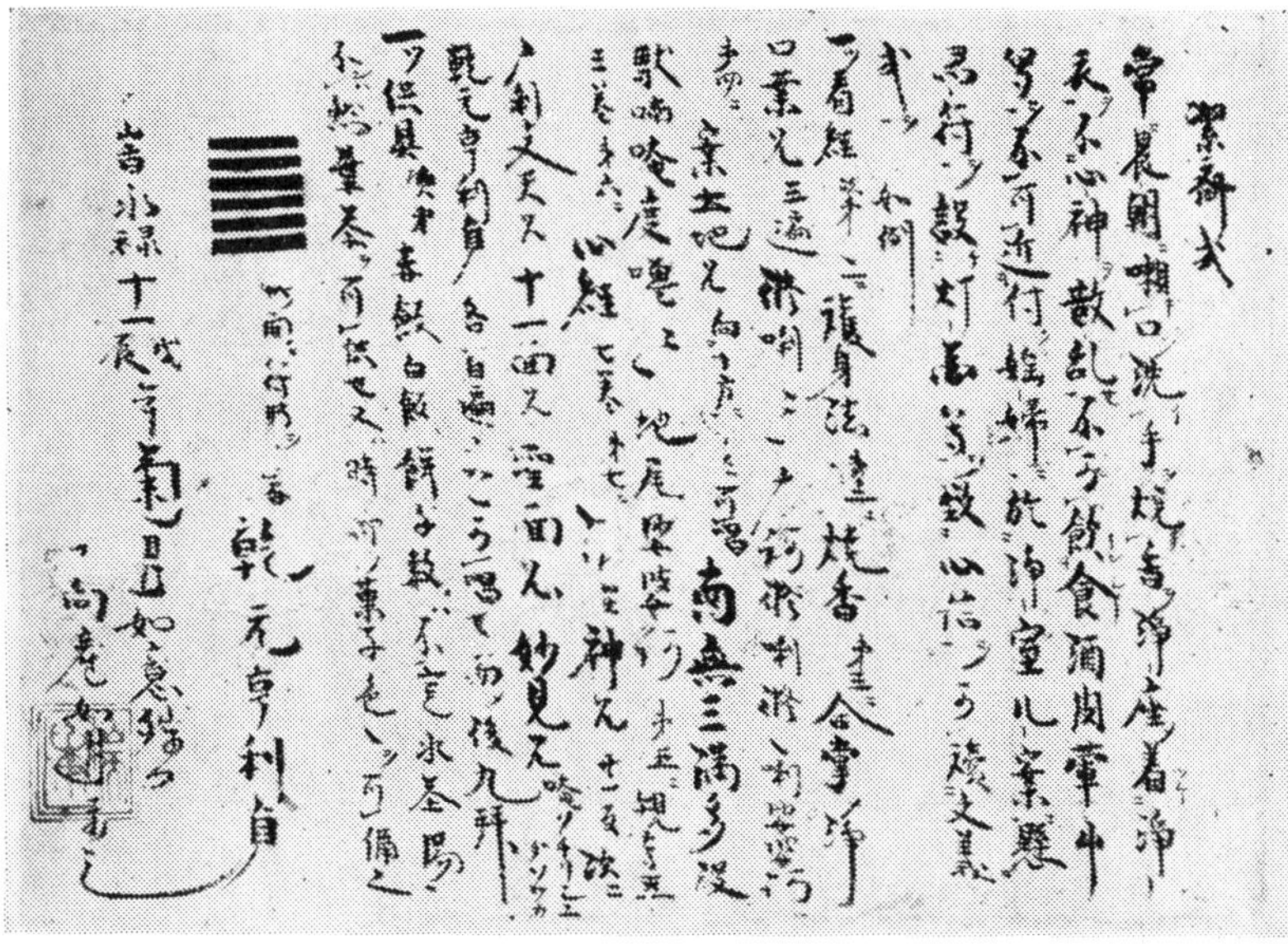

九華自筆潔斎式

潔斎式
常ニ晨ニ朝ニ嗽レ口洗レ手焼レ香浄ニ座着ニ浄衣ニ不ニ心神ヲ散乱セ一不レ可レ飲ニ食
酒肉葷𦬇等ヲ一不レ可レ近ニ付婬婦ニ一於ニ浄室几案ニ一懸ニ霊符ヲ一設ケ灯花等ヲ一
致ニ心信ヲ一可レ読ニ文義式ヲ一　如例
一ツ看経次第第一ニ護身法第二ニ焼香第三ニ合掌メ浄口業呪三遍修唎〻〻魔
訶修修唎〻唎娑婆訶第四ニ案土地呪向ニ十方ニ□□可レ唱南無三満多没駄喃唵
度嚕〻〻地尾娑婆訶第五ニ観音経三巻第六ニ心経七巻第七ニ[虫損]神咒廿一反次
ニ魔利支天呪十一面呪聖面呪妙見呪　唵クチリシユダソワカ　乾元亨利貞各百遍宛可
レ唱也而メ後九拝
一ツ供具次第赤飯白飯餅子数ハ不定水茶湯ニ不レ然ハ葉茶ヲ可レ供也又時ハ節ノ菓子色
〻ヲ可レ備也
䷀此ノ間ニ符形ヲ□乾元亨利貞
岜永禄十一戊辰年菊月如意殊日
日向産如月示之（玉崗）（瑞璵）
㈣楮紙、縦七寸五分強、横一尺六分。（次図参照）
叉手　掌胸
黍稷非馨明□　惟馨沼沚之毛
蘋蘩之菜礼□　雖レ薄以志敦トン厚
昭尚亨之　三唱
北面稽首再拝　伏犠太王大皇

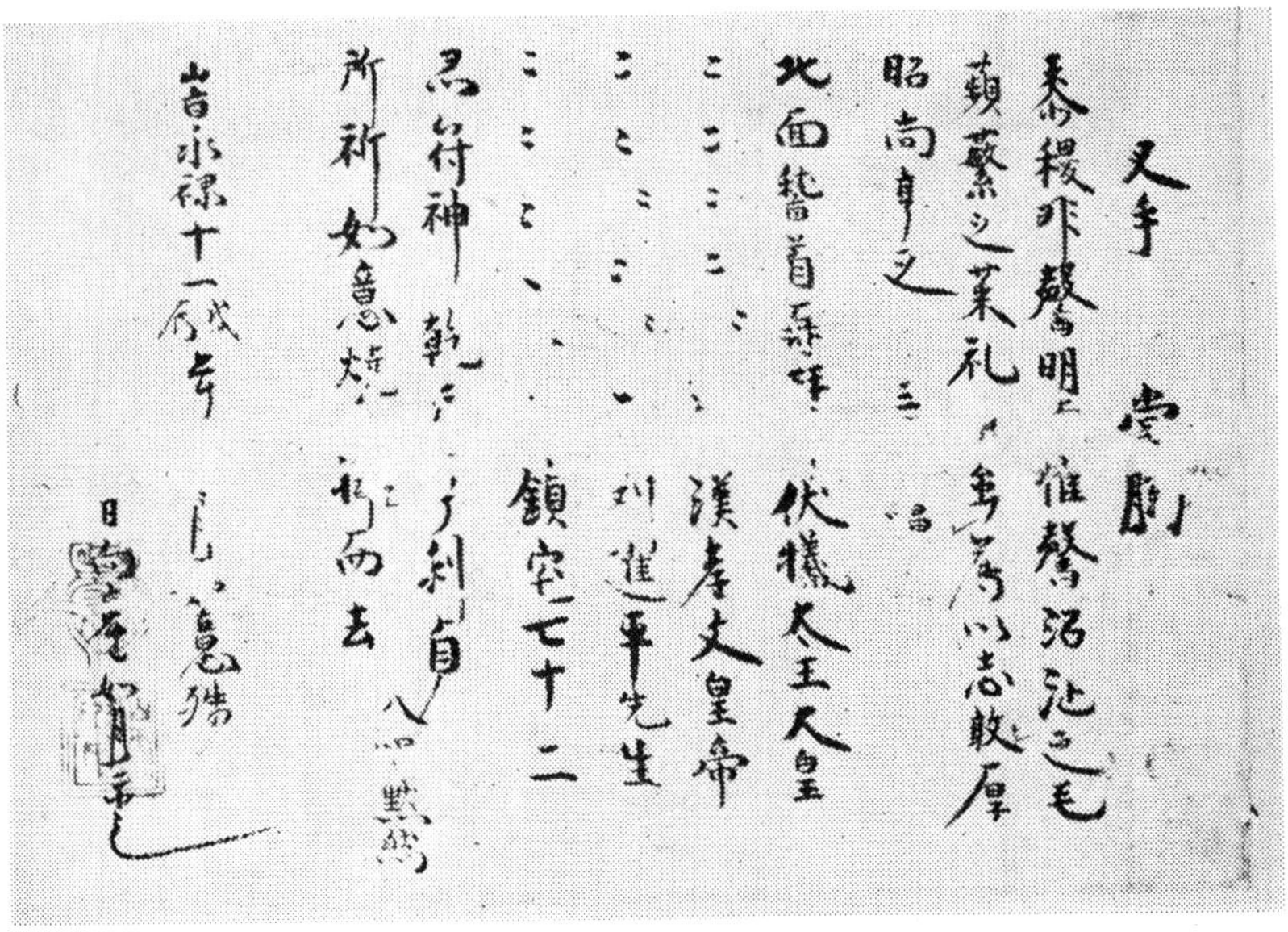

九華自筆叉手掌胸

々々々々々々　漢孝文皇帝
々々々々々　刘進平先生
々々々々々　鎮宅七十二
霊符神　乾元亨利貞　八唱黙然
所祈如意焼　□而去
岩永禄十一戊辰年□月如意殊日
日向産如月示之（玉崗）（瑞璵）

㈤（占筮伝承系図）楮紙、縦九寸五分、横一尺三寸五分。

孔子作十翼易道大明孔子伝之商瞿子木々々伝之晦庵々々伝之至本朝菅家々々伝之及小野侍中々々伝之及萬象々々伝之夢庵々々伝之一栢々々伝之宗寿々々伝之九澤々々伝之九華々々伝之存顧々々伝之寿歓老禅也
岩慶長五歳舎庚子孟春吉辰
江左之産梅叟雲意（鼎形印）（雲意）
令伝授寿歓老禅

㈥（筮起請）楮紙、縦九寸四分、横一尺三寸二分。

筮
起請
若在大夫已下者須用起請妄不可授人又不可令授受之又不可授此書不可貪名利若猶有名利之心者須禁為師之儀為秘惜此書強不可調算ノ儀深信聖人之遺典思先達之真儀者也

慶長第五龍集庚子孟春吉辰

江左之産梅叟雲意（鼎形印）（雲意）

付与壽壽老禅

これによれば筮法伝授の際は、精進潔斎をして種々の儀式唱誦供物などが行われ、起請文・伝承系図等を附与していたことが判明する。当時の禅僧には日常修行の法があり、日夜常行に唱誦する陀羅尼呪文などが定まっていたから、それ等がここにも見られるのである。

なお参考のため、重ねて右の占筮伝承系図を九華まで二通併せて表示すると次の如くである。

孔子—商瞿子木—晦庵—（本朝）菅家—小野侍中（篁）—萬象—夢庵—一栢現震—宗壽—九澤啓遵—九華

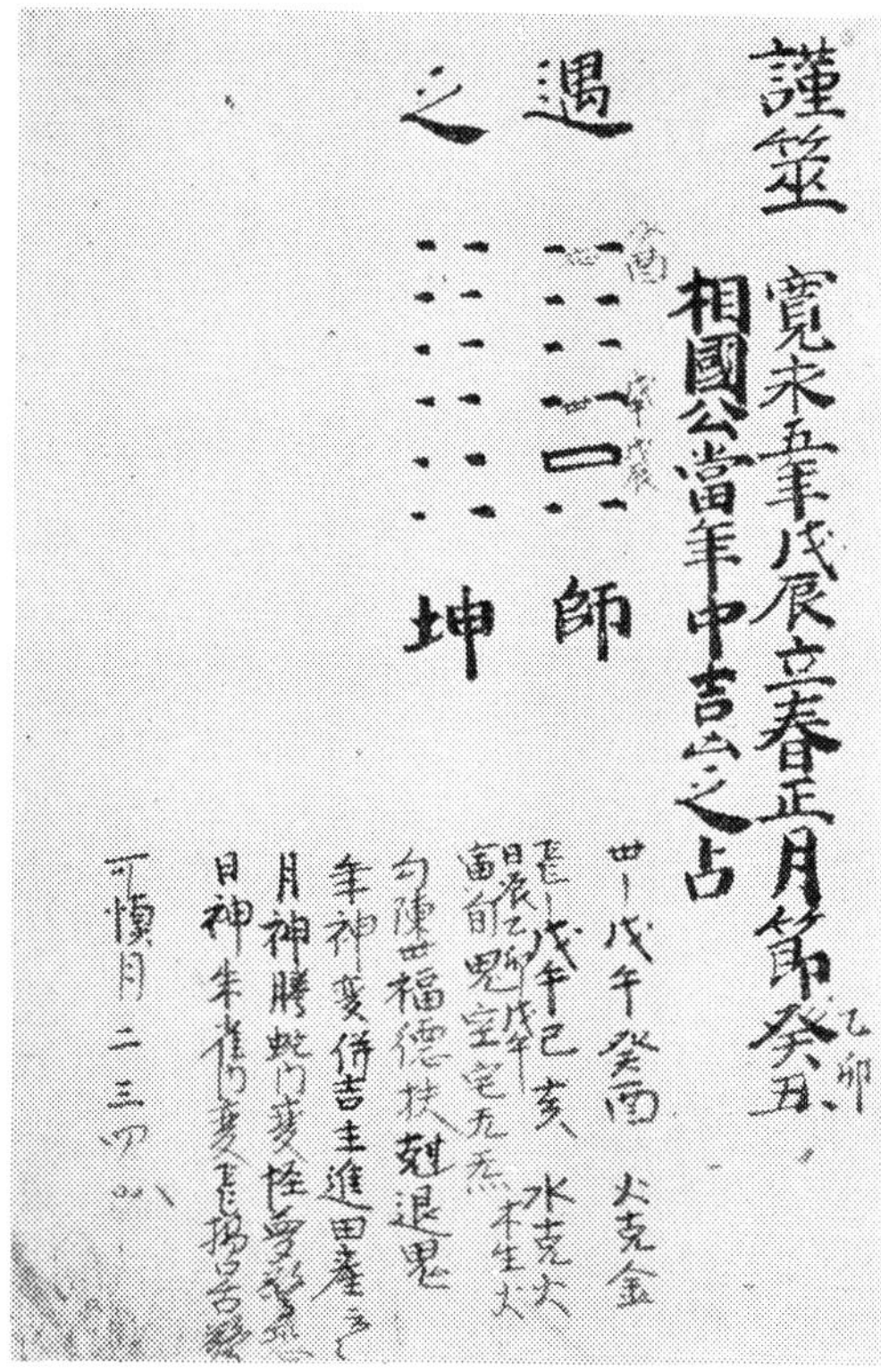

（首巻）林筮年龍

夢庵については前記「幻雲文集」によると、「有客従関左来曰、吾泉竜一華翁嗣天叟和尚。和尚嗣夢庵。夢庵乃青松明鑑門下活衲子。而傍治易也。夢庵之道到天叟而興。翁図天叟遺像、以表授受不虚、冀題一語（下略）」とあり、夢庵は清原枝賢（青松）から学び、易を天叟に伝えてその道が興ったと言う事実を告げている。夢庵は足利から占筮を伝承し、一栢現震にも伝え、又、天叟にも伝え、それが一華に至っている。一華は足利学校に学んだ同名の学僧ではなかろうか。然らば、万象以下の伝承系図は信ずべきもののようである。また、一栢現震については前に述べたからここに重言しない。前記一三八頁参照。

なお在来この類の遺品として少しく異なるが、円光寺現存の「筮祝」（一幅）がある。前記一一一頁参照。これは三要が文禄五年一百日の周易の講義を終えて如雲禅伯に附与したものである。

享和の学校蔵書目録等に拠れば、「周易仮名　年筮用之　十五冊」・「断易絵解　抄本　龍派抜　一冊」・「易考　秘書　久室長

老書写之　二冊」・「大易断例卜筮元亀　一冊」等、易筮に関する伝書もなお多くあった様であるが、右の諸本は今は何れも佚しているので、学校易筮の如何なるものであったかは前書の他には不明である。先に述べた如く、西教徒の足利学校に関する見聞は、却って足利学校の本質をよく伝えている点が見られるのであって、学校出身者を指して占筮術（占星術と言へり）に通達したものと言っているが如きも亦、その現実をよく把握しているものと言うべきであろう。室町時代において、足利学校の出身者が易筮の権威と認められていたことは、甲陽軍鑑に伝える左の逸話における信玄の言葉のみに拠っても察知せられるのである。

（甲陽軍鑑品第八）判兵庫星占之事附長坂長閑無二面目一仕合之事

一、永禄十二年己巳の歳より、翌年午七月まで、天に煙の出る、星出たり、信玄公卅一歳の御時より、召置るゝ江州石寺（いしてら）の博士むかしの晴明が流れにて、易者也、中にも判を能占ふに依つて、判の兵庫と号す。占をも正法に仕。内典外典ともに、たづさはり、邪気聊かもなければ、信州水内郡（みつちの）において、百貫の知行永代宛行はるゝ、朱印彼兵庫に被成下。此兵庫を毘沙門堂のくりまでめしよせられ、武藤三河守、下曾禰、両人を問者にて、右の客星吉凶を兵庫に占はせて見給ふに、謹んで占ひ、則ち書して以て言上す。抑此星と申すは、（下略）

一、甲州西郡（にしの）、十日市場と云所に、徳厳（とくごん）と云、半俗有、此者甲州市川の文殊へこもり、夢想に、八卦を相伝仕りたるとて、在所にて占をよく致す。其謂れは（中略）此時を見合はせ、長坂長閑、右の徳厳が事を披露申す、信玄聞し召し、占は足利にて伝授かと尋ねさせ給ふ。長閑承り、八卦にて候が、市川の文殊へこもり、夢想奇特とて、種々上手の奇特有り。証拠を半時ばかり申上る。信玄公聞し召し、長閑能承れとて宣ふは、八卦と云本は、吾体に見たこともなければども、推量に云ふ、其本に真に書きたる文字すくなしとも、二三百もなきことは有まじ。物をよむにも、真はむつかしき物ぞ、又夢は定なき者也。

学校においては、江戸時代に至っても、年々歳の始めに徳川幕府に対し、将軍はじめ要路の諸役人の年筮（一年間の諸事行動の吉凶を予め占断したもの）を献ずるのを恒例としている。その比較的古いものでは、寛永五年書写（睦子自筆か）の「龍年

筵林」（一冊、十九葉。）（右図参照）が残存しているが、宝永以後の学校の記録にもそのことが現れている。この年筵幕府献上の一事は、僅かに前代の名残を留めているものではあるが、学校の本質より見れば、最も注意すべき点と言ってよかろう。

第三章　室町時代における足利学校の教学目的とその存在意義

上述の通り足利学校は憲実の創設当初より漢学教授を専らとするが如くに規定せられ、就中、易学を宗としたことは、学校の講書目及び第一世の庠主に易学の権威者たる快元和尚を招請したことに拠っても知られるのであるが、爾来室町時代を通じて、来学者は易学の受講を目的としたものであり、それは又、さらに直接実用としての占筮を習得せんがために蝟集したものであった。そして、この易学の徒が諸国から来集する傾向は年と共に増大し、第七世庠主九華（天文末年より天正初年に至る）の時代に至って最盛に達した。

九華の時代には易学を究極とする漢学教授の中に、併せて兵書並びに医書等も亦、一科として講ぜられており、これは前代より行われていたものと推定せられるのであるが、この種の書籍の講義は、元来易学を教授すれば、自らこれに伴って併置せらるべき性質のものであったのである。そのことは既に述べた所であるが、ここに改めてこの問題について考察を進めようと思う。

学校創設当初における憲実所定の学規に拠っても、その教学目的は、易学を究極とする漢学の教授にあることが察せられるのであるが、学校の教学活動、殊に来学者の意図から見るならば、事実上の学校の教学目的は正別両伝の易学にあり、これに次いで兵家の学が重んぜられていたことが知られるのである。無論漢学一般の実力が養成せられなければ、右の目的は完うすることが出来ないから、三注・四書・五経等の経籍をも講読したのであるが、来学者の主要なる学修目的は、易学即ち占筮にあり、兼ねて又、兵書を受講するにあったのである。勿論、自己修身のために儒学の素養を受けようとし、漢学そのものの教授を望んで参学した者も存在したであろうが、多くの学徒は、それよりも直ちに社会の要求に答え得べき、（殊に武家社会の要望に応じ得べき）実用の学（易筮）を望んで学校へ蝟集したのである。いわば、学校は、実際において一種の高級なる職業教

育を施すの実を挙げていたのである。事実、学校の卒業は武家社会の顧問的立場として活動する登龍門であった。

当初の学校自身は、かかる意図は有せず、儒学教授を専らとする学校が我が国に存在しないのを遺憾とし、漢学そのものを教授する目的を以て創始せられたものであったとしても、一度学校に学んだ者が、社会の要求を充足し、有用なる位置を獲得するにおいては、来校者の目的は忽ち変化し、自ら学校は、職業的教育を享受せんと欲する徒輩の占居する所となって、実際上、学校の教学目的をも変更せしめるに至るのである。これはひとり室町時代における足利学校の場合のみならず、現代における大学教育の如きも亦、全く同様であって、大学令の定める所は、学術の蘊奥を究め、それに拠って人格を錬磨するにあるとは言え、事実においては、大学は一箇の有力なる職業教育の機関と化し、入学希望者は殆ど全部、職業と地位とを獲得せんがために卒業資格を求めんとする者であると言ってよい。戦後の新しい大学教育にあっては一層その感が深いのである。

然らば、足利学校の受講者は、当時の社会において、殊に武家社会において、如何なる要望に添い得たものであるか。即ち、学校において易筮を学修した者は、業成って後、そもそも武家社会にあって如何なる地位を占めたのであるか。

在来、足利学校の教学目的は、漢学にあり、当時一般士庶の教育は寺院と僧侶とが担当しているため、足利学校はそれら教師を養成する、いわば師範学校として立っていたものである（中世における精神生活）と言われているが、無論学校出身者には漢学の力も具わってもおり、足利の地においても、早くより職原抄等が学習せられていたらしく、（文明十四年に足利北窓において書写の伝本残存す。前記参照）又、九華時代には明らかに職原抄も和漢朗詠集・御成敗式目等（前記参照）も講ぜられていて、当時の一般士人の普通教育に用いられた教材の講述までも行われていた事実も存し、負笈の功成って郷国に帰来した僧徒が、寺院において己が学び得た所を郷人に授けた場合も少くなかったであろう。ザビエルの耶蘇会通信にも、「坂東の大学には四方より攻学の徒雲集す。かくて学徒その郷国に帰るや、おのが学びたる所を以て郷人に授くるなり。」と言っている。従って、この点においても、足利学校の存在意義は顕著であるが、既に屢々述べた如く、学校の事実上の教学目的は易筮にあり、その修学者たちは業成って郷国に帰るや、武家のために易筮を行い、軍配を見、且つ又、兵書を講じ、兼才ある者は医療をも施す等、いわば軍事顧問的なる役目を果したものと考うべきであるから、学校の存在意義も亦、さらに重要性を加えるものと言わなければならない。もしそれ、足利の地に（特に学校内に）、

鍛冶が盛んに行われていた事実にまで考え及ぶならば、当時の武家階級の生存にとって、学校が直接重要な関聯を有していたことが一層判然するのである。（前記参照）無論学校出身者以外にも、この種の用に任ずる者がなお多く存したことは言うまでもないが、学校出身者がかかる社会の需めに応ずる主体であったことは、前述の甲陽軍鑑に見える信玄の言葉に拠っても察せられ、且つ又、天正年間から文禄・慶長の際において、三要が家康に近侍し、涸轍が直江兼続に聘せられていた事実等からも亦、容易にこれを類推することが出来ると思う。

室町時代の武将は、何れも、その戦闘において占筮を必須の条件とした。その占筮に頼る根本は、戦闘が「勝負」という人力では如何ともし難い運命を超自然の力に俟つ所にあるが、又占筮を必須とするのは、一般すべての日常生活そのものが陰陽思想に支配せられている結果であって、これは武家において唯に室町時代のみならず、平安中期武士階級勃興以来の現象であり、それは所謂「軍配（ぐんばい）」（軍敗とも）思想の形によって最も著しく現れているのである。即ち、この軍配思想なるものは、上代以来、我が国民の間に広く且つ深く滲透し、その生活を根本的に支配していた陰陽思想の現れの一端に外ならず、我が上代以来、殊に文献に拠って知られる所は、平安中期以後頗る盛んであるが、国民は凡て日常、陰陽思想に律せられた生活を行っていたのであって、源為憲所撰の口遊（くちずさみ）（陰陽門の部）・三善為康所抄の掌中歴、平安末期に成った二中歴等、少しく降って、鎌倉極末期に編まれた拾芥抄等に記載せられた所を見れば、一切の日常生活が、如何に陰陽道の指示する諸種の細規のために拘束せられていたかが判るのである。そのため又、正式の占筮の法の他に、各種の占法等も発生するに至っている。（伴信友撰正卜考参照。）冠婚喪祭は言うに及ばず、外出・旅行等凡て陰陽師に日取方角等の吉凶を尋ね、又、異常なことが起ればこれを招いて解決せんとするのが一般であって、武人が戦闘に当っても亦、その開始の吉凶、日時の選定等、尽く卜筮の告示する所に基づいたのである。然しながら、特に戦闘においては、所謂兵は機を待って発すべく、必ずしも日次（ひなみ）の吉凶に拘泥し得ないことは、然るべき武将の自覚する所であって、古くは陸奥話記に伝える源頼義の話、東鑑に見える頼朝の話等、例証を挙げるまでもないことであるが、然もなお、それ等武将は陰陽師に必ず日次の吉凶の占定を仰ぎ、これに拠って行動せんとする傾向にある。かくの如きは、一見不可解の様であるが、これ即ち、当時の国民上下に深く陰陽思想が滲透していた事実を裏書するものに他なら

ず、一般士人は日次の吉凶を堅く信奉し、専らこれに拠って己が行動を律していたがために、一軍の統率とその士気振興との立場から、将たる者も亦、これを試みなければならなかったのである。吉と知れば勇躍して進攻を開始するが、凶と判定せられれば一軍の士気自ら振起し難く、戦闘に支障を来す結果となるものであったから、将たる者は何れもその吉なるを告げて、兵を発せんと冀ったのである。従って凶と卜せられた日が、兵を発するの機と思考せられた場合には、将帥は、これが却って吉であるとの理由を附託宣言して行動を起したのであって、東鑑巻一、治承四年十月二十七日の条に、「二十七日、丙午、進㆓発常陸国㆒給、是為㆑追㆓討佐竹冠者秀義㆒也。今日為㆓御衰日㆒之由、人々雖㆓傾申㆒、去四月二十七日令旨到着、仍領㆓掌東国㆒給之間、不㆑可㆑及㆓日次沙汰㆒、於㆓如㆑此事㆒者、可㆑被㆑用㆓二十七日㆒。（云々）」とあり、即ち、佐竹征伐に進発の日が凶に当ると言うのに、頼朝は高倉宮の令旨を奉戴した源家再興の吉日に当るとの理由を附けて敢えて決行したが如きは、その一例である。

これ等戦陣における日次の吉凶の他に、戦闘に際して勝利を得べき方術等に関しても亦、種々の作法が考定せられているのであるが、それ等が、一種の伝書として纒められ、これが師承せられるに至ったのも亦、恐らく武士の闘争が盛んになった源平時代以後のことであろうと推せられる。当時の伝書と見るべきものは未だ発見せられないけれども、現存最古の南北朝頃の伝書（吉水神社蔵兵法霊瑞書 拙稿「吉野山吉水神社の応永鈔本兵法霊瑞書」（日本書誌学之研究所収）参照）等の相伝系継に拠って考えると、その現象は、源平時代に源泉を発しているものの如く想定せられ、而して、これ等「兵法」と称するものは、所謂武経七書の類に見られる、戦場における用兵計謀を述べたものではなくして、勝利を獲得せんがために加持修法を行い、神咒を誦える真言秘密的な法術としての内容を有するものであって、一種儀式的のものである点から、これを滞りなく執行するためにその法式が書留められて、伝授せられる様になったものであると思われる。この種の「兵法」を、又「軍勝」とも言い、室町時代には「軍配」（又は軍敗とも書く）とも称するに至った。（そして、軍配術を行う者を軍配者と称した。当時、軍法者・兵法者と言うのも、軍配者のことである。）

これ等所謂軍配なるものは、易筮等と同じく、博士家並びに顕密両派の緇流の間に分流し、これが兵法である点から、又武家の間にも伝承せられ、これに名将の秘伝としての権威が加彩せられて、さらに広く翫ばれるに至ったものであって、それが最

も行われたのは室町時代である。種々内容を異にする軍配の伝書「軍配思想と其の発達」（有馬成甫）（植木博士還暦記念国史学論集）参照。並びに、命期経・霊棋経等の如き（易筮に関する）関係書が室町時代に至って多く現れていることに拠っても、それが証せられると思う。軍配の存在意義に関しては、前にも少しく触れる所があったが、先年、吉野山吉水神社の応永鈔本兵法霊瑞書を紹介した際、論じたこと「吉野山吉水神社の応永鈔本兵法霊瑞書」（昭和十四年八月、図書館雑誌）「日本書誌学之研究」所収。参照。があるから、ここに詳しくは述べないこととするが、要は、当時の国民が陰陽思想に生活を支配せられていたことが最大の原因であり、なお又、当時においては、祈禱に依る超自然の力を無条件に信奉していたがために、戦場における修法神咒は、兵卒の勇気を鼓舞する一種の方便と言うよりは、これに拠って真に精神力が強められ、闘志が高められて、所期の完勝目的が貫徹し得られたのである。

そして、武将にとって最も必要な真の軍法（武経七書の如き内容の類）は軍配の中にも対陣の戦法等を述べた部分等が若干は見られるのであるが、それは又別に伝えられていたのである。無論軍配と併行して伝授せられたことも少くなかったと思われるが、元来、兵法の根源たる六韜・三略の漢籍類は、漢学の博士達（若しくは緇流の一部）の講読に俟ち、武家はその受講に拠ってこれを活用したのであって、彼の大江匡房が源義家に講授した逸話の如きは最も著しい例である。然しながら後世の伝説的な兵法伝授の系図が、何れも匡房・義家の伝授を、文武両家交渉の根源に立てている点から推すと、博士家と武家との兵法に拠る結びつきも亦、恐らくその頃から始ったものであることを証しているものとも言えよう。義家に伝えられた兵法は、一方には子孫足利氏又は新田氏等に伝わり、又、頼朝は匡房二代の孫大江広元から伝授を受けたと言い、（兵法霊瑞書に拠れば義経は又別派を法眼成尊から伝えられたとされているが、義経記等には源氏支流の一条堀河の陰陽師鬼一法眼又は軍法者ともから受けたことになっている。）さらに足利尊氏に至って、又広元五代の孫師匡からこれを伝えられ、以て兵馬の権を獲たとも称せられている。幻雲文集「書決軍勝後」参照。室町初期以来の小笠原家のそれは、足利氏の伝を司ったものであろう。（この小笠原流が後に信州流と言われる。）そして、野州足利の地に鑁阿寺を本拠として足利流とも称すべき軍配並びに兵法（真の用兵計謀の法）の一流が存したらしく考えられることは上述の如くである。又、室町時代には次第に各家々にも軍法の伝書と称するものが出来し、これが伝えられている例は、土岐斎藤軍記・里見軍記等にも見え、その内容も亦、里見軍記に所記せられているものをはじめ、朝倉・

武田・上杉・毛利等の諸家のもの等多数伝存している。（因みに、慶長以後、江戸時代において楠流の軍学と称するものが盛んに伝えられているのは、主として太平記の流行に拠るものであって、室町時代には事実楠流の軍法が武家社会に広く用いられたわけではないのである。）

足利学校創設以前から、元来、関東には易学が盛んで、恵林太岳が関東に赴いて学んだ如くその例が少くないのであるが、足利学校の盛時においては京都五山の僧徒も多く足利へ負笈し、幻雲寿桂をして、〔これは一栢震上人（一栢現震は前記九華の占筮伝承系図に加えられている。前記一三八頁参照。）の場合ではあるが〕「関東一栢震上人、治易而入禅矣。頃年西遊、寓居洛下。洛人云、古則易東矣。今則易西矣。於是学生従之。（云々）」と言わしめているのは、一面には彼等が足利の易学の権威を認めていた事実を裏書するものであろうと思う。

鎌倉時代の武将の間においても、軍配思想と具体的な戦略との両者の関係は、上述の頼義・頼朝等の場合に見られるのと同様であって、一方に占筮に拠って戦闘の日取の吉凶を見ると共に、他方に、兵は機を待って発するの実際戦法を採ったのである。即ちこの両者の矛盾・調和の間に種々な悲劇も逸話も発生しているのであって、当時の軍記・雑史等の伝える所は、その間の消息をよく物語っている。この両者を巧に調和運用したものが名将たり得たものであると言ってもよいのである。従って、当時の武家は、易筮を必要とすると同時に又、兵書の講義聴聞をも闕くべからざるものとし、双方に通じた者をその傍に求めたのである。その多くは、各地に住する僧侶であって、鎌倉時代までは鑁阿寺の例におけるが如く、真言の僧が多く、南北朝以後は殆ど禅僧がその任を負うこととなった。無論室町末期に至るまで、博士家の人々も易筮を行い、これを乞い求める武家も少くなかったのであるが、（明徳記上巻に見える山名氏清が陰陽の博士に占はせる例の如し。又、応永記にも、陰陽頭が兵乱を占ふこと見ゆ。）次第に各地に群雄が割拠する状勢となるに従って、主として禅僧がその要求を充す様になったのである。即ち、禅宗諸派の興隆は、各地に宗師を輩出せしめ、禅余の文字を解し、外典を講読し、詩文に長ずる徒輩の諸方に在住する者も亦その数を加えるに至り、殊に禅僧は東西五山の間における任住の交流を初めとして、各地の禅院に巡回掛錫する慣わしが盛んであったから、一層良師の地方散在傾向が助長せられたのである。従って、各地の武家は、その領内に己が欲するの師

を需め得やすいという好条件に恵まれる様になり、又、碩儒を招じて新たに禅刹を開くと言う類も盛んに行われて、禅僧は武家の子弟教育の任に当ると共に、軍事顧問の職をも兼ねることが多くなったのである。無論他宗の僧にもこの種の者は少くなかったが、禅僧がその主要なるものであったことは疑う余地のない事実である。なお又、この種の僧には、軍陣に帯同せられて、陣僧と言われ、敵方に使僧の役等に任じたものもあったのであって、僧形の徒は、中立の姿としてその種の役用には便宜とされたのである。それ等陣僧・使僧の活躍している例は、今昔物語二十五源頼義朝臣罸安倍貞任等語十二の例話を始めとして、慶長時代に至るまで、諸書（加越闘諍記四、義景地蔵山へ陣替之事、川角太平記巻一、天正十年六月の条・足利季世記四、畠山卜山の事の条等。）に現れている例は枚挙に遑がない。そして、これ等の僧徒が医術を兼修している場合も亦、少くなかったのである。（僧が医を兼ねることは、上代以来の現象であって、敢えて当時における特色というのではない。）〔なお地方武家豪族の近親の中から仏僧が出て学問を修め、その菩提寺の住僧となり、子弟の教育その他の指導者の役目を果していたのも、平安末期以来のことである。〕足利学校の出身者は、かかる当時の武家の要求に応じ得べき最適の修業者であったと言えるのであって、上述の如く、足利学校が戦国武将の要求に適合した各種の要素を尽く具備していた事実を悉知するならば、その出身者が学業成って郷国に帰来し、如何に武家社会に歓迎せらるべき性質を具えていたものであったかが判ると思う。即ち、足利学校は、室町時代の武家のおのずからなる要求に拠って生れ、且つその繁栄を続けたものと言ってよい。

その上、室町時代の武将等が、何れも戦陣に臨んでは武経七書の内容を活用してその目的を達していたことは、七書の伝写が頗る盛んに行われている一事に拠っても明らかであり、又、豊臣秀吉の竹中半兵衛におけるが如き、幾多の事例に見ても判るのであって、我が中世において、「軍配術」を説いたものか、武経七書に基づく編著以外に兵法（因みに、太平記等に見える兵法の語は、軍法の意であるが、武家名目抄等には、「兵法といふは武道といふに同じ事にて（云々）」とあり、室町末期頃には、武伎の義にも用いており、柳生宗厳の剣道伝書等も亦兵法の名を用いている。）の伝書が存在しないのは、或は文字に伝えないのがその特色であるとも言い得るかもしれないが、武経七書の内容で十分に尽きている感があるため、軍略としての兵法は、それを活用するに止まったものではあるまいかと思う。後の西山遺聞（下）に「一、軍学の根本は、七書より外は無之候。」と光圀が述べているのは、その間の消息を明らかに告げているものと言えよう。世に著名な太平記に見える楠流の軍法も、武田信玄の軍法と伝えるものも、皆七書に拠ることが多いのである。従って我が国独自の軍法は却って軍配の伝書の中に伺われるものがあると考え

られるのであって、それ等については既に述べた所でも略明らかであろうと思うが、又別に論ずる機会を持ちたいと考える。最後に、室町時代の武家が日常生活に占筮を必須とし、且つ又、戦陣に臨んでこれを用いている例証を当時の軍記若しくは文献等の中に求め得た一端をここに附載して参考に供する。これ等の例話はなお多数存在すべきであると思われるが、軍記等には比較的例話が乏しいのは、それ等に記録せられるのは、異常の場合の逸話に限られるからであろう。まず第一に、日常の場合の例を、総見記所載の織田信長の足利義昭における話と、武家砕玉話脱漏所載の秀頼の例話とについて見ることとする。

総見記（七）新公方（義昭）濃州御動座事

公方ハ信長ノ御請奔走ノ次第不レ斜御悦喜ニ思シメサレ、早々濃州御動座有ルベケレドモ、猶戦国ノ時節、人ノ心イブカシケレバ、安否大切ノ義ト被ニ思召一、御思案決定ノ為ニ、清信ニ被ニ仰付一、一栢老人（一馬云、一栢上人は越前に住し、朝倉氏に重用せられたる入明の名医、又、漢学に通じ占筮をもよくす。天文五年一乗ヶ谷に於いて八十一難経三冊を刊行せり。）ノ門弟大華トイフ易者ヲ召シテ、卜筮ヲ執ラシメ吉凶ヲ御覧有リケルニ、臨ノ節ニ行ニ当テ、五爻ノ兆ヲ得タリケル。大華勘文ヲ引キテ申上ゲケルハ、六五ハ知テ臨大君ノ宜也、吉也。象ニ曰ク、大君ノ宜ハ行レ中也ト云々。卜筮吉兆ヲ得タマフ上ハ、御利運疑有ルベカラズ。但シ、御身ニ大君ノ知アラズ、中行ノ徳ナクンバ、其ノ応アリガタカルベシトゾ申シ上ゲケル。新公方、御大慶ニテ、弥御思案ヲ定メラレヌ。

武家砕玉話脱漏（巻一）

源君（家康）秀頼卿を二条城にて饗せらるべしと詢ありしに、母公淀殿危み怖れて其の時の軍配者白井龍伯は、占候に長じたる者故、龍伯吉凶を考へしむ。龍伯七日潔斎し香を焼きて、其の煙気を見ること三度ながら大凶に当る。其の趣を書きて、片桐東市正に示す。市正、私宅に呼び故を問ふ。龍伯、大凶なり。往かば必ず害にあはんと言ふ。且元、焼気は吾曾て知らざる所なり。然れども秀頼往かずば兵起らん。往かば難なからじ。是を以て見る時は、勘文を書きかへて吉也とせよといふ。龍伯きかず。しゐて其の咎は吾あづからむといへば、止む事を得ずして、吉也と書きかへて、不慮あらばいかがせんと憂ふるを、市正知つて、秀頼公害に逢はせ給はば、吾も共に死せん。誰あつて罪を刻せんやといふ。市正、龍伯が勘文を奉りければ、淀殿大いに喜んで、秀頼卿を二条に往かしめらる。無事に帰城ありければ、淀殿龍伯を賞して、白銀百枚を給ふ。其の

外これかれより金銀多く贈り、龍伯、市正の宅に行き、今郚生金銀を得たるは、貴公の故なりとて拝謝す。夫より気を見る術を止めて閑居せり。

又、各家の古文書に見えるものには、左の如き例がある。

伊達輝宗日記、天正二年霜月八日の条（伊達家文書所収）

八日、天き少くもる。よし、とう人参候。本けとり候て、御米きやう机いか。

満願寺栄秀平佐元賢連署状（毛利家文書所収）

元就郡山御登城吉日の事、御方様御意ニ付而、委敷見申候、来八月十日吉日にて御座候、同時者、さるとりの時大吉にて御座候、可被御意得候、如此申入候之通、早々広良様え御申上肝要候、奉憑候、尚々国司新右衛門殿可有御物語候、恐々謹言。

（大永三年）文月廿五日　（満願寺）栄秀（花押）

（平　佐）元賢（花押）

国司右京亮

井上与三右衛門殿　まゐる御宿所

三要が毛利輝元のために萩城築城の卜筮を行った祝筮書のことは前に述べたが、同じ時の玄徹が行った卜筮が同じく毛利文書中に別に存する。

襲卜筮

本命「癸丑」歳某（輝元）欲居於萩城始終吉凶之下

（中略）

慶長九年甲辰三月十三日甲子

損卦納甲

（これに損の卦の意味を平仮名交りに解説した文書一通を添えている。）

長専筮書（毛利家文書所収秀就の本卦）

欽奉玉照演禽三世相之課

御誕生文禄第四暦乙未十月十八日丑時

金姓　未上旬

乙未御年吉　丁亥月吉

丁巳日吉　辛丑時凶

（中略）

慶長十三年戊申十一月吉日　長専（印）奉記之

又、万年老衲の筮書「欽勘周易之本卦」と題する同人のためのもの、及び秀就の婚姻吉凶之兆及び右の解卦を片仮名交りに解説した文書、秀就本卦について「さいかんの心持之事」と題する平仮名書きの文書等も見えている。なお又、吉川家文書中に見える左の毛利輝元夫人宍戸氏の自筆消息は、軍法に関し、注意すべき内容を有するものである。

（前略）まづ〳〵右近殿こゝもと御出候事、つねはせう〳〵にて、うけ給たる事は御ざ候はず候が、此比はさい〳〵御出候よしうけ給候が、ぐんほうとやらんのあひでしにて、ぐんほうべやへさい〳〵御ざ候よし申候。（下略）

次には、戦陣の際の占筮の例であるが、軍配の場合をも併せて掲げておく。（太平記巻十一、諸将被進早馬於船上事の条等の例は、ここには抄出しないから、同書を参照せられたい。）

清源寺是鑑書状（上杉家文書所収、天正九年頃、直江兼続宛。）

御うらなひの事承候間、したゝめあげ申候。いかにも御弓矢よき御うらないにて候。目出奉存候。彼御うらないの事、御きげんの折節、あけ御申あるべく候。爰元之儀も、無何事候。可御心易候。節々も為文不申上、便無之条、非心疎候。自然御次之時者、能様御取成奉頼候。返々御吉事之御うらない目出候。恐々謹言。猶関東口之儀無何事候。可御心易候。御祈念之御事、口々夜々無油断候。此由奉頼候。

六月廿四日　　　　　　　　　　　　　　　　　　　清源寺是鑑（花押）

樋口与六（兼続）殿

御宿所

○

返々先刻齋木様躰被申候、重而御意尤心得申候

御書令拝見候、仍御用所之子細、尤以心得申候、一両日中吉日相撰、くわしく相調可申上候、此由御披露頼入候、以上

清源寺是鑑

（切封うは書）御返報

御番衆中

○

長元物語

城ノ番ニマキリタル土井孫太郎ト申ス者、後受領シテ肥前守トイフ。コノ者、其ノ時ハ小者一人召遣フ小身者、歳十九ノ時、城ノ麓妙連寺トイフ住僧、本卦ノ上手有リ。孫太郎本卦ヲ頼ム。其ノナツカウヲ聞ケバ、大河ヲ渡リテ行ク所ニ利有リトヨミタル時、孫太郎心中ニ、コノ川ハ土佐ニテ大河ナレバ、本卦ニ相任セテ謀叛ヲ企テ、元親公ヘ忠節仕リ立身スベキトテ、鵲鴒トイフ小鳥ヲネラフ振リシテ、コノ大河ノ汀ヘ出デ、川越ヘニ孫太郎矢文ヲ拵ヘテ敵方ヘ射、傍輩ドモハコノ志夢ニモ知ラズ、謀叛相極リ、元親公ノ御人数、コノ川ヲ渡ル手筈ヲ致シテ、城ニ火ヲ掛ケ焼キツクス。コレニ依リテ元親家ノ衆乗リ入リ、元親公ノ御手ニ入ル所件ノ如シ。

陰徳太平記（二十六）

然ル処ニ平井入道ハ軍鑑者ニテ有リケレバ、進ミ出デテ、面々ノ御所存其ノ儀至極ニ候。サリナガラ此ノ二三日城中朝夕ノ炊烟ヲ以テ、勝敗ノ気ヲ考ヘ候フニ、全ク城ノ落ツベキ気ニ非ズ。又明日ハ十死日、明後日ハ絶命日ニテ、両日共ニ大悪日

ニテ候。来月朔日コソ大吉日ニテ候ヘバ、城乗ヲ命ゼラレテ宜シク候ヒナンズ。其ノ間ハ軍士五千七千宛、長浜・杉ノ浦ニ張番ノ者共ヲ差出サレ、大本・有ノ浦ノ間ニモ千二千宛打廻シ打廻シテ、夜ハ終夜本篝火・捨篝火焼続ケ、外聞・物見油断無クバ、何ノ敵ノ恐レカ候フベキ。総ジテ軍ヲ急ニスルハ謀ノ過リヲ生ズル事ニテ候。タトヘ急ニ打チテ宜シク候フトモ、悪日ニ城ヲ攻メンハ、士卒ノミ討タレテ勝利ハ無カルベシ。吉日ニ戦ハレバ、手負死人無クシテ城ヲ陥ル事易カルベク候。只明日・明後日ノ大悪日ヲバ除カレ候フテ、来月朔日ノ大吉日ニ城乗ト決定セラルベク候ヒナンズト申シケレバ（下略）

大友興廃記（十二）戸次鎮連石宗に軍配相伝契約の事、附、石宗気の講談の事幷諸葛孔明が事。

天正六年戊寅の夏（中略）戸次道雪の子息鎮連陣所の隣家に、軍配者石宗（一馬云、石宗の事は豊薩軍記等、他書にも見ゆ。）宿したり、かねて軍配望みの由言ひ通はし置きたれば、鎮連幸と思ひ、参会有りて種々物語りの後（中略）自今以後切々参会を遂ぐべく候。軍配残りなく御相伝希む所なりと所望有りければ、石宗やすき事に候。師弟の契約の上は、それがし存じ候通り、毛頭残すまじく候。（中略）鎮連面白き御物語、まことに忝き次第に存じ候。それがし相伝の初には、気一巻承り候はんと申されける。石宗懇の義は臼杵に於いて相伝申すべし。さて気は煙気雲気さまぐ〳〵の事御座候へども、天地陰陽和合の一理を肝要とす。覆て外なきは天の道、載て捨つる事なきは地の徳なり。かくの如く天地聖徳を以て呂律の二気を見分け、吉凶を伺ふ秘伝を述べられける。

同（十四）日州え御出陣仰出さるゝ事。

天正六年戊寅九月下旬に、大友宗麟公、老中田原紹忍・田北鎮周・朽綱宗歴・吉岡鑑加・志賀道輝・幷びに軍配者石宗を召して仰出さるゝは、面々存じの如く、我勇力を以て、九州を多分退治し、日州表も、塩見、日知世、門河、此三ヶ城、又山毛田代の武士も皆相随ふといへ共、大隅薩摩いまだ其儀なし、此両国を退治するにおゐては、九州の主とならん、急度、思ひ立御出馬をとげられ、先日州高城を攻べし、佐伯惟教入道宗天と、田北相模守鎮周に先陣仰付けられんとの御諚也。（中略）其時、軍配者石宗申上るは、御諚尤に存候。（中略）殊以、当年は第年四十九の御厄に相あたり、弓箭にきらひ所多く御座候。今日仰出さるゝ御弓箭発端の御詞を以て考へ申にも、不吉也。御年により、弓箭に凶月御座候。十月は午の年の大

将の大禍の月、十一月は滅門の月なり、究竟軍御座候はん月、御年に不相応に御座候。今迄の御弓箭は、時日も皆吉事に相当り申候。此度はきらひ道多御座候。明年は合戦御座なくして勝利を得給ふ御年に相当り申候。戦はず利を得るを良将と、昔より申候と申上らるるにも、御同心もなく、御座をたゝせらるゝ。

同（十四）石宗討死之事

此石宗と聞へしは、軍配におゐては、諸家の伝を知て功者たる故に、去九月（天正六年）に本卦当卦、其外のかんがへをもつて、当年日州の方へ大事を催さるゝ事不相応なるよし申上らるゝにも、宗麟公御同心なし。又当陣におゐても、掛引の利をいはるゝに、鎮周用ひられず。彼是を以て勝利なし。去程に、十一日の晩、味方の陣の東の手先より気立て、敵城の内へなびき入。石宗、野心の気とかんがへらるゝ、さてこそ其気の下より筑後の星野蒲池を先として、二心出来たり。また十一日のあかつき卯の刻の終り辰の始、南に血河の気と云ふ雲気立て、味方の上にたなびき来る。石宗見て、此気味方にむかひきたるは、河にて亡ぶべき雲気と考へ、鎮周方へ、使者をもつて申さるゝは、昨日より万事の評定にこそ御同心なくとも、雲気立申候。是はきらひ所有儀にて候。せめて此気の替り迄ひかへられ可レ然ぞんずる由申されければ、其返答に、此鎮周、元来下男の生れにて候へば、雲の上の軍は仕まじく候。雲はともあれかくもあれとて、無二思付一返事なり。其外、今度は、一つとして吉事の相はなく、悪事の告のみ也。とかく天道より味方の利を罪し給ふと見へたり。かくのごとくたがひの運の勝劣果報のさかんなること、末期の時節にやあらん。先陣一軍の大将鎮周、我差図をそむき、軍法を破る事、是不忠のいたりなり。殊に大守の御差図の御目利むなしくなる事、不忠の上の逆心なり。諸軍の心得も鎮周に同意や否、かく物の喰違ひする事、皆是天運也。此度の軍に利をうしなひなば、我ながらへて詮なき事と思ひ入、秘伝の数巻を焼捨て、平人に成かはり、討死す。

同（二十）大将心持の事幷星を祈事。

去程に島津義久公、天正十四年の冬、諸勢を豊後の地に発向すべきため、まづ休叱薩州豊州の運の程をはかり見よと申付らる。休叱曰、運をはかる迄も御座なく候。豊後両大将の星は、それがし存知の事なれば、大友宗麟子息義統の星をいのり申べく候。星の奇瑞次第になされよろしからんと申、義久公尤と同ぜらる。休叱則ち私宅にかへり、檀上の儀式次第をかざり、

秘術をつくしぬ。扨宗麟公は禄存星、義統は破軍星にあたり玉ふ。されば休叱豊後両大将禄存星破軍星を先として、あたる星毎を祈りしかば、忽然として奇特みゆ。此行にては運の甲は乙となり、利をうしなふ事あらじと、喜悦の眉をひらく。

北条五代記（五）下総高野台合戦事

聞しはむかし、相模北条氏康と、安房里見義弘戦あり。然るに太田美濃守、武州岩村に有りて、謀叛を企て、義弘と一味するによって、義弘義高父子、下総の国へ発向し、高野台近辺に陣を張る。（中略）氏康諸老を召あつめて曰く、遠山富永を討たせ、無念やむ事なし。時日を移さず、一戦を遂ぐべしと評諚とりどりなり。（中略）氏康重ねて曰く、今朝辰の刻の戦を勘ふるに、敵は東方に陣し、出づる日を輝かす所に、味方西より向ひて剣光を争ふ事、是れ孤虚のわきまへあらざるが故、遠山富永勝利失ひたるなり。然るに今はや未の刻も過ぎ、東敵は入日にして、味方の後陣に影消えぬ。時のうらなひ吉事を得たり。其の上当年は甲子なり。甲子は殷の紂が亡され武王は勝る年なり。義弘は紂に同意し、氏康は武王に比して、かれを討たん。然かのみならず、先祖の吉例多し。（中略）あまつさへ、孤虚支干相応ずる事、われに天の組する所なり。時刻移すべからず、無二に一戦を治定す。（中略）頃は永禄七年甲子正月八日申の刻に至りて、氏政軍兵、近々と押寄せ、鯨波をどつとあぐる。

甲陽軍鑑（呂第七）小笠原源与軍配奇特有レ之事。

一、甲州に、小笠原源与斎とて、軍配者有レ之、種々の奇特をあらはし、風呂に入り、戸をおさへさせ、人々不レ知やうに、外へ出。或は夜、各会合するに、座席のむかひに、山あれば、向ひの山に、火を幾度立ん、各見よと云て、人のこのむやうに、火を立るほどの者也。凡軍配を、能伝授すれば、其軍配の余情をもつて、種々奇特をいたす。又、永禄四年に、河中島合戦之時討死せし、山本勘介は、信長公旗本に、足軽大将の中、五人にすぐられたる、名人と云。是も軍配、鍛錬の者也。此山本勘介入道道鬼が軍配は、宮・商・角・徴・羽の五つより分て見る。雲気煙気、其外ゐぎ・さご・すだ・来り様・行やう、右之外も、口伝あれども、勘介流は、縮て是は一段短し。但小笠原源与斎がごとく、奇特は無レ之。雖レ然源与斎も云、奇特は軍配の神変なりと云。威光までにて、勝負の利には不レ成者也。其いはれは、人にのぞまれて、向の山に続松を立る

ならば、我くらき道にて、火に事をかきし時、続松を立て、路をみて、行ならば、尤然べけれども、左様の事は中々不レ成。ただ人にのぞまれて余所に火を、立るばかり、是は術也。術は座輿にて実の道に至て、弓矢の計略、計策などの用に不レ立。然ば敵味方、対陣の時節は、勘介も、源与斎も同前也。さて諸人の云、同事ならば、神変いたす事がましと云。又一方には、同前ならば、術せざる事がましと云。馬場美濃守申すは、神変は尤なれ共、それは人によりての事、武士が弓矢の為に、軍配をならうて、神変いたしたらんには、武道のためとはいひながら、かの奇特する人と、あだ名をよばれ、禰宜山臥などのやうに申さん、其上正法に奇特なしときけば、神変は更に不レ入者也。(下略)

天正三歳六月吉日　高坂弾正忠記レ之

以上の諸例に拠って見るに、室町末期頃からは、軍配思想に必ずしも拘泥しない武将が次第に多くなっていることを物語っている様に思われる。「朝倉敏景十七箇条」の中に、

吉日を選び、方角を考へて時日を移す事、甚だ口惜く候。

と言っているが如き例は少くないのである。これは、一には国民一般の陰陽五行思想が稍稀薄になりかけて来たことがその原因にもなっていると思うが、なお又、武経七書の講読が盛んになり、又一には、実戦の体験を重ねた結果にも拠るものであろうと考えられる。当時における武経七書の伝本が多数残存していることは前にも述べたが、五山諸僧が六韜等の書本の跋文を認めている例も、その詩文集に散見し、武将等の書状等にも、例えば永正頃島津忠朝が相良宮内少輔に宛てた書状（相良家文書所収）にも、

(前略) 被罷立候已後、兵法無懈怠致稽古候。雖然、不審之子細共多候。(下略)

といい、又、吉川元長の自筆書状（その周伯の手識本の三体詩が東洋文庫蔵本中に見られる。）にも、

西禅寺周伯禅師宛（天正頃）

(前略) 従吉田可然六韜之仮名抄借用、是を少々宛もよみ申度候。

報恩院回鱗宛

（前略）高倉殿于今御滞在候、六韜相澄候、今は長恨歌を被遊候。（下略）

等と見え、七書勉学流行の状の一斑が察知せられる。直江兼続は上記の如く若い時から戦陣に際して吉凶の占筮を相しており、文禄の役等には足利学校出身の涸轍禅匠を陣中に伴っているのであるが、上杉家文書所収の兼続自著の軍法伝書（兼続自筆）を見るに、軍配思想をも加味してはいるが、実戦の軍法に対する深謀遠慮も亦よく尽されていて、両者を兼備するものである。これ等の例が軍配と七書流の軍法とを巧みに調和せしめた当時の優れた武将の歩んだ道と言ってよかろう。次に参考のため、直江重光（兼続）の「秘伝集」（袋綴、一冊。）の内容を一二抄出して掲げる。

可相中友知大事（三箇条）・出テ中友ニ可相方之事（「子・午・卯・酉ハ九目、丑・未・辰・戌ハ五目、刁・申・巳・亥ハ六目、右此方ヲ可慎」と端書して、六箇条）・船渡之大事・兵法枕之大事（各一箇条）

一、舟ニ乗時、足ノ大指ニテ辻ト云字ヲ書テ、竜王揃ヲ一巻読、サテ賦ト云字ヲカキ、点ヲウチ様ニ、日輪ノ印ヲ結、印ノ中ヨリ舟ノ頭ヲ見ベシ、フネノカシラ不見ハ乗事努々有ベカラズ。

又、別に「軍法」（漢文体、袋綴、一冊。）の書があり、これには行軍・軍中・対陣・追撃・攻城等三十二箇条を述べた細心の留意が伺われ、左記の如く、戦陣における心もちいが主体となっている。

一戦法者、不レ若レ奪ニ敵人之気与一レ心矣。奪レ気也、有ニ旌旗五釆鉄炮一。奪レ心也、有ニ奇計知謀一矣。蓋非レ治ニ己之気与一レ心者、何以得レ奪ニ人之気与一レ心乎。

一物在ニ於始一則、気盛而鋭、在ニ於中一、則気微而隋、在ニ於末一、則気衰而労矣。雖レ起ニ一日之軍一、豈レ無ニ始終慮一乎。

第四章　慶長時代における足利学校

第一節　慶長時代における足利学校出身者の活動

上述の如く、九華庠主に壮歳時受講した来学者の中には、慶長時代に至って有数の武将に身を寄せ、社会的地位を獲得して、我が文化史上に大いなる足跡を留めた人々が少くなかったのであるが、就中、印刷文化の方面に極めて著しい業績を残していることは、特に注目すべき点であると思う。

三要は家康に近侍し、その恩寵を蒙って、円光寺学校を創め、且つ活字を以て伏見版を印行する等、頗る社会的に活動したが、同門たる涸轍祖博も、直江山城守兼続の顧問となり、これ亦、涸轍書院と号して、医書その他漢籍類を多く刊行した。殊に両者の出版について注意すべきは、刊行書中に何れも周易が存する事実である。周易は慶長以前には刊行を見なかったものであるが、朝鮮の役の結果、新たに彼の地の活字印刷術が輸入せられ、活字印刷の法が急速に発達して、印刷が比較的簡便に行われる様になると、忽ちに、相続いで三種まで出版せられるに至ったのである。その一は、慶長十年三要刊行の伏見版、その二は、同じ年に成った涸轍祖博の刊行にかゝるもの、その三は、何人の刊行か未詳であるが、慶長中の活字印行になる一本である。三種の中の二種までが、足利学校出身者の手に拠って刊行せられていることは、前章で論じた如き足利学校の本質に起因するものと言うべく、即ち、彼等が足利学校の易学の徒であったればこそ、印刷事業は往昔より比較的簡便になりつゝあったとは言え、未だ刊行の容易でなかった際に、早くも周易の開版を行ったのである。周易の開版が世に迎えられたがために行われたことはもとより、又、刊行者自身にとっても、最も必要であったことも亦言を俟たないが、（三要の伏見版の方は、家康の要求もあったのであろうが、）特に刊行者が足利学校の易学の徒であって、然も易学を以て武将に身を寄せていた者である

と言う一事こそ最も注意せらるべき点であろう。然も亦この三要・涸轍の両者は、出版事業の上においても互に交渉関係があったと推定せられるのである。

三要の関与した伏見版は、慶長四年にまず孔子家語を出し、次いで同じ年に六韜と三略とを印行し、爾来慶長十一年の七書（両版あり）に至るまで、八年間に十種以上の漢籍を出版しているが、我が国における活字印刷としては、文禄並びに慶長の勅版及び本国寺の文禄開版、小瀬甫庵・如庵宗乾等の医師の坊刻活字印行等に次いで、最も初期の開版事業の一であり、涸轍の印行も亦、慶長九年以前に行われているのであるから、同じく極初期の活字印刷事業に属するのである。極初期に現れた活字印刷は、何れも文禄の役の際における凱旋武将の将来した朝鮮の活字印刷術に直接影響を蒙っているものと認められ、三要が家康に、涸轍が兼続に各近侍し、殊に涸轍の如きは彼の地に従軍したのであるから、その活字印刷術の輸入に対しては、直接に関与する所があったことと思われるのである。

そして伏見版の印行に従事した同じ工匠を、涸轍も亦、その出版に使用している点は、三要と涸轍とが、印刷事業においても互に交渉を持っていたことを察知せしめるのである。即ち、慶長四年刊行の伏見版孔子家語及び同五年刊行の貞観政要は、慈眼久徳なる工匠がこれを印行したのであるが、その慈眼は又、慶長初年の印行と認むべき要法寺版論語集解を正運なる工匠と共に印行しており、この正運は、涸轍所刊の慶長九年の大広益会玉篇（純孝なる工匠と共同）と同十年の周易との雕版に従事している事実に拠って見れば、この慈眼・正運両工匠の関聯は、同時に又、三要と涸轍との関聯をも示しているものと言ってよかろうと思う。

さらに、要法寺版は、同じく足利学校において九華に学んだ円智（日性）の開版にかゝるものであって、これ亦特にその同門関係が、印刷事業の上にも、三要並びに涸轍等のそれと密接なる連結をなさしめたものと推せられるのである。要法寺が同じ日蓮宗なる本国寺に次いで早く新式の活字印刷法を採用して印刷事業を盛んに行ったことは、或は朝鮮の役に従った武将（例えば加藤清正等）の信仰関係にも拠るものかと考えられるが、或は又、円智の如きは、易学等に拠って直接それ等の武将に関係した可能性が多いのである。そして直江兼続所刊の所謂直江版の文選を要法寺内で印行しているが如きは、明白に涸轍と円

智との、同門の交友関係に基づくものと推定せられる。円智は、上述の如く、慶長五年から印刷事業を起し、慶長末年に至るまでに各種の書籍を印行し、古活字版中において特異な位置を占むべき業績を残したのであるが、(拙著「古活字版之研究」第二篇第五章第一節(二五五頁以下)及び増補版七〇八頁参照)内典よりも外典を多く印行していることは、その足利学校に学んだ円智の性格の反映と言い得よう。

かくの如く、近世初期の我が文化史上において最も注意すべき活字印刷術の発達に重要な寄与をなした人々が、足利学校の出身者であると言うことは、一には又、足利学校そのものの本質を物語るものと言ってよいであろう。即ち、学校の出身者が、当時の武将の軍事顧問として近侍し、且つ従軍したがために、朝鮮の役においては、彼の地の文物を盛んに将来し、活字印刷術の如きも亦、彼の地の多数の典籍と共に輸入せられて、逸早くこれが為政者の手に拠る出版事業となり、我が印刷文化の異常なる発展の端緒をなすに至ったのである。

朝鮮の役に拠る活字印刷術の将来が、我が国中央の印刷界に齎した貢献を思い、且つ又、我が活字印刷術の急速なる発達に拠る印刷文化の開発が、広く一般文化の上に及ぼした影響の極めて著しい点から見るならば、これ等印刷文化の開発に関与した有力な人々が、足利学校出身であると言う事実は、学校出身者の文化的活動の現れとして最も注意すべき一面と言わなければなるまい。これ等は、学校出身者が、時の為政者たる有力な武将に近侍し、その本来の使命たるべき軍事顧問としての役目を果した余響とも称すべき活動の一面ではあるが、活字印刷事業の発展に関与した一事は、我が文化史上に極めて重要なる影響を及ぼした事実であるから、学校出身者の活動中、特に注意すべき一面と見られるのである。

なお又、三要が円光寺学校を経営した事実と共に、足利学校の分身とも言うべき教育機関が、慶長元年、小早川隆景の手に拠って領内に設けられ、学校出身たる玄倚白鷗(文伯に学ぶ)を招いて督学とし、足利の校規に準じて建学せられた事実も亦、慶長時代における学校の影響、並びに学校出身者の活動の一面として注意すべき事実である。隆景の学校建設の詳細は伝わらない様であるが、隆景は自ら足利学校に来学した玉仲(大徳寺住)に参学したから、直接にはそれ等の影響で足利学校に則った教育機関を建設するに至ったものであろうと思われるが、但し、その教育目的は、一般子弟の教養に在ったのであろうから、たとえ教科目は足利学校と同様であったとしても、本質的に教学目的を異にするものであったに相違なく、この点は特に注意

しなければならない所である。

因に、隆景の学校建設に関しては、貝原益軒の小早川隆景行状に、

慶長元年、足利の学校玄倚軒を招き、孔子堂を立て、学問所を作り、若き輩に勧学せしめらる。

と見え、又、後太平記（元禄五年刊）巻末の撰評に、

三原中納言隆景卿、関東足利の学校を被レ移サ、文伯老師の門弟玄倚白鷗洲を招き寄せ、天下の諸事を被レ談ゼ云々。

と言い、中井竹山の逸史（天正十五年の条）には、

筑前侯隆景之就レ封也、蠲ニ苛法一革ニ旧弊一、務与レ民休息、境内悦服。嘗慨ニ喪乱之久、人不レ知レ学、乃摹ニ下毛足利学規一、于ニ名島一設ニ庠舎一、建ニ聖廟一、行ニ釈奠之礼一、使ニ大夫士入学一、親臨勧勉焉。吏民観聴、靡然成レ風。

とあって、筑前名島にこれを建設した様に言っているが、近藤正斎が右文故事に、

名島ハ筑前ノ名島ニ非ズして、備後三原ノ名島ナルベシ。

と疑っている如く、（但し、三原に名島と言う地はないが、）三原に建設したものと思われる。従って建設の年時も天正十五年ではなく、慶長元年と見るべきであろう。なお詳細は不明であるが、他日重ねて精査の機を得たいと思う。

第二節　第十世庠主寒松とその門弟

一　寒　松

第九世庠主三要の後を経いで学校の庠主となったのは、寒松（諱、禅珠。字、龍派。号、寒松。又、鉄子と称す。）で、慶長七年十一月二十一日、家康の命に拠り、学校の席を董したことは、上述の如くである。三要等と共に壮歳九華に学んだことも亦、寒松自ら寒松稿に記している。前記参照 下毛野州学校由来記・住持世譜略等の伝記は極めて簡単であり、然も、生国・世寿等を誤伝しているが、その伝は、長徳寺に現存する寒松自筆の日記並びに詩文集「寒松稿」及び足利学校に伝存する手沢本等に拠り、前代の庠主よりも比較的詳細が判明する。〔なお寒松稿及び寒松日記に拠る寒松の伝について述べたものに「寒松和尚」（渡辺金造）埼玉図書館叢書第三編、郷土の偉人研究(一)昭和十二年十二月刊 並びに「寒松和尚外伝、竹屋レオンと其妻ルシーナ」郷土に印せる緇徒の足跡(B)同上第四編、昭和十五年四月刊。(渡辺金造) がある。〕又、寒松の庠主時代は、元和を経て寛永初年にまで及んでいるが、それ等も便宜併せてここに記しておくこととする。

長徳寺（埼玉県北足立郡芝村）現存の自筆の寒松日記は残欠で、消息・卜筮等の故紙を二つ折にした紙背を用いて認めてあり、横綴、墨附九十三葉（内、断片十八葉。）、他に覚書様のもの六葉が共に存する。渡辺氏が近時錯乱を整理して次序した内容に拠れば、残存の分は、

慶長十八年（癸丑）二月二十七日至三月二十六日 十二月下旬 欠
元和元年（乙卯）正月朔日至十一日 十二月七日至晦 欠
元和三年（丁巳）十一月十六日至二十八日 十二月二十四日至晦 欠
元和六年（庚申）四月一日至五月十日のみ存す
元和七年（辛酉）正月朔至二十一日欠

元和九年（癸亥）五月二十二日至六月二十二日欠
寛永元年（甲子）八月二十一日至九月二十四日欠
寛永七年（庚午）九月十日至二十一日 十月六日至十二月十七日 欠
寛永九年（壬申）五月十七日至六月二十日 九月二十六日至十二月晦 欠

の各年の分で、他に年紀不明の分残欠三葉と、喜捨収受の覚帳（元和三至六年分）とがある。長徳寺は寒松在住中慶長五年と同十六年との両度、殆ど全焼したから、慶長十六年二月以前の日記は回禄の厄に罹ったことと思われるが、それ以後の分は、（無論もとは完備していたものであろうが）中頃散佚したのである。文化十四年にこれを寺社奉行に差出した際（文政四年に戻された）（長徳寺由緒書に拠る。）移写したものと認められる内閣文庫現蔵の一本（横本、十一冊。第十冊の末に文政元年仲春の識語がある。）は現存本と同内容であるから、それ以前に散じたものであることが判る。

又、寒松稿は、現存十冊で、寒松自ら晩年に編録して浄書し、これに附訓朱墨点をも加えたものである。寒松自ら認めた外題に拠ると、草稿の第三から第十一までの九冊と拾遺一冊との十冊を存し、その一と二とを欠いている。即ち、草稿三は慶長六年を以て始っているから、慶長五年以前、初度の長徳寺焼失以前の分を欠いていることとなる。或は寒松存命中から欠いているのであろう。各冊の年時を表示すると左の如くである。（但し、文化に差出す際か、新たに表紙を添え、拾遺を一とし、草稿三を二として、以下十冊に至る様に改めている。）

（第一冊）	草稿三	慶長 六 至十四年	△
（第二冊）	草稿四	同 十五至十九年	△
（第三冊）	草稿五	元和 元 至 四 年	△
（第四冊）	草稿六	同 五至七年五月	
（第五冊）	草稿七	同 七年五月至九年	
（第六冊）	草稿八	寛永 元 至 三 年	△

（第七冊）　寒松稿九　　同　四至六年四月　△
（第八冊）　草稿十　　同　六年五月至九年三月
（第九冊）　草稿十一　　同　九年四月至十年三月
（第十冊）　松稿拾遺　　慶長　七至元和九年　△

内閣文庫現蔵の一本は、寒松日記と同じ時に移写したものと認められるが、拾遺を一とした分から順次草稿第四までと、草稿八・九との欠冊（三冊）である。（右△印の分残存。）又、帝国図書館（国会図書館）蔵の一本も長徳寺の原本を転写したものであって（或は内閣文庫本を江戸末期に転写せるものならん。）、同じく拾遺から始って十冊完備している。足利学校遺蹟図書館残存の一冊は、寒松在世中に転写した一本と認められるが、抄録本であって、伊香保温泉遊記を主とし、学校で詠んだ課題詩等を録してある。

寒松は、相模国大住郡田村の生れで、俗姓金子氏、天文十九年出生、寛永十三年四月二十日寂、世寿八十八。永禄七年の秋、十六歳の時鎌倉に赴き、円覚寺の奇文の門に入り、爾来奇文が歿するまで（元亀二年十二月十四日寂）八年間膝下に在って薫陶を受けた。寒松稿には「予幼弱在鹿阜侍聯句之座者多年」と言っている。寒松の詩文の才はこの際養われたのである。奇文の歿後服喪を終って天正元年春、（寒松稿に拠る）足利に負笈して九華に受講した。在庠数歳師九華は、天正六年八月に歿した。九華歿後は寒松稿に「洙泗之徒東西各離居三十二年于今」（奉信州関善蛮宿和尚書）と言っているから、足利の地を去ったことは明らかである。寒松は恐らく鎌倉に戻り建長寺に入ったものと思われる。天正十年三十四歳にして武州足立郡芝村の建長寺末長徳寺の第十二世住職となったのは、その関係であろう。又、同時に建長寺をも董した。天正十八年北条氏滅亡の際は、岩槻城内にあったと見えて、寒松稿に、

天正十八年庚寅五月廿二日、出岩月城中。只一笠耳。平林泰翁・養竹天麟・知楽東叔、与寒松某甲同道、可憐生々々々。

と述べている。その後、慶長五年十二月二十五日に長徳寺は僅かに境内の成就庵を残して殆ど全焼したが、同七年六月末に至り家康から召されて江戸城内富士見亭の文庫の書目を調進し、（慶長年録・寒松稿）その直後、三要が足利学校庠主の席を退き、後任とし

て推薦せられ、家康より学校第十世庠主たるべきを命ぜられたのである。爾来、寒松は長徳寺と足利との双方を兼務して、常に武野両州の間を往来した。江戸将軍にも亦その学才を用いられ、慶長九年には貞観政要の点本を献じたが、同十三年には秀忠の命により東鑑（伏見版）に朱墨点を加えた。又、本多佐渡守正信・小田原城主大久保忠常・酒井忠利・同忠勝・土井利勝とは親しく、その他、最上駿河守家親・鍋島信濃守勝茂・同和泉守忠茂等や、又、長徳寺に近い岩槻の城主高力清長の一族も寒松を大いに後援し、なお又、足利に近い関係からか、宇都宮城主奥平家昌も、屢々寒松を招いて講書を受け、その家老志水信教を足利学校へ来学せしめる等、寒松を崇敬する諸侯も少くなかったのである。さらに又、長徳寺の芝村附近の代官（中村弥右衛門吉照・熊沢三郎左衛門忠勝等）も篤く寒松に帰依し、長徳寺の再建もそれ等の援助で成ったのである。慶長十三年（寒松六十歳）足利学校に専心するため、長徳寺を愛弟子（等徐麟甫）に譲ったが、慶長十六年二月に再建の長徳寺が又も全焼し、且つ、三要の望みに拠ってそのことを扶けていた等徐麟甫も夭死（三十歳）し、寺は翌十八年正月に復興落成したが、後嗣がないため、寒松は再び住持となり、又も足利との間を往来することとなった。

次第に老齢になって足利と芝村との往反が困難となったので、庠主の席を弟子「睦子」に譲ったのは、何時頃か判然しないが、寛永の初年（五・六年頃か）であったらしく、然らば慶長七年以来、殆ど三十年近く学校を董したわけである。又、次いで長徳寺の方も、住持を弟子（禅復）に譲って寺中臥雲軒に隠棲し、寛永九年二月（八十四歳）には遺言状を作ってこれに渡し、その後五年を経て、寛永十三年四月二十日に歿した。その歿前に自己の肖像に左記の讃を認めている。

　鑠迦羅眼絶塵沙　撚断唫髭又白些　幻化空身何所似　春風吹露趙昌花

寒松は頗る詩文の才があり、且つ学識も勝れていたため、諸侯の崇敬を受けたことは上述の如くであるが、学校にも亦、前代以来の伝統の名残もあり、又、寒松を慕って来学する者も少くなかったのである。殊に寒松は医書にもよく通じていたため、医師の受講者も亦多く、それ故、扁鵲難経等を屢々講じている。易学を主として講じたことは言うまでもないが、前代よりも新註に拠ることが多かった様であって、これ等は時世の然らしめる所であろう。学校外に招かれて講書する場合も亦頗る繁く、各々その需めに応じて、論語・大学・補註蒙求・黄山谷詩・職原抄等を講じている。学校において各種の所定の書籍を講じた

ことは言を俟たない。学校に現存するその書入手沢の跡を見ても勉学の状の一端を察することが出来る。学校に現存する寒松自筆書入の見える諸本は左の如くである。

「古文尚書」(十三巻、写、二冊。) 九華・三要等の書入した上に(前記参照)、さらに附注を加えてある。

「孟子」(趙注、巻一至四の零本、二冊。) 三要が書入を行った上に(前記参照)、さらに書入を加えている。

「職原抄」(二巻、写、一冊。) 同じく三要の本文手写並びに注記書入の上に、若干附注を加えている。

その他、宋版毛詩註疏の第五冊に頭注を書加えているのは、寒松の筆ではないかと思う。又、寒松が手識を加えたものに、「毛詩鄭箋」(写、十冊。) と「春秋経伝集解」(古活字版、十五冊。) とがある。何れも学校に寄進された由の跋文があって、前者は、慶長二十年(三要の歿後)、三要の弟子円光寺第二世心甫から学校へ寄進せられた九華・三要の手沢本で、各冊末(各冊跋文の文字大同小異。) に左の如く見え、署名と共にその字(あざな)「龍派」の文字を刻した鼎形の朱印を捺印してある。

(第三冊末)下野州足利学校常住。洛之相國卜隠軒主心甫傳西堂寄附。慶長二十稔三月五日、董席鐵子寒松叟龍派禅珠誌焉。

春秋経伝集解は、門弟会津若松の津梁(宗祥蔵主)の遺物で、毎冊末に、

奥之会津人宗祥蔵主、入杏壇称津梁、不幸逝矣。遺此本作当庠什物。慶長十七年壬子閏十月廿七日　庠主寒松誌焉

とあり、第一冊末は、「若松産津梁(花押)」の津梁の手識の記されている上に寒松の手識が加えられている。

なお又、今は佚しているが、享和二年の学校蔵書目に拠れば、

断易絵解　抄本　龍派抜　一冊

と言うのが見え、さらに、新楽定手録の学校蔵書目録には、

大易断例卜筮元亀　写本　全一冊

建安蕭吉父撰。末ニ、元和七歳次辛酉秋前三日芝阜病叟福山龍派禅珠書于寒松丈室ト誌シ、印記アリ。

帝鑑図説　朝鮮本　全　六冊

末ニ、甲州産田邊庄右衛門尉光与寄進慶長十八年癸丑六月三日庠主寒松老人誌トアリ。

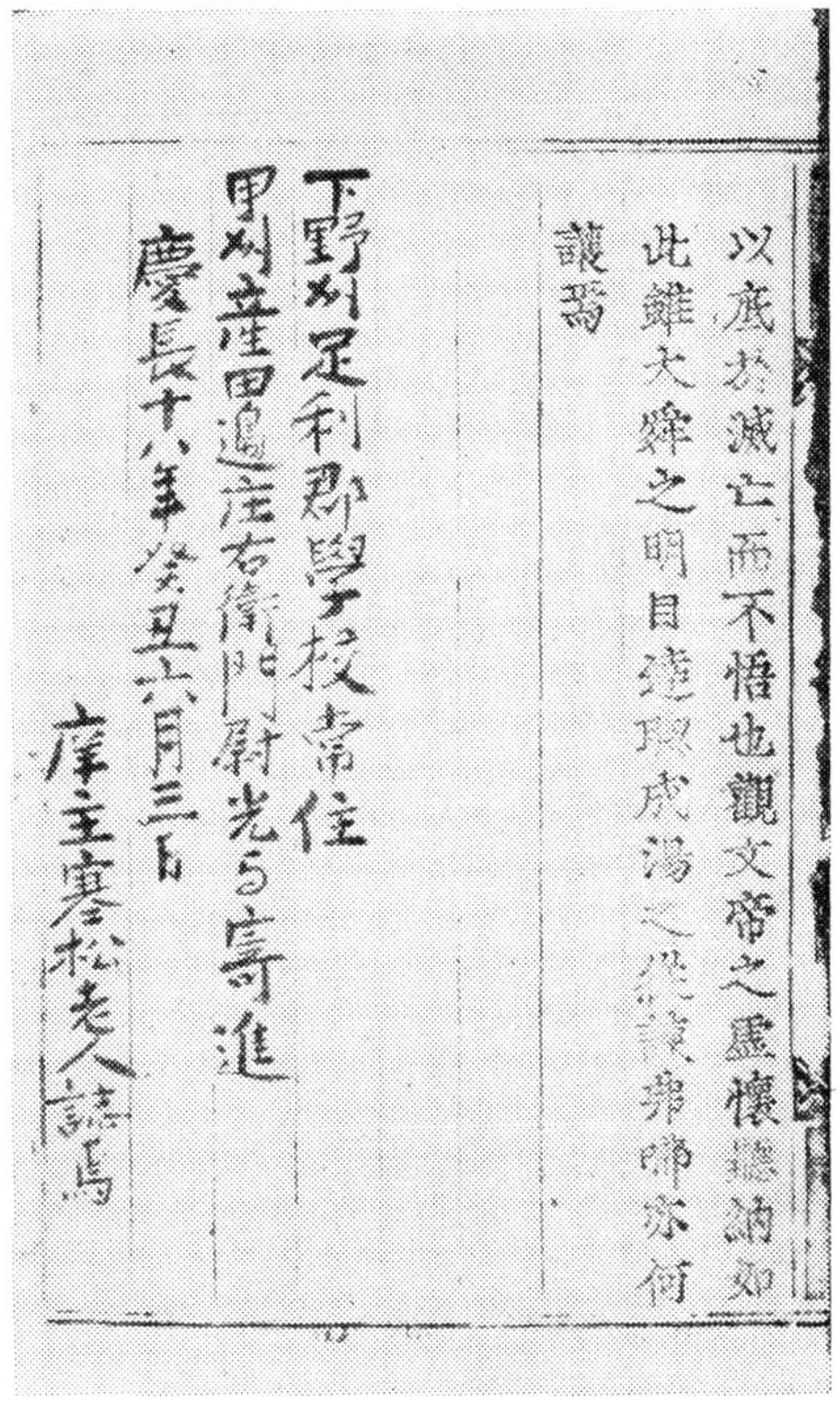

帝鑑図説（秀頼版）巻末（寒松手識）

と見えている。右の帝鑑図説は、実は慶長十一年刊秀頼版の古活字版で明治八年政府が召し上げ、今帝国図書館（国会図書館）にある。

その自筆本としては、前述の如く、長徳寺に詩文集「寒松稿」と「寒松日記」との他、「暦図」（一巻）があり、又、自像に讃を加えたもの等が残存している。

なお、寒松が庠主の時代における学校の大きな出来事としては、三要の時からの継続事業でもあった学校の改築が完成したことであって、慶長十一年秋八月、講堂の修葺が成ると同時に、その傍に数間を分って客殿を再興し、鎌倉の仏師に命じて薬師如来を離造せしめて安置し、十一月初吉を以て安座の儀を行った。自ら七十余年の已墜を興したと言っている。（寒松稿「野州学校客殿本尊薬師如来安座」。前記参照。）さらに、寒松日記に拠ると、寛永二年にも学校の大改築を行い、新築同様になったと見えている。

又、元和三年には改めて将軍秀忠より百石の朱印状を下されている。古文故事所載の寛文五年の朱印状に、

下野国足利郡五箇郷之内百石事任二天正十九年十一月日元和三年二月廿八日両先判之旨一全収納永不レ可レ有二相違一者也。仍如レ件

寛文五年七月十一日（朱印）　学校

とある。又、足利学校記録（第六冊）には、慶長十八年の伝馬の御朱印の写しが載せてあるが、これは寒松のために幕府から下されたものであろう。即ち、

一、慶長十八年丑六月江戸より足利迄之伝馬御朱印之写

（御朱印）

馬壱疋従江戸足利まで可出うし者也
慶長拾八年
丑　六月　六日

と見える。

二　寒松の門弟

寒松が庠主の任にあった慶長から寛永に亙る約三十年間は、前代からの伝統の余波に拠って、なお全国から学校へ来学する者も少くなかったが、関ヶ原の戦後は殆ど戦闘も絶え、その後大坂の両陣があったとは言え、世は、所謂干戈を収めて泰平となり、人心も亦改まり、且つ、印刷文化の開発と共に学藝も新たに勃興して上下に普及し、加うるに、前代以来その傾向にあった国民の陰陽五行思想も亦、次第に稀薄となる状勢であったがために、学校の来学者の目的とその意義とは、全く一変してしまったと言ってもよいのである。いわば来学者の蝟集は、唯前代の惰勢に拠るものと言うも過言ではなく、従って、中には、学校と言うよりは、庠主寒松個人の学識人物を慕って来学する者も多かったのである。学校においては、依然として易学を中心とした教授を行っていたが、前代の如き来学者に対する最も重要な社会の要求が殆ど消滅している以上、来学者の質にも一大変化を来したのは、もとより当然であり、且つ又、為政者に新たに採用された宋学の勃興に拠り、単に漢学一般の修業を志す者も、足利学校の如き古注を宗とする伝統の講学を顧みず、京洛・江戸及びその他各地に新学を講ずる儒流の門を叩く傾向となるに至って、寛永以後は、足利学校も遂に唯僅かに形骸を残すのみとなってしまったのである。

代々の庠主が終身学校に留まって董席講書したのに対し、既に三要も中途にして学校を去っているが、寒松も亦、半ば長徳寺に住し、終には其処に隠棲し、その後を承けた睦子の如きは、庠主として十分な学識を具えた人物であったが、在庠僅か数年にして学校を離れて建長寺に董席した。かゝる事実は、然るべき庠主にとって、足利学校は、もはや前代の如く、屍を埋むべ

き地であると言うまでの決意と熱情とに価しない存在となっていた事実を物語っているものと見られるのである。即ち、来学者の数も僅少となり、その質も亦急落し、近郷の士弟の修学機関として漸く存在を保った学校には、学徳一世に高く占筮にすぐれた庠主は、全く無用の長物的存在となり、睦子以後の歴代庠主が皆、少しく漢学に通じ、易筮の術を心得た地方一禅院の住持たるに留まったのは、学校の実に適ったものであった。

然しながら、寒松の庠主時代は、上述の如く、なお諸国より来学する者も少くなかったのである。来学者がその字号を需めたのに応ずる銘文が、寒松稿に多く所収せられているのに拠って、生国その他をも知り得るのである。但し、寒松稿に所収せられているものは、全来学者中の僅少部分に止まるものでなくて、寧ろその大部分と推せられるのであって、前代の来学者の姓名の明らかな者が、全体の極僅少部分に過ぎないのとは、全く反対の現象である。即ち、これは「寒松稿」なる記録的性質を有する庠主の詳細な手記が残存するためであって、寒松稿の性質から推して、これに記し漏れた者は、全く来学者の中に算入するに足りない者のみであろうと思われる。従って、ここに数十名の多きを求め得たとしても、三十年間における学校の来学者数としては、寧ろ僅少であると言うべきであって、到底前代に比することは出来ないのである。

三　第十一世庠主睦子

号、睦子。諱、明徹。名、祖徳。（由来記に拠る。住持世譜略は祖徒とす。）甲州の人。寒松に学び、その後を承けて、第十一世庠主となった。在任七年にして、沢雲に庠主を譲り、建長寺を董したと言うが、寒松から庠主を譲られたのは、寛永の初年（五・六年頃）であるのに、寛永十四年に堀杏庵が尾張敬公の命を受けて来学した際も、亦承応二年の九月に林道春父子が来校した際にも、睦子が庠主として応答しているから、在庠七年と学校由来記等に伝えるのは誤りと言わなければならない。承応の際は、特に睦子が建長寺から赴いて道春を迎えたのでもあろうが、恐らくは、在庠七年と言うのは、表面は睦子が庠主の席を董していることになっていて、実は鎌倉に常住し、平素庠主は代理の者に任せてあった裏面の消息を伝えているものと見るべきであろうと思う。寛文

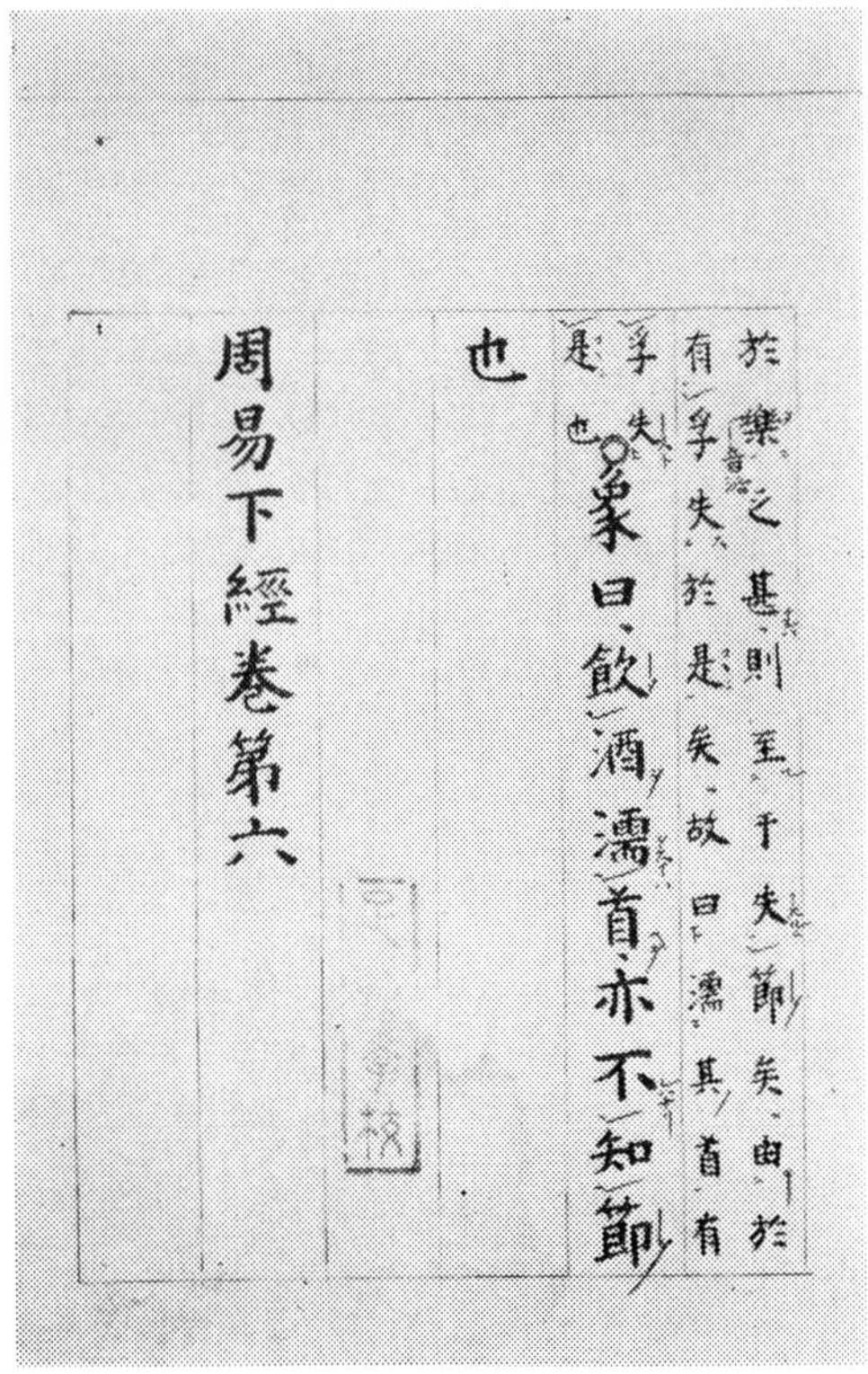

慶長十七年睦子手写周易（末巻）

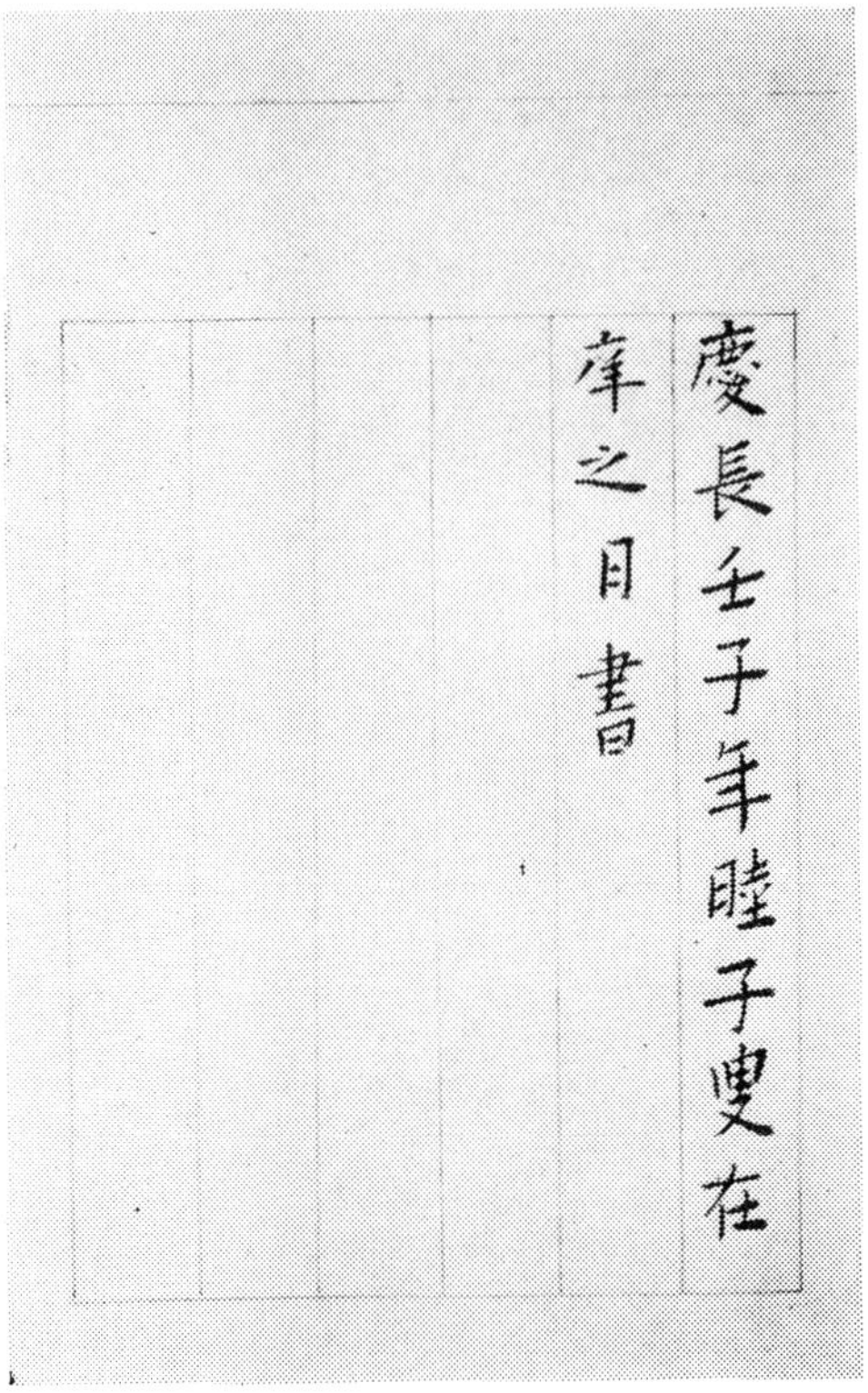

同　右（末巻）

十二年四月二十七日に歿した。

睦子が相当の学識を有するものであったことは、学校にその手沢本等が残存しているのに拠っても知られる。即ち、睦子の自筆本としては左の如きものがあり、その師寒松よりは却って多く残っている程である。

「周易」。（六巻、魏王弼注、三冊。）毎半葉有界六行十二字書写。界高五寸二分五厘。界幅五分五厘。上欄一寸二分弱。毎冊首尾に「足利李校」の朱印記があり、この印記は睦子が所製捺印したものではあるまいかとは、上述した如くである。上冊首の上欄に「野州足利学校文庫公用三巻之内也」と同じく睦子の手識があり、本文も全部睦子の筆で、第三冊末に、

　慶長壬子年睦子在庠之日書

の書写識語がある。（上図参照）

「古文孝経」（一巻、一冊。）前記周易と全く同形式の写本で、本文も亦、同時の筆蹟であることは明らかである。序文なく、経文のみを書し、無訓である。表紙に「睦子」と自署し、「龍」字鼎形の朱印記（睦子所用）がある。

「論語集解」。（巻一至四欠。巻五至十の合一冊。）右二書と略同時の筆になるものと認められるが、毎半葉有界九行十

六字、注双行、書写。界高六寸五厘。上欄一寸七分五厘。附訓。各巻首に「睦子」の自署と「龍」印記とがあり、巻五・六の原表紙には「尺度権衡五之六」、同じく次葉の扉には「輨轄五之六」、巻九・十の表紙には「輨轄九之十」と手題が見える。（なお又、巻末に、文化十三年秋八月の近藤正斎の手識がある。）

なお睦子は論語を好んだものと見えて、九華手筆の「論語集解」（零本、巻一・二のみ残存。）前記参照にも書入を加えてあり、その扉の見返に寛永八年辛未まで云々と記してあり、睦子はこれを学校で講書に用いたことが知られる。又、学校現存の「論語義疏」は室町末期頃の書写本であるが、毎巻首に「睦子」の自署と「龍」印記があり、その遺物である。（又、睦子の後の所捺である「轟文庫」の朱印記が見える。これに拠って見れば、或は、後に一旦学校へ出たことがあるのであろう。）（この義疏は寛延年中に根本遜志の手で翻刻せられ、支那へも流伝して佚書として著名になった。）これ等に拠っても睦子が論語の講学に特志のあったことが察せられよう。その他、新楽定手録の足利学蔵書目録に拠れば、

埤雅　写本　全三冊
　睦子ノ手書ナリ
全補海篇直音　唐本　全十二冊
重訂直音篇　同　全七冊
　皆睦子ノ印記アリ
性理大全　唐本　全十六冊　睦子ノ印記アリ
千家註杜工部詩集　唐本　全四冊　睦子ノ印記アリ

と記されているものがあり、又、その勉学の状が推せられる。

四　寒松稿に知られる門弟

次に睦子以外の寒松の学校における受講者を寒松稿に従って列記する。

「清淑」。下総八幡庄行徳郷、長松庵なる雲叟正龍首座の小師、正泉蔵主。慶長九年在学中、別号を寒松に請い、清淑を附与せられた。

「梨雪」。土佐の人。雪蹊寺の僧で、慶長九年春来学し、十四年孟秋に帰国した。在庠中、詩席を共にし、又、試作の詩に対し、寒松が和韻して与えなどしたことも寒松稿に見える。

「山英」。武州横山庄広園寺向陽院の小師、慶長十一年に学校に入った。

「琴成」。同じく横山庄雲津寺（眠龍軒に住す）の僧、泉公、又、如琢と呼び、寒松に請うて栄甫の字号を与えられた。

「栢蔭」。伊予宇和郡能寿寺の僧、壮年学校に来り、その名を伊董と言った。

「天叔」。筑前水上瑞光寺の僧で、遙々東関に入り、寒松を尋ねて来学した。

「梅叟」。伊勢の人。医を業とし、学校に入って宗庵と称した。慶長十六年二月に梅叟の字号を与えている。

「東雲」。京洛妙心寺中龍陽院の僧、封公禅伯、慶長十四年来学し、同十六年の仲夏、遽かに帰京した。

「由子」。宇都宮城主奥平氏の家老、志水長右衛門尉信教、庠門の弟子中、僧徒となり、由子と言った。（前記参照）

「玄子」。名、等徐。字、麟甫。天正十一年仲冬晦、六歳にして入室し、寒松が庠主となると同時に、共に学校に入り、慶長十三年寒松より長徳寺を譲られたが、同十七年五月二十八日に夭死した。寒松の最愛の弟子であり、寒松に従って駿府に赴いた際、三要に認められ、そのことを扶けて京に赴いたこともある。

「仁甫」。足利郡福厳寺の僧で、学校に入り、慶長十七年臘月、仁甫の号を附与せられた。

「白室」。和泉の人、名、三善。慶長十八年夏入庠し、在庠中、禅祥と称した。

「山叔」。越後最上山関興寺の僧、三年間学校に在り、元和元年に帰国した。

「竹西」。相州福源山明月寺の僧、慶長十九年秋に来学した。

「一之」。九華の門人蘆栖の弟で、備前龍峯寺の住僧。名、祖瑞。

「明室」。下総古河の医師、姓を蓮志、道忍と称し、元和四年に明室の字号を附与せられた。

「桂岩」。米沢宝林寺の僧、名、九山。同じく元和四年に字号を与えられている。

「琢子」。常州清音寺の僧、古柏丈人と言い、慶長十三年より元和四年まで十三年間在庠した。

「松菴」。信州の医師、慶長十四年秋、寒松に医書の講義を求めて来学した。即ち、扁鵲難経の講書を受け、終巻の翌日帰郷した。帰郷に当り、寒松は旧友関善蛮宿に書と玉明丹（寒松自ら養生のため但州なる関善の秘方を伝えて自煉した薬で、これを同名関善に贈った）とを託した。

「晦叟」。鎌倉寿福寺の僧、字、桂庵。寒松が黄山谷を講じた時、帳中香を手写し、八ヵ月にして功成り、時に寒松の講も終って帰寺した。時に元和五年五月である。寒松の黄山谷の講義は、その師奇文の伝を受けているものであり、奇文のそれは、漆桶万里の流を汲むものである。

「欽子」。円覚寺の僧。晦叟と同時に在学した。

「渓月」。三代道三（曲直瀬元鑒）の弟子、元悦と称し、元和二年来学し、在庠中、雲回と称した。

「養岳」。足利善得寺の僧、元和六年に字号を附与せられている。

「丘甫」。同じく善得寺の僧で、在庠中、有鷗と称し、同時に字号を得ている。

「栄叟」。足利郡名草清源寺の僧、又、同時に学んだものである。

「安長」。伊勢国射和の一蓮社の僧で、往歳来学した者であるが、元和六年に遙々贈物を寄せて来た。

「照室」。下野簗田郡円応寺の僧で、名、友旭、寒松が庠主となった翌年（慶長八年）来学し、十九年間在庠した。在庠中、雪子と称し、寒松と共に詩文を作ったことが寒松稿に散見する。

「自天」。号、道祐。曲直瀬亀渓（元鑒）門の医師で、姓を梅津と言い、摂津の人。元和七年に字号を受けている。

「輝陽」。埼玉の民家に生れ、慶長十四年、七歳にして、入庠し、寒松に従うこと十余年、後に円覚寺の蔵鑰となった。

「雪蹊」。東井の門なる道琢の長子で、曲直瀬亀渓の弟子、元和五年冬入門した。

「悦叟」。豊後速見郡大智寺の僧、在庠三年、在学中九雲と称した。

「三甫」。下野簗田郷龍泉寺の僧、名、守要。元和七年来庠した。

「梅窓」。上州館林に住し、医を業とした。姓は荻野氏、生国は駿河で、その祖は入明して医となり、世々業を継いだ。在庠中は雪江と称した。寛永九年に梅窓の字号を附与せられたが、又、別に賢翁の号をも受けた。

「雲叟」。山城綴喜郡普賢寺の僧で、越津の産、初め、横澄尹章（タカアキ）と言い、武士であったが、中年にして致仕し、僧となり、道回と言った。寛永六年に字号を受けているから、晩年の門弟の一人である。

「明室」。伊予岩科永福寺の僧で、宗璵と言い、同じく寛永六年に字号を与えられている。

「以白」。武州多西広園寺の僧で、壮歳来学した。寛永八年に字号を附与したことが寒松稿に見える。

「三江」。三要の門人、円光寺第二世心甫和尚の小師で、肥前の人、小城三岳寺の僧。

以上は寒松稿中に現れた所を略巻次（即ち年次）を追って列記したのであるが、その他に前述の学校現存古活字版「春秋経伝集解」の寒松の手識に拠り、「津梁」（宗祥蔵主、会津若松の人。）なる学徒が知られる。

第五章　江戸時代（寛永以後）の足利学校

第一節　江戸時代における足利学校の存在意義

上述の如く、寒松が庠主となった慶長初年以後は、来学者の性質が変化し、従って学校の実質も亦自ら変化して、前代とは全くその存在意義を異にするに至り、遂にはその本質を失って、唯往時の形骸のみを留めるに過ぎないものとなったのであって、寒松の後を継いだ睦子庠主の如きも、早く鎌倉に去って建長寺を董し、表面上の名義のみ庠主の席にあったらしいことも、前に述べた通りである。寛永以後の学校は、教学機関としては、一郷学の存在たるに止まり、僅かに前代の活動の名残を、年頭に幕府に奉献する年筮に留め、その遺影は唯先人手沢の旧刊古鈔の漢籍の上に見るのみとなってしまったのである。

江戸時代の文献に現れている学校に関する記載の性質も亦、当時における学校の存在意義を如実に反映しているものと言うべきである。即ち、その前半における学校の記事は、殆ど来遊者の紀行的な文章であって、学校が一種の名所古蹟視せられていたことを意味しており、これを天下の教学機関として来訪するが如き士人は皆無と言ってよい。寛永十三年四月に尾張敬公が日光社参の途次、その命に拠り来訪した儒臣堀杏庵と睦子との問答書は中山日録に詳しく見えるが、（前記参照）この中山日録を初め、慶安四年九月来遊の人見壹の東見記、承応二年九月林道春父子の日光社参の途次の来遊紀行（羅山文集、癸巳日光紀行。前記参照。）少しく下って宝永七年の貝原益軒の日光名勝志・東路の記等、何れもその類である。

その後半、山井鼎が七経孟子考文を校勘編録して以来は、来遊者も、名所旧蹟来訪の意に兼ねて、特にその典籍の価値に意義を認め、その多くは実際には十分に精査も行わず、又、その真価をも了解し得なかったものの如くであるが、何れも特に典籍に就いて多くの言を費すに至った。又、これと共に、学校の創設等に関する論議が漸次諸学士の間に行われる様になったのも

亦、共に注意すべき現象である。

学校の記録（第一冊）に拠れば、享保十年六月には、その二十日附で金地院元海より学校宛に書籍目録を差上げる様にとの通状があり、学校では目録を調進して七月三日に公儀へ差上げたのである。時の庠主（第十六世）月江がその時の控を保存して置いたものが現存しており、学校の蔵書目録としては現存最古のものとなっている。（全文、本書に附載す。後記参照。）続いて、享保十三年八代将軍吉宗は日光社参の節、見分使を遣して学校の書籍を点検せしめ、見分衆小出十左衛門・水野甫閑等は、四月二十日に学校に到着し、その後（七月初旬）吉宗は、主要なるもの、宋版尚書注疏以下周易抄に至る二十八部を江戸に取寄せて一覧した。その際、共に目録で一覧したものは二百七十一部で、その「御上覧之書目録」（宝暦十三年写、一冊。）なるものが残っている。（なお後記参照。）同じく享保十三年六月には、西条藩主松平頼渡は儒臣山井崑崙（名、重鼎。字、君彝。称、善六。享保十三年、四十八歳死。）が学校において三年間校勘編録に従事して成った「七経孟子考文」（一百九十九巻）を幕府に献じた。幕府は、七月、その補遺の作成を荻生観に命じ、享保十五年末に至って稿成り、観は「七経孟子考文遺補」を献じた。これは直ちに翌十六年に開版せられた。七経孟子考文は、後に天明・寛政頃に書誌学を勃興せしめる直接の誘因をなしたが、又一方、これがシナに伝わって、彼の地においても出版せられ、又、これが考証学を勃興せしめる原因ともなり、清朝の考証学がさらに我が国へ伝わり来って、在来発生しつゝあった考古の学の発達を促進し、引いては又、書誌学（当時は校勘の学）の勃興にも有力な刺戟を与えたのである。

七経孟子考文の校勘が一度世に現れると、続いで足利学校の古本の価値に注目して、これを校刊する者も亦出て来り、太宰春台は、享保十七年に「古文孝経」を、根本遜志は、寛延年中に「論語義疏」を、各々翻刻した。両者ともにシナに流伝し、彼の土の佚書として清朝の学儒を驚かし、四庫全書に入り、知不足斎叢書に所収せられた（後者は武英殿本にも翻刻せらる。）が、今日より見れば、両書ともに校刊が頗る不備である。（又、前者は、文化年中に山本龍もこれに拠って校刻しており、春台より校刊が勝っている。）又、後には林述斎は佚存叢書中に「泰軒易伝」を収め、松崎慊堂は、宋版尚書正義を熊本藩版として覆刻した。又、これより先、宝永七年に上梓せられた中村富平の弁疑書目録（中巻第七）に「足利本ノ書目」として三十九部の漢籍名を列記しているが、その採録は、単に初めて学校の書目を紹介したと言うに留まり、全く無意義な列記と言ってよい。

なお江戸時代に学校へ書籍を寄附した人々も少くないが、新楽定手録の学校蔵書目の後半に見ゆ。就中最も著しいものは、中村明遠の遺書寄進であって、他の寄附書籍中には善本と称すべきは殆ど見当らない中に、これには所謂善本と認むべきものも若干（明嘉靖刊本自警編八巻五冊・同上刊本唐文粋百巻七冊等）ある。即ち、明遠の遺言に拠りその子藤次郎が宝暦十三年九月に四十九部の書籍（自著等もあれど、殆ど漢籍、唐本多数を占む。）を学校に納め、各書の巻末に、その由を活字印行した跋文が附加してある。学校記録第十一冊にその顛末が記されている。但し、跋文は明遠在世中用意せられたものと見えて、宝暦十一年九月の日附となっている。

天明五年に至って、吉田篁墩は、「足利学校蔵書附考」を著し、学校の主要なる典籍の性質を論じ、又、学校の史伝をも考えた。この書は、同じ篁墩の著「活版経籍考」と共に、我が書誌学史上重要な意義を有する業績ではあるが、篁墩は、学校の蔵書を実査しなかったため、種々の誤謬を犯している。その誤謬は活版経籍考の場合と同じく拙稿、「活版経籍考解説並びに補正」（「日本書誌学之研究」所収）参照。狩谷棭斎が尽くこれを訂正しているが、世に流伝する蔵書附考には、棭斎の手写本に拠って転写しているものが少くないのに、その訂正書入の頭注をも共に伝えていないのは、棭斎の訂正書入が後から行われた故であろうか。（後記並びに二四四頁図版参照）

これに次いで寛政九年には新楽定が「足利学蔵書目録」（一冊）（棭斎自筆本、内閣文庫蔵。）を編録した。これは、学校に赴いて実査をも行っており、これに参考として学校由来略・住持僧世譜をも所収してある。この書の世に流伝するものは、閑叟の友人市野迷庵の転写本に拠るものが多いが、迷庵は近世の寄附にかゝる分の書目を不必要として省略した。なお又、新楽閑叟が足利学蔵書目録（流布本）を編する資料となったもので、足利に滞在中に手録し帰った目録並びに附録（各本の書影跋文等を摸写せるもの）が別に伝存している。（二四八頁参照）閑叟の編録が、篁墩の著と共に足利学校の蔵書及びその史伝を世に知らしめた功は注目に価し、殊にこれが直接、棭斎・迷庵・正斎等の学校に対する関心を刺戟し、それ等諸学儒が足利に赴いて典籍を実査し、或はこれを校勘し、或はこれが引いては経籍訪古志編録の資材ともなったのであるが、遂に近藤正斎の右文故事附録巻四・五に所収せられた如き「足利学校」の研究が纒められるに至ったことは、最も注意すべきである。その右文故事所収の書目は閑叟の書目を基にしていることは明らかである。

近藤正斎の右文故事所収の足利学校の研究は、他の同書中の事項の研究と共に、我が書誌学史上、研究の科学的なる点におい

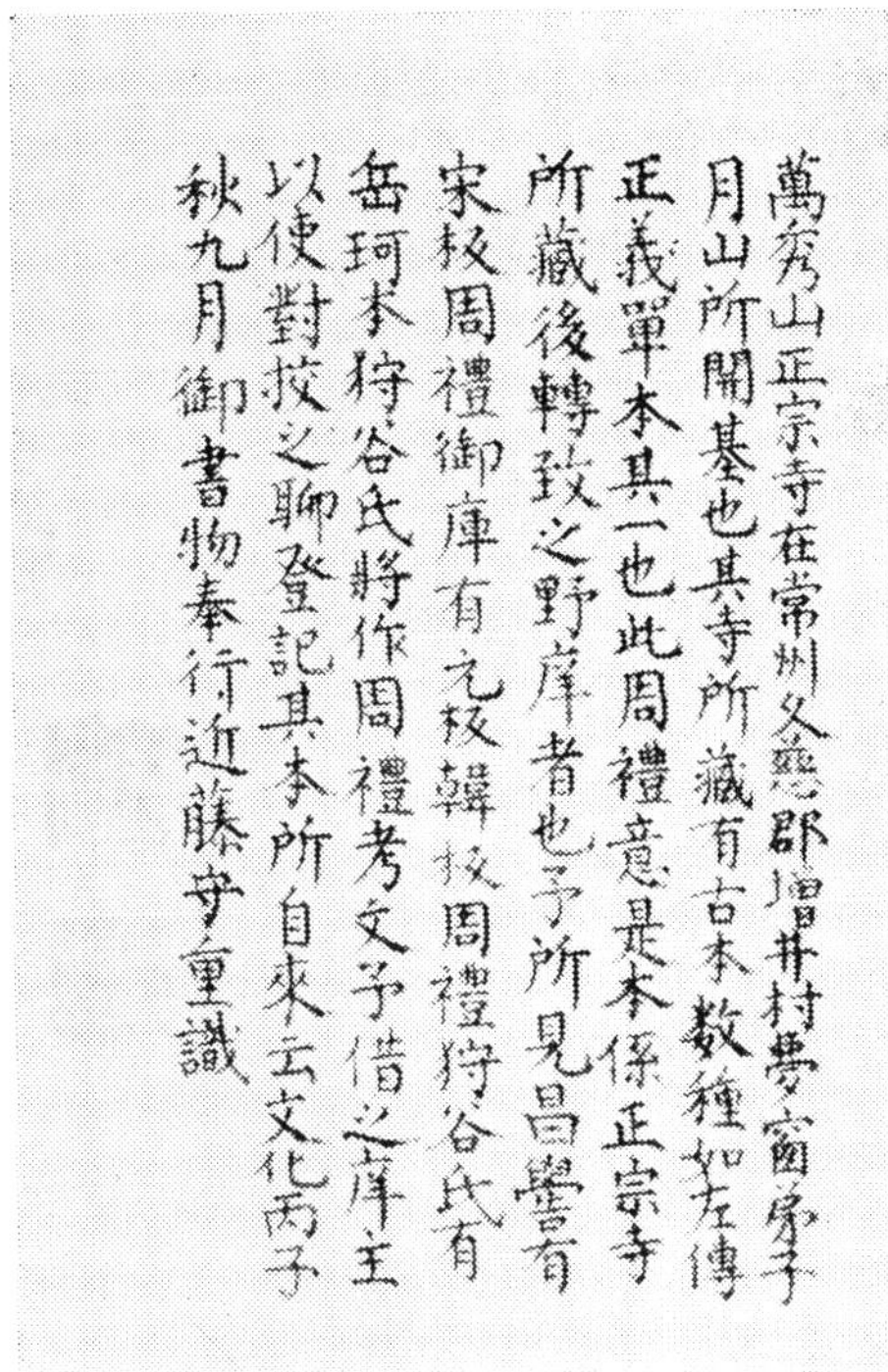

萬秀山正宗寺在常州久慈郡増井村夢窗弟子
月山所開基也其寺所藏有古本數種如左傳
正義單本其一也此周禮意是本係正宗寺
所藏後轉致之野岸者也予所見昌黌有
宋板周禮御庫有元板韓校周禮狩谷氏有
岳珂本狩谷氏將作周禮考文予借之岸主
以使對校之聊登記其本所自來云文化丙子
秋九月御書物奉行近藤守重識

宋版周礼正斎手識

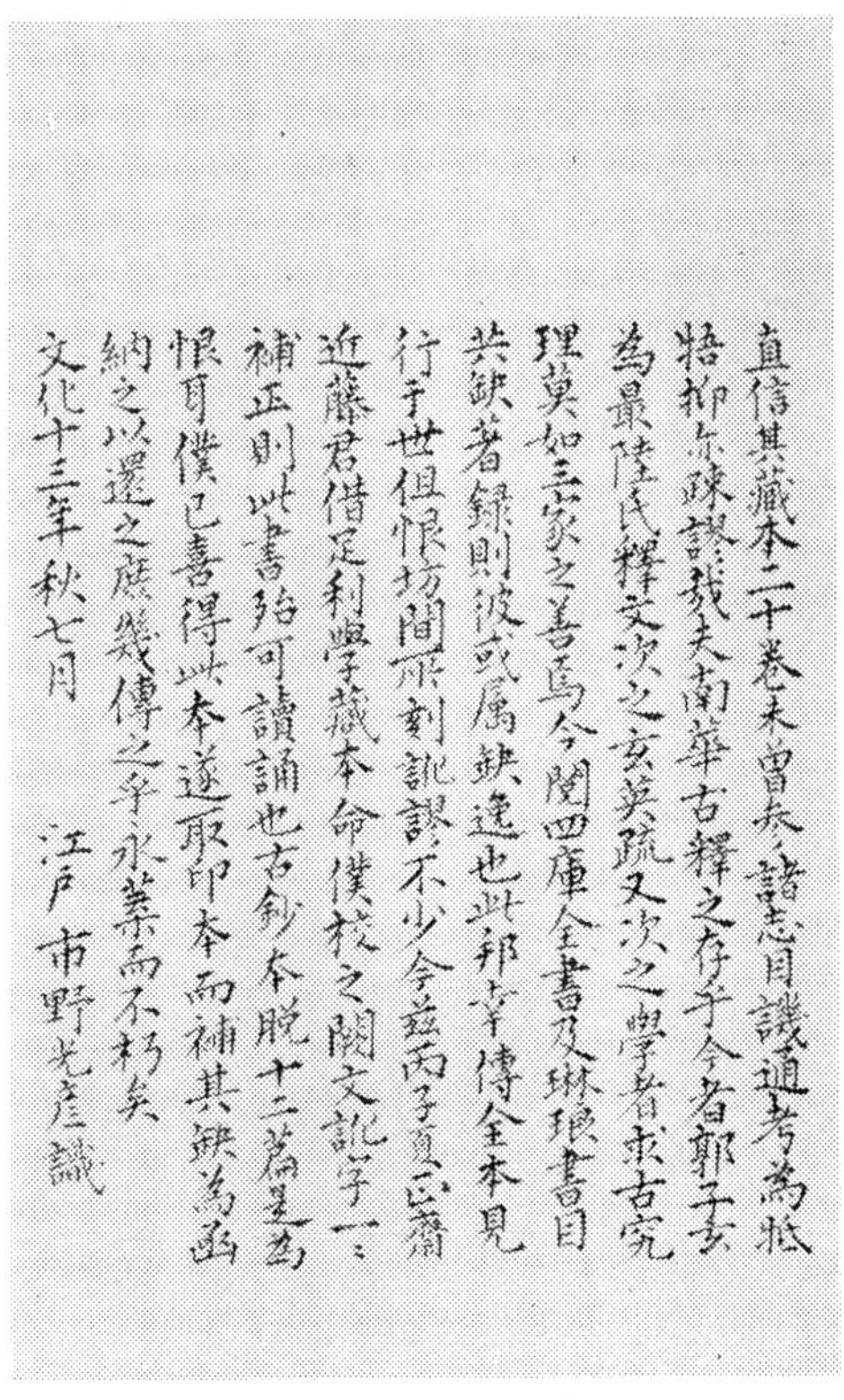

直信其藏本二十巻未曾矣諸志目譏道考為秕
牾抑亦疎謬哉夫南華古釋之存于今者郭子玄
為最陸氏釋文次之玄英疏又次之學者求古究
理莫如三家之善焉今閲四庫全書及琳琅書目
共缺著録則彼或屬缺逸也此邦幸傳全本見
行于世但恨坊間所刻訛謬不少今茲丙子夏正齋
近藤君借足利學藏本命僕校之闕文訛字一々
補正則此書殆可讀誦也古鈔本脱十二篇呈為
恨可僕已喜得此本遂取印本而補其缺為函
納之以還之庶幾傳之乎永葉而不朽矣
文化十三年秋七月　江戸　市野光彦識

南華真経注疏解経迷庵手識

て明治以前（否昭和以前と言ってもよい）の斯界に他に類例を求め難いものであって、これは幕府の書物奉行としての正斎の地位と識見との他に、市野迷庵・狩谷棭斎等の学友の合力に基く結果であると思う。就中、棭斎の学識に負う所が頗る多大であったと推せられる。その事は、文化十三年秋の寄附で正斎・棭斎・迷庵等に拠って認められている足利学校所蔵の各本の巻末に見える識語に拠っても察せられる。彼等はその前に相携えて学校に赴いて古文書を摸写し蔵書を検し、その或るものは御書物奉行の権力を以て江戸に取寄せて校勘をも行っている様であるが、こと終って後は、或は欠本（南華真経注疏解経の例、迷庵印本を以て補配し、或は敗朽を保護するために筐を作製して寄進し（宋版周礼に棭斎が寄進。）、或は自著を寄贈する（迷庵が校刊の正平本論語集解附札記を寄贈。）等、典籍の保存にも意を寄せ、それ等諸本に対して、何れも文化十三年秋の日附になる手識を加えている。その頃再び彼等は相共に足利に遊んだのではあるまいかと思われるが、彼等が手識を加えた諸本は左の如くであって、その内容は、専門的な研究を含む注意すべきものであり、正斎の跋文と棭斎・迷庵等のそれとの内容関係の状を察すれば、如上の足利学校等の研究における裏面の両者の関係等も亦、自ずと類推することが出来

る様に思う。（なお是等の関係については、拙稿「狩谷棭斎の業績」「駿河御譲本の研究」（「日本書誌学之研究」所収）等をも参照せられたい。）右文故事は、翌文化十四年に稿成って幕府に献じているのである。

宋版周礼　棭斎手識・正斎手識（右図参照）

論語集解（睦子手写）　正斎手識

覆正平本論語集解附札記　迷庵手識・正斎手識

孟子疏注解経　正斎手識

南華真経注疏解経　迷庵手識（右図参照）・正斎識語（棭斎手筆）

右文故事附録巻四・五所収の「足利学校」には、まず学校の歴史を調べ、次に現存真本についてその伝来を考察し、宋版五経注疏以下三十八部の旧刊・古鈔の諸本を解題し、次に学校の印記・上杉三代の自署を他に伝存する文書のそれと併せて掲げ、さらに住持世譜を附載してある。巻の五には上杉の影像・略系・略譜を収め、足利学校の関係記事を中心に上杉三代の事蹟伝記を詳細に考証してあり、爾来、現在においても皆この研究を基にしている程である。

なお又、正斎・棭斎・迷庵等と親交があり、学問上においても互に誘掖し合った松崎慊堂は、上述の如く、藩主細川家に勧めて宋版尚書正義（二十巻）を覆刻せしめた。この出版は、一には全国における藩版事業の現れではあるが、これ亦、彼等の交友関係にその因を発するものと見られる。足利学校記録（第六十二冊）に拠れば、嘉永元年六月に細川家より尚書上梓の礼が学校に到着している。第二十二世庠主松齢の時のことである。

以上の他に、江戸時代の後半期に足利学校に来遊した紀行を記したもの〔根岸肥前守の「耳ふくろ」（安永五年）・奈佐勝皐「山吹日記」（天明六年）（古事類苑所引）・渡辺崋山「毛武遊記」（天保二年）・広瀬旭荘「日間瑣事備忘」（巻十九、天保十四年九月の条。（東都松雲堂書店「足利学校見聞記」と題し抽印）。）・高橋克庵「北遊紀行」（嘉永七年秋）（安政四年序、刊一冊。）等〕及び学校の史伝等について論議したもの〔前記参照。桂川中良「桂林漫録」（寛政十二年刊）・栗原信充「柳庵随筆」（文政二年刊）・山崎美成「文教温故」（文政十一年刊）等〕等があるが、それ等の内容については何れも大同小異であるから、ここに特に詳述しないこととする。唯前述の如く、これ等に拠って学校の史伝と典籍とが漸次識者の注目する所となったことが判るのである。

第二節　江戸時代における学校施設の変遷

次に江戸時代における学校の施設庠主等の異同に関して附記しておくこととする。（「足利市史」「足利学校年譜」等参照。）学校の建物は、寒松庠主の時、再度改築を行ったが、第十三世庠主伝英の時、聖堂その他堂宇の改修を幕府に請い、官給を得、諸人の寄附をも仰いで、寛文八年五月に修功した。その際幕府に願い出る時の原稿とも言うべき寛文八年落成の予定図が残存している。（次図参照）（下野州学校由来記にその再興の告文を所載せり。又、「大日本野州足利郡学校重建聖廟上梁銘」（足利学校事蹟考附載）参照。）現存の聖堂はその際の面影を伝存するものである。宝暦四年五月二十三日には、又もや落雷のため出火し、方丈・庫裡等を失い、同六年に再建した。その間にも度々諸堂修復を幕府に願い出で、修復料を下附せられており、又、その後、安永七年にも修復料二百両を受けて聖堂を改修（同八年十月竣功）（「聖像遷座之祝語」（足利学校事蹟考附録参照））、さらに享和二年、文化八年等にも聖堂の修繕が繰返されている（足利学校事蹟考附録参照。）が、天保二年正月、足利の大火の際、又も聖堂・文庫・鎮守を残して、他は皆類焼の厄に罹り、その後は復旧の工を遂げることも叶わず、幕末に至っている。天保二年焼失以前の学校の規模を伝えた「足利学校惣絵図」（不忍文庫旧蔵、写、一舗、帝国図書館旧蔵。国会図書館蔵。）に拠ると、境内東側は、堀幅二間、長さ七十五間で、高土手があり、書院は、中庭を挾んで東西に棟を分ち、玄関（玄関の奥は中庭）から西は、御宮・仏殿・将軍位牌を北側に安置した一棟で、南側は十・十五・十畳の広間をなし、さらに北に御祈禱殿が別棟となっている。（これは寒松が再興した薬師如来を安置した客殿の後身である。）（宝暦六年度再建の際普請中雨に幸せられたのでこれより瑞雨殿と称した。）玄関から東は南北に長く、東側中央に内仏を安置して、北から八・八・四十・十・五（内仏）六・六・十二半・十畳の広間をなしている。これが学校の中心的な建物であって、その他には、桁行九間二尺、梁間四間半の庫裏一棟、八畳二間（南側に押入附）の学寮、長さ六間の衆寮、桁行四間、梁間二間、瓦屋根の文庫（鎮守の北方）及び、附属小建築として、土蔵・木小屋・浴室等があった。

学寮・衆寮の小規模な点から見ても、江戸時代の学校の実情が察せられると思う。井上金峨（天明四年死）が金峨山人病間長

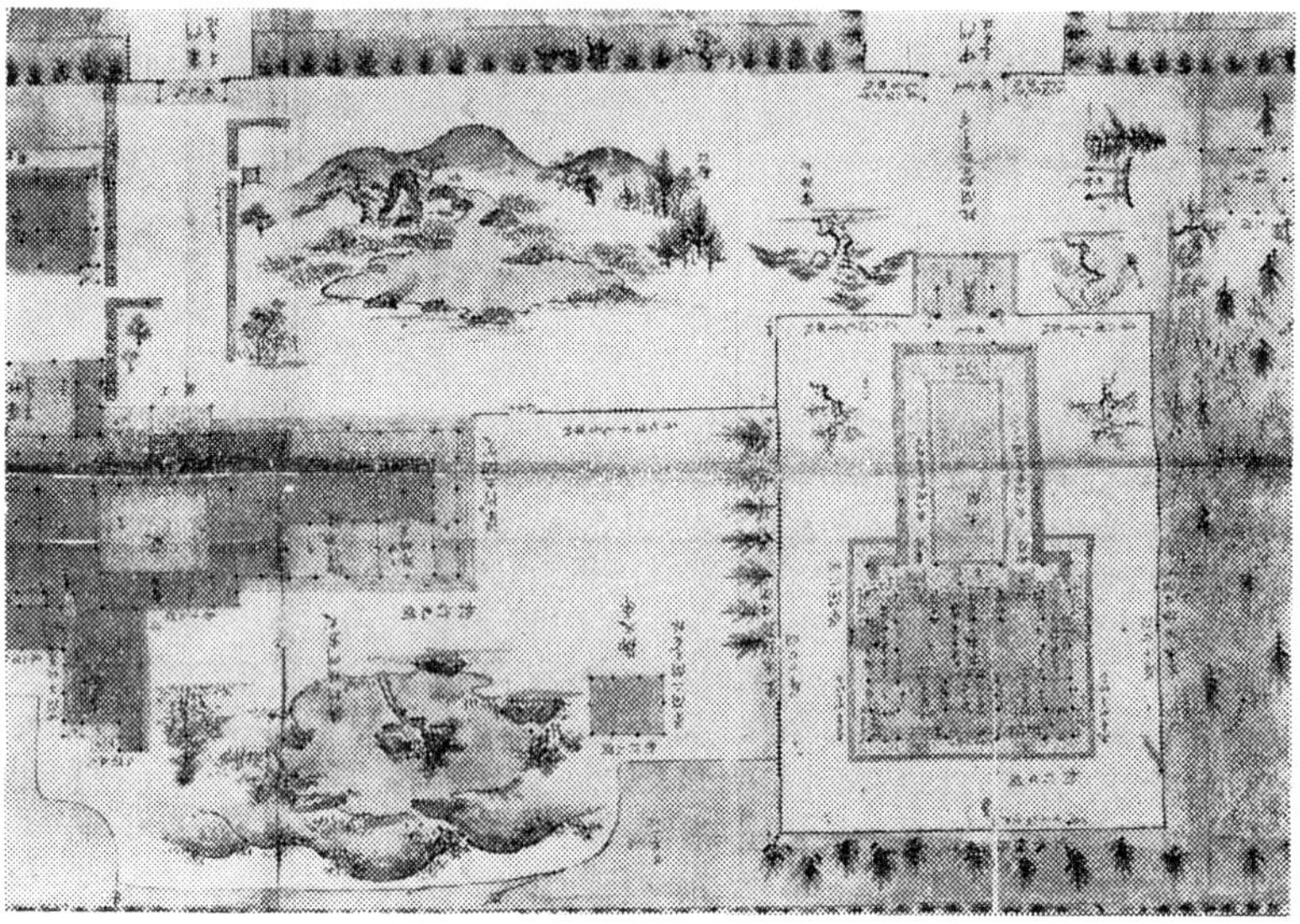

寛文八年落成予定図

語に、「病夫先年下毛に遊びし時、学校の事を土俗に尋ねしに、三四十年までは、学校寮ありて、近邑富豪の弟子などは七八歳より学に入りし事に定め、若し学に入らざるものは、甚だ愧づる事なりしに、今はその風も止みけりと語りき。僧徒なれば釈奠の礼もなく、生徒のあるべき筈もなし。教化のためともならず。神祖の百石の入を附給ひしもなきものとし、諸生の志あらん者にあづけ、諸書をも誦習せしめ、春秋の祀も修めたらんには、治化の一助とも成るべきに、如此衰廃せるは歎ずべきことなり。」と言っているのはその間の消息をよく伝えている。

然し、その後、仙台の人、松川岐山が来学し、庠主青郊を扶けて、学校の振興を図り、寛政五年、時習館を起して、学規・職掌等に関し、新たに学式を定め、蒲生君平等も亦来って合力した。君平は、新興の時習館経営のため、学生徒の食料を幕府に請うの一文を青郊庠主に代って起草している。その文は左の如く熱情の溢るゝものである。（蒲生君平遺稿、下雑。）

伏以、先王欲丁化三民於二徳政一、而成丙俗於乙美厚甲、靡レ不二必由一レ学。夫其設二之学一、必置二之田一、学然後可下以伝二経藝一訓二徳行一明中賢聖之道上、田然後可下以収二文籍一養二生徒一脩中祭菜之礼上。臣不三敢称二漢唐一、請引二今朝之故一言レ之。古者応神抱二聖文之徳一、而韓人貢二経典一、天智崇二仁義之政一而王都創二庠序一、歴朝踵二其武一、万方納二其軌一。然後益二勧学之田一、増二教官之貢一。文武之世、爰設二邦国之学一、清和之朝、周施二舎奠之式一、尊二敬先聖一、教二養後学一、貢士薦レ能、官必其器、朝廷済済、礼楽斌斌、風声所レ及、無レ不二於変一。是以延喜之学盛也。有レ徒寔繁、必頼二其学之隆一。是三善清行所三以請二食料之加給一也。延保之世衰也、得レ才実難、必依二其学之替一。是藤原敦光所三以歎二教道之長絶一也。以レ是観レ之、学之於レ世、可二共盛衰一、而不レ可二偏隆替一、其

所二関係一豈細乎哉。夫世降二保平一経二建武一、天歩多難、文道従塞、干戈繁興、氛厲弥昏、彊弱相并、上下交讐、君父之弑、臣子安レ忍、延至二天正之季一、四百数十年間、天下塗炭、於レ是乎極矣。当二此時一也、人必匄匄、救死不レ暇、儒術何問。学校既廃、善政遂熄、耕民紋レ血、兵粮不レ足、勧学之田、独能給乎。又奚暇下能陳二俎豆一設二礼容一、講二詩書六藝一為上哉。残香余芳、其与有レ幾。乃今藐斯聖堂、独在二下野一、天之未レ喪、乃文在レ玆、苟有レ志于二復古一、亦盍二因以脩一レ之。文明中有二僧快元一、悼二其若一レ斯、実始臨焉。身以二浮屠一、位擬二博士一、読レ書誦レ詩、以誘二後学一。然時属二昏乱一、業斎二草創一、廟学之制、祭菜之礼、雖二乃無一レ備、由レ是垂レ緒、然後師弟相継、文庫之守、不二敢失堕一、其九代之住元佶、幸而逢下神祖隆二風雲一列中蒭蕘上、叨蒙二詢謀之下問一、恭致二献替之上言一、以レ詩財三択於二左右一多年矣。否閉時極、泰道方升、妖氛銷尽、日月増レ暉、庶民楽レ業、親蒙二更生之沢一、諸蛮帰レ徳、遙致二重訳之貢一。余恩所レ覃、百廃咸興、況又遵二王法一尚二聖人之道一乎。於レ是有司奉レ命、脩二繕斯学一、殿堂門廡、煥然一新、其後相継、莫レ不二戢治一、且置二之田一、納レ租百石。祭菜之用、由レ是能給。教学之勧、猶恐二其倹一、而忝熄二神慮一賜二教書一。其示喩丁寧、眷眷不レ置、臣愚毎レ拝レ之、未四嘗不三喟然感二其盛徳一也。恭惟今大将軍殿下、聡哲精粋、允文是守、承二累世之鴻業一、経二庶政之至治一、斎民富厚、頗知二義方一、里巷之間、絃誦相聞、名師所レ在、千里道問、而況斯学之旧、文籍之富、士苟志レ学、孰其不レ欽。今臣駑下、幸在二清明之時一、獲レ預二教官之末一、赧然処レ之、慄然顧レ之、大懼儒教疏濶、人材不レ遂、無下以称二神慮一弘中聖慮上。毎レ逢二官学之士一、必賓二礼之一、其所二供養一、雖二務従一レ倹、学田不レ多、難二以能継一。又因二水旱之厄・雷火之変一、債責愈倍、資力愈乏。赤子可レ愛、奈レ無レ乳何、世有二此語一、可三以喩二臣之志一。竊念其資所レ出、自レ非レ仰二公養一、盖無二復他計一焉。是臣之所二以区区希請不一レ已也。伏冀殿下、上顧二神慮之所一レ在、下憫二愚臣之所一レ希、乃為二之給資一、使丁以成二遊息之養一、而無丙及二箪瓢之空一、牽乙螢雪之労甲、則先聖之霊、可三以享二其祭礼一。後学之徒、可三以勤二其教誨一。

寛政五年癸丑冬十二月、下毛学住持元牧、頓首、昧死以聞

然しながら翌六年、岐山が不幸夭死（三十二歳）したため、これ等も大いにその実を挙げるまでには至らなかった様である。学式は特に往時の学校の所定の伝統をよく伝えているとは認められないが、一種の学校教学の復興運動として注意すべきものではあると思う。左にその全文を掲げる。

時習館学規三章

一、論語・孟子を先じ、詩・書・諸経を修め、其れより歴史に渉り、専ら人倫日用を本領とし候。其余博覧詞章藝事の類、其才力に随ひ、何分可二心懸一事。

一、徳行を本とし、才藝を末とし、実用を務め、無用を省き候事。

一、平生親切を宗とし、高遠奇僻を戒め、総て不レ可レ求二捷径一事。

定

一、儒教之事、一切訓導可レ為二総管一事。

入門入塾望申出候者をば、訓導手前にて、由緒委細に相ただし、故障無レ之候はば、望之通可二相計一候。入塾の者は受人可二相立一候。尤入門入塾之入料、不二相掛一様可レ致事。

一、門外へ出候節は、司監へ其趣可二申通一候。他国数日之遠行、司監より訓導へ可二申出一候。門外は別而心を用ひ、非法無レ之様可レ致事。

一、学寮にて他の人を止宿致させ候節は、其趣訓導へ可二申出一候事。

一、病気之節は、同寮親者可レ致二看病一候。若親者於レ無レ之は、訓導指図を以て、同寮より看病人可二相立一候。医薬飲食何分可レ入レ念候事。

一、御学校印鑑無レ之は、道中往来之節、妄に此方名前之会符用候儀、堅不レ可二相成一候事。

一、此方人数を以て、他国住居之輩、死亡の節、勝手次第儒礼の葬礼、執行候儀不レ苦事。

但し、時俗の宜を相計、目立不レ申候様ニ可レ致候。只々誠敬を可レ尽事。

一、大成殿出入、七ッ時可レ限、拝見人は、役人可レ令二郷導一候。礼服無レ之輩は、門内不二相成一候。尤御文庫へは、堅他人の出入を禁候事。

但し、献納物有レ之候はば、厚薄となく敬して可レ奠候。

一、御文庫之書籍、借覧の望於㆑有㆑之者、訓導可㆓申出㆒候。司監・司籍立合可㆓貸渡㆒候。尤従㆓公儀㆒被㆓仰渡㆒候通り、一切書籍門外不㆑出候事。

一、学寮中、礼儀を守り、道徳を慎み候事は、本より之儀、平生謙譲倹素を専らとし、万事官之時制に不㆓相背㆒様可㆑致事。

一、当御学校、往昔小野篁卿以㆓勅命㆒被㆓草創㆒、并東照宮様御再興之神慮堅相守、先聖人倫日用之教広講明、国家風化之一助とも相成、国恩万一をも奉㆑報候様、皆可㆓心懸㆒事。

右条々堅可㆓相守㆒者也。

寛政五癸丑年冬十一月。

○

時習館職掌定

一、有用実学を講明し、人才を教育して、国家風化之一助にも相成候様可㆓鼓舞㆒事。

一、学問上之事は本より之儀、学寮取しまり、何に不㆑寄可㆓総管㆒事。

司講

一、字義訓詁にのみ不㆑拘、専ら聖経に意を着実に可㆓述示㆒事。

一、講義論諭等の上にて、妄に時務を是非し、或は無益に他の学風不㆑可㆓評判㆒事。

司監

一、学寮之事何に不㆑寄、非法を正し、訓導へ可㆓申出㆒事。

司籍

一、御文庫、従㆓往古㆒伝来之蔵書は不㆑及㆑申、上杉管領、北条家寄進之書、殊に東照宮様より拝領之書、並御上覧之書籍、不敬無㆑之様、別而大事可㆑仕候。右預受候節は、訓導司監へ立合、貸候節は、司監と立合、土用干之節は、訓導迄立合可㆑申候。私を以て御文庫へ他人を導き、或は書籍貸渡候儀、堅不㆓相成㆒候事。

司客

一、他学生、聖廟拝謁之節は、講堂にて司客出合、講義を請ひ、題名記を指出し、姓名を記させ可ㇾ申候。右講席へは、司講生徒を率ゐ出席可ㇾ致候。賓客応対惣て不敬無ㇾ之様可ニ心懸一事。但し、遠方の学生、旅中礼服無ㇾ之候はば、此方より用立可ㇾ申事。

書記

一、学寮附の諸文通記録物、惣じて訓導の指図に可ㇾ随候。私を以て学寮の印記不ㇾ可ㇾ用事。

司器

一、祭器幷学寮付之器物、御文庫蔵書同様可ニ相守一事。

司計

一、学寮中朝夕の俸、惣而学寮付財用可ㇾ掌事。

〇

定

一、当学校之教は、専ら訓導の器を撰び置き、往古小野篁卿以ニ勅命一被ニ草創一、幷東照宮様御再興之神慮、堅く相守り、永々学校繁栄、国家風化之一助共相成、国恩万一をも奉ㇾ報候様、第一可ニ心懸一事。

一、学寮之生徒、職掌之高下雖ㇾ有ㇾ之、総而客を以て相しらひ、親愛を専らとし、訓導之人をば、格別之礼を以て可ニ厚重一事。

一、学寮生徒養育之料ニ供候財用之類、何ニ不ㇾ寄此方へ不ㇾ可ニ自由一事。他の人別を相ぬけ、此方へ人数ニ相入候者、其首尾合慥なるに於いては、他国往来住居等にも、此方の名前を以て、帯刀幷儒礼之葬祭共に不ㇾ苦候。万一不正を以て取計候事も有ㇾ之候ては、言語道断の事候。総じて時の官法に背不ㇾ申候様深可ㇾ遂ニ吟味一事。

右条々、当学校伝来之旧記を考所ニ定置一也。自今以後代之庠主堅可ニ相守一者也。

この学式に関して、足利学校事蹟考の頭書に、

足利学式と題せる写本、一冊あり。（中略）これに寛政五年癸丑冬十一月と記しあれば、第十七世千渓和尚の時定めしものなり。されば、其の頃は学生もありて教育を行ひしものと見えたり。近来になりては、学田の入りも、川欠の為に損毛して、追々生徒を養ふ事も能はず。又、遊学の者もなき故、大に寥々衰微して遂に浮屠氏の菴の如くになり行きしなり。

と言い、且つ又、幕末衰微の状をも伝えている。但し、右に寛政頃この学式の文面通り実行せられていたと考えているのは、誤解であって、これは改新の計画書とも見るべきものであって、上述の如くその実の挙がることなく止んでしまったものと考えられるのである。

又、同じく寛政六年に記した「足利学校釈奠式及略記」（写、一冊。）が残存（伝写本世に流伝す）しているのを以て見れば、釈奠の式も、この際復興計画が行われたものであろう。この定式は、学校の旧例に基づいたものらしく、旧時の釈奠式は、史記桃源抄（零本、室町末期写、十二冊。前記参照。）の第三冊首に江戸初期の筆で書入せられたものが残っている。

睦子以後の庠主の世譜は、右文故事には睦子以後を略してあるが、新楽定は当時現在の第十八世までを掲げている。学校由来記も、上述の如く、住持の略伝は略同内容であるが、この方は元文四年までで（当時の現住月江）、学校記録（第七冊）に見えるものが最も古く、他に伝わるものは、凡てこれに拠る転写である。

次に、新楽定の書目所収の住持世譜略等を掲げておく。

○第十二世、沢雲和尚。諱祖兌。住二禅興一、後遷二居円光寺一。元禄三年庚午十月八日卒。在庠四年。

○第十三世、伝英和尚。諱元教。号外子。初在二南禅一、秉払、位二禅興一。寛文七年丁未、請二諸朝一重修二聖廟諸宇一。官賜レ銀以給二其費一。回二佶長老之旧一也。時公卿大夫多下附二書籍及祭器一者上。以二貞享四年丁卯三月二日一卒。在庠十一年。

○第十四世、久室和尚。諱元要。俗姓茂木氏。本郡五十部村人。位二建長一、号琢子。元禄年間、桂昌夫人嘗賜二黄金一、以修二堂宇一。正徳三年癸巳十二月二十一日卒。在庠三十六年。

○第十五世、天叔和尚。諱元倫。号篤子。姓栗原氏。京西桂村人。正徳間、以命助金地某司、修二記録事一。事畢賜二銀二百一、以賞二其労一。享保十年乙巳正月二十一日卒。年六十二。在庠十五年。師晩有レ疾。甲辰正月以後、事務尽以弟子月江摂行、以終

レ身。

○第十六世、月江和尚。諱元澄。号淳子。武蔵八王子人。其師天叔有レ疾。請二于朝一、以レ師摂二行事務一。及二天叔卒一、更有レ命為レ主。位二□□一、宝暦五年乙亥九月八日卒。学校中興以来、庠志譜牒、散乱無レ統。師求索考定、輯録以蔵。爾後年名事跡得二以考一云。〔月江は享保十年に筮用に便するため「帰蔵」（周易の経文、二冊。卜筮元亀等を書入る。）を手写しており、又、その手写になる学校蔵書目は現存最古の書目である。〕

○第十七世、千渓和尚。諱元泉。号悦子。本郡五十部村人。歴二禅興一、位二建長一、天明九年有レ疾、告レ老、事務尽委二弟子青郊一。寛政七年乙卯十二月二十五日卒。先レ是、宝暦四年甲戌四月二十三日、雷震災二方丈庖厨一。月江請二再建於朝一、未レ果而卒。至二師之時一、有レ命建而賜レ之。（俗姓、坂本氏。世寿七十四。在庠三十三年。）

（以下「下毛野州学校由来記」に拠る。）

○第十八世、青郊和尚。諱元牧。天明丁未年十二月十二日、蒙二台命一入庠。号成子。位二建長寺一。（俗姓、山室氏。武蔵八王子の人。文化七年十二月二十五日卒。年六十七。在庠十八年。）

○第十九世、実巌和尚。諱宗和。文化元甲子年十二月十八日、蒙二台命一入庠。号純子。位二禅興寺一。（俗姓、水上氏。周防玖珂郡保津村の人。文政四年八月四日卒、年六十七。在庠十九年。）

（以下「足利市史」等に拠って、筆者これを録す。）

○第二十世、大梁和尚。諱周廓。俗姓岡田氏。周防由字峠村の人。文政五年正月二十三日入庠。文政七年十二月四日卒。年四十三。在庠二年。

○第二十一世、太嶺和尚。諱元諄。俗姓清野氏。越後長岡の人。文政六年四月二十六日入庠。弘化二年十月五日卒。年六十二。在庠二十一年。

○第二十二世、松齢和尚。諱元初。号東魯。俗姓森氏。美濃国東方村の人。天保十四年八月九日入庠。安政四年正月七日卒。年五十三。在庠十五年。

○第二十三世、謙堂和尚。諱元益。号鯤海、俗姓加藤氏。尾張の人。安政四年九月二十二日入庠。明治八年二月十三日卒。年五十三。在庠十二年。明治二年、常陸清音寺に退棲す。〔昭和四十七年末、清音寺を探訪したが、現在は足利学校関係のものは何も残っていない。〕

庠主の幕府に対する関係は、下毛野州学校由来記に左の如く見えるのに拠ってその大体を察することが出来る。

一、御代々御継目御礼申上候節、於二柳之間一、時服拝領被二仰付一候。

一、御代々御誕生之御支干、奉レ願拝二領之一。

一、毎年冬至之節、七日以前斎御祈禱仕、冬至入刻、御年筮奉二勘考一也。

一、毎年学校住持、正月十五日年頭之御礼、於二御白書院一独礼御目見仕候。尤十帖一本献二上之一。

一、大御所様へ十帖一本献二上之一。

一、大納言様へ十帖一本献二上之一。

一、毎年正月十六日、御年筮献上仕候。

一、毎年正月十九日、於二柳之間一御暇并時服五拝二領之一。

右御暇并拝領物之儀、先年中絶仕之処、月江、大御所様御代、元文三戊午年、御願申上之処、先格之通被二仰付一也。

明治維新の前後における学校の実情は、足利学校事蹟考等にも見えているが、ここに簡略に附記すると、明治元年四月、官軍の足利入と共に恭順の意を表した足利藩主戸田忠行は、京都駐在の相場朋厚に命じて学校の維持復興に奔走せしめ、朋厚は、館林藩士岡谷繁実と謀って近衛忠房を通じて上奏し、学校を戸田氏に託せらるる由の許可を得たので、その藩校求道館を合せ、緇徒の庠主を廃し、新たに教授者を任じ、藩の子弟等の育成の機関としたが、明治五年、足利藩が廃せられ、戸田氏は東京へ移住したため、学校の施設蔵書等、一切栃木県に属することとなり、同六年校地の過半を割いて小学校（現存）を設置した。〔その際の「明治五年壬申正月、元足利縣」と識語のある「下野國足利学挍所藏目録」（表紙には「元足利縣管内所藏圖書其外取調書」と外題あり。）なる美濃本一冊（内務省十三行罫紙所用）が内閣文庫に残っている。〕蔵書の如きは、旧庫を破壊して町戸長役場の倉庫に投ぜられ、由緒深い旧蹟も殆ど湮滅の危きに瀕した。その上、明治八年、東京書籍館が旧書籍館の蔵書が

浅草文庫（後、内閣文庫）へ移管されてしまったので、蔵書をふやそうとして、文部省から各府県の旧藩学の蔵書目録の中より選んで引上げを謀った際、栃木県がこれに応じて足利学校の蔵書を提供したりして、その蔵書の一部が失われた。〔その分は旧帝国図書館（今、国会図書館）に大部分残存している。その時の書目の原簿が保存されており、神国要論以下七十九部が載っている。（小林花子氏示教）〕地方有志中にもこれを憂えてその恢復を計る者が現れ、明治九年に至って、学校の蔵書什器の類も栃木県より下附せられ、足利町戸長等が保監に任ずることとなった。〔その時の明治九年栃木県よりの下附之分なる「足利學校書籍目録」（一冊。「栃木縣　足利郡足利町」の罫紙所用。）が内閣文庫に残っている。該本には巻末に「右之通御座候尤右之内過般御調ニ相成候品茂御座候哉判然不仕御引合之上宜敷奉願上候以上　明治十三年六月廿四日」の墨書識語が見える。〕かくて、明治十三年には、篤志者の醵金に拠って建物の修理、蔵書の補修等をも行い、且つ又、釈奠の復興等をも図ったが、翌十四年、内務省も保存費を交付し、宮内省よりも亦御下賜金があった。又、県庁においては足利町有志者中より足利学校遺蹟保護委員（十二名）を選任し、町長を以てその長としてことに当らしめ、かくて漸次学校遺蹟保存の途も開けるに至ったのである。

又、江戸時代から明治にかけての学校の蔵書の集散については、長沢規矩也博士の調査がある。「足利学校蔵書の集散について」（書誌学復刊新一・三・五・六・九号）参照

附章　足利学校の蔵書目録

一　学校に現存する江戸時代書写の蔵書目録

足利学校の蔵書目録は、江戸中期以前のものが見当らない。国書解題に、「足利学校記」と称する一書を掲げ、その後半に蔵書目録を載せ、跋に慶長四年乙亥前学校三要野衲於城南伏見里書焉とあると言っているのを、当時の書目があったかの様に解するものもあるが、これは、伏見版孔子家語の跋文の終句であって、目録の解説として掲げられていた跋文を国書解題の著者が目録の跋文と誤解しているものと思われる。現存最古の学校蔵書目録は、学校に現存する享保十年七月に庠主月江が寺社奉行に差出した際の控であって、総計二百七十一部を所収してある。美濃本、一冊。毎半葉五行書写、本文墨附二十九葉、前後に表紙とも二葉の副紙がある。下方に焼焦の跡が残っているのは、宝暦の雷火の際の名残と思われ、本文は庠主月江の自筆と認められる。巻末に左の識語がある。（次図並に附印書目参照）

右之通学校傳来之書籍ニ而御座候
尤文庫有之随分太切ニ仕差置候
以上　　　　　学校
　享保十年乙巳　　　　月江印
　　七月

又、これと同内容で、同じく月江の筆と認められる別本が共に現存しており、これも亦、下部に焼焦の跡が残っている。表紙に「書籍目録　足利学校」と題があり、巻末には、「右五月　足利学校」となっている点のみが異なり、次に添紙を加えて享保

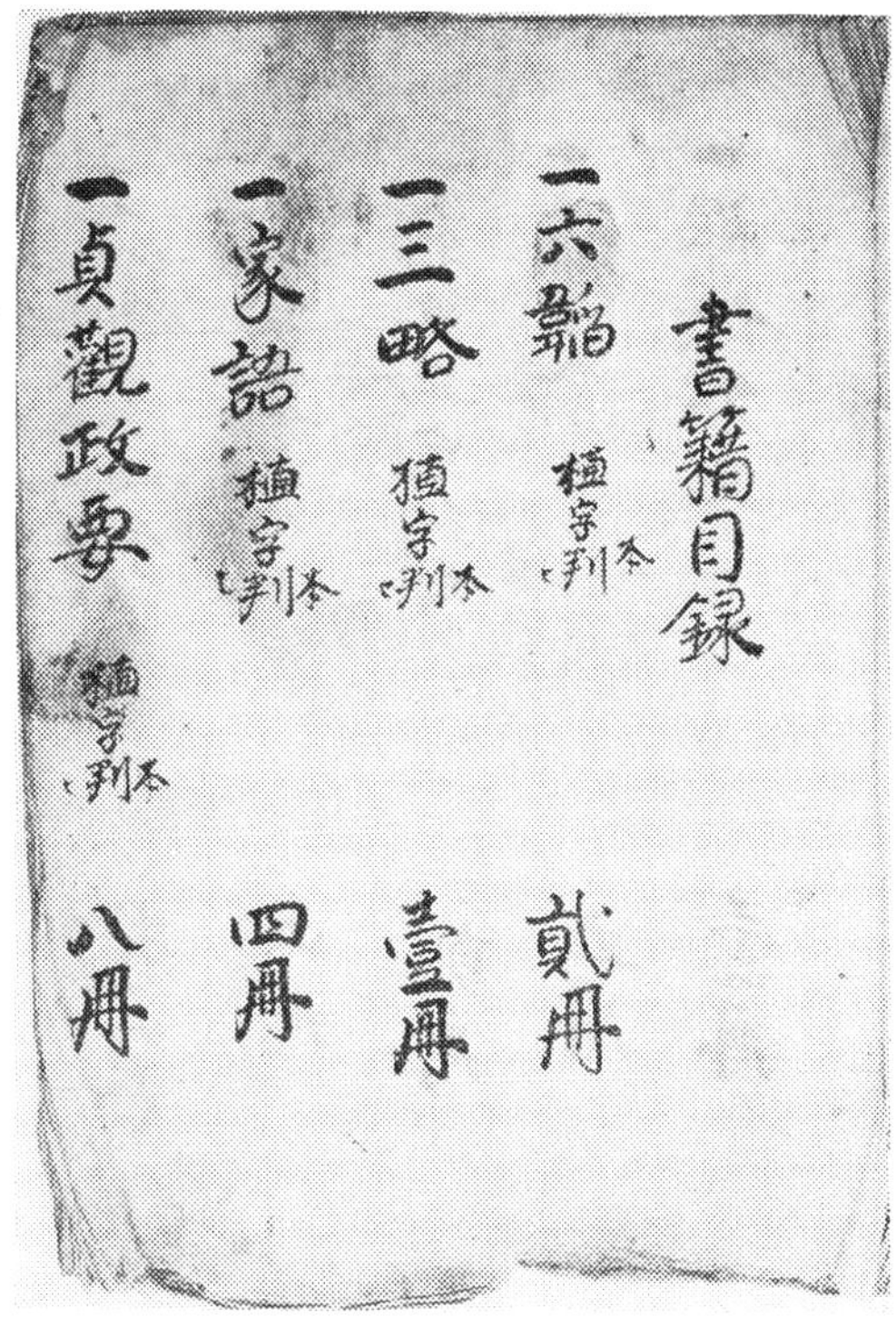

（首巻）録目籍書校学利足写年十保享

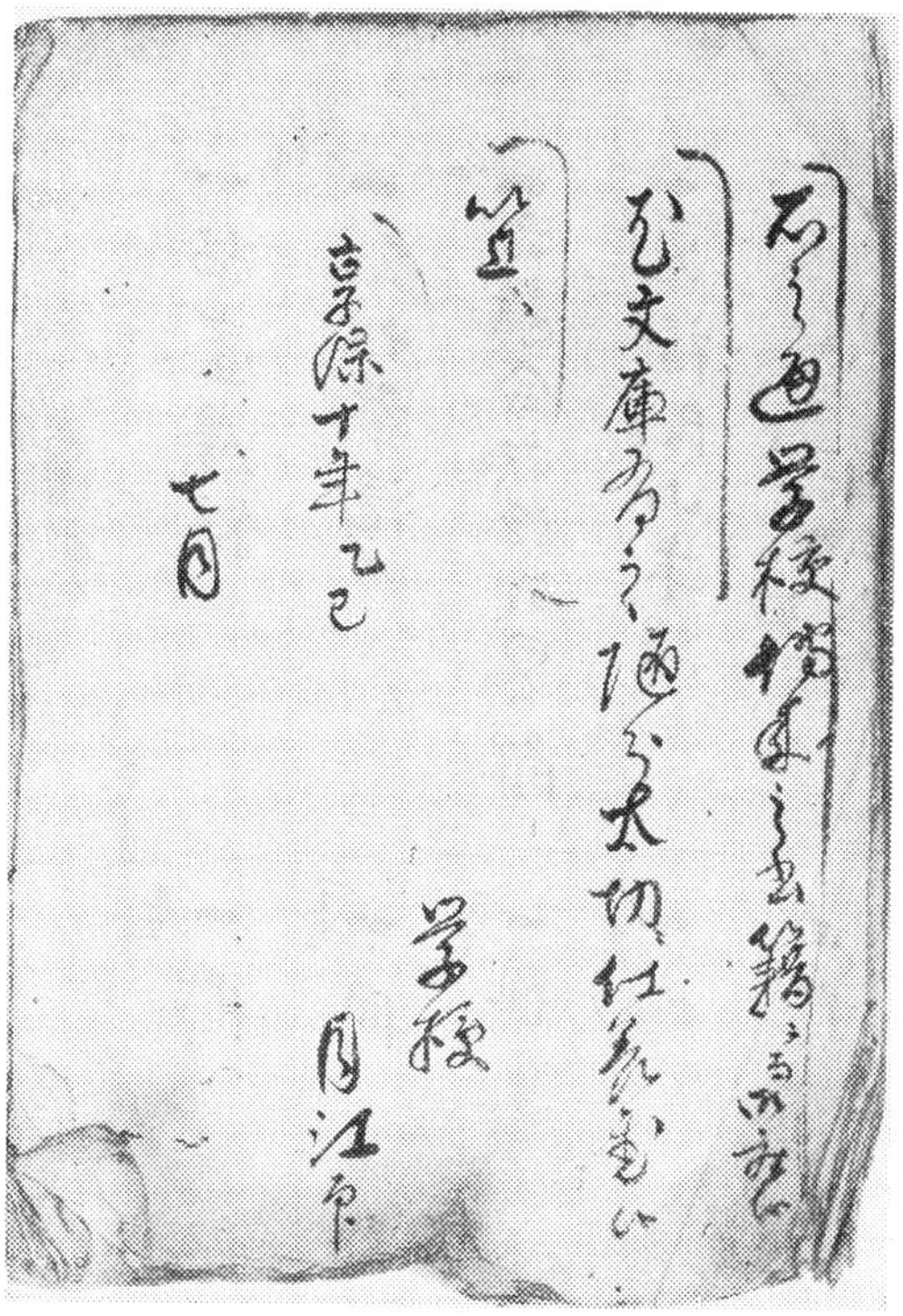

（末巻）右　同

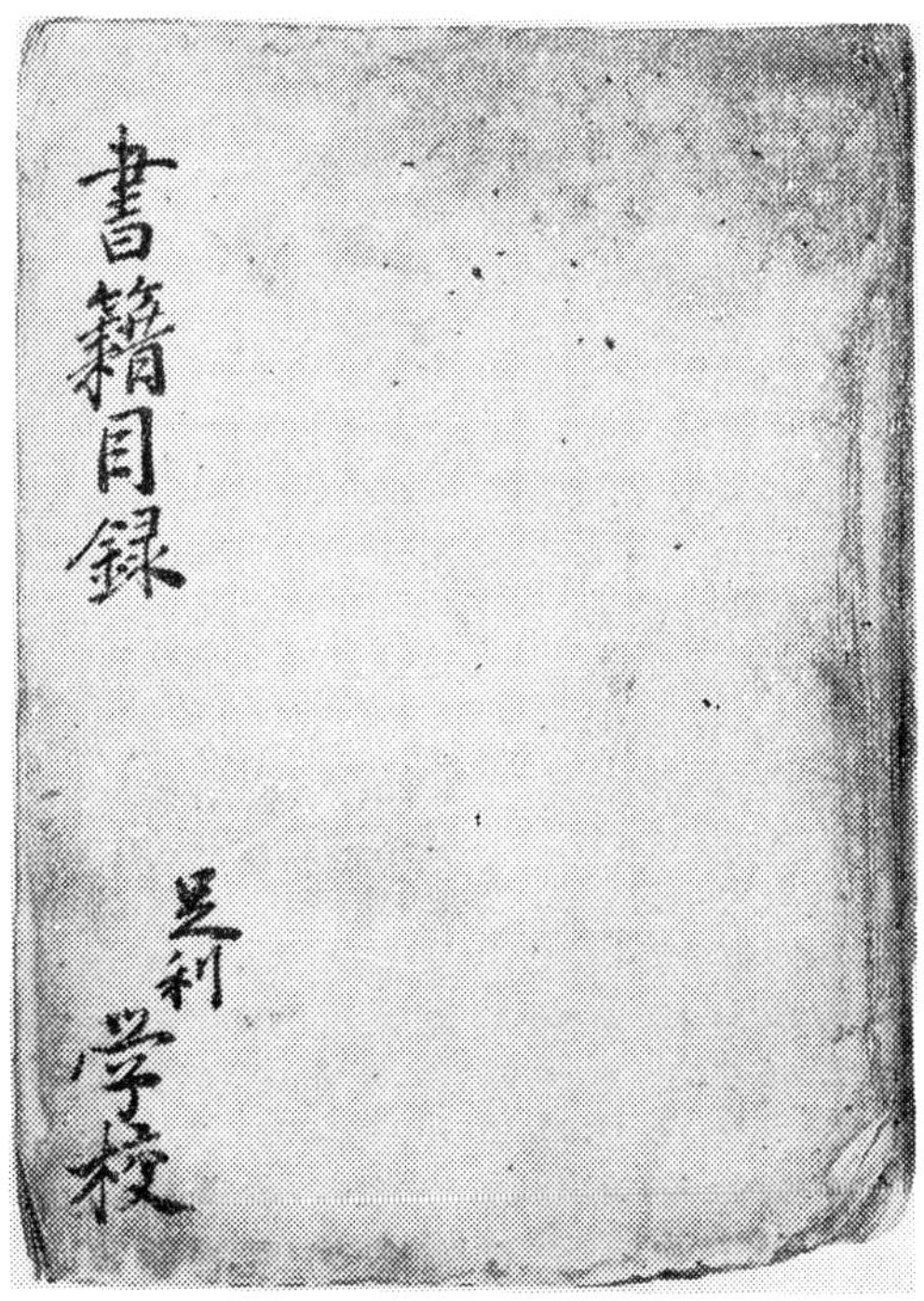

（紙表）録目籍書校学利足写年三十保享

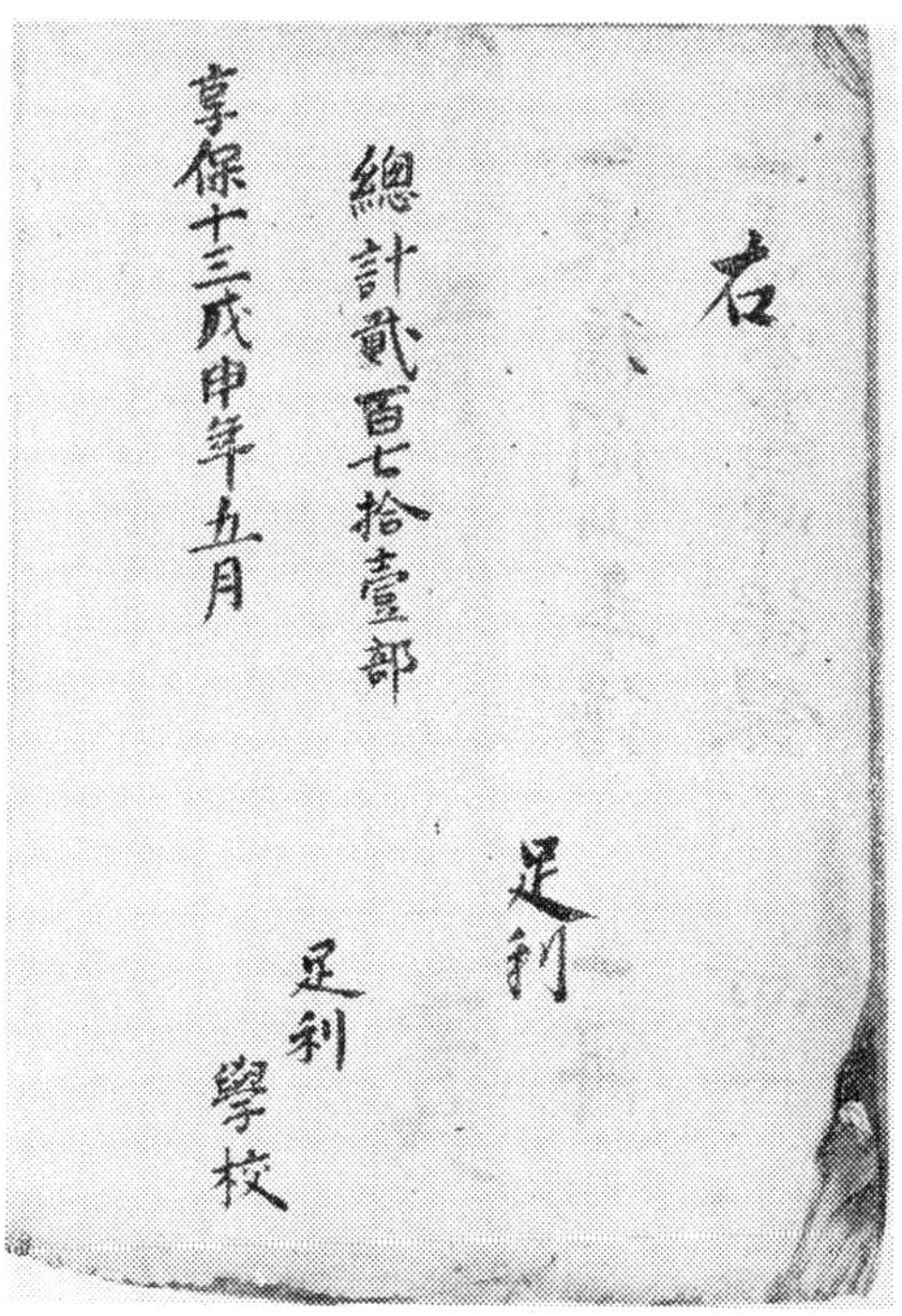

右
總計貳百七拾壹部
足利
享保十三戊申年五月
足利
學校

（末巻）右　同

十三年五月の識語が本文と別筆で記されている。これは享保十三年に吉宗将軍の閲覧に供した際に差出した書目の控の意味の写本であろう。これが前書と同内容であるため、後人が前書の奥に享保十三年の識語を移写追筆したものであろうと思われる。金地院元海より書籍目録を差上げる様にとの通状があったのは、六月（六月廿日附）であり、七月三日に公儀へ差上げたと学校の記録（第三冊第一冊にも同文を収む。第三冊が原本にして、第一冊は後に記録を整理して浄書し改めしものなり。）に見えているから、その際の書目の控である本目録は、享保十年七月の日附でなければならない。従って、五月と言うのは、後に手写する際の筆のすすみであろう。右の記録中に書目差上の際控をとっておく由を月江自ら認めているから、この書目がそれに該当するものであることは疑問の余地がないと思う。

次に「御上覧之書目録」（美濃本、一冊。）と言うのがあり、巻首に「覚」と題して、尚書註疏以下周易抄（三冊）に至る二十八部を列記し、

右二拾八部

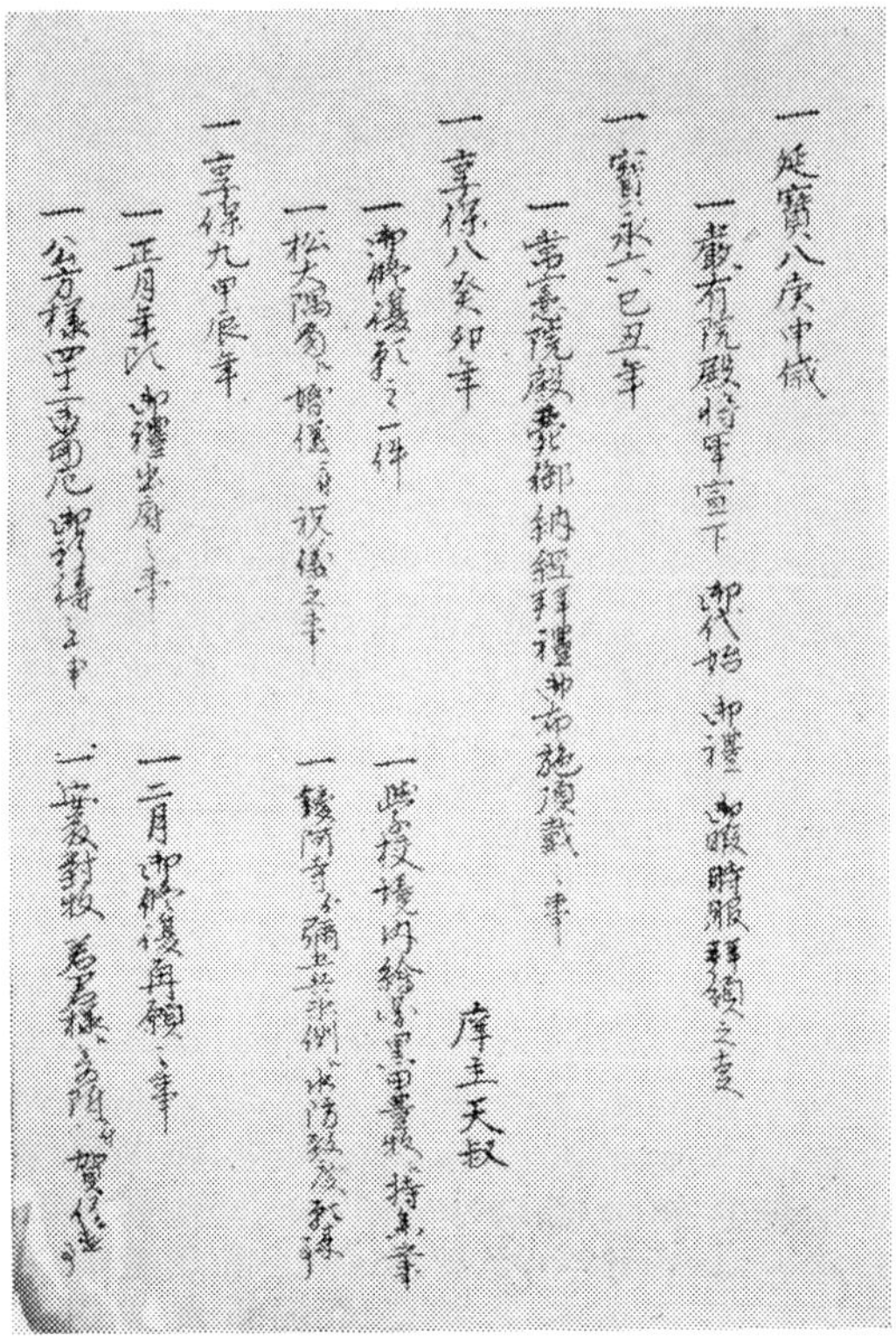

足利学校記録（首巻）

享保十三戊申年五月

右

御上覧之書ニ而御座候

と記し、次に、「覚」と題して、前記享保十年の書目の巻首にある家康より拝領と言う十部の書名を掲げ、終りに、

右之外目録ニ而御上覧ニ入候書籍総計貳百七拾一部御座候。尤閫外不出之旨被仰付候間、大切仕差置申候。

以上

寶暦十二壬午年三月　足利学校千渓

とあり、享保十三年に吉宗将軍の閲覧に供した次第を、宝暦十二年に庠主千渓より寺社奉行に差出した書類の控であ

る。内閣文庫蔵の美濃本一冊は、この種の目録と別に二種の目録とを合写し、明治十三年に田中保之が校正した別筆の識語がある。他の二種の一は、次記の寛政九年改正の目録（「足利學圖書記」朱印記まで写してあるが、巻首に宋板ほかの書目を附載。）で、巻末に「天保十五甲辰三月改　茂木扣（花押）」の識語があり、その二は後記二四三頁記載の別本である。

次に、同じく学校現存に寛政九年の書写にかかる美濃本（一冊）の書目がある。表紙に「書籍目録　学校常住」、巻首に「書籍目録」と題し、書目は易の六十四卦の名目に拠って分類を施し、乾の部、尚書・周礼・孝経等に始まり、巻末に、

右計三百有三部

寛政九丁巳年初秋閏月上澣改焉

の書写識語があり、又、第一葉裏に「足利學圖書記」の大型朱印を捺してある。（上述の如く、この印記は他には見えない。）

以上の書目は、何れも書名冊数等を列記するに止まり、解説的な記載は稀である。

次に同じく学校に現存する享和二年の書目は、前記諸目録と異なり、間々解説的な記載を附し、巻末の識語等を掲げているものがある。この書目は、後述の新楽定が学校で実査して手録し、寛政九年に住持世譜等を附して編録した学校蔵書目とその内容が殊によく相似している。或は新楽定が学校で書籍を実査した際に残された目録等に拠って成ったものがこの本であるのかもしれない。「鈔書鳥絲」「足利學」と版心に文字を刻する十行の罫紙を用いて書写した大型本（一冊）で、表紙に、

享和二壬戌改

足利文庫目録

と題が見え、巻首は、

御長持

孔子家語　植字本　四冊

猷堂王広謀景猷

毛詩　宋板　三十冊

に始まり「東渓先生年譜壱冊」「総計五十二部」で長持の分が終り、次は「御書籍箱入」と題して、「四書講意唐本 六冊」以下を収めてある。この書目を文化七年（庚午）四月に伝写した一本（家蔵、大本、一冊。）があり、巻末に左の書写識語が見える。その書風から推して、庚午は文化七年に相違ないが、何人か未詳である。

予嘗遊于足利学校而入文庫點検其所蔵書欲記之旅思倉卒不能也頃者再遊之利客強恕斎几邊適足利學校書籍目録者一巻不堪喜自寫珍之云

庚午夏四月　　無栞暘「督陽」（朱印）

以上の他、学校現存の江戸時代の書写になる書目としては、なお一冊特殊なものに、中村明遠が宝暦十一年に奉納した目録の原本があり、漢魏叢書四十六冊外凡て四十九部を列記してある。（二二五頁参照。）前記の外になお、宝暦十二年千渓差上げの書目と同類で、その末に宝暦十一年中村明遠寄附の書目を附し、その時の千渓の請取、文明元年上杉憲実の快元宛学校納置書籍条々等を附載する一本があり、内閣文庫に三種の伝本を蔵する。その一は田安家旧蔵の江戸末期写、美濃本、一冊。その二は見返に「寛政十二年庚申」と墨書ある判紙本一冊で、明治十五年に塙忠韶が日下部利博に手写せしめたもの。その三は前記二四二頁に記した内務省十三行罫紙に認めてある三部の合写書目中に見えるものである。

二　学校外に伝存する江戸時代の学校蔵書目録

学校外に伝存する学校蔵書目として、最も流布しているものは、新楽定の編録になる「足利学蔵書目録」（一冊）である。（狩谷棭斎自筆、判紙本一冊。並に田安家旧蔵、美濃本一冊の二部、内閣文庫蔵。）或はこれが世に流伝している学校蔵書目の殆ど唯一のものと言ってよいかもしれない。それ以前に、上述の如く、宝永七年刊行の中村富平編「弁疑書目録」中に足利本書目として三十九部を掲げているものがあるが、それ等の性質に就いても既に述べた如くである。（篁墩の附考にも全文を所引せり。）なお又、天明五年に吉田篁墩は足利学校の蔵書目を見て、七経孟子考文等を参酌し、「足利学挍蔵書附考」を著したが、

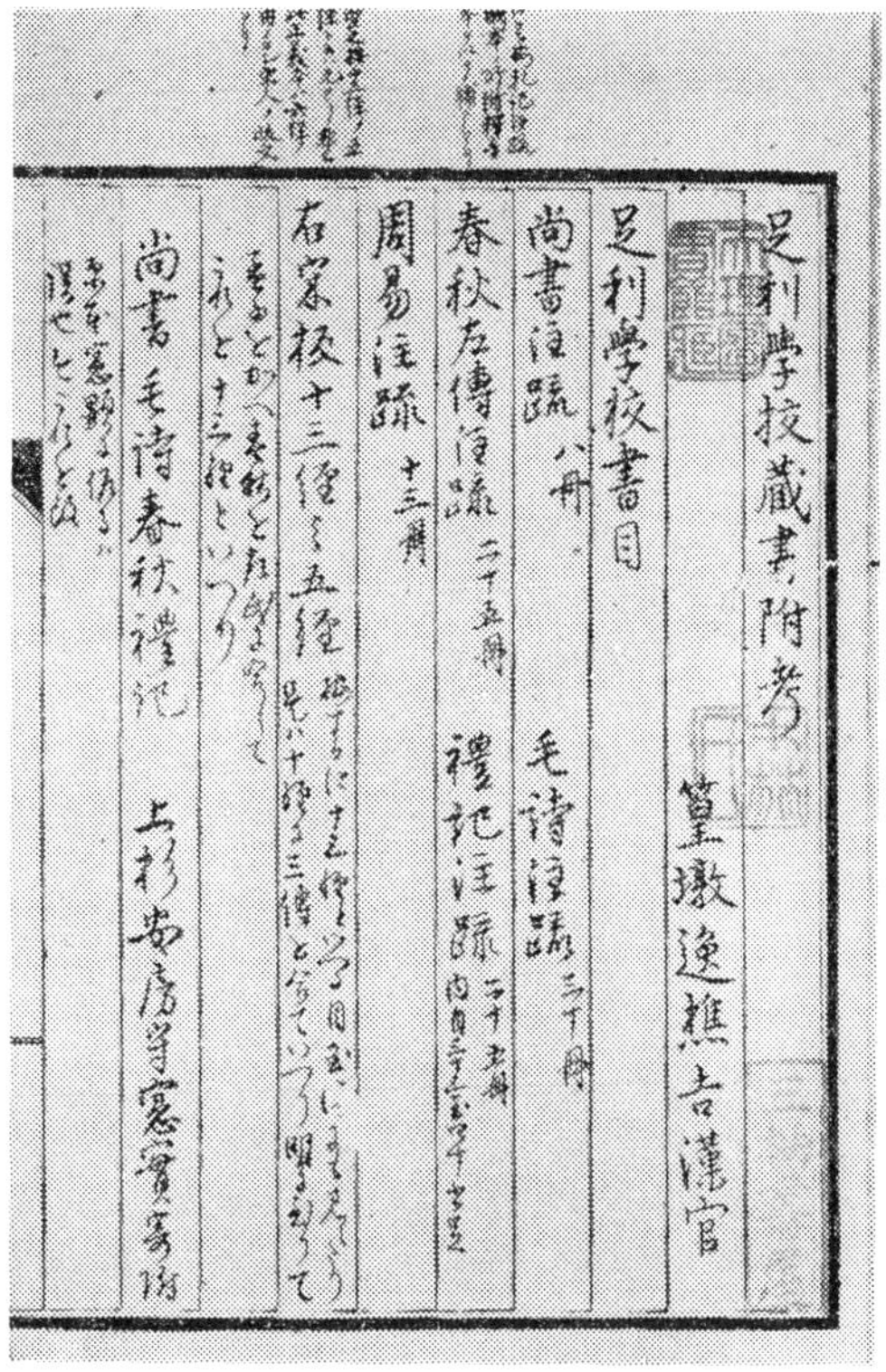

柀斎手写足利学校蔵書附考（首巻）

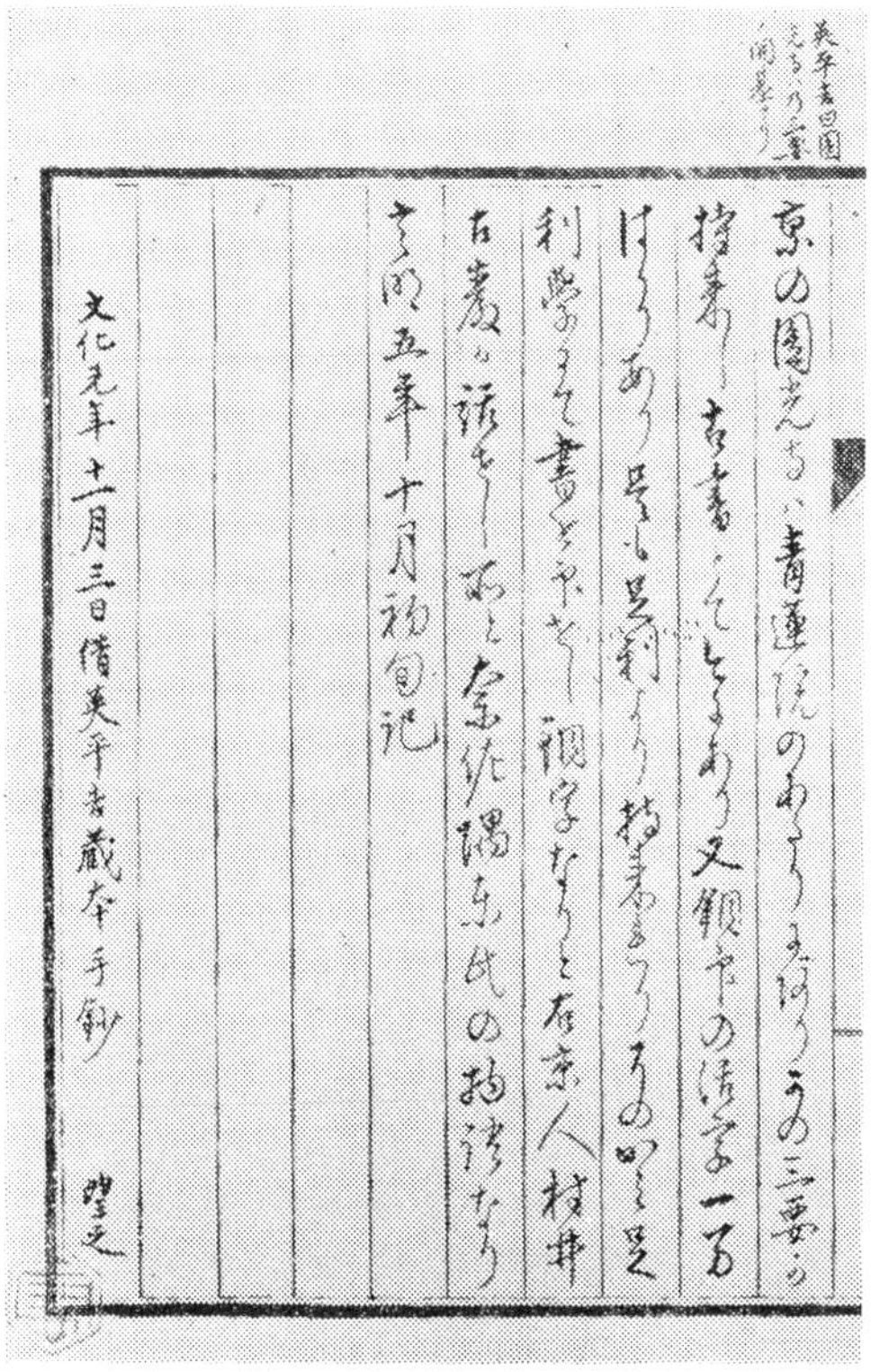

同右（末巻）

これ亦、書誌学史上における歴史的意義を有するに留まり、その内容は前述の如く狩谷棭斎の訂正を俟ってはじめて世に通じ得るものである。然し、これは新楽定の目録と共に比較的流伝しており、両者を併せて一冊に写し伝えている本も少くない。静嘉堂文庫蔵の一本は迷庵転写の新楽定編録書目に附考を合写してあるが、これには「文政七年冬十月望大草明振鷺撰」と題があり、「（前略）曩有二吉田安足利学校書目附考一、考覈未備。蓋属二草本一。余有下修二下野国志一之意上。今拠二好問堂所レ蔵安原本一、且以二一二本一為二之訂正一有レ備二後参考一云」等と言っている。但し、棭斎の訂正書入を伝えないものである。又、大東急記念文庫蔵の一本（小本、一冊）は、この大草明挍の目録と附考とを合写し、これに後記森立之の校合本で木村正辞が比校してあり、それに別種の簡略な「足利学挍書目附録」を合写している。

棭斎の手写並びに訂正書入の附考は、上述の如く、判紙本一冊（上図参照）で、十行罫紙十一葉に認めてあり、巻末に、

文化元年十一月三日借英平吉蔵本手鈔　望之

と書写識語が見え（棭斎三十歳の筆）、その後に東海談の学校記事一葉を附記し、又、見返に英平吉の言としてその家兄が足利で目堵した宋板の題跋三種を掲げてある。なお全

巻中に十数箇処、頭注を加えて篁墩の所説を訂正しているが、その訂正書入は筆蹟から見て本文の手写より少しく後年と認められる。伊沢蘭軒が文化十年に棭斎から借りて転写した一本に棭斎の訂正書入を写し伝えていないのはその傍証となるものである。蘭軒は、見返の書入等をも伝写しているのであるから、頭注があれば、必ず共に写したことと思われるのに、これを伝えていないのは、借覧当時未だ棭斎の書入が無かった故であろう。蘭軒手写本は今佚して伝わらないが、その転写本に渋江抽斎が訂正を加え、且つ又、後に森立之が佐藤誠所持の一本を以て訂正を書入れた一本（家蔵）があるのに拠って、右の事実を確めることが出来るのである。該本には、巻末に次の如くしるされている。

右足利学校蔵書目附考友人狩谷卿雲所蔵也。往年源子孝為余鈔活板経籍考。今亦借鈔焉。装為二書一様本也。嗚呼二書者、篁墩之所著。余因借於卿雲、復筆於子孝、依人作事也者、夫某之謂乎。蔄齋主人恬識。

活板経籍考、新助所装、以右件之故、此書亦命装於新助云、恬又識。

文化癸丑小春。

足利学校に、今あるところ聖像は、綸巾を冠し、羽扇を秉てりとなり。泉豊淵の話 古の聖像は、今牛籠の（マヽ）寺中に、閻魔王なりとて安置せりと、英屋平吉の話なり。

と蘭軒の識語がある。右の文化癸丑は癸酉の誤記であろう。本書は何人の手写か不明であるが、或は抽斎の年少時の手写であるかもしれない。巻末に、

文政十年仲冬初六一過讀了　抽斎（朱筆）

の抽斎手識があり、その際の朱筆訂正書入が全巻に見えている。又、その後に、

今云、一本者加州人佐藤誠竹巷精舎硯湖逸人本也目録末附考前云、

右足利学蔵書目録一巻借出棭齋老人蔵本写天保六年四月日應

拠此則硯湖所写亦為棭翁本但應者未詳何人可惜也

明治庚辰第八月十九日　枳園道人

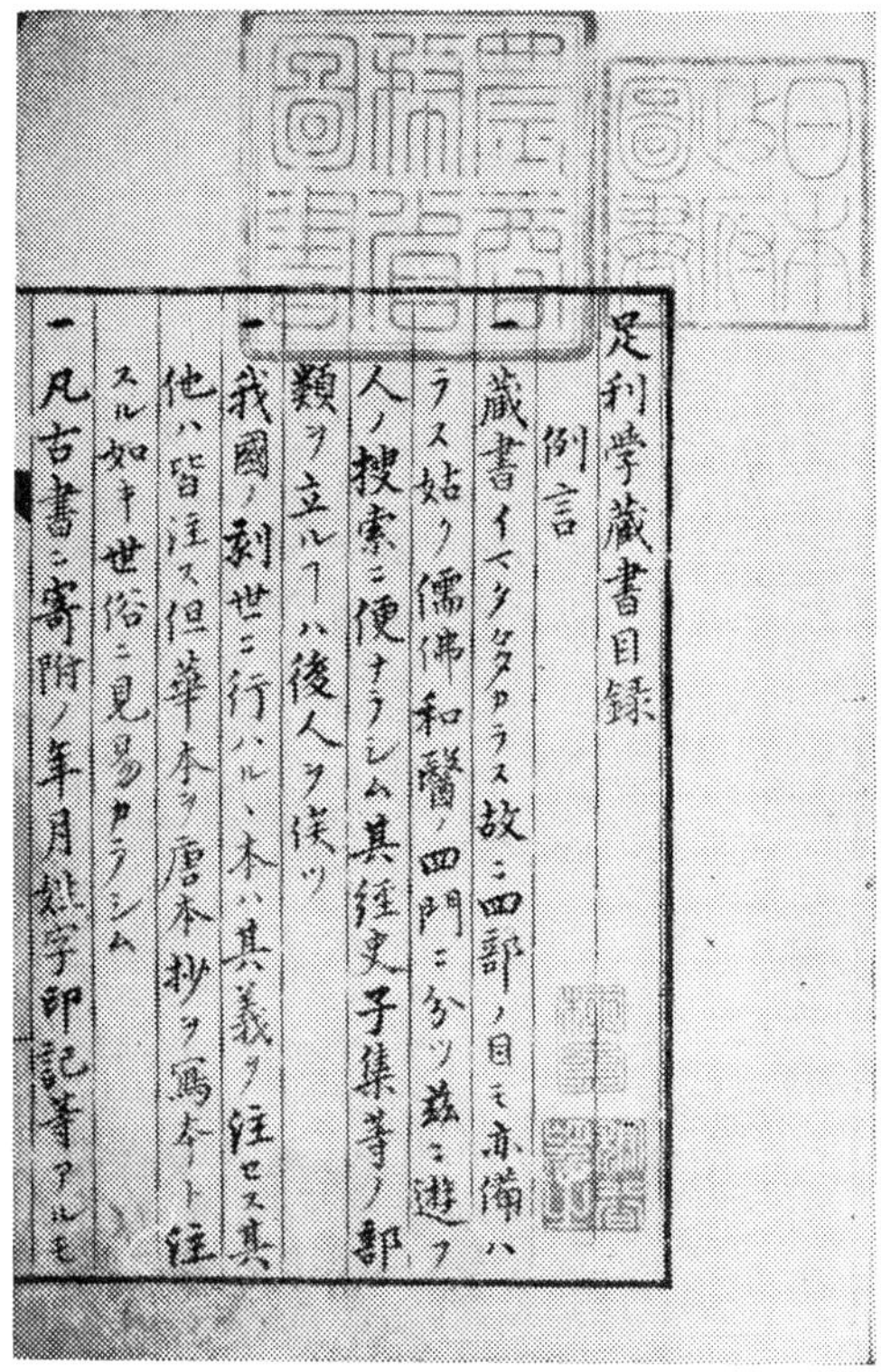
足利學蔵書目録
例言
一蔵書イマタ多カラス故ニ四部ノ目モ亦備ハラス姑ク儒佛和醫ノ四門ニ分ツ兹ニ遊フ人ノ捜索ニ便ナラシム其経史子集等ノ部類ヲ立ルコトハ後人ヲ俟ツ
一我國ノ刻世ニ行ハル、本ハ其義ヲ注セス其他ハ皆注ス但華本ヲ唐本抄ヲ写本ト注スル如キ世俗ニ見易カラシム
一凡古書ニ寄附ノ年月姓字印記等アルモ

狩谷棭斎手写足利學蔵書目録（首巻）

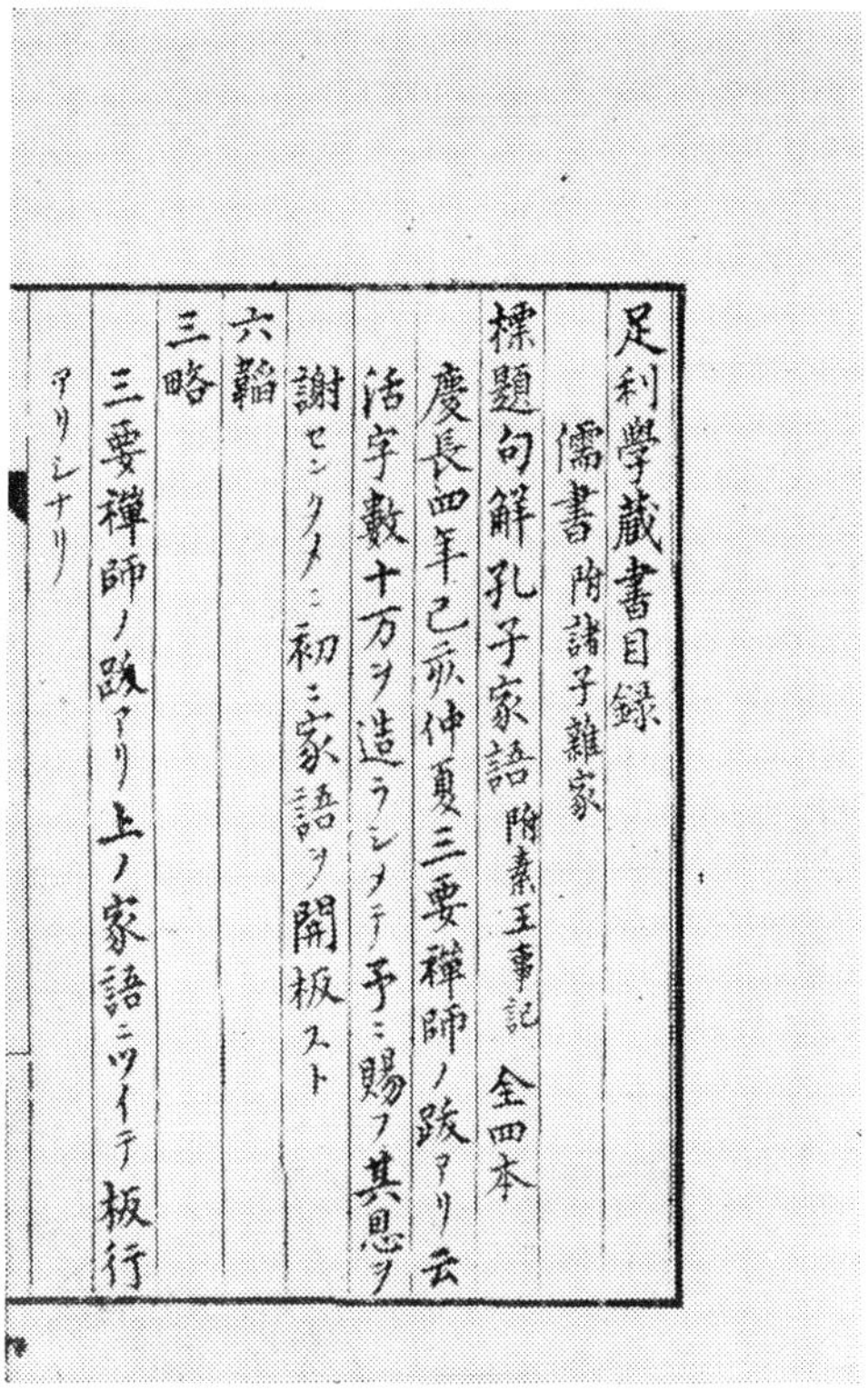
足利學蔵書目録
儒書 附諸子雜家
標題句解孔子家語 附素王事記 全四本
慶長四年己亥仲夏三要禅師ノ跋アリ云
活字數十万ヲ造ラシメテ予ニ賜フ其恩ヲ謝センクメニ初ニ家語ヲ開板スト
六韜
三略
三要禅師ノ跋アリ上ノ家語ニツイテ板行アリシナリ

同右（首巻）

と森立之の朱筆手識があり（図版八六参照）、同じく巻中に手校書入がある。而して、立之の校合書入は、抽斎が文政四年に手写した新楽定編録の学校蔵書目録と本書とに併せて行われている。それは、両書が立之の手許に共に伝存していた故であろう。右の蘭軒移写の附考と活版経籍考とを文化九年に桐陰愷なる者が書写した一本を小島宝素が一閲したものが龍門文庫に蔵せられる。

文化十四年に幕府に献じた近藤正斎所編の右文故事に所収せられている学校の善本書目は、解説も詳しく、内容も亦優れている。その成立において棭斎・迷庵等の力が加わっていることも有力な原因であろう。（それ等については前に述べたからここには繰返さない。）正斎等の学校蔵書調査の手引となったものは恐らく新楽定編録の書目であったと推せられる。定（閑叟）は迷庵の友人で、文化九年に迷庵はその書目を転写している。

新楽定編録の「足利学蔵書目録」（一冊）は市野迷庵の転写による系統の本が多く伝写せられているが、迷庵は後人寄進の書目を省略しており、又、該本には閑叟の寛政九年の例言も見えない。但し、文政四年に渋江全善（抽斎）が手写した際に参酌した定本にも例言が無かったらしい所か

ら推すと、例言のある本とない本と二通りあったのであろう。例言のある本には、又、例言の末に新楽定の署名があるので、巻首には「新楽定手録」と題せられていない。狩谷棭斎が転写しておいた一本（棭斎自筆本、判紙本。内閣文庫蔵。一冊。上図参照。）は、例言のある本で、又、明治八年に加州の人、佐藤誠（竹巷精舎・硯湖逸人）の手写した一本（松井簡治博士旧蔵、静嘉堂文庫蔵。篁墩の附考も共に写してある。）の巻末に、

右足利学校蔵書目録一巻借出棭齋老人蔵本写

天保六年四月日　　　　應

と見える。（この佐藤誠の手写本を明治十三年に森立之が一見し、渋江抽斎手写本（新楽定の書目一冊 並びに附考一冊）へ校正書入を行っていることは、上述の通りである。）これに拠って察すると、新楽定は、初めは例言を題せずにいたのを、後にこれを添附して形式を整えたものと思われる。例言を附加しない系統の本は、学校由来略・住持世譜を目録の後に附記してあり、例言のある分には巻首に添えてあるのも、同じく改編したものであろう。

渋江抽斎の手写並びに手校の一本は、迷庵が、後人寄進の書目を省略し、旧本のみを書写した一本に拠って転写しているが、転写の際、完本をも目睹する機を得たものと見えて、迷庵の識語の後に、迷庵省略の分を七葉附録として加筆し、その末に、

文政四年七月廿八日書写早　善

と識している。（但し、例言はない。）この書は抽斎の手写の外になお他の幼稚な筆蹟にかゝる部分（少くとも両名）があり、それ等を抽斎が訂正（朱筆）している跡がある。又、森立之が附考とともに棭斎の伝写本で訂正書入を行っていることは上述の如くで、それに拠り、新楽定の改編の状が一見弁別せられるのは便宜である。その住持世譜の後に記されている迷庵の識語は左の如くである。（図版八七参照）

此巻ハ友人新樂閑叟ノ録スル所ナリ。学挍蔵スル所古本舊鈔ノ大概見ルベシ。原本ニ近世寄附スル所ノ書ヲノスレドモ、其書ミナ世上ニ流布スル所ノモノニテ、奇異アルニアラズ。且近時名ヲ好ム人〻自作ノ詩文ナドヲ寄附スルヲノセタリ。予書写スルニ懶クシテ此ニ略セリ。

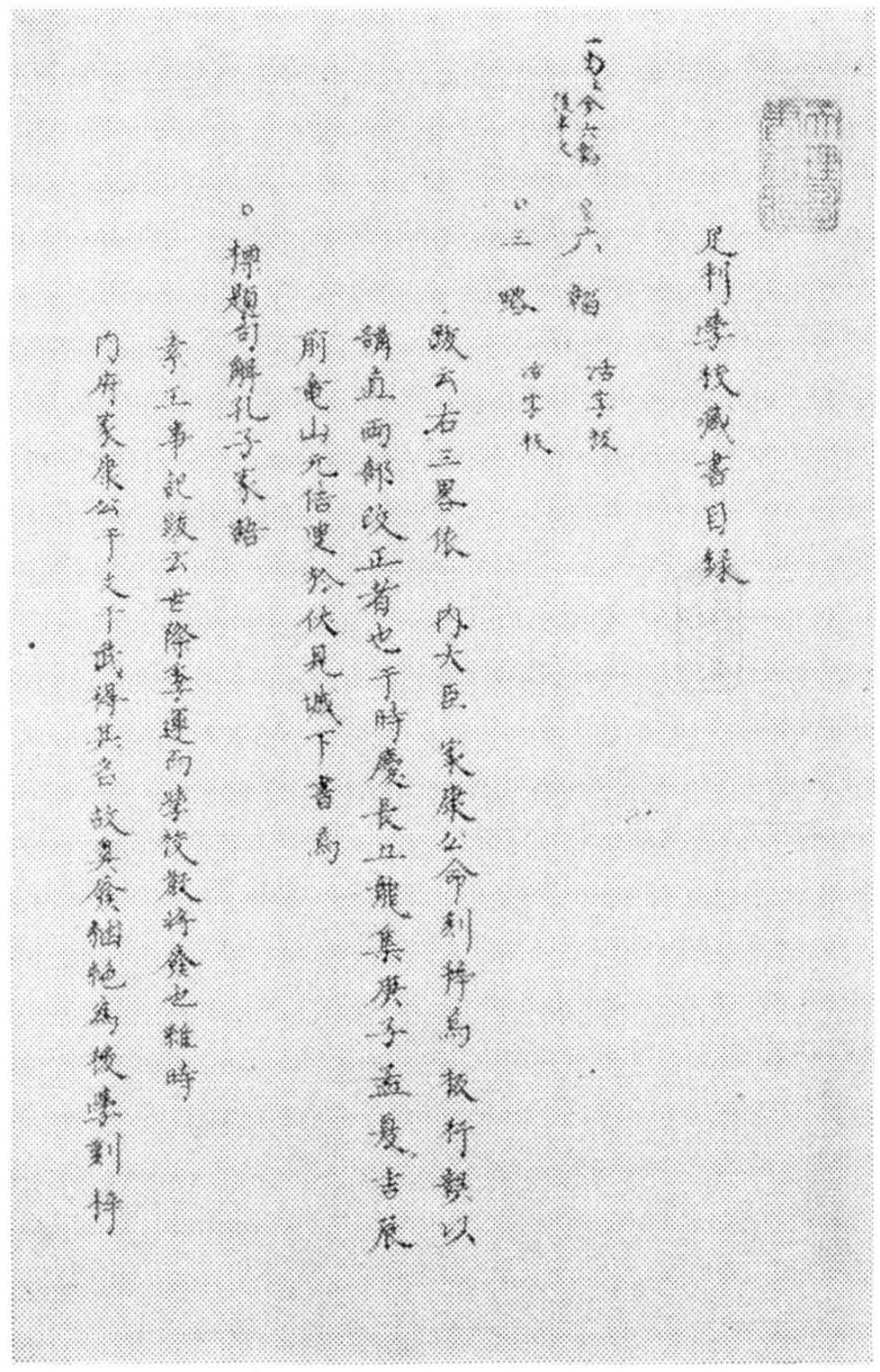

田口明良手写足利學校蔵書目録別本（首巻）

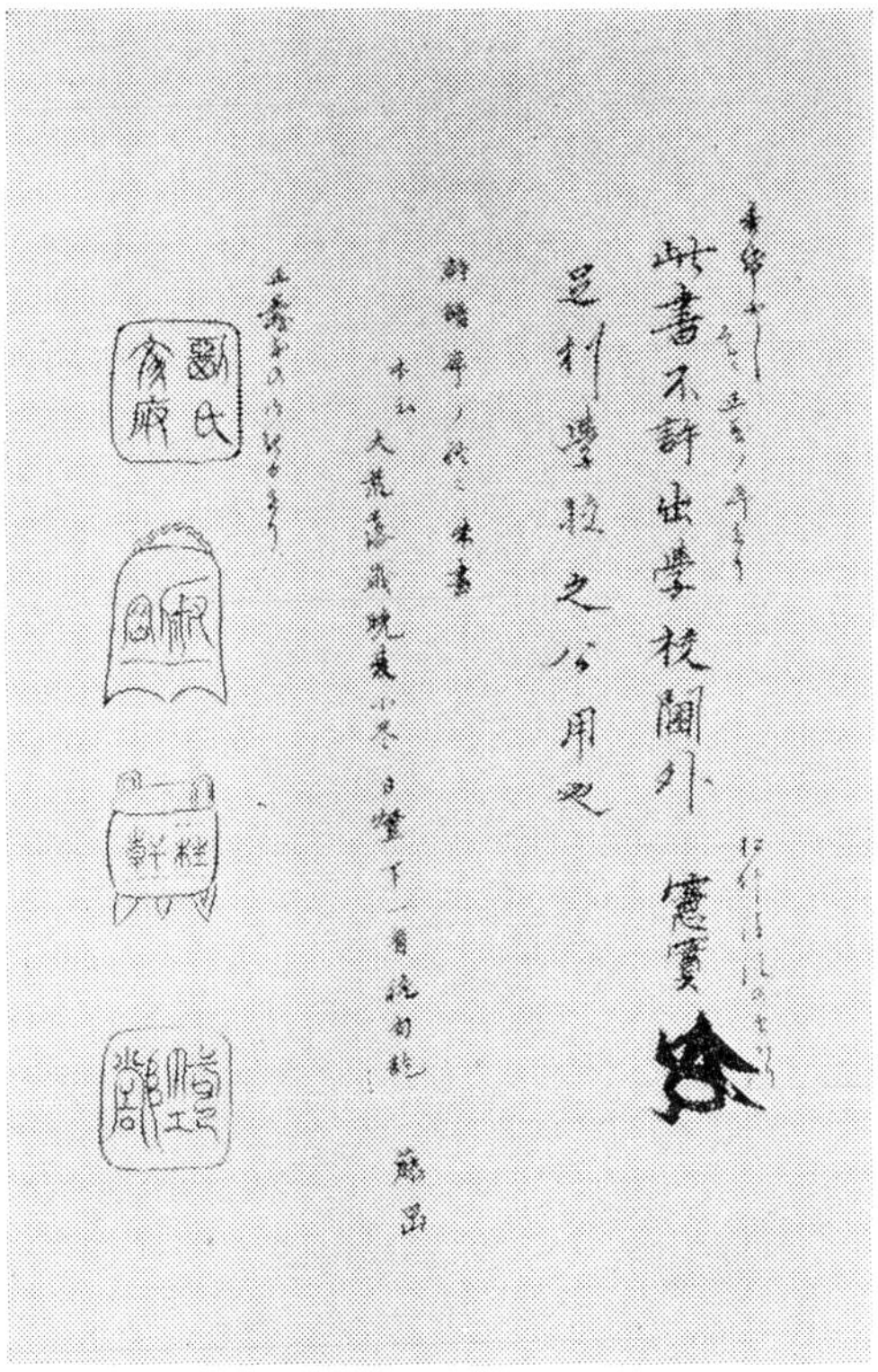

同　右（中巻）

文化壬申秋日　　迷庵野客

又、書目の部分の末に、

右学校目録本学舊蔵ノ書ノミヲ載ス。後人寄附ノ書目ハ
略シテ不載ナリ　光彦

と識してある。右と同種の内容の附考の前に足利学蔵書目録を合写した江戸末期書写の一本が、内閣文庫にあり、「福田文庫」「江戸学山書屋」の朱印記を捺す。

なお又、前に言及した如く、新楽定の編録した足利学蔵書目録には、これと内容の異なる一本がある。この種の伝本は稀であるが、管見に入ったものに、田口明良自筆と認められる一本（家蔵、大槻・森立之旧蔵、一冊。上図参照。）と、明治年間に書写したと思われる一本（松井簡治博士旧蔵、静嘉堂文庫蔵。）とがある。即ち、寛政九年編録の通行本に比すれば、所収の書目数も多く、順序も相違し、且つ又、題跋等の登載の繁簡をも異にし、原本の性質を記載することも詳しい点がある。そして、本書には、学校由来記と住持世譜とは附載せず、その代り、巻末に「附録」と題し、「是より已下新楽閑叟足利学校ニ寓シテマノアタリ見ル所ヲ謄写セシモノ也」との注記を加えて、毛詩注疏・春秋左伝注疏・礼記正義・周易注疏・文選等の宋版及び礼

記鄭注・論語集解（二部）・尚書正義等の旧鈔本（他に青坡集の跋文一葉あり）について、題跋・書影・解題等を記したものが十一葉附載せられている。そして終末に、

足利書籍目録幷附録吾友新楽閑叟遊足利学授(マヽ)寓居数月所手録也

と言う識語が見える。この識語は、田口明良が手写の際、原本に存したものをその儘伝えているのであるが、何人の識語か明らかにし難い。本書が明良の手写であることは、筆蹟から見て明らかであると思う。巻首に「田口明良蔵」の印記も存する。何れにしても、本書は、閑叟が足利に赴いた際謄写し帰った目録を伝写したものであって、寛政九年に編録した目録の資料となったものと考えられ、学校の蔵書目録としては注意すべき一本と言うべきである。これと同内容の美濃本一冊が内閣文庫にあり、伴直方・福田文庫・待賈堂等旧蔵。巻末の「足利書籍目録（云々）」の識語はないが、別に待賈堂筆の「足利学挍書目呉本一巻文久戊冬十月廿九日収得之」の墨書識語がある。

以上の他に、如何なる系統の目録に拠って伝写したか明らかでないものに、文久二年に森約之が手写した一本（家蔵、判紙本、一冊。本文墨附、二十五葉。）があり、巻末に、

右足利学校書目一策文久二年横艾淹茂孟聚廿四日宵戌蒔讐稽比合了

核華道人　森約之　養真

と手識が見える。注記等は殆ど存せず、書名と冊数とを列記したものであって、宋板文選から始まって三十九部（享保の上覧目録に相当する）を別記し、以下雑然と列記してある。なお約之は、同じく文久二年正月に「足利学校由緒記」（学校記録中に存する天保十四年に書上げた分と同内容、（文化八年の記事までを含む。）静嘉堂文庫蔵。写、一冊。本文は約之以前の書写。）をも校読している。該本の末に「文久二壬戌正月穀日讐比一過森養真源約之核華道人」とその手識が見えている。

又、前記木村正辞手校の新楽定の目録・附考等合写の一冊とともに伝えられている小本一冊があり、これは簡略な内容で、末に「寛政四年（壬子）改正之」とあり、「嘉永三年庚戌二日写之畢　喜三」の書写識語がある。これと同内容の判紙本一冊（「掃葉山房蔵書」朱印記を捺す）が内閣文庫にあり、巻末に「同（寛政）七年卯歳柴子敬書写之（十二月二十ヨリ初之同月四日夜終之）」の書写識語がある。

足利学校

（表紙外題）書籍目録

〔目録中に不見とか不足とかの類の注記書入が見えるが、それは後に点検の際に書入れたものであるから省いた。なお書名その他、原本の字体に従った。〕

一六韜　植字判（判を後に「本」と訂正、以下同じ）　貳冊
一三略　植字判　壹冊
一家語　植字判　四冊
一貞観政要　植字判　八冊
一續綱目通鑑　拾三冊
一唐詩正聲　四冊
一韓文正宗綱目　貳冊
一柳文　五冊
一禪儀外文　壹冊
一長恨歌並琵（マヽ）野　壹冊
右之書十部従
權現様閑室佶長老拜領之
一尚書註疏　八冊
一毛詩註疏　三拾冊
一春秋左傳註疏　貳拾五冊

一禮記註疏　三十五冊
以上四部上杉安房守藤原憲實寄附
永享十一年己未
一周易註疏　拾三冊
上杉右京亮藤原憲忠寄附
（後人）壹番此ヨリ（享保十三年本）
一禮記大全　唐本　拾冊（後人、十四冊と訂正）
一禮記　拾冊
一文選　金澤文庫　廿一冊（後人）
相州太守氏康氏政父子寄附永禄三年
庚申
一易蒙引　貳拾四冊
一性理大全　貳拾三冊
一頭書四書集註　拾冊
一大方易大全　唐本　拾一冊

一易本義　七冊
一易啓蒙傳疑　貳冊
一四書講意　唐本　六冊
一頭書四書　拾冊
一禮記集　唐本　五冊
一周易集註鈔　拾六冊
（二番）（享保十三年本後人加筆）
一四書便蒙講述　貳拾冊
一四書十方新説　唐本　五冊
一断易天機　六冊
一四書諺解　四冊
一性理大全　唐本　拾六冊
油小路大納言寄附
一四書五經　唐本小本　廿八冊
一四書存疑　拾三冊

一周禮　小本　貳冊
一周易程朱傳義　八冊
（三番）（後人）（同前）
一左氏春秋　植字判　拾冊
一周易大全　廿七冊
一詩經集註　八冊
一詩經大全　唐本　拾冊
一四書集註　八冊
一五経　素本　拾一冊
一易学啓蒙　貳冊
一性理字義　貳冊
一詩経翼註　四冊
一四書大全　廿貳冊
（四番）（享保十三年本）
一書経大全　六冊
一春穐大全　唐本　拾四冊
一易經集註　拾冊
一尚昏　素本唐　貳通各一冊
一四昏　拾冊（後人）不見
一啓蒙補要解　六冊

一中庸倭語抄　四冊
一四書註抄　三十八冊
一周詩　昏入　拾冊
一孝経大全　拾冊
油小路大納言隆定寄附
一孔聖全書　六冊
一近思錄　八冊
（五番）（同前）
一老子経諺解大成　拾冊
一老子経頭書　貳冊
四書（享保十三年本）
一孟子序考　四冊
一四書人物故叓　四冊
一四書浅説　拾三冊
一大學蒙引　（後人）不見　四冊
一左傳　植字判　拾五冊
一天原發微　拾冊
一猷徵錄　百廿冊
土井遠江守新附
一明朝孔廟圖　箱入

南部遠江守直政寄附
一全補海篇直言　拾貳冊
（六番）（同前）
一叓文類聚　唐本　五拾冊
一卜筮元亀　四冊
一圖繪寶鑑　五冊
一説文韵府　唐本　十冊
一字彙　拾四冊
一職原　貳冊
一小學頭昏　八冊
一韻鏡求源鈔　五冊
一職原私記　貳冊
一同鈔　五冊
七番
一職原抄支流　貳冊
一職原私抄　貳冊
一同鈔別勘　壹冊
一和漢年代記　六冊
一事文類聚　（後人）不見　貳冊
一古今類書纂要　拾貳冊

一小學　四冊
一小學啓解　唐本　四冊
一小学外篇句讀　四冊
一小學集成　拾壱冊
八（同前）
一大極圖説　壱冊
一有職問答　五冊
一韻鏡　一冊　（後人）常住ニ有
一全唐風雅　拾冊
一韻鏡開奩　五冊　（後人、六ト改ム）
一禮部韵略　唐本　三冊
一長暦　貳冊
一管蠡抄　内一冊不足　貳冊　（後人）書本之部ニ入
一重訂直音篇　七冊
一古今韻會　四冊
一發微錄　一冊
九（番）
一延平問答　貳冊
一小學集説　四冊
一儼塾集　拾冊

一倭名類聚鈔　五冊
一便蒙　貳冊
一平心錄　三冊
一輔策日迻談　三冊
一學範　貳冊
一輔策全書　壱冊
一古今原始　壱冊
十（番）（同前）
一孟中大論圖　貳冊
一開元天宝遺亊　壱冊
一聖賢像賛　貳冊
一聖蹟圖　貳冊
一字府純粋鈔　七冊
一演禽三世相　貳冊
一劉向新序　貳冊
一直指通変占　四冊
一類聚往来　三冊
一三賢一致書　壹冊
十一番（同前）
一廣益略韵　拾冊

一儒釈問答　五冊
一艸启韵會　貳冊
一史記評林　五拾巻
一陳明卿批評前漢書　四拾八巻
一後漢書　唐本　貳拾巻
上杉五郎藤原憲房寄附
一漢書評林　五拾巻
一十八史略　拾巻
一十九史略　八巻
一列子　四巻
（十二番）（後人）（同前）
一列傳　唐本　十五巻
一通鑑　唐本　十六巻
一編年小史　三巻
油小路大納言隆貞寄附
一蒙求集註　三巻
一闕里誌　拾巻
一玉堂綱鑑　四拾巻
一莊子　唐本　八冊
一文章達徳錄綱領　十冊

一文章軌範　四冊　不見(後人)
一古文前集　三冊
(十三)(人)
一古文後集評林　十冊
一同頭書　五冊
一尺牘雙魚　四冊
一續文章軌範評林　四冊
一歐蘇手簡　二冊
一詩集注　四冊
一東坡選　唐本　十冊
一同詩集　唐本内一冊不足　二十五冊
一山谷詩集　十壱冊
一同註　十壱冊
(十四)(後人)
一杜子註　唐本　四冊
一同集註　十冊
一三體詩　三冊
一詩學大成　唐本　二冊
一古注千字文　三冊
一四六文章圖　五冊

一陳氏字義評説　二冊
一帝鑑圖説　六冊
一命鑑三世相天門鈔　十三冊
一百寮訓要抄　一冊
一武系圖　二冊
一七武　一冊
一東鑑　内四十五冊目不足　五拾貳冊
一武經開宗孫子　内一冊不足　拾四冊

書本部

一論語義疏　古註　拾巻
一毛詩　内一冊不足　八巻
一尚書　六巻
一周易　王弼註　三巻
一禮記鄭氏註　拾巻
一孟子註疏解經　趙氏註　七巻
一荘子　拾貳巻
一施氏七書講義　拾巻
一易考　秘書　二巻
右久室要長老書寫之

一大易断例卜筮元亀　壹巻
一易帰蔵抄　秘書　六巻
一易略抄　七巻
一易洗心経　五巻
一荘子抄　六巻
一孝經直抄　壹冊
一断易　秘書　六巻
一孝経大義　五冊
一魯論　一巻
一命期經　貳巻
一論語　二巻
一大學私考抄　壱巻
一圓珠經　古註　五巻
一古文尚書　貳巻
一翰林胡蘆集　十六巻
一遊仙窟　壹巻
一韵鑑指微　壱巻
一人國記　壱巻
一命期秘傳　壱巻
一埤雅序　三巻

一儒釋道　一巻
一尺度權衡　五巻
一司馬温公切韵指掌　壱巻
一重離疊變訣　壱巻
一六韜軍記　壱巻

佛経

一法華科註　書本　十冊
一首楞嚴義疏　十冊
一同釋要抄　六冊
一講首楞嚴經　一冊
一金剛經川老頌古評記　二冊
一楞伽經　十五冊
一御制心經　一冊
一理趣經秘傳抄　三冊
一般若心經抄　三冊
一圓覺類解　八冊
一阿字觀鈔　二冊
一盂蘭盆経　二冊
一懺法注　一冊
一六齋功德經抄　一冊
一佛説十王經　一冊
一聖德太子五憲法　一冊
一弘宗口訣　四冊
一成唯識論　十冊
一法相義略圖　昼本　三冊
一百法問答抄　九冊
一佛語心論　十冊
一增補諸乗法數　二冊
一科解起信論　三冊
一護法論　一冊
一起信義　一冊
一減縁減行略决　一冊
一天台夜寐箴　一冊
一西谷名目　四冊
一悉曇三密抄　八冊
一悉曇抄　三冊
一比丘六物圖私抄　三冊
一法苑珠林　二十冊
一釋氏要覧　三冊

祖録

一臨濟錄　首書　二冊
一同抄　六冊
一碧巖錄　五冊
一碧巖抄　十冊
一大慧書　二冊
一同武庫　一冊
一同書抄　二冊
一江湖風月集　二冊
一證道歌註　一冊
一禅林類聚　四冊
一六祖壇經　頭書 一冊　素本 一冊
一佛祖三經　三冊
一同指南　三冊
一三隠詩集　一冊
一人天眼目川僧抄　三冊
一勅脩百丈清規　四冊
一曹山語録　一冊
一同五位傳義　二冊

一和泥合水集　二冊
一永覺和尚禅餘外集　八冊
一五燈會元　貳十冊
一濟北集　十一冊
一寶物集　三冊
一蒲室集　七冊
一釋氏稽古畧　五冊
一啓札蒲室集　二冊
一蒲室注　二冊
一禪蒙求　三冊
一半陶稾　六冊
一京華集　書本　八冊
一聯芳集　十冊
一小室六門集　三冊
一宗派　二冊
一舒州投子山妙續大師語録　一冊
一枯崖漫錄　一冊
一幻住菴清規　一冊
一六離合釈法或問畧解　一冊
一東福開山年譜　一冊

一夢窓國師語録　四冊
右之通學校傳來之書籍ニ而御座候
尤文庫有之随分太切ニ仕差置候
以上　学校
享保十年乙巳　月江印
七月
（享保十三年本には料紙半びらを添えて次の別筆を墨書、この二行、即ち享保十三年の追加である。）
総計貳百七拾壹部
享保十三戊申年五月　足利學校

〔注記〕享保十年写本の頭書注記の本箱番号は、以上何番と注し、同十三年本は、以下何番との注記である。共に後人の書入であるが、その他出納上、不見・不足などの注記書入も少くないし、冊数その他の訂正もあるが、それらはなるべく原姿を存するようにした。

足利學蔵書目録（新楽定編録）

内閣文庫蔵、狩谷棭斎自筆本を基にして、下に飜印するが、括弧の文字及び本頭注欄は凡て校者の注記である。詳しくは、本書中の関係記事の条に援引する所を巻末附載の索引に拠って参照せられたい。新楽定の誤伝の著しいものは注記訂正したが、余り些細な点は附言しないこともある。また、なるべく原本の文字表記を尊重した。

例言

一、蔵書イマダ多カラズ。故ニ四部ノ目モ亦備ハラズ。姑ク儒佛和醫ノ四門ニ分ツ。玆ニ遊ブ人ノ捜索ニ便ナラシム。其経史子集等ノ部類ヲ立ルヿハ後人ヲ俟ツ。

一、我國ノ刻世ニ行ハル、本ハ、其義ヲ注セズ。其他ハ皆注ス。但、華本ヲ唐本、抄ヲ寫本ト注スル如キ、世俗ニ見易カラシム。

一、凡古書ニ寄附ノ年月姓字印記等アルモノハ、盡ク載セテ詳ニ注ス。其記ナキモノハ往古ヨリ蔵シ來ルト世々住持僧ノ遺セシモノトナリ。且、寄附本ノ題跋文、或ハ雅馴ナラザルアレドモ其マヽヲ載ス。真面目ヲ示スナリ。

一、四書五経類及詩文類書字書等小冊子各數種許多部アリ。皆童蒙初學ノ為ニ世々住持僧ノ設ケ置シモノナリ。故ニ載セズ。然レドモ奇本及寄附者ノ名字アルモノハ必載ス。佛和醫モ是例ニ倣ヘ。

一、學校来由略幷住持世譜略ヲ附ス。其年月ヲ考フルニ便ニス。

一、書畫器玩ノ類ハ、書目ニアラズトイヘドモ末ニ附ス。

寛政九年丁巳九月　新樂定誌

足利學校来由略　以下終篇學之槩畧其詳載在別冊也

淳和帝天長九年壬子八月五日大内記參議小野篁奉　勅建焉中世喪亂荒廢幾絶後僧快元興復舊在國府野後移今地乃足利氏所治處云

聖廟所奉木像相傳云漢土之作中門扁掲學挍二大字明人蔣龍渓所書

鎮護祠　稲荷八幡愛宕三神九華和尚所建其屋棟書曰天文二十三年甲寅秋九月乃和尚手書也

方丈所安藥師佛乃野參議所作云

住持世譜略（略す）

足利學蔵書目録

○儒　書　附、諸子雜家

○標題句解孔子家語附素王事記　全四本

慶長四年己亥仲夏三要禪師ノ跋アリ云、活字數十萬ヲ造ラシメテ予ニ賜フ、其恩ヲ謝センタメニ初メニ家語ヲ開板スト。

○印を附するものは学校に現存のもの、×印は今佚したもの、△印は不明のものである。

○六韜

○三略

三要禪師ノ跋アリ。上ノ家語ニツイデ板行アリシナリ。

○貞観政要　　全八本

三要師ノ跋アリ。

以上四部ノ書ハ慶長中三要師、上ノ命ヲ蒙テ活字板行セシヲ賜ハリシナリ。

（以上四部の伏見版は、三要が家康の旨を受けて刊行したもので、刊行者三要から学校へ寄せたものである。六韜の下冊を佚する外、皆現存している。）

○續綱目通鑑　唐本弘治甲子刻　全十三本

明嘉靖刊本。明治八年文部省召上、帝国図書館（国会図書館）蔵。

○唐詩正聲　唐本　全四本

×韓文正宗　朝鮮本　全二本

○柳文　唐本成化中刻　全五本

右八部ハ

神祖ヨリ賜フ所ナリ。

慶長中三要師ニ書二百餘部ヲ賜ヒシト世譜及其外ノ書ニモ見ユレドモ今存スルモノ僅ニ此八部ニスギズ。定按ズルニ、師初ハ足利ノ學ニ在シガ、後ハ上ノ遇ニヨリテ、京師伏見駿府等ニ在シナレバ、書モ師ノ行処ニ持シナラン。遂ニ駿河ニテ遷化ナレバ、書モ散失セシナリ。可レ惜ヿドモナリ。

（家康が三要に附与した二百余部の書籍は、主として円光寺に置いたもので、三要がその若干を足利へ寄附したものである。家康が直接学校へ寄附したものは一部もない。又、下に言う八部以外にも多数三要寄附の書は現存している。なお詳しくは三要の伝の条等参照）

宋版。端平元・二年、陸子遹手校本。

○周易註疏　　全十三本

毎冊ノ首ニ上杉右京亮藤原憲忠寄進ト記シ花押アリ。又末ニ宋人標閲ノ年月録シアリ。冊ゴトニ其

文小異アリ。第二本ノ末ニ端平改元冬十二月廿三日陸子遹三山寫易東牕標閲トアリ。尾巻ノ末ニ端平二年正月十日鏡湖嗣隠陸子遹遵先君手標以朱點傳之時大雪始晴謹記トアリ。字體行揩（マヽ）ヲ交ヘテ遒勁ナリ。句讀段落批點等皆朱ヲ用テ而モ甚謹厳ナリ。字ヲ塗リ消スニハ黄色ヲ用フ。此本宋刻ニテ宋人ノ手ヲ經タルモノナリ。

宋版。憲実寄進本。

○尚書正義　全八本

首ニ宋刻ノ表アリ。其略ニ云臣等先奉勅校勘五経正義今已有成堪彫印板行用者云々臣等謬以寡聞幸塵華貫猥奉窮經之寄曾無博古之能空極覃精寧周奥義今則逐部各詳於訓解寫本皆正於字書非遇昌期難興大教既釋不刊之典願垂永代之規倘令彫印以頒行云々端拱元年三月日勘官秦奭軒轅節胡令問解貞吉胡迪解損李覺袁逢吉都勘官孔維等上表。

同右。

○禮記正義　全三十五本

跋云六経疏義自京監蜀本皆省正文及注又篇章散亂覧者病焉本司舊刋易書周禮正経注疏萃見一書便於披繹他経獨闕紹熙辛亥仲冬唐備員司庾遂取毛詩禮記疏義如前三経編彙精加讎正用鋟諸木庶廣前人之所未備及若春秋一経顧力未暇姑以貽同志云壬子秋八月三山黄唐謹誌トアリ。第一巻ノ表紙ウラニ、郊特牲　内則　玉藻　此三篇缺本経自八至九正義自三十三至四十缺ト誌シテ、松竹清風（風は誤り、「人」なり。）ノ篆印ヲ押ス。上杉憲實ノ手書ナリ。四本不足ノマヽニテ寄附アリシナリ。補本四冊ハ抄本ナリ。其首ニ紫府豊後ノ僧一華學士於武州勝沼以印本令書寫寄進一度校合畢ト誌シアリ。補本ハ附釋音ノ本ニテ南宋刻ト云モノナリ。一華ハ豊後ノ萬寿寺ノ僧ニテ文明永禄間ノ人ナリ。當時コノ正義本世ニナキ故ニ附釋音本ニテ補ヒシト見ユ。且、上杉氏ノ力ヲ以テスラ全本ハ得ガタキト見ユ。當時書ニ乏シキヿ知ルベシ。以上三部字體顔柳ニ似テ、其板本ノヤウス相同ジ。實ニ宋板ナリ。

○毛詩注疏　全三十本

同右。

詩譜序ノ末ノ処ニ朱ニテ大荒落歳晩夏小盡日燈下一看絶句訖藤昆ト誌セリ。

○春秋左傳注疏　全二十五本

同右。

此毛詩左傳二部ハ附釋音注疏ト題シテ陸徳明釋文アリ。建安劉叔剛父鋟梓ノ印（木記）アリ、世ニ所謂南宋本ナリ。

右書禮詩春秋四部ハ毎本ノ首ニ足利學校之公用也此書不許出學校閫外上杉安房守藤原憲實寄進ト誌シ、花押アリ。皆憲實ノ手筆ナリ。又表紙ニ松竹清風（「人ナリ」）ノ朱印アリ。表装トモニ當時寄進ノマヽナリ。

○文選李善五臣註　全二十一本

宋版。北条氏政の九華に附与した金沢文庫本。

毎冊首ニ金澤文庫ノ墨印アリ。又末ニ學校寄進永禄三年庚申六月七日平氏政朝臣ト誌シ虎ノ朱印ヲ押ス。マタ隅州産九華行年六十一歳之時欲赴于郷里過相州太守氏康氏政父子聽三略講後話柄之次賜之又請再住于講堂矣ト誌セリ。又末ニ加朱墨點三要ト記セリ。此本上ノ周易注疏ト紙相同シ朝鮮製ニ似タリ。

○周禮　全二冊

宋版。正宗寺旧蔵。文安六年砭愚寄進。

首ニ萬秀山正宗寺公用ト誌シ、尾ニ正宗寺書院トアリ。又首ニ下野州足利庄學校常住文安六年己巳六月晦洛陽僧砭愚置之ト誌ス。鄭註ノ外ニ重言ト云アリ。音義モ附ス。此本全ク宋板ノ巾箱本ナリ。

○周易王弼注　寫本　全三冊

睦子手写本。

末ニ慶長壬子睦子叟在庠之日書ト誌ス。

○周易　同　全三冊

室町中期写本。

此モ慶長以前ノ物ナリ。

永享九年平仮名版暦を藍色表紙の裏張に用いてある。

○周易　同　全五冊

末ニ易學之徒置之ト誌シ、永享九年ノ暦ヲ用テ表紙ヲ作レリ。

帝国図書館(国会図書館)藏。

×易歸藏抄　寫本　全六冊

王注ノ講義ヲ國字ニテ書シモノナリ。巻末ニ文明丁酉十月廿一日始之十一月廿七日終之滴翠亭子ト誌シ、莽萬ト云二字ノ篆印ヲ押ス。講義ノ中ニ當時ノヿヲ易卦ニアテ、説ケリ。鎌倉持氏亂ノ事ナトアリ。

慶長中写本。

○周易抄　寫本　全三冊

王注ノ講義ヲ國字ニテ書シモノナリ。

×易略抄　寫本　全七冊

同上。

×大易斷例ト筮元龜　寫本　全一冊

建安蕭吉父撰。末ニ元和七歳次辛酉秋前三日芝阜病叟福山龍派禪珠書于寒松丈室ト誌シ、印記アリ。

×周易會通　唐本　全八冊

鄱陽董真卿編。至元二年丙子翠岩精舍新刋。

応安五年写本。文明九年大奇寄進。

○泰軒周易傳　写本　全三冊

李中正伯謙撰末ニ旹文明九丁酉仲春日紫陽大奇置之ト誌セリ。

室町中期写本。

○古文尚書　写本　全一冊

孔安國注。是モ慶長以前ノ物ナリ。

江戸初期写本。

○古文尚書　同　全二冊

同上

△古文尚書　写本　全一冊
白文、訓點アリ。慶長以前ノモノナリ。

文安三年写、正義の巻一零本を指すものか、不明。

×書経集註　同　全六冊
鄒季友音釋蔡沈注ナリ。末ニ近江宗理置之肥後之天矣ト記ス。

佚。

○毛詩　写本　全十冊
鄭玄箋毎冊ノ末ニ下野州足利學校常住洛之相國卜隠軒主心甫傳西堂寄附慶長二十稔乙卯上巳後二日董席鐵子叟寒松野釋龍派禪珠誌ト跋アリ。

慶長二十年心甫伝西堂寄進。九華・三要自筆書入本。

○毛詩　同　全八冊
鄭玄箋。是モ慶長以前ノモノナリ。

九華自筆本。今又一冊を欠き、七冊存する。（巻十一・十二、十七至二十欠）

×毛詩序　同　全一冊
末ニ永祿十三歳次庚午秋九月九華叟行年七十一記之ト誌セリ。

佚。

○禮記　全十冊

慶長活字版を指すものであろう。

○禮記　写本　全十冊
鄭注ニテ、九華師ノ遺本ナリ。

○禮記集説　唐本　全五冊
末ニ延徳二年壬午五月廿二日建仁寺大龍菴一牛蔵主寄能化肥後之産天矣誌トアリ又（以下余白）

元天暦元年刊本。延徳二年一牛寄進。

○春秋左氏傳　全十五冊
末ニ奥之會津人宗祥蔵主入杏壇称津梁不幸逝矣遺此本為當庠什物慶長十七年壬子閏七月廿七日庠主寒松叟誌トアリ。

慶長活字版。津梁遺物として寄進せられたもの。

×春秋左氏傳　全十冊（十五冊）

五山版。安田文庫旧蔵。

首ニ足利學校正傳院常住ト誌シ、末ニ嘉定六年閏月上澣三衢江公亮ノ跋アリ。

（慶応義塾図書館蔵）

○左傳抄　写本　全十八冊

講義ヲ國字ニテ書キシモノナリ。三要師ノ手書ナリ。

○孔子家語　写本　全二冊

末ニ永正乙亥仲春日寄進藤原憲房ト誌シ、花押アリ。

○古文孝経　寫本　全一冊

室町末期写本。

孔安國注。今世ニ行ハル、所ノモノ、原本ナリ。

○古文孝経直解　全一冊

室町末期写本。今、末一葉欠。

國字ヲ以テ講義ヲ書シモノ。是モ慶長以前ノモノナリ。

○古文孝経白文　全一冊

睦子の手写本で寒松のものではない。

寒松師ノ物ナリ。睦子ノ印記アリ。

○論語集解　寫本　全五冊

今、巻一・二のみ一冊を残す。九華の自筆本で、睦子の書入がある。

睦子ノ物ナリ。

○論語集解　寫本　全五冊

今、巻一至四を欠き、一冊に合綴してある。論語にこの種の異名を附することは五山の僧徒に限らず博士家の人々も古くより行っている。

圓珠經ト題シアリ。或ハ輨轄又ハ尺度權衡ナド題シアリ。五山ノ僧徒論語ノ美名ヲ称シタルト見ユ。

△論語白文　寫本

或は巻五まで九華自筆の五冊本を指すか。書入なきを白文と称したものでもあろう。

魯論ト題シアリ。古キ物ナリ。

○論語義疏　寫本

首ニ轟文庫ノ墨印アリ（朱印なり）。又睦子ノ印アリ。世ニ行ハル、義疏ノ原本ナリ。異邦ニテモ

重ズルト見エ近年知不足齋叢書ノ中ヘモ収メタリ。

孟子注疏解經。

○趙注孟子　寫本　全七冊

末ニ于時長享二年臘月日書之ト誌シ奥州天輔置焉トアリ。

欠けた分十三冊は円光寺にありと言っているが、現存本を検するに元来朝鮮の地に在った時から欠けていたことが推定せられる。十二冊現存。

○四書章圖　朝鮮本　全二十五冊

十三冊ハ京師圓光寺ニアリ。

△四書講意　唐本　全六冊

△四書十方新疏　同　全五冊

△四書存是　同

△四書存疑　同　全

△四書蒙引　同　全二十冊

明万暦版。

○五経大全　同　全五十五冊

△詩経瑯環　同　全六冊

皆睦子ノ印記アリ。

△書経白文　同　全一冊

△大學中庸集解　全二冊

×大學私考抄　寫本　全一冊

國字ノ講義ナリ。末ニ承應二年七月吉辰洛陽相國塔頭於于常徳院下歡子叟書ト誌セリ。

×埤雅　寫本　全三冊

睦子ノ手書ナリ。

帝国図書館（国会図書館）蔵。

×禮部韻略　唐本　全三冊

首ニ康正改元乙亥南源寺浦雲置ト誌シアリ。

×全補海篇直音　唐本　全十二冊

巻一は元版、巻二・五は五山版。康正の識語は今欠。

○重訂直音篇　同　全七冊

明万暦版。

皆睦子ノ印記アリ。

×韻府群玉　活字板　全三十一冊

×増續韻府　同　全三十八冊

×廣益略韻　同　全三十二冊

国会図書館（旧帝国図書館）蔵。

○字彙　全十四冊

○圓機活法　全二十

今、四冊欠、十六冊存。

△古今類書纂要　全十二冊

○史記　唐本　全十五冊

史記索隠。明正徳九年刊本。今巻十五至十八の一冊のみを残存する。

豊城游明大昇校正新増トアリ

○史記抄　寫本　全十六冊

室町末期写本。今、十二冊を残存する。

末ニ文明丁酉夏五月是赤村僧書翠微深処之軒ト誌セリ。

△漢書　唐本　全四十八冊

○後漢書　唐本　全二十冊

明正統刊本。

首ニ上杉五郎憲房寄進ト誌シ、花押アリ。正統中ノ刻本ナリ。

○少微通鑑　朝鮮本　全十六冊

三要手沢本。

○十八史略　唐本　全二冊

明初刊本。大永六年憲房の遺命に拠って寄進せられたもの。

末ニ大永丙戌小春日藤原憲房寄附藤公前年乙酉三月薨逝依遺命今歳秋寄置東井誌トアリ。

○十八史略　朝鮮本　全十冊

首ニ宣賜之詔ノ四字朱印アリ。永楽庚子冬十月朝鮮王命シテ銅活字ヲ作ラシメ、又新ニ大字ノ銅活字ヲ作ラシメテ、此書ヲ印行セシムルノヿ、宣徳九年臣等ノ跋ニ見ユ字體元人ノ書ニ似タリ。

朝鮮活字版。三要手沢本。

○十九史略　朝鮮本　全八冊

三要手沢本。

○老子　寫本　全二冊

河上公章句。室町中期写本。

○荘子鬳齋口義　朝鮮本　全八冊

朝鮮本と言うのは誤りで五山版である。巻一・二を欠き八冊残存することは今も同じである。三要手沢本。

○荘子注疏　寫本　全十一冊

慶長以前ノモノナリ。

室町中期写本。第六至十一・十三・十四・十八・十九篇は夙に佚し、新楽定の編目の直後、文化十三年に市野迷庵が刊本を補配寄進した。今、十五至十七篇を欠く。

○劉向新序　朝鮮本　全二冊

佚。

×武経七書　全十冊

九華師ノモノナリ

○七書講義　写本　全十冊

末ニ借大隅之産九益手以印板挍之印本講義従壬生殿令恩借一挍了瑞俊点撿落丁落字補之天正四丙子ト誌シ、又次ニ、借肥後州人九海老手入落字天正四年丙子之秋雨燈前挍トアリ。

九華自筆本。瑞俊との校正識語の一葉は今佚している。

×文公家禮纂圖集注　唐本　全一冊

末ニ武州兒玉黨吾那式部少輔寄進永正二年丙寅八月日野州足利學校能化九天誌トアリ。

永正二年とあるのは、三年(丙寅)の誤りである。学校現存の享和の書目には三年とあり、さらに東井の修補識語も存する。

×小學書解　唐本

末ニ學校常住寄進英文ト記セリ。慶長以前ノ事ト見ユ。(前記参照)

国会図書館(旧帝国図書館)蔵。元版。図版参照。

明初刊本。今、十冊に綴る。

○大學衍義　同　全五冊
　三要師ノ遺物ナリ。

三要手沢本。

×延平問答　朝鮮本　全三冊

○名臣言行錄　同　全十六冊
　前後續外別ノ五集ナリ。

慶長十一年刊秀頼版（古活字版）、帝国図書館（国会図書館）蔵。

×帝鑑圖説　朝鮮本　全六冊
　末ニ甲州産田邊庄右衛門尉光与寄進慶長十八年癸丑六月三日庠主寒松老人誌トアリ。

三要手沢本。

○性理大全　朝鮮本　全二十三冊

明万暦版。

○性理大全　唐本　全十六冊
　睦子ノ印記アリ。

帝国図書館（国会図書館）蔵。見返の墨書今佚。

×天原發微　朝鮮本　全十冊
　首ニ宣賜之詔ノ朱印アリ。又表紙ノウラニ嘉靖三十二年六月日内賜禮賓寺正任輔臣天原發微一件命
　除謝恩右承旨臣尹　ト誌シアリ。

明嘉靖刊本。

○律呂解　明鄧文憲解　唐本　全二冊

×古注蒙求　寫本　全一冊
　末ニ天正十年午卯月廿九日於關東下野國足利此一部三巻書寫畢沙門魯窮ト誌セリ。

江戸初期写本で、慶長以前のものではない。

○補注蒙求　寫本　全四冊
　慶長以前ノ物ナリ。

大永三年の識語がある。帝国図書館（今、国会図書館）蔵。

×古注蒙求　寫本　全三冊

×集注千字文　同　全三冊

○胡曾詩　同　全三冊

此三部同筆ニシテ、慶長以前ノモノナリ。世ニ三註ト言テ行ハレシ時ノ物ナラン。三注ト言フコト、下學集ニ見ユ。

室町中期写本。胡曾詩のみを存し、他は佚している。

×千家注杜工部詩集　唐本　全四冊

睦子ノ印記アリ。

△東坡集選　唐本　全十冊

○王状元集注東坡詩集　唐本元刻　全

五山版を誤認しているものであろう。

○同山谷

これも亦五山版であろう。今零本一冊のみを残存する。

○三峯集　朝鮮本　全四冊

朝鮮鄭道傳字宗之著曾孫鄭文炳字野叟輯ナリ成化元年乙酉申叔舟ノ序アリ。

三要手沢本。

○青坡全集　朝鮮本　全一冊

○全唐風雅　唐本　全十冊

明万暦版。

△唐詩句解　唐本　全八冊

×三體詩假名抄　活字板

○六臣注文選　全六十一冊

×東國史略　寫本　全五冊

国会図書館（旧帝国図書館）蔵。

×史略論抄　同　全一冊

同右。

×讀書管見　同　全二冊

×千百年眼　同　全五冊

×羅豫章集　同　全三冊

×経籍會通　同　全四冊

×學齋佔筆　同　全四冊
国会図書館（旧帝国図書館）蔵。

○名山蔵詳節　同　全廿冊

×石林燕語　同　全二冊
国会図書館（旧帝国図書館）蔵。

○周礼訓雋　同　全四冊

×唐律疏義　同　全十冊

×羣籍綜言　同　全
国会図書館（旧帝国図書館）蔵。

×寓意錄　同　全

○周易本義啓蒙翼傳　同　全
九華頃の写本。九華手題。

○大學衍義考証　同　全八冊

○明文翼運　同　全六十冊

×鼠璞　同　全一冊
国会図書館（旧帝国図書館）蔵。

○唐國史補　同　全三冊

×後山談叢　同　全
国会図書館（旧帝国図書館）蔵。

×書疑　同　全
同右。

×皇朝類苑　活字板　全十冊
国会図書館（旧帝国図書館）蔵。

×呂氏春秋　全五冊

○呉臨川集　唐本　全四十九冊

○唐文粹　同　全二十冊

×周易集解　同　全八冊

○自警編　同　全五冊
○餘冬序錄　同　全
×杜氏通典　同　全
○漢魏叢書　同　全
○玉海　同　全
×皇王大記　唐本　全十七冊
国会図書館（旧帝国図書館）蔵。
○易翼傳　同　全

右東國史略以下三十二部中村深蔵寄附ナリ一部コトニ跋アリ左ノ如シ。

此書ハ藤原明遠カ家ニ蔵ムル者ナリ。其永久ニ傳ハリ、後世君子ノ覧閲ニ備ハリテ其一助トモナリナンコトヲ冀フテ玆ニ蔵ム。アマタノ書籍ヲ残シオクトテ書コトニ哀トモ見ン後ノ世ニ我ヲシノフル人シアリセハ。姓藤原名明遠字深蔵別號蘭林江戸人ナリ。其先二條家ノ別レ富小路藤原俊通ヨリ出テ、世〻徳川將軍家ニ仕フ。家重公ノ時學士ノ職ヲ以テ近署ニ直ス。寶暦十一年辛巳九月日學士藤原明遠。

×聖蹟圖　唐本　全一巻
笹本靫負佐寄附
×孝経大全　全十冊
国会図書館（旧帝国図書館）蔵。
油小路大納言隆定卿寄附
×羣書治要　全
尾張亜相公寄附
×五車韻瑞　全

従四位侍従六角伊豫守寄附
×羅豫章集　　全五冊
林大學頭寄附
○獻徵録　唐本　　全百廿冊
土井遠江守寄附
○十三經注疏　　全
本郡月谷人堀江平次郎同常七郎同金左衛門馬場喜代七同半次郎小林安五郎同伊兵衛初谷甚蔵馬場余八等寄附
○古文孝経疏　　全三冊
鶴田喜内寄附
○滄溟尺牘考　　全三冊
上毛下仁田人高橋九郎左衛門寄附
×三家詩話　　全
山井善六寄附
×雜圖　　全三冊
澁井平左衛門寄附
×四書集注　　全八冊
本郡五十部人岡田源之晋寄附
○玉堂綱鑑　唐本　　全廿冊
末ニ元祿十六年正月十五日四位侍従松平宗資臣山本賀毛清名納之トシルス

○和　書

×和名類聚抄　　全五冊

×和漢朗詠集私注

九華師ノ遺物ナリ。

×東鑑　活字本　　全五十二冊

三要師ノ跋アリ。師ノ遺物ナリ。

×太平記　同　　全十九冊

○職原　　全二冊

△同大全　　全十二冊

△同抄　　全五冊

×正補神道要論　寫本　　全四冊

×有職問答　　全五冊

○人國記

×翁問答

○夜會記

×和尓雅　　全二冊

○續本朝通鑑　寫本　　自五十六巻至百十巻終

此書編輯ノ草本ナリ人見友元手書ニテ所々林春齋ノ添削アリ春齋ノ跋云右自保元々年至弘安十年總五十五巻令野友元艸之而後周覧或以改正之或以加補之漸得成編然猶不免闕疑焉寛文戊申之夏弘文院

但し、現存は三要自筆本一冊である。他は正保二年刊本か。

學士林恕トアリ皆春齋ノ手書ナリ

×東溪年譜　寫本　全一冊

×鶴山路　同　全一冊

×人見氏系譜　同　全一冊　国会図書館（旧帝国図書館）蔵。

×野相公系譜　同　全一冊

×君臣言行錄　同　全八冊　同右。

神祖　台廟　猷廟三代君臣ノ言行ヲシルセリ人見友元創業シテ子孫四世ノ手ヲ経テ編ヲ成セリ

×竹洞集　人見友元著　寫本　全七冊　国会図書館（旧帝国図書館）蔵。

×同附錄　同　全四冊　同右。

×同後集　同　全三冊　同右。

×雪江集　人見活實函著　同　全十冊　同右。

×桃源集　人見魯南著　同　全　同右。

×巻懐随筆　人見克己著　同　全二冊　同右。

右續本朝通鑑以下十二部人見氏世々寄附

×事纂　浅井奉政撰　寫本　全十冊　同右。

×東雅　同　全十一冊

×蝦夷志　同　全一冊

×南島志　同　全一冊

×江關筆談　同　全

×異称日本傳　全

○湖亭涉筆　全四冊
×間窻雑録　寫本　全四冊
×古今集餘材抄　同　全二十冊
右事纂以下九部中村深蔵寄附跋アリ詳ニ儒書ノ部ニ見ユ
×延喜式　全五十冊
本郡助戸人植木四郎左衛門寄附
×内殿秘決　寫本　全十冊
本郡本町丸山相學寄附
×市隱艸堂集　全十冊
×向風艸　全六冊
×東海遊嚢　全一冊
右三部安達文仲寄附
○自寛齋遺艸　全二冊
×同墨跡　全一冊
右二部相良侯臣井上伊織寄附
×藍水詩艸　全三冊
横谷玄甫寄附
○梅崗集　全四冊
○紫海紀行　全一冊
×幼公遺稿　全一冊

右三部松村多仲寄附

○佛　書

×金剛経　寫本　全一冊
永正十二乙亥書ト誌セリ。

○法華経科註　寫本　全七冊
九華師ノ遺物ナリ。

室町末期写本。第一冊欠。

×同古板　全十冊

○首楞嚴義疏　活字板　全六冊

活字板ではなく、五山版である。

○同截疏　全一冊

×禪林僧寶傳　唐本元刻　全三冊

蒲室集等の誤例に見るも五山版であったと思う。

○五燈會元　唐本　全十冊

×廣弘明集　全十六冊

×寶物集　全三冊

○蒲室集　唐本元刻　全
三要師ノ遺物ナリ。末ニ

五山版。笑隠和尚語録とも六冊を存し、三要の手識がある。

×濟北集　全十一冊

○補菴京華集　寫本　全（三冊）

○聯句集　同　全五冊

○半陶稿　同　全七冊

×翰林葫蘆集　同　全十五冊
×大般若経
右四部ハ天正以前ノモノナリ。

下の四部は天正以前のものというは誤認である。聯句集のみは室町末期写本であるが、他の現存本は、慶長頃の写本である。

○医　書
×延壽類要
○診家要訣
右二部官醫竹田法印寄附

○書　畫　器　玩
鍾　唐物　二箇
爵　同　二箇
簠簋　二具四箇
籩豆　二具四箇
犧尊
象尊
爵　五箇
蒲勺　五箇
著　唐物　一具
神祖ヨリ三要師ニ賜ヒシモノナリ。

同　一具
赤壁圖　明人画　一具
布袋圖　悦山筆　一幅
達磨圖　雪舟筆　一幅
魯山和尚墨跡　三幅
董其昌墨本　一帖
趙子昂墨本　一帖
瑪瑙　一塊　戸田長門守寄附
壽老人圖　一幅　同
朝鮮胞背　二具　金地蒼溟和尚寄附
孔子顏子曾子圖　一幅　六角伊豫守寄附
大黒天圖　一幅　南部信濃守寄附
明朝孔廟圖　一幅　南部遠江守寄附
香爐　一箇　官醫丸山昌貞寄附
顏子圖　附紀事文　一幅　尾州亜相公寄附
閔子圖　一幅　同
本朝釋菜圖　一巻　奈佐久左衛門寄附
律管　一具　浦上豹右衛門寄附
琴案　心越禪師ノ物　一座
小野篁卿眞跡　佛経紺紙金泥字　一巻

菅神像圖　近衛　公畫　一幅

竹洞書扇面　一巻十八枚

扇ハ　憲廟ヨリ賜フモノナリ

右琴案以下四種人見氏寄附

（ここに迷庵伝写本は「右学校目錄本學舊蔵ノ書ノミヲ載ス。後人寄附ノ書目ハ略シテ不載ナリ。光彦」と識語を記せり。）

巻後に

私が初めて足利学校を訪れたのは、昭和六年の春であったと思う。その時は長澤規矩也学士に同行して、二日掛りで遺蹟図書館の貴重書全般に亙って調査した。爾来幾度となく学校を尋ねて遺書にも親しみが加わり、又その間に長澤学士の学校貴重書目録改編の手伝などもして、書庫内を限なく精査する機会をも与えられ、なお又足利学校に関する有力な資料も若干手許に集り、学校に対しても在来の所説と少しく異る考えを抱く様になったので、その研究を公表してみたいと思いながら、折を得ずに過ぎて来たが、昨昭和十九年春、諸橋轍次先生が周甲のお慶びを迎えられた機会に、祝意の微志を表するため、積年果し得なかったこの研究を纏めて公刊したいと考え、この由を先生に申し出でた処、幸にも御寛容を戴けたので、足利学校遺蹟図書館当局にも諒解を乞い、たまたま貴重書目録改訂再版の為に再調査を要する事もあったので、今一度特に代々の庠主の筆蹟を中心として貴重書全般に亙って調べさせて戴いた上、凡ての準備を整え、五月の末から三箇月間自宅に引籠って、文字通り一歩も外出せず、一気呵成に完稿したのである。折節出産の為、荆妻を幼女と共に吉野なる家君の許に帰郷させたため、庭前の菜園百余坪を培いながら自炊生活を続けて独居、連日筆を進めて、本稿も完成に近づいた八月中旬、長男出生の報に接し、私は同時に二つの誕生の喜びを重ねた次第であった。

私の足利学校に対する所考が何故に先人と異る結論に達したかはここには一切申し述べないが、私は若干の自信を持って後世の批判に委ねたいと思っている。

諸橋先生の華甲寿には然るべき研究を公刊して、平素の限りない学恩にお答えしたいと念じていたのに、漸く本書を捧呈してお許しを戴く次第であるのは、申訳もない事であるが、唯本稿が、漢学と書誌学との両方面に御教導を蒙ったお答えに幾分適った題目である点のみを自慰とし、せめて今後の研鑽に拠り、お喜びを戴ける様な研究をお目にかけたいものと思っている。

私はこれまで自著に恩師先輩の序文を乞わない立前で通して来たが、今度は特に先生の御言葉に甘え、序文を頂戴して、先生に侍座した写真に併せて掲げさせて戴く事とした。先生には、周甲を機に公けにせられた多年御苦心の大漢和辞典は、第一冊が世に出たのみで、一万数千頁組置きの原版は尽く戦災に罹り、空前の大事業も一頓挫を来すに至った事は、御胸中の程もお察しせられるのであるが、今春は、我が漢学者として最も光栄ある御沙汰を拝せられた由を漏れ承る次第であって、真に邦家の為に御身体をおいとい下されて、めでたく御重任を完うされる日をお祈り申上げるのである。

又、本書の為に徳富猪一郎先生より題簽を頂戴した事は、まことに有難く、私は題簽を御願いするに際し、座右に掲げて自らの志を励ますよすがにと、先生が先般山中湖畔雙宜荘の庭前に大書して石に刻まれた「千秋萬歳」の四字を併せて染筆して戴いたが、「国家は不朽、学問も亦不朽であるから、か様な時世にも勉強を怠るな」との先生の御来翰の旨に従い、私は我が国の前途を信じ、許される限り学術研究に砕身の御奉公をしたいと念じている。

又、本稿を草するにつけても、故安田善次郎氏より、早く足利学校の研究に対して御高配を戴いた事が今更の様に偲ばれる。本書中に用いた研究資料の中には既に今玆の戦災で姿を没してしまったものもあり、本書のみに拠って、僅かにその面影を後の世に留めるものも少くないが、其の中には安田文庫のものもあって、私には一入無量の思いである。安田文庫は一部貴重書は疎開した由であるが、其の大半は、去る五月二十五日夜の空襲に書庫と運命を共にし、たまたま吉野山中の疎開先から簡閲点呼のため上京中であった私は、五日目の三十日正午、麴町平河町の安田邸を見舞い、折柄来邸中の一氏に導かれて書庫の焼跡に進み、白灰と化した善本の変り果てた姿を見下した時は、感懐が一時に込み上り、日本文化の返らぬ一大損失に熱い涙を呑んだのである。書庫はさして大きな建物ではないが、中に蔵する万巻の書は何れも一粒よりの善本である。志半ばにして文庫を辞するに至ったので、私の手で目録を完成する事も出来ず、故文庫主人に対する盟約をも果し得で、故人の遺業を空しくした事は、真に申訳けの言葉もない。私も亦文庫主人の意を奉じ、善本蒐集の為に、微力ながら若き日の全勢力を注いだつもりであるが、今は唯私の身に着けて戴いた学識の他は、若干の手控を残すのみで、蒐集其の物は、後の世の日本文化研究に寄与する事が出来なくなってしまったのである。せめて後世の人々に対するお詫びの一端として、他日の機会に故文庫主人の遺

業の幾分を世の人々に承知して戴くため、己が記憶にのみ留まる文庫の内容の片影を記し残したいと念じている。

本書は、前年の拙著「日本書誌学之研究」に続いて講談社で出版を引受けて下さる事となったので、万事を同社にお任せした。同社の高木三吉・山口啓志両氏には一方ならぬ御世話を掛け、なお、かかる際とて原稿の控をも用意したのであるが、これ亦両氏に御面倒を願った。又、今は大陸の戦野に在る星野好亥君にも足利学校の貴重書撮影其の他に配慮を戴き、後には又西原長康氏にも種々御厄介になった。諸氏の御厚意に対し篤く御礼を申上げる。

講談社当局が、かかる時局の中においても亦、前著と同じく私の学的良心を尊重せられ、心残りのない様に取計らわれた御好誼に対して感謝の意を表する。

本書の印刷については、かねて入魂の共立社印刷所春山氏を煩わす事となり、昨年末組版を開始したが、戦局の推移は、都中に焼残った工場の能率をも妨げがちで、組版の進行も容易ではなく、その上、私も三月下旬に吉野へ疎開し、校正等の連絡さえ思うに任せぬ事が少くなかったのに、この程半ば組上りを見るまでになった。然るに今度、祝融の厄を免れた共立社は、施設を買上げられる事となったため、急速に本書の組版を完了したいとの事で、やむを得ず、校正等一切を高木・山口両氏に御面倒をお願いして、ともかくも取纏めて戴く事にしたのである。思いがけない事からとはいえ、いまの東都に蹈み留まって御奮闘下さる方の手を一層多く煩わす次第となった事はまことに申訳けのない事であると思う。

春山氏は、かねてより私の学位論文は必ず印刷してあげますと口にせられ、私もまたそれを楽しみとし、不惑に至らぬ内に事を終えたいと念願していたが、宿望は不幸にして果す事が出来ず、この足利学校の研究もまた、どの程度まで春山氏の手で遂行して戴けるものか、今の私は、唯思いを遠く東都に馳せるばかりである。何れにしても、これが共立社として最後の仕事の一つとなるであろうと思えば、春山氏の感懐もまた察せられるのである。

私は、昭和十年の元旦から、古辞書の研究に専念したいと考え、其の年頭を以て和名類聚抄の研究を起筆したのであるが、爾来意に任せぬ事のみで、ようやくにして、昨年末から他事を捨てて、之に専心し得るに至り、今春以来、安田家の御高配に拠って多年の間に蒐集した研究資料を、全部この山間の地に持ち帰って、研究の筆を進め、時に痩腕に増産の鍬を握る事もある

が、幸にして、山野の業に御奉公の誠を尽される家君の膝下に在って、弟達の深い理解にも恵まれ、執筆の進度も予期以上に早く、この程、平安朝篇を全部完稿し、全過程の半ばを終了する事が出来た事は、今の世にこの上もない仕合せであると有難く思うのである。戦況の切迫を耳にするにつけて、心も動き易いのであるが、往時戦乱の最中にあってもなお不朽の業績を残した先正の遺業を偲び、先人には遠く及ばないまでも、出来る限りの精進を続け、この戦争の間に努めた昭和の学徒の研究として、ささやかながら後の世に跡を留めたいと思う。

終りに、足利学校の研究に関して遺蹟図書館の貴重書閲覧について多年に亙り御高配を賜った足利市当局、殊に管理委員原田政七氏、並びに学校の漢籍に就き種々示教を与えられた長澤学士に対し、ここに改めて厚く御礼を申上げる。

昭和二十年七月十日吉野龍門村に於いて　川瀬一馬識

追記

右の跋文を書き送って旬日の後、私は野砲隊の一兵卒としてお召しを受け、丸一日の余裕もなく東都の部隊へ入るべく吉野から上京した。其の為、かねてより万事御世話を戴いた高木・山口両氏に一層御面倒をおかけする事となった。もし本書が幸にして世に出る日があるならば、一に両氏の御高配の賜物である。私は完成した書を手にする事が出来る日を一つの楽しみとして、ひたすら懸命の御奉公を念じている。

昭和二十年七月二十五日応召入隊の前日

東京玉川に於いて　一馬識

又記

終戦となったので、共立社印刷所も元の儘に営業を継続する事となり、本書もまた、当初の予定通り続行する事となったが、燃料不足のため、活字の鋳造が不可能で進捗せず、ようやくにして満一箇年後のこの頃、全部組上りを見るに至った。幸にして私も年が改まると共に、応召中のひどい力役生活でそこねた健康も回復して、又勉強を続け、気にかかっていた「古辞書の研究」の続稿も殆ど完成する事を得たが、其の間、二月初旬には俄かに家君を失った。論文の成る日を楽しみ、本書の刊行を心待ちにしてくれた家君に、今は、何れをも見て貰う事が出来ず、種々心残りが少くない中にも、これは最も残念な事の一つである。

一度はあきらめていた本書の校正を、いま又再び自分の手で行いながら、まことに不思議な心持であるが、本書も既に脱稿後、満二年を経過しているため、その後の勉強に拠って書き直したい所が生じているのは止むをえない。然し、内容其の物は、時世の変化には少しも拘わらぬものであるから、元の儘でも一向差支えはないと思うので、今は他日の補訂に俟つ事として、すべて其の儘とした。

今更ながら、自分の周囲をかえりみて、か様な時世にもかかわらず、戦時中から継続していたこの書の印刷が無事に進行して、遅れながらも今や世に出ようとしている身の仕合せを感謝せずにはおられない。殊に志半ばにして戦にたおれた若い友人の身の上を偲べば、限りなき感懐が一時にこみ上って来て、何という言葉もない。戦災を蒙らぬ平和に見えるこの山間の村里にも、今日この頃のきびしい世の風波が絶えず押し寄せて来て、書斎の窓をしきりに打ち叩く。それ等に打ち勝って研究生活を続ける事は、凡身には容易の業ではない。然も持ち帰った僅かの蔵書以外に参考の書に乏しく、真に自ら満足すべき研究を遂げる事もむずかしい。けれども、幸にして、その中からも新しい研究を纏めて、一二の書を執筆する事が出来た。それ等も、この書が完成する頃には、同時に出版せられる様になろうと思う。私も、この書が世に出る頃には再び東京へ復帰し、都心で分相

応な御奉公をしたいと思っている。

昭和二十一年六月末日、梅雨晴の朝、吉野の山間において

一馬識

最後に

本書を脱稿した時に生れた長男も、また年があらたまってもう五つになった。本書を諸橋先生の還暦のお祝にと念じながら、出版がおそくなった事は申わけない次第であるが、昭和二十三年の新春とともにいよいよ本書も、時節がら大変立派な装幀で世に送られる事となったのは何よりも喜ばしい。そして、とかくおくれているうちに、この研究を起稿する初めに何くれとお骨折下さった講談社の星野好亥氏が、四年ぶりに無事シベリヤから帰還されて、又も本書の完成に御世話をかける様になった事や、本書の産みの親の一人ともいうべき山口啓志氏が再び本書の出版当局者となられた事など、本書にとってまたいろいろ重なるえにしが生れた。私も、本書組版の半ばに召集となり、死を決して、七月二十四日（昭和二十年）には諸橋先生に今生の暇乞を申し上げたのである。勿論この書の完成などは見る事も出来まいと覚悟していた事などを思い起せば、今やこうして印刷が完了しようとしているのは、何にしても仕合せと考えなければならないが、ぐちっぽい言いぐさを繰返す事になってしまうけれども、本書を執筆した五年前の昭和十九年の夏頃や、徳富猪一郎先生に題簽を書いて戴いた翌二十年の二月頃の事を、あれこれと思い返すと、まことに感無量というほかはない。

（昭和二十三年一月三日記）

増補新訂版を出すに当って

足利学校の研究の増補新訂版を、目出度く卆寿（九十の賀）を迎えられた諸橋轍次先生にふたたび捧げることができようとは、まことに感慨無量である。

この研究の旧版は、昭和十九年に華甲寿の諸橋先生に捧呈する出版として、戦争中から終戦直後の困難な際に世に送った。それから丁度満三十年たった今、幸にも新資料などが現れ出て、もとの学説を強化することができて見ると、旧著は、出版当時、万事物資不足の下で、講談社が最上の料紙装幀を配慮されたものではあるが、この研究は私自身、内心自賛の著作なので、是非ともすぐれた印刷装幀にして後世に残る書物にしたいと考えていたため、復版の話が出た際、今度は豪華な増補新訂版をと、特に注文したわけである。

もと社の方でこの本に最善を尽して下さったのには事情がある。戦時中、指令により学術出版をしなければ紙を配給しないという情況になった時、即座に学術的著作を提供できる人間として社から私に白羽の矢が立った。その第一号として私は足利学校の研究を書き下ろすことになったが、しかし、それも待てないというさし迫った事情に、私はすぐに纏まる「日本書誌学之研究」を先ず提供したのである。社でもその頃の様子を承知されるのは、もう高木三吉君くらいになってしまったのではないかと思う。当時、二千頁の大冊は、大手の印刷会社でも、どこも引き受け手はなかった。社で頼んだ凸版印刷株式会社でも引き受けぬという内報が耳に入ったので、私はかねて入魂の山田三郎太社長に直書（じきしょ）を送って懇請し、特に印刷を約諾して貰ったような次第であった。そのことは「日本書誌学之研究」の増訂版の跋文にも記しておいた。

続いて出すことになった足利学校の研究は、当時の情況では、これまた私とかねがね懇意な共立社印刷所主春山治部左衛門氏を煩わすほかはなかった。その詳しい事情は別掲旧版の巻後の中に記してあるが、五年越しに遅れて完成した旧版は、上に述べた如く昭和二十三年当時としては講談社が最上の形にして出して下さったのである。共立社も、今では治部左衛門氏は郷里

に隠棲し、令息宇平君の経営になったが、この増補新訂版の組み換え印刷は、旧版からの深い因縁により、是非とも共立社の手でやってほしいというのが、私の強い希望でもあった。

先に「五山版の研究」の題簽を諸橋先生に染筆して戴いた際にも、師恩に恵まれた喜びを述べたことであるが、前には華甲寿、また今回は卆寿という重なるお祝に、拙著を捧呈させて戴けるとは、メッタに巡り会えぬしあわせというものである。学問の徳とでも申そうか、専門の学に志して大塚の学園に学んで以来、満五十年、その間絶えず御指導を仰いだ先生が、斯界の権威として、功成り名遂げられて、今なお御健在であるという師弟の縁は、私にとって豊かに与えられた天の賜物である。いま、卆寿を超えられたお元気な先生に侍坐する写真を巻頭に掲げ、併せて先に華甲寿の際の防空服装の写真をも影印する幸を与えられて、私は、その深い感動を何と表す言葉もない。この拙い筆を進めながら、涙がはふれ落ちるのである。

私の足利学校の研究は、足利学校遺蹟図書館に現存する古書を調べ、また全国に残っている古書籍探訪の中から学校関係の書を見出し、さらに室町時代の記録文献を読破するうちに学校に触れた記載が出て来るのを注目して、中世における武家文化の中で足利学校がいかなる意味を持つかということに気付き、自然に私の脳裏に整ったテーマである。問題を捉えたあと、再び中世の記録文献、殊に雑史の類に至るまで極力再検討して関聯事項を見逃さじと探索して、その意味を考え、また先輩の関係著作をも吟味した上で、自己の研究体系と呼べるものを樹立した。

旧版出版後三十年、戦後のインフレは幸にして隠れていた資料・古書を世間に流出させる機縁ともなり、自説を強化すべき有力な資料を加えることができた。再版に当ってこういう増補改訂を行うことができることも亦、大きな研究上の仕合わせである。それについて、先日（一月二十四日）勤務先、青山学院女子短期大学の最終講義に際し言及する処があったが、私はふつつかながらこの研究で、日本の一学者として、ドイツ文献学に対抗したいと思っている。

私はドイツ文献学を詳しく学んだわけではないが、ドイツ文献学は論理的に体系づけた研究法を示すものとして、何れかと言えば、机上で考え抜いたもので、いわば心臓から毛細管現象へ達する道であろう。そして、それは実際にはそうはできないであろうがという注意書きが付いている。私は数多い実在の文献の堆積を探索してその意味づけを行い、いわば末端の毛細管現

象を押えて心臓にまで遡り、再び心臓から末端に及ぶという、往復循環を行ったつもりである。これが文献学の研究の実際のやり方であると思う。私の研究にも、勿論先輩の論著を参考にはするが、それらを継ぎ合わせて一書を成すという類のことは一切したことがない。足利学校の研究についても、私の旧著が出版されて後、それをアレンジしたようなものも出ているようであるが、またそれを孫引して、私の著作にも負うているが如く記してある書物もある。（例に挙げるのはいかがかと思うが、

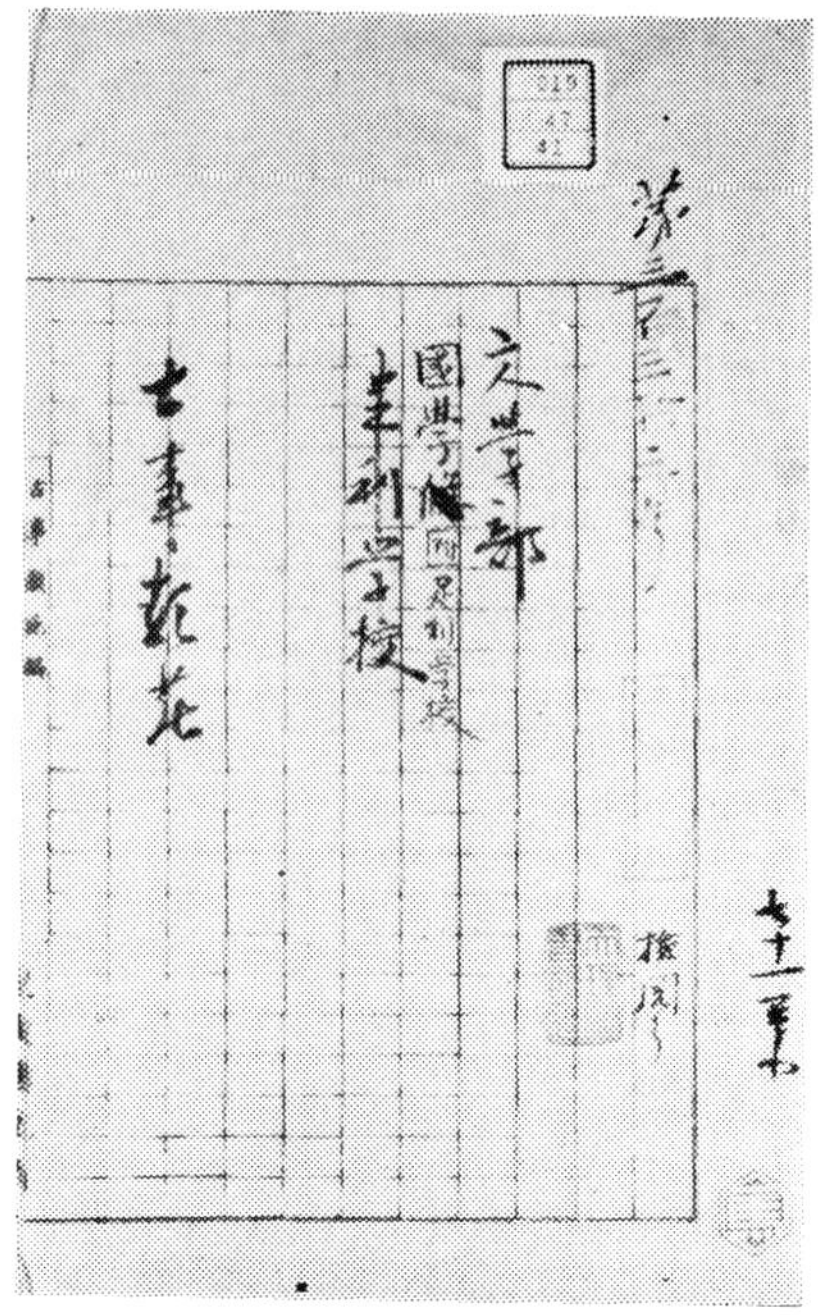

古事類苑草稿「足利学校」の部（表紙）

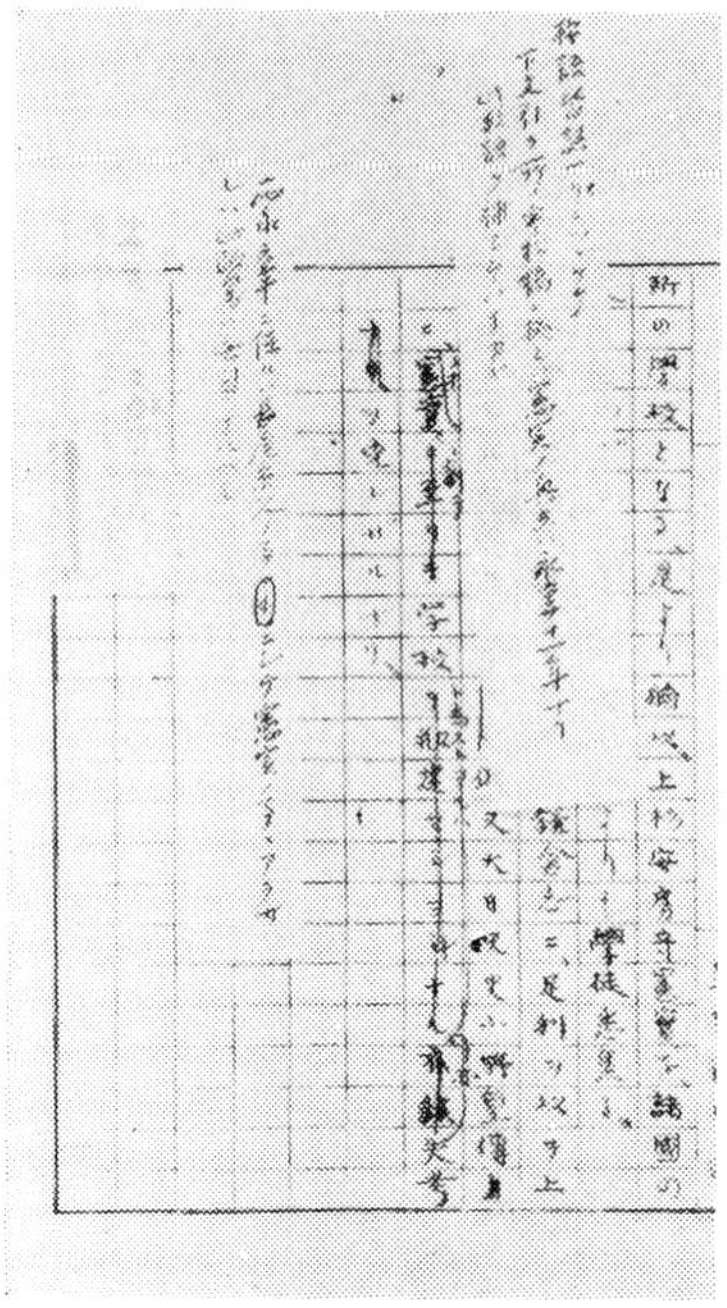

同　小中村清矩手訂（巻中）

止むなくお許しを戴いて。）「室町時代医学の研究」など、もしも直接私の著書に目を通されれば、引いては谷野一栢などを室町時代の医家から漏らさずにすんだのではないかと思われる。在来、単に史記の一零本として扱われていた九華自筆の「扁鵲倉公列伝」を学校における医書講読の実体に結び付けて考えることさえも、今の通例の史家には及び難いのである。

私は資料を蒐集編纂することを任務とする役所や研究所に関係したこともないので、自分の研究資料はすべて自分で探索してやっている。古書を蒐集する文庫等を調査する際にも、戦前には殆ど目録も整っていない状態であったから、自分で調査してそれぞれの実体を確めるよりほかはなかった。それが文献学的乃至は書誌学的の研究には幸して、研究の本道を歩むことができたのである。それ故私は、ひとが集めておいたものに色を付けて自己の編著物として公表する程度のことをしないでもよかった。その実際方面に深くたずさわらないと、それらの根本的な区別がつかぬのもいたし方のないことである。ただ私は、今後、日本の学問の研究が

速かに本筋に向って発達することを望みたい。

私が足利学校の研究に志して準備をしている間に、種々有益な資料を新しく獲たが、その中に古事類苑の足利学校の部一冊（大冊）の草稿（右図参照）があった。本文は松本愛重博士の筆になり、小中村清矩博士の自筆訂正本で、活版本とは内容に出入があり、殊に江戸時代の学校を勘える点で座右に置いて甚だ便宜を得た。近藤正斎の右文故事の中の足利学校関係の記載内容も、今は佚しているものを多く引用してあるのが有用であった。私は過去に右文故事をば、問題を異にして三度以上精読の機会を持ったが、江戸時代の編著としては斯界出色のものである。

足利学校遺蹟図書館の蔵書については、長い間長澤規矩也博士と深い関係にあり、今回の増補版には博士のすすめも蒙って挿図を増し、書影の図版を充実附載して、善本図録をも兼ねるように努めた。旧版の時から私の研究の何よりの裏付けになる根本資料として、それは是非とも欲しいものであった。足利学校遺蹟図書館当局に対し、また写真撮影その他何くれと斡旋して下さった長澤博士に改めてここに感謝の意を表する。また、今回増補に際し阿部隆一教授より種々資料追補の示教を受け、柳谷武夫教授よりはフロイスの日本史について未刊の部分まで示教を蒙った。両氏に対し特にお礼を申し上げる。

なお、新しく書き改め、組版をやりなおすに当って、全体としては新仮名遣・略字体を用い、図版に掲げた類の引用文並びに巻末附載の享保十年編書目、新楽定編書目（狩谷棭斎自筆本）の本文等は、原本の儘の用字に従った。その棭斎自筆本の翻印については福井保氏のお蔭を蒙った。また図版の写真は全部、名鏡勝朗君を煩わした。

終りに、貴重なる書籍の写真撮影をお許し戴いた足利学校遺蹟図書館を初め、内閣文庫・国会図書館・神宮文庫・慶応義塾図書館並びに斯道文庫・天理図書館・梅沢記念館・龍門文庫及び故宮博物院当局に対し厚く御礼を申し上げる。

この増補新訂版を出すに当って、今回直接お世話を願った講談社学術局の山本康雄局長、近藤禎之部長、岩本正男氏に対し謝意を表する。

昭和四十九年甲寅三月三日

川瀬一馬　識

ユ

ヨ

ラ

リ

ル

レ

ロ

ワ

ヒ

フ

ヘ

ホ

マ

ミ

ム

メ

モ

ヤ

ス

セ

ソ

タ

サ

シ

カ

キ

ク

ケ

コ

索　　引

追補一　「足利学校の研究」（増補新訂版）を出して

室町時代の武家社会に於いて足利学校が如何なる意義を持ち、またどういふ働きをしたかを闡明したいと意図したのが、私のこの研究である。それは昭和の初年から心掛けてゐて戦時中に纏め上げたものを、戦後間もなく出版できたわけであるが、それを纏めた三十代には、まだ私の学問は今の文化史研究に帰着してゐなかつたから、現在の時点に立つてこれを見れば、実はもう少し別な見かたも出来るかと思ふのである。

唯足利学校の実体そのものに対する私の考へは、今も変ることはないが、学校が大きな働きを及ぼした武家社会に対する私の見方がさらに広まり深まり、その本質をもう一つぐつとしつかり掴み取ることができるようになつたと思はれるので、その考へを前の足利学校の研究の根源へ注ぎ込むことによつて、嘗ての自分の研究がさらに体系づけられる貌（かたち）になるのではないかと考へられる点がある。私は古活字版の研究の増補の場合にもその種のことを感じたが、今度の足利学校の研究でも亦、相似の事実に思ひ当るのである。但し、足利学校の場合は、もとの研究が文化史的には一応あれで体系が整つてゐると思ふので、前の学説を一層強化すべき新資料が多数出て来た点を主眼として補訂することにとどめた。私にとつて足利学校の問題の処理は、生涯の研究進展の一段階を示すべき道標とひそかに自負したいものであるので、その時のその形の儘で残しておきたいと念ずるからである。それは、私が乏しいものであるが故に、三十代ではかうであつたといふことを示したくなるのであらう。

わが国の中世に於ける武家文化は、前期の鎌倉時代と後期の室町時代とに大別して考へることができるが、後期の中心問題の一つは足利学校であると言へよう。それに対し、前期のそれの一つは、禅宗関与の問題である。その中間に観阿弥の申楽芸があるのは面白いことであるが、それらについては既に私もいくつかの論文著作で取上げてゐる。何れそのうちに中世の武家文化全

般について論ずることにならうと思ふが、私が今回、足利学校の研究をば、もとの研究の線を崩さない増訂版の原稿を書き上げたのは、一昨年の夏休み前であつた。

印刷にかかるまでの間、出版社の都合で少しぐづついてゐて出版完成は今夏になつたが、その間にフロイスの日本史の柳谷武夫教授の全訳を確める機会を持つた。平凡社の東洋文庫所収本は、まだその最後の第五巻が未刊なので、私は特にその中の足利学校に関する記述の有無を確めたく柳谷教授に示教を仰いだが、私は足利学校の関係記事がその中に度々出て来るのに惹かれて全部を精読したのであつた。けれども読み終つて私は、自分の武家文化に対する所考をさらに幅広く奥行きの深い、豊かなものにすることが出来た思ひで何よりも嬉しく、フロイスの日本史の全内容を私どもに訳解して読ませて下さつた柳谷教授に感謝の手紙を書き送つた程である。こまかい点でも数々啓蒙せられたことがあるが、全体としてこの一書は、私の中世文化研究に於いて、例へば私が武家の文化論として濃き紅(くれなゐ)に染め上げる用意を持つてゐたと仮定すれば、それをばさらに一入鮮かなから紅に染めかへさせる媒体的な大きな効用があつたと言へよう。これまで読んで来た無数の文献、過眼した多くの資料遺品その他が、これによつてよりよく生かされる結果となる。こんな嬉しいことはない。それは前にも述べたやうに、私が中世文化の総説を纏めて論ずる際に現れると思ふ。さうなれば、今私が足利学校の研究を何故今回のやうな増訂にとどめたかも一層判つきりすることになるであろう。

なほもう一つ、ついでに述べておきたいことは、私が前にこの研究を公刊する時、徳富蘇峰先生が大いに喜ばれ励されて、題簽をも大書して下さつたが、その時笑ひながら「君は足利学校と同時に金沢文庫の研究もやりたいと思つてゐるであらうが、今は関君に任せておくがよい。何も関君のお株を奪ふこともなからう。君の眼から見ればもどかしからうけれど、後になつてまた君がやりなほせるのだから。」とおつしやつたことがある。

私も書誌学研究者としては当然金沢文庫の研究には心を寄せてゐた。現に関氏にも金沢文庫本について何かと報知したようなわけで、若輩ながら関氏編の文庫書影の解説の校閲などもしたのである。勿論関氏の編著を見ても、自分がやればと思はれる所が色々あるのも事実であるが、しかし現在では、鎌倉時代の武家文化に於ける金沢文庫の意義については、自分なりの考へも既

に整つてをり（その一部は公表もしてあるが）、その上、金沢文庫の問題よりも鎌倉時代の武家文化に於ける中心問題は別な所にあるとはつきり考へてもゐるので、その意味からは、恐らく詳細に金沢文庫の研究を論じなほすことはないであらう。その点、私は文化史研究の捉へ方として金沢文庫を割愛して足利学校の研究を優先させたことがよかつたと思つてゐる。足利学校が室町時代に於ける武家文化の中心問題であることはゆるぎないであらう故に。

足利学校の研究の増補新訂版について細かい点に関しては、出版して見ると、なほかうすればよかつたと思はれることは色々あるし、殊に校正の段階になると、気が附くことも出て来て、何時もながら印刷所にも迷惑をかけるやうなことがあつた。

また前の研究の出版の時から、諸橋轍次先生にはこれを周甲の寿に捧呈した関係もあり、今回はまた先生の卒寿に巡り会ふなど、半世紀に亙る恵まれた師恩は、まことに身に余る仕合せである。共立社印刷所主春山氏とのことも、跋文に詳しく述べた通りで、私にとつてこの研究に伴ふ由縁は筆紙に尽し難い。長澤博士とはまた足利学校を巡る関係だけでも四十余年に及んでゐて、あれこれを思ひ返へし深い感懐を抱くのである。

終りに一つだけ附言して置きたいことは、五百部限定の番号を奥附に朱筆で自著したことである。その朱ずみは、先年諸橋先生から記念に頂戴したものを用ひた。頂戴した時、先生は「これだけあれば、君が随分勉強しても一生使へるだらう。」とおつしやつた。それは、幅六分半に四分半、長さ三寸のずつしりと重い手ごたへのある古いもので、明初以前の尤品であらう。その朱筆を見て、共立社の春山宇平君が「先生いい朱ですね。こんな朱はメッタにないですね。」と言はれた。私は春山君の眼識を感心し嬉しく思つたが、私としては、諸橋先生の頌寿の記念にいささかお役に立つたことが何より喜ばしいのである。

（『書誌学』二四・二五号、一九七四年七月）

追補二　室町時代に於ける足利学校の意義

——昭和五十六年足利学校釈典記念講演——

はじめに

私が初めて足利学校遺蹟図書館へ参りましたのは、唯今から五十一年前、昭和六年の春で、長澤規矩也博士と一緒に貴重書目録の解説を新しく起稿する準備に全部の書物を調べなほすためでございました。そのお蔭で私はこちらの古書全般を知ることができました。それから後も度々お邪魔いたしましたが、そのうち昭和十年頃から私は室町時代の足利学校の実体について在来の所説とは変つた考えを抱くようになりました。それが何故であるかについては後に申し述べますが、私は足利学校の新しい研究を纏めるについては、もう一遍、学校の蔵書を十分に精査したいと考へ太平洋戦争が始つて、諸事不自由になりましてからも、幾日か泊りがけで調査に伺ひました。その時、こちらの館員の方のお心尽しで、蒸しパンなどを昼食に頂いたことなどもなつかしく想い起こされます。そして、貴重書の写真などもかなり沢山に撮らして頂いて、昭和十九年の夏、足利学校の研究を脱稿することができました。丁度講談社が学術研究にも力を入れなければならなくなつて、その第一号にこの足利学校の研究を提供することになりました。然し、それでもなほ急を要するといふので、別に論文集を体系的に纏めて「日本書誌学の研究」といふ二千ページ余りのものを出版いたしました。

処が、足利学校の研究の方は折角脱稿いたしましても、戦争直後、電力事情が悪くて、活字の鋳造などが容易でなく、出版が遅れて二十三年の春に漸く出来上りました。当時としては用紙も装幀の絹表紙も、最上のものを講談社が奮発してやつてくれた

ものでしたが、その後大分日が経つて資材等の条件も整つてまゐりますと、実は足利学校の研究は内心、会心の作と思つてをりますので、形式の上でも後に残るようなものを出しておきたいといふ欲が出まして、同時に又内容の方も、増補すべき資料がかなり見附りましたため、かたがた改めて増補版を出版することにいたしました。それが完成いたしましたのが四十九年六月でございました。形も四六倍版で図版もずつと多数になりました。それから又早くも八年経つてをりますが、今回漸く釈奠の記念講演の機会を与へられまして、足利学校についてお話申し上げることになりましたことは、私にとりまして、真に喜ばしいことでありますす。今日は在来発表いたしました所説を踏まへ、また新しく考え得ましたことなどを補ひまして、お話を申し上げたいと存じます。

一

先づ第一に、私が何故に足利学校の研究をするようになつたかであります。

その一は、足利学校遺蹟図書館に残つてゐる古書をよく調べたことであります。その蔵書は驚く程多くはございませんが、これを金沢文庫などに比較すれば、その残存率は遥かによろしいのであります。これが何と申しても、足利学校を歴史的に研究する資料の中心の柱であります。

その次には、学校外に残存してゐる関係の古書を色々見附けたことであります。これは私が他の目的から全国的に古書を調査してゐる間に、目に留つたものであります。中にはもと学校にあつたものが他に流出して残つたものもございますし、又、学校に留学中に書写して持ち戻つたような類もありまして、これ等も集録いたしますと、相当な数に上ります。

三番目には、中世期の種々な記録文献を読んでをりますうちに、広く学校関係の記載を色々見出したものがございました。さうしてをります間に、足利学校が中世の武家社会、武家文化の中で、いかなる意味を持つてゐたかといふことが、私の頭の中に研究テーマとして自然に生まれてまゐりました。それは丁度「古活字版の研究」を纏める頃でございました。

平安朝の公家の人々もさうでありましたが、中世の武家豪族達も、それとは別に、或は公家よりも一層甚だしく占筮を絶体的必要とする生活をしてをりました。武家は常に勝負の世界にをりますから、所謂縁起をかつぐといふ傾向が著しいのでありますが、居館・城塞を造営しますにも、その方角・場所から着工の日時に至るまで、悉く占筮の吉凶に拠つて決行いたしました。従つて武家豪族にとつて占筮の師は欠くことのできぬものでありまして、鎌倉時代に於ける地方の武家豪族は主として天台・真言の学僧にそれを求めました。武家豪族の菩提寺の住僧が多くそれを満たしたわけであります。それらの学僧は武家豪族の血縁の者が少くありませんでした。

処が北条幕府の主脳が禅僧を人間修行の師範として仰ぐようになりますと、元来、禅僧は不立文字の建て前ですけれど、武家は禅僧に接して、触発に拠つて人間の本性を悟ると同時に、文字に拠る学問の教授をも求めました。又、わが禅僧も、漢字・漢語・漢文に精通しなければ、大陸の禅を学ぶことはできませんから、自然、漢学にも通じてをりました。その点は、禅の悟りを会得するためには障害となることもありましたが、武家の要望に対応するには極めて好都合の条件でございました。

北条幕府の滅亡と共に北条氏の尊崇した禅も運命を共にするのではないかと考へられてをりましたのが、夢窓国師が建武中興に召されて、出世をしたため、禅は再び盛んになり、殊に禅僧が武家の学問・道徳をも指導する傾向は一層顕著となり、むしろそれが殆ど普通となりました。南北朝以後の武家政権下に於ける禅僧の指導者としての位置及び文化担当者としての活動は頗る大きいのであります。当然、武家の最も要望する占筮は禅僧が主として担当することになりました。武家が実際生活に最も要求するものは占筮であつて、その占筮にすぐれてゐる禅僧こそが武家の最も大きな目当てであつたと申してもよろしいのであります。

処で、その占筮でありますが、真の占筮のためには周易に通じていなければなりません。その周易は漢学の古典の学習の中では最も難しいものであります。周易だけが必要であるからと言つて周易だけを学ぶといふわけにはまゐりません。四書、左伝、尚書、老荘など段階を追つて学習し、最後に易に達するのであります。易を学ぶためにも、いはば漢学全体を学ばなければなりません。学習の教科目の配列だけを眺めました場合には、それは漢学全般を学習するためなのか、易だけを学ぶ目的のためなの

かは、形式的には分別できません。それ故に、上杉憲実が学校創設に際して、規定した学習段階を見て、漢学一般を教授するのが学校の目的で、学校で学習した者が全国各地に散つて漢学指導の教師に任じ、学校は室町時代に師範学校の役目をしたのであるとの解釈が明快に提示されましたが、私はそれに対しては、当時の武家の占筮の要求といふ問題から考へて、学校の漢学の学習は易を学ぶための教科目の定であると見るべきであると察したのであります。勿論、易に通達する程の学力の者ならば、漢学一般を教授することはいと易いことで、当然その役目をも果したことは申すまでもないことであります。それ故兵法の書物の講義をすることなども何でもないことであります。

かういふふうに見方を変へて、私の足利学校の研究は先人と異る研究となりましたが、一つには、私は東京高等師範学校の文科第二部（国語漢文専攻）で、四年間に、四書、左伝、韓非子、詩経、書経、易経、別に荘子・老子などといふ段階で漢籍の学習をさせられたため、右の様なことに気が附いたのであります。これは学んでみなければ気が附かないことであります。〔序でに書道なども、丹羽海鶴先生の見識で、四年間に楷・行・草の三体を一年間宛学んだ挙句、第四年目は法帖（褚遂良摸の羲之の蘭亭帖）を学ぶといふ学習をいたしました。〕

かういふ学校の教学目的などについても拙著に既に詳しく述べてありますので、それをお読み願ひたいと存じますが、昭和二十三年の拙著も、同四十九年の増補本も根本の考へは変りません。唯増補本は資料的に大分補強いたしてあります。

二

学校の教学目的についてここに少し言い添えておきたいことがございます。上杉憲実が足利学校を創設した室町時代の初め頃には、漢学を自由に学習できる処はありませんでした。もともと漢学は公家の博士家の伝流の教授があつて、これは専門家の営みとなつてをりました。天台・真言の学僧で漢学をも兼修する人々はもと博士家などの庶流の人々と申すことができませう。鎌倉時代も博士家が京から鎌倉へ下向して教授してをります。南北朝になつてからも菅原家の博士が下向して教授してをります。

ですから、その後の易学なども菅原家の系統を引いてゐるのであります。

僧家は本来仏教を学ぶことを第一とし、外典は余暇の学習であります。禅家は当然専ら禅の学習をする。室町初期頃になりますと全国的に禅院が増大し、禅僧は一所不住で、各地の禅院を修行して廻遊いたしました。関東にも鎌倉五山を始め、各地の豪族の本拠地には有力な禅院も少くありませんでした。足利学校に集まる学習者は殆ど全部が禅僧であります。そして、学校も禅院の形式を具へてをりました。禅僧が参集すれば、自然に禅の学習をもいたします。禅の兼修を見逃がせば、漢学の学習が疎そかになるのは当然であります。それ故に、憲実は漢学以外（つまり禅仏教の学習）を禁止したのであると思はれます。そして、前に申しましたように、学校の漢学は易を学ぶのが目的でありますから、憲実も初代の庠主（校長）には易の権威なる快元和尚を鎌倉から招きました。

その易学も、占筮を行なうためのものが要望されてをりましたから、快元和尚も易の実用なる占筮にもすぐれてゐたに相違ないと考へられます。後の九華老人の時の占筮別伝の系譜を見ますと、九華以前の系譜に学校の庠主の名が見えませんが、（それには別種の解釈もできますけれども）学校で当初から占筮をも伝授していたらしいことは、学校に現存する易学関係の古書（室町初・中期の書写）等の内容に拠つても察知される処であります。易学に力を入れてゐたことは、易学の書物が新注本などをも数多く具へてゐた点からも証せられると思ひます。

憲実の学校創設は、永享四年から十一年の間と推測されますが、学校の備付参考書として金澤文庫の漢籍を摂収して寄進したことは、現存書に拠つても判りますけれども、それが全部は現存してゐないであらうと思はれます。（憲実の手許にもその摂収書の一部が後まで残つてゐたこともはつきりしてをります。）又、後になつて、関白豊臣秀次が小田原征伐の際、奥州で中尊寺の金銀交ぜ書きの一切経なども摂収してゐる上、足利学校の蔵書の尤品をも庠主三要もろともに摂収してをりますこと（学校の蔵書は秀次自刃―文禄四年―後に家康の手で戻されてをりますが）などから推して、秀次の摂収したものが他へ散失したものもあるかと思はれるのであります。その他、長い間には種々の理由で流失したものもあるに相違ありません。現にその証拠も少くないのであります。

〒113-0033・東京都文京区本郷7丁目2番8号　振替 00100-5-244（表示価格は税別です）
電話 03-3813-9151（代表）　ＦＡＸ 03-3812-3544　http://www.yoshikawa-k.co.jp/

2015年1月

日中間海底ケーブルの戦後史
国交正常化と通信の再生

貴志俊彦著

四六判・二五四頁／二七〇〇円

一九七六年、戦後初の共同プロジェクトとして、日中間に開通した海底ケーブル。経済体制の違い、先の戦争における傷を抱えながらも、事業の実現に向け尽力した姿を追う。忘れ去られようとしている秘められた海の戦後史。

（本書より）

「三部作」ついに成る！

沖縄返還と通貨パニック

川平成雄著

沖縄返還によるドルから円への通貨交換の直前、日本政府は「ニクソン・ショック」により交換レートを切り上げた。通貨交換を巡る極秘計画が行われる中、混乱に陥る沖縄の九か月間に迫り、今も続く闘いの源を探る。

Ａ５判・二一六頁／二一〇〇円

沖縄　空白の一年　一九四五―一九四六 …二八〇〇円

沖縄　占領下を生き抜く　軍用地・通貨・毒ガス …一七〇〇円

自衛隊史論
政・官・軍・民の六〇年

佐道明広著

Ａ５判／三〇〇〇円

憲法九条が不保持と定めた「戦力」ではない組織として誕生した自衛隊。激変する国際社会に日本の防衛政策はどのように対応し、自衛隊はいかに変貌を遂げてきたのか。創設六〇年の歴史を辿り、軍事が果たす役割を問う。二四〇頁

料金受取人払郵便

本郷局承認

8240

差出有効期間
平成29年1月
31日まで

郵便はがき

113-8790

251

東京都文京区本郷7丁目2番8号

吉川弘文館 行

愛読者カード

本書をお買い上げいただきまして、まことにありがとうございました。このハガキを、小社へのご意見またはご注文にご利用下さい。

お買上**書名**

＊本書に関するご感想、ご批判をお聞かせ下さい。

＊出版を希望するテーマ・執筆者名をお聞かせ下さい。

お買上書店名　区市町　書店

◆新刊情報はホームページで http://www.yoshikawa-k.co.jp/

◆ご注文、ご意見については E-mail:sales@yoshikawa-k.co.jp

ふりがな ご氏名　　　　　年齢　　歳　男・女	
〒 □□□-□□□□ ご住所	電話
ご職業	所属学会等
ご購読 新聞名	ご購読 雑誌名

今後、吉川弘文館の「新刊案内」等をお送りいたします(年に数回を予定)。
ご承諾いただける方は右の□の中に✓をご記入ください。 □

注 文 書

月　　日

書　名	定　価	部　数
	円	部
	円	部
	円	部
	円	部
	円	部

配本は、○印を付けた方法にして下さい。

イ. 下記書店へ配本して下さい。
（直接書店にお渡し下さい）

（書店・取次帖合印）

書店様へ＝書店帖合印を捺印下さい。

ロ. 直接送本して下さい。

代金（書籍代＋送料・手数料）は、お届けの際に現品と引換えにお支払下さい。送料・手数料は、書籍代計1,500円未満530円、1,500円以上230円です（いずれも税込）。

＊お急ぎのご注文には電話、FAXもご利用ください。
電話 03－3813－9151(代)
FAX 03－3812－3544

三

第一代の庠主快元は、文明元年（一四六九）に亡くなつてをりますから、約三十年校長を務めてをります。その後、室町時代を通じて、学校が教学の目的に適つた活動を盛んに営んでゐたと見られる時期（室町時代の終り、天正の末年頃まで数へて）は約百二十年程でありますが、その間、天正六年（一五七八）に歿した第九世庠主九華の時代を約三十年といたしますと、快元と九華と併せて六十年間の中間、約九十年の間に、七代の庠主が交代してをりますから、その七人の任期は平均十年ちよつとであります。

そして学校の教学内容も主要な目的は変わりませんが、応仁の乱以後は地方に武家豪族が割拠して、所謂群雄割拠の時世となり、そのため、武家豪族は一層、占筮に巧みな武家の師範ともなる禅僧を要求いたしました。足利学校習学の徒がその要望に応へたわけであります。勿論足利学校とは直接関はらぬ学儒や禅僧で、地方の豪族に招かれて指導をした人々も少くありません。大内氏の小槻伊治、朝倉氏の清原宣賢、島津氏の桂庵玄樹などは、その代表であります。

学校も九華庠主の時代は学習者も多く、また学校で学んだ後に有力な活動を行なつた者も少くありませんでした。学校の教学内容も、フロイスの記録に言つてをりますように、西欧の人々の目から見て、綜合的な大学の様相を具へてゐたと申してもよろしからうと考へられます。確かに戦国の武将等が要求するような条件を数多く具備する、時世に適応した指導が学校内で行なはれてゐたことは確かであります。易学を頂点とする漢学の教授の外にも別伝の占筮は申すまでもなく、兵法・医学・鍛冶、それから御成敗式目・職原抄・和漢朗詠集の講義も行なはれてをりました。

九華は九州の南なる伊集院氏の出で、永禄三年に一旦帰郷を志し、小田原北条氏に止められて再び学校へ戻つて力を尽し、それから十八年、遂に庠主として歿しました。九華の時代は、室町時代百五十年を通じて、最盛期を現出したと言つてもよいと思います。

最盛期には随分多数の学徒が参集してゐたようでありますが、学校本来の宿泊設備はさう十分ではなかつた様子で、学校近辺のもよりの処に宿泊してゐる者が多数をりましたことは、足利学校の近邑で何々を書写したなどと伝写本の奥に見えましたり、又何々院に於いてなどと、色々証拠になるものが残存してをりますので判明いたします。又それに拠つて多くの来学者の名前も知られるのであります。

前に九華の時の占筮の別伝の系譜に代々の庠主の名が見えないことを申しましたが、系図の主流者が必ずしも庠主となつて学校に残り留まらないのは、今も昔も、何処も同じでありまして、実力のある者は、他へ出で活動するものであります。学校で学んだ最有力者、必ずしも庠主となつて学校に残らなかつたのであらうと思はれます。

それからもう一つは、学校と鑁阿寺との関係であります。鑁阿寺は真言の巨刹で、足利家の菩提寺でもあり、足利氏が代々師範とする学僧の在住する寺院でもありました。そして、ここに足利源家の兵法が伝流してをりました。中世の武家社会に於いて源家の兵法は最も尊崇されてゐたものであります。源家の兵法は義家以来のものでありますが、それが又幾流にもなりましたけれど、足利氏が将軍となり武家の棟梁となりましたので室町時代には足利氏の兵法が人気を呼んだと思はれます。その上、わが国の兵法は実はその内容がすべて大陸から輸入の武経七書の内容に尽きてをりますが、我が国の兵法が大陸のそれと異る処、いはばわが日本の兵法中で独自的な部分はと言へば、それは真言秘密の御祈祷の要素を加味してゐる点であります。鑁阿寺はその点に於いても好条件にあります。足利尊氏・直義兄弟も鑁阿寺の学僧に教導を受けたと見えて、直義なども真言の教義に詳しく通じてをりました。年少から鑁阿寺僧に教えを蒙つたに相違ないのであります。

要するに、足利学校は、室町時代に武家政権、武家文化の要求に応じて設立せられ、また室町時代を通じて各地の武家豪族のため大いに全国的にその出身者が活動いたしました。学校の意義はそこにあります。足利学校は広く時代の文化を指導する師父を養成して提供する役目を担つてゐたのであります。

室町時代を終つて、徳川幕府の江戸時代になりますと、新しい武家政治には、前代の如き武家豪族の要求は無くなつて、学校の存在意義は終り、僅かに前代の名残りに、年筮を幕府に献ずるといふ点にその痕跡を留めるに過ぎなくなりました。

九華の弟子の三要も家康に用ひられましたが、その関係も、関ヶ原の役以後は、伏見版なる印刷出版の仕事などに用ひられて、三要と同学の日性（要法寺）や涸轍（直江兼続の師）等と共に活字印刷の事業を起すのに貢献いたしました。それらのことは学校出身者の文化活動として重要な意義がありますが、それについても私の著作に詳しく記るしてありますからここには申し上げません。

終りに、そのかみフロイスが日本唯一と申してをります最も権威ある大学が足利の地に営まれますことを是非とも期待いたしたいと存じます。

―（昭和五十六年十一月二十三日講演）―

（『書誌学』二九号、一九八二年四月）

解説

岡崎久司

一

目の前にＢ５判の『増補新訂　足利学校の研究』一冊がある。黒色の背革、天金、金箔押しの背文字。巻末に「着用紬地表帋題簽扉手題特別装本少部記念作成之内」と著者川瀬一馬先生自筆の墨書識語があり、見るからに特別仕立ての大著である。また扉の前の遊紙にも、筆者に宛た墨書献辞があって「昭和五十九年甲子二月十三日」と記されている。初版『足利学校の研究』は昭和二十三年に刊行、四十九年に増補新訂して再刊された。それぞれ著者四十二歳時と六十八歳時の出版であった。

実は増補版の「この書手許に留め置きしが……」とある献辞の「昭和五十九年二月」は、漸く準備なって、著者と大英図書館日本部門の悉皆調査のためにロンドンに飛び立つ直前で、筆者もそれなりに配慮を察知し、このずっしりと持ち重みのする特装本を携行した。ところがロンドンではただの一行も読むことができず、そのまま持ち帰ってしまった、という笑うに笑えぬ裏話がまつわる。無論著者には生涯隠し通したが、ロンドン滞在中のつれづれに、一度だけ著者が本書に触れたことがあった。「先に差し上げた増補版『足利学校の研究』ですが、やれ大学の起源はボローニャだとか、次いでパリ大学だとかというのに、日本の中世にも歴とした大学があり、極めて高度な教育が行われ

ていたことには、ほとんど皆さん関心がないらしい。恰も戦時下での著作でしたから、初版の時はもう後がないと思って打ちこんだのですが……」。思わず筆者が槍玉に上っているのかと冷汗が出た。

二

著者のいう日本中世の歴とした大学とは、いうまでもなく足利学校にほかならない。学校施設があり、庠主（しょうしゅ）（学長）がおり、おそらくは年齢制限のない受講生がいて、彼らのための寄宿舎もあった。そして当代では、京洛においてさえ求め難い第一級のテキストが備わっていた。具体的には宋版『周易注疏』、宋版『尚書正義』、宋版『毛詩注疏』、宋版『禮記正義』、宋版『春秋左傳註疏』、北宋版『唐書』、北宋版『宰相世系表』、宋版『文選』、宋版『周禮』、元版『禮記』、元版『禮記集説』といった唐刊本類の一群である。これらは、今やすべて国宝か重要文化財に指定されていて、宋版『周易注疏』、宋版『毛詩注疏』などは本国の中国にも伝存しない。そればかりではない。足利学校の蔵書は、かなり早くから散逸したらしいが、現存の古写本類だけでも『論語義疏』ほか天下一本の佚存書が数本もあり、往時は各々さぞかし秘笈垂涎の書であった。こうした類い稀なテキストによって講義が行われていた。

累代の庠主を辿ると、歴史的に名のある学僧だけでも第一世の易学の権威快元、第六世文伯、第七世九華、第九世三要、第十世寒松、第十一世睦子と漢学の第一人者が連らなる。一例にすぎないが、慶長八年に徳川家康が幕府を開くと、早速第九世三要元佶を招聘して伏見に学問所を開設し、近侍させたことは周知である。

次に受講生はどうか。著者は室町期鈔本の識語、禅家の語録や詩文集等々史・資料を博捜し、徹底的に洗い出して来歴所業ともに追究する。本書に揚げられた七四人中で、後世大いに名を残した人物に限っても二十名は下らない。列記すると柏舟、一華、田代三喜、谷野一栢、曇英、光璘芳卿、玉仲、曲直瀬道三、吾木、円智、涸轍、天海、三要、寒松、寿歓らである。また参学した受講生は、天文十九年から天正六年に至る約三十年間、庠主を務めた第七世九華

関東の地に好学の徒が蝟集した。

時代が最も多く、足利学校の『住持世譜』には「生徒三千人」と記す。しかしさすがに著者は、これは中国流の誇大な表現で、一時にではなく、それ程驚くべき多人数であったと解している。彼らのなかには京都並びに鎌倉五山大寺の僧たち。佐竹家の末流。天下随一と遇された医師。秀吉の帰依を受けた学僧。家康の顧問。直江兼継の側近で、文禄の役に随従して渡海した数奇な人物等など、多士済々であった。来歴をみると文字通り西から東から、鄙である北関東の地に好学の徒が蝟集した。

以上からも知られるように、足利学校と称する日本中世の大学は、下野国足利の荘（現在「足利学校遺蹟図書館」がある近辺）に建設され存在した。いく度も被災し焼失再建をくり返したから、室町中期創建当初の所在地は不詳だが、唯一の純粋に漢学のみを修得するための堂々たる大学であった。というのも、当代は禅宗の最盛期で、漢学は禅を究め、禅宗に帰一するための方便として兼修していたにすぎなかったからである。いわば漢学は、禅学を究めるための補助。そうした都合のいいところにだけ呼び出される補説のための道具にすぎなかった漢学に、足利学校は敢て一線を画し、向き直って正面から体系的に取り組む意図が鮮明であった。

ではいつ頃、誰れによって足利学校は創建されたのか。足利の荘内に忽然と姿を現わした足利学校の創建については、著者が考究する以前から諸説あった。それらは足利学校に至る前身に遡るもので、一、小野篁草創説、二、国学遺制説、三、足利義兼創建説に代表される。しかし、著者は一々のクリティークの後、これら諸説をことごとく退ける。信頼に足る根拠のない憶説とする。そして実証的に動かし難い明証は、足利学校について言及する最初の文献、『鎌倉大双紙』に記載された「上杉憲実の学校建設」の記事のみと断じる。

『鎌倉大双紙』は、足利政権下における足利氏満・持氏、伊達政宗、小栗満重、武田信玄、太田道灌らの入り乱れた関東の動勢を記した史書で、戦国時代の成立にかかる三巻本。その下巻に、上杉憲実が足利に学校を興し、異国より購った書物を寄進して学領をも附与したと賞賛する。また「開山は快元と申す禅僧なり」とあって、初代の庠主が、鎌倉円覚寺から招いた易学の権威快元であることも明記される。さらに『続本朝通鑑』にも同様の記載があり、それ

には憲実が足利学校に五経註疏を寄進したこと、それが水享十一年の閏正月であったこと、各書冊の上欄余白に「上杉安房守憲実寄進」と墨書されていること、そして五経疏本は今（寛文頃）も伝存することなどが詳述されている。前述した国宝指定の宋版『周易註疏』を始めとする第一級のテキスト群をいう。要は、関東管領上杉憲実が、足利学校を建設するとともに、根幹となるテキストを寄進して自ら学規をも定めたというのである。

ただ、『太平記』の欠を補う意で『太平後記』とも称される『鎌倉大双紙』の記述には、看過できぬ問題が伏在する。憲実が「彼の学校を建立して、種々の文書を異国より求め納めける」の一文である。これについては、江戸後期の幕府の書物奉行近藤正斎が、彼の著『右文故事』に摘出、考証を加えている。要約すると、一、憲実の唐本寄進は永享十一年である。一、これは明では宣徳から正統期に当る。一、明に至って、すでにして宋元版は稀覯で、本国ではとっくに五経正義など亡失している。一、従って明からの舶載であるはずがない。一、ある人の説では、寄進本は金澤文庫の蔵本を獲ってきたのだというが、そうではない。一、金澤文庫本にはすべて文庫印が捺されている。一、文庫印がある足利学校の漢籍は宋版『文選』のみであるから、他はどこかの故家から獲たものである、となる。

この近藤正斎の説について、著者は否である。金澤文庫本に捺される文庫印は、蒐蔵の往時から具っていたとは限らない。保管の任にあった称名寺は、金澤北条氏三代が滅びてから廃れるに委せる状態で、蔵書は次々と流出した。そうした事態を憂慮した称名寺は、数次に亘り同様式の文庫印をその都度作成して捺したと考えられる。従って、文庫印の有無のみで金澤文庫本か否かを判ずるのは妥当ではない。むしろ当代にあっては、上杉憲実寄進の諸本は金澤文庫から獲るほかなく、そう想定するのが自然であろうと推する。著者は常々『右文故事』を高く評価しており、狩谷棭斎と並んで、当代の同文化圏では群を抜く考証学者と評するが、この近藤正斎の見解には同意しない。

結局、足利学校を建設したのは鎌倉公方足利持氏の補佐、関東管領職にあった上杉憲実その人。そしてそれはいつのことだったか。憲実が、幕府直轄の足利由緒の地を管理することになったのは永享四年。すると足利学校の建設を発意し、鎌倉から快元を招いて第一世庠主としたのは永享四年以後十一年正月以前の数年間に限定される。学校施設

がなって前記のテキスト類が寄進されたとすれば、永享十一年以前であることは動かない。おそらく創建は、永享四年に近い頃と推定する。

また著者はこの項に関連して、足利学校以前に、金澤文庫の近辺六浦にも「学校」があったのではないかと付言する。それは、蓬左文庫駿河御譲本中の正和元年写本『増広注釈音弁唐柳先生集』の終冊末に、「正和元年九月廿七日於武州六浦金澤学校書写畢……」の識語を見出したことによる。文庫ではなく学校というからには、何らかの教学施設が附属していたかと。そうだとすると、足利学校の創建よりも百数十年も早く大学が存在していたことになる。そして、足利学校の創設を「再興」といったりする文献にも、斯界には相応の含意があったのかもしれないと思料する。だが「金澤学校」については、目下のところ呼称のみでただの一例にすぎない。今後の考究を俟つほかない。

学校が足利の地であった理由にも触れる。足利氏一門の根拠地であることは当然としても、菩提寺の真言宗鑁阿寺の存在が大きい。鑁阿寺では鎌倉前期の建長元年頃から『大日経疏』とともに『周易註疏』が講書され、一門子弟たちの教養機関の役割を果してきた。漢学を積極的に学習する遺風がつづいていたのである。これが足利に学校設立を促す素地であったにちがいないと著者は見る。こうした著者の鑁阿寺基盤説は、すでに十年前の名著『古活字版之研究』で培われていた。

蔵書については、前記上杉憲実寄進の四経と、憲実の嫡子憲忠寄進の宋版『周易註疏』を加えての五経が根幹をなす。ただ、憲忠の寄進は憲実の生存中であるから、実質的には憲実寄進と同義といってよいだろう。いったい憲実の蔵書がどの程度、どれくらいの規模であったかはわからないが、その一端を窺わせるできごとが起った。戦後暫らくして、埼玉県下の某氏に世襲されていた北宋版『唐書』が、突如として出現して学界を驚かしたのである。

百九巻二十二冊。「北宋嘉祐五年」の刊記と三冊の巻末に「上杉安房守藤原憲実寄進」の墨書があり、紛うことなく先の四経と同筆跡。憲実の蔵書であること疑いない。現存第一冊の替表紙に「缺現本廿二冊」とあるから、早くに二十二冊の欠本として伝わった。しかも「金澤文庫」の長方印記を切載した痕跡がある。金澤文庫旧蔵であったこと

は確かで、憲実寄進後に足利学校から外に出た。著者の書誌審定によれば、北宋版『宰相世系表第十一下』（梅澤記念館蔵）一冊は『唐書』と版式・刻字を一にする同版で、巻首尾に同じく「金澤文庫」の長方黒印記がある。こうした事実から、憲実寄進本は金澤文庫から獲たとする根拠の一としているが、もう一本宋版『毛詩正義』がある。これは憲実終焉の地、故里山口県長門市深川の大寧寺旧蔵にかかるもので、これにもまた金澤文庫印が捺されている。明らかに憲実の手沢本だから、現存の諸本は、往時の憲実の蔵書を窺わせる片隣にすぎないのである。

上杉憲実から、漢学教授のための第一級のテキストを寄進された後も、憲忠・憲房らの援護、小田原北条氏・武田氏らの助力もあって架蔵書は着々と増幅した。他にも受講生らの写本の寄贈も目覚しく、元刊本、明刊本、五山版、そして家康からは文禄・慶長の役による朝鮮本も寄進された。一々列記しないが、著者は刻明に書誌調査を掲出している。また、時代の変遷につれて『倭名類聚鈔』や『和漢朗詠集私注』など若干の国書も蒐蔵した。

結果、著者の集計によれば、第九世庠主三要元佶期の分も含めて、室町期までの蔵書は経部、史部、子部、集部、国書・仏書すべてで八十部を数える。これは、限られた仏典以外の刊行が極めて少数であった慶長以前に、国書漢籍を蒐集することがいかに困難であったかを物語る。というより、むしろ漢籍専科を旨とした足利学校が、学問の中心地京都から遠く離れた北関東の地にあって、これだけの蔵書を備え得たことは特筆すべきで、なかんずく根幹をなす宋・元版が格別に珍重されたことは、想像以上であったといってよい。「足利学校の漢学の権威を世に誇るに余りあった」と著者は記す。何しろ主従血族相争う足利義教時代における学問研究である。著者のテキスト蒐集の見解については、概ね妥当としなければならない。

三

さて、著者は足利学校における授業内容と学風についても検討を試みる。「いろは」の「い」をいうようだが、論

述には課題、クリティーク、直観、着眼（想）、調査検証、考証、考察、洞察、構想、考究、仮説、確認といった回路が縦横に走っている。相互に結ばれながらも、実際はこれらを行きつ戻りつする。ここでの著者の回路は、考察・洞察と考究が全開して鋭く働く。もとより培った学識にしっかりと支えられているとはいえ、実態を追いつめる鋭利な洞察と考究は、足利学校から散逸した典籍・資料を含め、現存するテキスト類の入念な調査・審定と吟味から導き出される。当代の人物の書き遺した片言に至るまで怠りなく参酌するが、それら以外に、足利学校における授業内容や学風に直接言及する文献などあろうはずがない。現存する蔵書類を基本に据えて、その性質内容を見極め、講義所用本を検する。書き入れられた手跡を識別して年代を同定する。そうした作業を反復しながら諸文献が無言で語る声に耳を傾けて考究するほかないのである。事実著者は蔵書を逐一掲出し、刻明に書誌事柄を記した後に「これら学校の蔵書の内容を通じて、その学風並びに教学目的等も亦、よく窺われる」と書く。

上杉憲実が足利学校を創設する際、三註、四書、六経、列、荘、老、史記、文選等の漢学専科とし、その他の学問を禁じた。その後もこの校規はほぼ守られたが、講義書の範囲は著しく拡大した。それとともに参考書である注釈書も暫時変化する。第一世庠主の快元時代は専ら漢唐の古注を用いたのに、次第に宋代以後の新注が混入してくる。これは第七世九華自筆の講書を検すると明らかで、古注釈書にびっしりと新注が書き入れられている。ただし、こうした変化は足利学校に限らない。当代一般の趨勢であった。どうやら九華からは講義用の参考書に新注を常備していたらしく、『周易伝』（宋李中正撰）を始め、刊写ともども新注がずらりと揃う。

古注は朝廷の博世家の伝流を汲む。江家と菅家の二通りの訓点だが、すでに江家は絶えていたから、足利学校の訓みは菅家点を基本としていた。快元の弟子柏舟の『周易抄』には「足利ハ皆菅家点ヲ為（ス）ㇾ本（ト）也」とある。しかし易学関係の講書は菅家点を頑なに継承しているとしても、『尚書』『礼記』『論語』『考経』などは清原家の点に基づいているようで、必ずしも固定的ではなかった。現存書は室町中期から末期にかけての唐本が多い。京洛を中心に、当代の目を瞠る清原家の勢いは、鎌倉を経て足利に及んだとしても自然であった。

足利学校における学風、なかんずく菅家点についてを機に、著者の論は急遷回する。本書への核心部へと突き進む。学風を決定的に左右する教学の易学中軸論が展開される。増補新訂の新訂たる所以であろうか、巻初から、「これについては次節で改めて述べる」「後章で詳述する」が頻出していた。しかしここからは、戦後新出の諸資料の分析や考察を交じえて、増補新訂の様が目に見えてくるようだ。

足利学校が、中世武家社会一般の要請に適った学儒を養成する目的をもつことは当然だが、それは表向きで、実は究極の教学目的は易学の修得、具体的には易学の応用である占筮の何たるかを教学することであった。日本全国から蝟集した学徒も、単に漢学一般の学力に磨きをかけるために、北関東の避地にやってきたのではない。目の前の切実な現実に即応し、戦乱の世を生きのびるための学、易学と占筮術を学んで出世するために不便を忍んだ、となる。そうだとすれば、第一世の庠主に円覚寺から時の易学の権威快元を招聘したことも、蔵書に易学関係の善本が揃い、格別に充実していることも、また、鑁阿寺で建長以来『周易註疏』が講じられてきたことにも納得がいくという。

しかし以上の納得は、著者が抱いていた小さな疑問の解にすぎない。遷回の契機は他にあった。初版から増補新訂版に至る約三十年間に、著者刮目の資料が次々と発掘され、また市場に出現したのである。とりわけ「足利学校易伝授書」六通（慶応義塾図書館蔵）と『周易別伝秘訣足利学校流占筮伝授要記』全四冊（国会図書館蔵）の二点である。こうした新出資料の出現が、本書巻末に記された跋文の一節に符合すると思われる。著者は跋文「増補新訂版を出すに当って」で次のように記す。

……旧版出版後三十年、戦後のインフレは幸いにして隠れていた資料・古書を世間に流出させる機縁ともなり、自説を強化すべき有力な資料を加えることができた。再版に当ってこういう増補改訂を行うことができることも亦、大きな研究上の仕合わせである。

前記「足利学校易伝授書」と仮称する六通のうち四通は、最盛期第七世庠主九華の自筆。永禄十一年の年記をもつ。他の二通は慶長五年、九華の弟子梅叟雲意（吾木、存顧とも）の自筆にかかる。六通各々のタイトルは、㈠仮称「占

筮伝承系図」㈡「筮法伝書」㈢「潔斎式」㈣「叉手」㈤仮称「占筮伝承系図」㈥「筮起請」である。これらから足利学校の占筮には系譜があり、伝承時に伝授式、精進潔斎しての潔斎式、唱誦供物等の儀式も行われたことが窺われるが、著者のいう「自説を強化すべき有力な資料」は㈠と㈤の仮称「占筮伝承系図」である。足利学校の占筮法を伝承した代表者の系図一覧で、九華自筆と梅叟自筆の二通りあり、二代相伝。左に系図の双方を併記してみる。

九華自筆＝孔子―商瞿子木―晦庵―（本朝）菅家―小野侍中（篁）―萬象―夢庵―（一栢）現震―
―宗寿―（九澤）啓遵―九華―吾木老禅（梅叟雲意）

梅叟自筆＝孔子―商瞿子木―晦庵―（本朝）菅家―小野侍中（篁）―萬象―夢庵―一栢（現震）―
―宗寿―九澤（啓遵）―九華―存顧（吾木、梅叟雲意）―寿歓老禅

右のごとくである。二通の仮称「占筮伝承系図」は、各々伝承者の別号を用いたりするがぴたりと一致する。注目すべきは、占筮法が日本に伝流した港が菅家であったとされていること。従って、易学の講書が頑なに菅家点を伝承するのには理由があったこと。また、快元以来歴代庠主は易学の権威であるはずなのに、庠主でもない夢庵や一栢現震（谷野一栢）が伝承することである。これは、元禄十一年の写本『周易別伝秘訣足利学校流占筮伝授要記』（国会図書館蔵）が示すように、足利学校における占筮の法は別伝で、九華以前から秘伝授受の形をとっていたと著者は解する。正伝はいうまでもなく経類の解義である。

以上本書再刊までの三十年間に、出現または発掘された諸資料、なかんずく前記二点は、著者に新しい足利学校観を促した。それは創建当初から易学を宗とする学校であったこと、そして次第に易学の応用である占筮（術・法）に収斂していったという構想に行きつく。参学した夥しい学徒もまた、そうした足利学校の特色を知って、武家社会の実用の学占筮術修得のために蝟集したと考える。ただ易学は難解中の難解で、一通りの経籍等の修得では歯が立たな

い。初学の者には異次元である。そこで教学課程は現今もそうであるように、三註などで文字を習い、故事に通じ、その後四書・左伝・毛詩・尚書・礼記を学び、同時に荘・老の道家、史記・文選をしっかりと兼修した後に易学に辿りつく。つまり易学以外の経籍は、易と占筮へのステップとして講じられたと位置づける。草創期から老・荘が講書されたのも、易学を宗とした証左だという。柏舟の『周易抄』も次のように書く。

新学ノ者ハ、先ニ四書・三註ヲ学ビ、後ニ学ブトコロ五経六籍。最初ヨリ五経六籍ノ深イ道理ヲ学セバ却ツテ退屈シテ亡ゾ。

教学課程が右のようであったとすれば、易学を最終段階とする教学だったにちがいないが、なお占筮修得には克服する難題があった。占筮が実用の学であったことによる。中世の戦乱から戦国時代に移行する武家社会が必須とし、占筮術に通達した人物を需めていたのである。そうであるからには、占筮は時代とその現場に適ったものでなければならない。易筮は元来、占筮や地想を掌る「陰陽師」、人の運命を占う「宿耀師」、忌む日を告げる「禄命師」「相人」など人智を超えた事柄を占う職掌で、早く平安時代から庶民に至るまで広く深く浸透していた。各々陰陽、天文、暦の師がいて易筮に通達していたのである。『二中歴』には、それら諸師が列記されている。また、すでに武家社会成立頃から、占筮は軍配（敗）思想とも結ばれ軍法に直結し、『武教七書』等兵書も学ばれていた。学徒たちは、それら現実に息づく伝統をも咀嚼する必要があった。

著者が考察する足利学校の学風と教学目的は、当代の漢学一般と、極めて固有といってよい特色とが入り混じる。学徒は易学と占筮に通じ、軍配思想・軍法を心得た実力ある漢学者から教授されていたことになるが、易学と占筮を最終課程でマスターした学徒のみが、占筮伝授書を授けられ、そして飛びきりの秀才が仮称「占筮伝承系図」に名を残した、と著者は考える。戦乱が終息した江戸時代に至っても、足利学校は歳の始めに、将軍や要路の諸役人に年筮を献じた。一年間の諸行事行動の吉凶を占断するものであった。

四

では、以上から窺い知る足利学校は、同時代室町期の人々にはどう映じていたのか。識者はどう書き記しているだろう。著者は例によって史・資料を博捜し、足利学校の存在意義を視野に入れつつ、種々文献を掲げて考察を加える。だが、ここでは直截的で印象に残る二例にとどめる。一は室町末期に渡来して、布教に従事したイエズス会宣教師たちの手記。二は『甲陽軍鑑』に拾われた武田信玄の言である。

同志とイエズス会を創立し、天文十八年に渡来したフランシスコ・シャビエル（ザビエル）の書信、クラッセの『日本布教史』、シャールボアの『日本志』、フロイスの『日本史』に載る足利学校についての記事を左に略記する。

一、京都から遠く距った坂東に、日本で最も大きくて有名な大学がある。

一、坂東の大学には、甚だ多数の僧侶たちが教法を学ぶため雲集している。

一、坂東は（当時シャビエルがいた）山口から遥か北方にあって、酷寒の地である。食物は米と蔬菜類しかない。雲集した学徒たちは郷国に帰ると、修得した学問を郷人に授ける。坂東の住民は血統高く、武勇に秀でているが、性情温和だ。

一、ギレラとフロイスが京都の兵乱を堺に避けた時、三名の僧侶が改宗した。うち一人は坂東のドクトルで、占星術に通達していた。坂東の大学に誘れたが応じなかった。

一、日本全国で唯一の大学が、関東地方の足利にあり公開されている。学徒は占星術や医学も多少学ぶ。

一、キリスト教宣教師が来て都に滞在し、布教活動することが忽ち足利学校に伝わっていた。

一、改宗した占星学に通じる足利学校出身の僧侶が、宣教師たちに坂東へ行くことを切望した。なぜなら、最も主要な大学で討論すれば、教養ある人々の改宗は困難ではないというからだ。

等々である。著者は宣教師たちが、足利学校について占星術も学ぶ大学、公開されている総合分科のある唯一の大学と認識していたことに注目する。

次に武田信玄の言である。『甲陽軍鑑』永禄十二年の項に「或夜信玄公御機嫌よく御座す。其謂れは（中略）此時を見合はせ、長坂長閑、右の徳厳が事を披露申す、信玄聞し召し、占は足利にて伝授かと尋ねさせ給ふ。長閑承り……」とある。信玄が即座に「占は足利にて伝授か」と尋ねたのだから、足利学校の占筮は、少なくとも戦国時代の武将たちには広く知られていた証といえる。

五

本書は附章を含めて六章からなる。いわば六本の柱よりなる構築物であるが、各章各節をほぼ史的に配置し、中世における足利学校の解明を試みて論を築く。足利学校に現存する蔵書、また暫時散逸した蔵書・資料を博捜しての考証と吟味は執拗でさえある。さらに先行史・資料や論文の読みとクリティークは水を漏らさない。著者の最初の大著、若干三十一歳で学士院賞を授与された『古活字版之研究』がなるまでの秘話は、ことあるごとに屡々伺った。本書の初版はその十年後で、本増補新訂版は三十七年後である。著者の論に挑む姿勢と手法は、当然であろうが少しも変らない。独特の文体だから、うっかりすると各所にちりばめられた創見を読み過す。油断ならないのであるが、第三章「室町時代における足利学校の教学目的とその存在意義」が本書の真柱であり、各論の総括であるといってよいだろう。総括の一文々々は、全篇に亘る各論のなかで根拠を示して詳述されている。

上杉憲実は足利学校を創建し、自ら学規三ヶ条を定め（文安三年）、漢学を専らとしてその他はこれを禁じた。しかし文明頃からは『職原抄』等も講じられ、第七世庠主九華からは、明らかに『和漢朗詠集』『御成敗式目』等も講じられたが、あくまでも学校の教学目的は正別両伝の易学と兵家の学であった。別伝とは易学の応用編占筮である。

ところが易学と占筮は難解にすぎる。そこで易学に至るステップに三註、四書、左伝、六経、列・荘の道家、史記、文選といった漢学一般の学力養成がなされた。足利学校の教学目的が、なぜ次第に易学を宗とし、なかんずく易筮修得に変化していったか。この総括ともいえる第三章において、著者はその理由を学徒たちが直面する現実、戦闘に明け暮れる中世の武家社会、そして平安時代以来の根深い伝統に求める。教学目的が創建当初から変化した理由と、足利学校の存在意義についてできるだけ簡明に理解するため、次に著者の考察を一つ書きに整理して掲出する。

一、学徒たちの参学の目的は、武家社会が直ちに需める実用の学、易筮を修得するためであった。

一、学校はそのための実を挙げていて、学校の卒業は武家社会で活動し、顧問的な立場となる登龍門であった。

一、そうした学徒が蝟集することで、教学目的を変容させた。

一、また卒業した学徒が郷国に帰ると、修得した最新の学を郷人に授けた。また武家のために軍配を見、兵書を講じ、医療をも施した。これは足利学校の存在意義を有弁に物語る。

一、これらの学徒には、たとえば曲直瀬道三、一栢現震、三要元佶、涸轍、天海、円智などが知られる。

一、室町時代の武将は戦闘で占筮を必須とした。戦闘での勝負が、人智を超える超自然の力によるところがあると経験的に認識していたからである。足利学校出身者がその主力であった。

一、武田信玄の「占筮は足利にて伝授か」はその象徴。

一、また占筮は、武家階級が歴史に登場した平安中期以来、彼らの身に染みついた習性であった。

一、武家に限らず、一般すべての日常生活が、実は陰陽思想に縛られて暮らしていたといってよい。『口遊（くちずさみ）』（源為憲）や『二中歴』（著者不詳）を播くまでもない。冠婚葬祭、外出・旅行、日取・方角等など細かい掟があり、社会の隈々まで深く浸透していた。

一、一軍を率いる武将が需めた占筮のルーツは、陰陽思想や兵法の軍配思想として根強く歴史を貫いていた。

一、これらの伝統的思想が最大限に用いられたのが室町時代であった。『武教七書』などの実戦的な軍法とは別に、

祈祷や占いによる超自然の威力が無条件に信奉されていた。

一、儀式的な陰陽思想と軍配思想、そして具体実戦的な兵法をともに独占していたのは、鎌倉時代以前は真言の僧侶、南北朝以後は禅僧であった。

一、一例を掲げると、直江兼継は足利学校出身の涸轍を側近として陣中に伴う。上杉家文書中の自筆の軍法伝書には、軍配思想を加味した実戦の軍法も詳述されていて両者を兼備する。それが室町時代の武将の実態であった。

一、第三章の末に、室町時代の武家がいかに占筮を必須としたかの例証を軍記や文献から抽出して掲げ、徹底して洗い出す。

右のように、足利学校の教学目的と存在意義が、主に武家社会の現実と歴史との接点で説かれる。ただ教学の実態と目的については、巻初から章節を追って読み進む者には、やや不鮮明の憾みがあった。しかし第三章に至って、そうした疑問が晴れる。足利学校の教学は「易学を宗とする筮法修得へと変化した」と著者は初めて明記する。大乗仏教の系脈のなかに位置づけながら、自らを教外別伝と称した禅宗に似て、同じく別伝とする占筮の教学は時代の要請を享けて、足利学校教学の主座へと変化していった、と第三章で著者は総括する。

六

著者は、なおも足利学校の足跡を史的に追う。慶長・寛永期にも紙幅を費し、明治八年に没する第二十三世庠主謙堂まで目を外さない。だが慶長期は『古活字版之研究』の記述とほぼ重なる。三要、涸轍、円智、白鷗らの活字印行での活躍が主だからで、さすがに慶長以前には見られなかった『周易』の開版などが記される。また、三要の弟子で第十世庠主寒松については伝記と著作。その門弟以後は戦乱も終息したため、中世までとはうって変って教学も形通りとなり、存在意義もまた一変した。なお前代までの余波で来学者も少なくなかったが、武家社会からの要請が消滅

した以上、漢学一般の教養修得へと質的転換が始まる。それも家康が採用した宋学中心となって、古注の時代は去り、京都や江戸その他各地に新学を講ずる儒流が輩出した。遂に足利学校も形骸を残すのみとなり、三要も寒松も睦子もまた、庠主の座から中途で去ってしまう。

かくて、堀杏庵や林道春父子が来校した際に応接した第十一世睦子を最後に、足利学校は歴史的使命を終え、およそ二百年に及ぶ漢学教育の主役の座から下りる。その後は一般的な漢学に通じ、それなりに易筮を心得る、一地方禅院の住持と何ら変らない人物が庠主を引き継いだ。そして前述のように江戸時代を通じて、歳の始めに将軍家や幕府要路の人々に、学校自作の年筮を献じつづけたのである。

以上、著者が依拠した足利学校の蔵書、史・資料の博捜と考証、それらから浮上する課題についての著者の考察と構想を基調に稿を進めた。本書の要点や問題点を適宜ピックアップして絞りこみ、簡潔に咀嚼しながら何がしかの指摘をする、という方法はとらなかった。第一作の『古活字版之研究』以来、著者が論を構築していく作法を筆者なりに承知していて、執拗な文献考証から考察、そして論へを確認し、川瀬先生流の学風を知ってもらいたかったからである。また読者に、論の説得力を検証してもらいたかったからでもある。史・資料からきっちりと出発する考察が、随所に創見をちりばめる。捨て難かったのである。

本書の総括であり、各論を整理しての結論とした第三章「室町時代における足利学校の教学目的とその存在意義」は、実証から築き上げた説得力に富む魅力的な論である。しかしながら、教学の易学・占筮中軸論とでもいうべき構想の支柱となった九華・寿歓自筆の仮称「占筮伝承系図」も、動かし難い決定的根拠とするには、なお異論の余地をのこすのかもしれない。そうだとしても、今後さらに出現する可能性のある資料で、著者の論証をいっぺんに覆すことなど到底できまい。蔵書や史・資料を一から再検討し、各論の考察に否といい、常に死と向き合っていた中世中・後期の現実を洗い直して、著者の周到な論証を塗りかえるのは容易なことではない。

（元早稲田大学客員教授）

本書の原本は、昭和四十九年（一九七四）に講談社より刊行されました。

著者略歴

明治三十九年東京生まれ
東京高等師範学校、東京文理科大学国語国文学科卒業
昭和二十五年青山学院女子短期大学教授
昭和四十年文化財保護審議会専門委員
青山学院女子短期大学名誉教授
静岡英和女学院短期大学学長、
財団法人大東急記念文庫理事、五島美術館理事、
財団法人阪本龍門文庫理事長などを歴任
平成十一年没

〔主要著書〕
『増補 古活字版之研究』
『日本書誌学之研究』
『増訂 古辞書の研究』
『五山版の研究』
『日本文化史』

増補新訂 足利学校の研究〈新装版〉

二〇一五年(平成二十七)四月十日 新装版第一刷発行

著 者 川瀬一馬(かわせかずま)
発行者 吉川道郎
発行所 株式会社 吉川弘文館
郵便番号一一三—〇〇三三
東京都文京区本郷七丁目二番八号
電話〇三—三八一三—九一五一(代表)
振替〇〇一〇〇—五—二四四
http://www.yoshikawa-k.co.jp/
印刷=藤原印刷株式会社
製本=誠製本株式会社

ISBN978-4-642-02924-7